D1688262

boutique del libro
unishop
unicenter shopping L. 3169
Martínez - 4717-4873 / 4874

Segundas lenguas

Ariel

Ariel Lingüística

Carmen Muñoz
(Editora)

Segundas lenguas

Adquisición
en el aula

Editorial Ariel, S.A.
Barcelona

Diseño cubierta: Nacho Soriano

1.ª edición: septiembre 2000

© 2000: Carmen Muñoz (Editora)

Derechos exclusivos de edición en español
reservados para todo el mundo:
© 2000: Editorial Ariel, S. A.
Provença, 260 - 08008 Barcelona

ISBN: 84-344-8240-1

Depósito legal: B. 34.912 - 2000

Impreso en España

Ninguna parte de esta publicación, incluido el diseño
de la cubierta, puede ser reproducida, almacenada o transmitida
en manera alguna ni por ningún medio, ya sea eléctrico,
químico, mecánico, óptico, de grabación o de fotocopia,
sin permiso previo del editor.

ÍNDICE

Autores 13
Introducción 15

PRIMERA PARTE

EL APRENDIZ, SUJETO DEL APRENDIZAJE

CAPÍTULO 1. **Lo que la fruta puede decirnos acerca de la transferencia léxico-semántica: una dimensión no estructural de las percepciones que tiene el aprendiz sobre las relaciones lingüísticas** 21
   1. Homoiofobia. 21
   2. Polisemia, metáfora y nuestra experiencia sobre *breaking* 31

Conclusión 36
Bibliografía 36
Nota 37

CAPÍTULO 2. **La teoría chomskiana y la adquisición de la gramática no nativa: a la búsqueda de desencadenantes**. 39
   1. Introducción 39
   2. Presupuestos teóricos: el problema lógico y el problema real de la adquisición del lenguaje. 41
      2.1. La capacidad/dispositivo de adquisición del lenguaje (CAL/DAL) y la aprendibilidad: la adquisición como proceso de selección y la adquisición como proceso de instrucción. 42
      2.2. Principios y procedimientos: la fijación de parámetros y los conceptos de lengua-I y lengua-E 44
      2.3. La naturaleza específica de los sistemas no nativos 46
   3. La fijación de parámetros y la identificación de desencadenantes: la etapa «prefuncional». 47
      3.1. La teoría de la marca y las opciones por defecto. 47
      3.2. El principio del subconjunto 49
      3.3. El papel de la morfología en la adquisición de la sintaxis: el principio de la uniformidad morfológica (PUM). 51
   4. La adquisición de las categorías funcionales y el papel de los rasgos morfológicos en la adquisición del lenguaje no nativo 52

4.1.	Continuidad fuerte, continuidad débil y maduración.	54
4.2.	La economía de la derivación: las categorías funcionales y las lenguas naturales.	55
4.3.	Rasgos con realización fonética y rasgos abstractos	60
4.4.	La subespecificación	64
5. Desencadenantes y modularidad		66
5.1.	Desencadenantes fonológicos y rasgos morfosintácticos	67
5.2.	Desencadenantes «funcionales» y desencadenantes «léxicos»	69
5.3.	Desencandentes del sistema de representación y desencadenantes del sistema de procesamiento.	70

Conclusión 72
Bibliografía 72
Notas 79

CAPÍTULO 3. **La motivación y su relación con la edad en un contexto escolar de aprendizaje de una lengua extranjera.** . . . 81
  1. La motivación hacia el aprendizaje de una segunda lengua . . . 81
    1.1. La motivación y la psicología social . . . 81
    1.2. La motivación y la psicología motivacional . . . 83
    1.3. La motivación en el contexto educativo . . . 84
    1.4. La motivación en edad escolar . . . 86
  2. Estudio sobre la actitud y la motivación hacia el aprendizaje de la lengua inglesa . . . 87
    2.1. Diseño del estudio . . . 87
    2.2. Sujetos . . . 88
    2.3. Instrumentos y método . . . 89
    2.4. Preguntas de la investigación . . . 90
    2.5. Resultados. . . . 92

Conclusiones 99
Apéndices 100
Bibliografía 102
Notas 104

SEGUNDA PARTE

EL AULA, LUGAR DE APRENDIZAJE

CAPÍTULO 4. **Las variables contextuales y el efecto de la instrucción en la adquisición de segundas lenguas** . . . 109
  1. Introducción . . . 109
  2. Contextos naturales y formales en la adquisición de segundas lenguas . . . 110
    2.1. La adquisición natural y la adquisición por medio de la instrucción: estudios comparativos. . . . 111
    2.2. La comparación entre contextos exclusivamente naturales y formales . 112
    2.3. La influencia de la instrucción formal en contextos de adquisición natural . 113
    2.4. La influencia de la exposición natural en contextos de adquisición formal . 114
    2.5. El proceso y las secuencias de adquisición de segundas lenguas en contextos naturales y formales . . . 115

3. El contexto sociolingüístico en la adquisición de segundas lenguas en el medio escolar 117
4. El contexto socioeducativo en la adquisición de segundas lenguas en el medio escolar 119

Conclusiones 121
Bibliografía 122

CAPÍTULO 5. **Métodos actuales de investigación en el aula de segundas lenguas** .
1. Introducción 127
2. Innovaciones recientes de la investigación en el aula. 127
   2.1. Investigación en colaboración, investigación del profesor, investigación en la acción 129
3. Puntos fuertes y débiles de las diferentes aproximaciones a la investigación 139
   3.1. Aciertos metodológicos de la investigación de la *forma lingüística*. . 139
   3.2. Aciertos metodológicos de la investigación sobre la elección de lengua 140
   3.3. Debilidades metodológicas de la investigación sobre la *forma lingüística*. 141
   3.4. Debilidades metodológicas de la investigación sobre la elección de lengua 142

Conclusión 144
Referencias bibliográficas citadas 145
Notas 160

CAPÍTULO 6. **La negociación del entorno lingüístico de la L2** 163
1. Introducción 163
2. El modelo de negociación 164
3. Teoría interaccionista social de la adquisición del lenguaje 166
4. La negociación del significado 167
   4.1. Estudios empíricos de la negociación del significado 169
   4.2. La negociación del significado y la adquisición 171
5. La negociación de la forma 178
6. La atención a la forma. 180

Conclusión 189
Bibliografía 189
Notas 193

TERCERA PARTE

LAS COMPETENCIAS, OBJETO DE APRENDIZAJE

CAPÍTULO 7. **El desarrollo de la competencia gramatical oral en una segunda lengua a través de la actuación lingüística: aproximaciones interaccionistas y cognitivas** 197
1. Introducción 197
2. La adquisición de la competencia oral: ¿qué se adquiere? 198
   2.1. La competencia comunicativa y sus niveles de descripción 198
   2.2. La inevitable interdependencia de niveles en el desarrollo de la competencia oral 199

  2.3. La capacidad de procesamiento en la segunda lengua y la actuación estratégica 201
 3. La actuación del aprendiz como base para el desarrollo de la competencia oral: ¿cuál es el valor de la práctica en el aula?. 203
 4. El desarrollo de la competencia gramatical a través de la producción oral en una segunda lengua 205
  4.1. El estudio de la interlengua 205
  4.2. Contexto y variación: la comunicación en tareas como impulso de desarrollo en la competencia oral 208
  4.3. ¿Por qué es la práctica interactiva importante para la adquisición de la segunda lengua?. 210
 5. Los productos de la competencia oral: fluidez, corrección y complejidad . . 211
  5.1. Perfiles de producción y su relación con la adquisición de una segunda lengua 212
  5.2. Dos modelos cognitivos para la manipulación de la actuación oral . . 213
  5.3. La planificación y la repetición de tareas: efectos en la complejidad y la corrección 215

Conclusión 217
Bibliografía 217
Notas 229

CAPÍTULO 8. **La pragmática de la interlengua desde una perspectiva evolutiva** 231
 1. Introducción 231
 2. Estudios transversales 232
 3. Estudios longitudinales 241
 4. La transferencia y el desarrollo pragmático 248
 5. El aprendizaje de la pragmática de la segunda lengua en el aula 249

Conclusión 251
Bibliografía 252
Notas 256

CAPÍTULO 9. **Desarrollo de la competencia discursiva oral en el aula de lenguas extranjeras: perspectivas metodológicas y de investigación** 259
 1. Introducción 259
 2. El concepto de competencia discursiva oral 260
 3. Condiciones para el desarrollo de la competencia discursiva en la comunicación oral en el aula 262
 4. La comunicación oral y la enseñanza/adquisición de la competencia discursiva en el aula 266

Conclusión 271
Bibliografía 272

CAPÍTULO 10. **La influencia de la variable «grado de dominio de la L2» en los procesos de composición en lengua extranjera: hallazgos recientes de la investigación** 277
1. Introducción 277
2. Hallazgos y preguntas abiertas sobre la relación entre dominio de la L2 y las actividades cognitivas de escritura 277
   2.1. Dominio de la L2 y procesos de composición 278
   2.2. La dimensión temporal de la recursividad de la escritura 279
   2.3. El uso de operaciones retrospectivas en la tarea de composición ... 280
   2.4. La densidad y naturaleza de los problemas léxicos en tareas de composición 281
   2.5. El uso de la lengua materna como estrategia de resolución de problemas en la escritura en L2 282
3. El estudio: aspectos metodológicos 283
   3.1. Informantes 284
   3.2. Tareas 285
   3.3. Decisiones metodológicas 285
4. Resultados y discusión 285
   4.1. Dimensión temporal de los procesos de composición 285
   4.2. El uso de operaciones retrospectivas en la escritura en lengua extranjera. 288

Conclusión 291
Bibliografía 293
Notas 297

CAPÍTULO 11. **Influencia del conocimiento previo y del nivel de una segunda lengua en la comprensión escrita de textos académicos** 299
1. Introducción 299
2. Las hipótesis de la interdependencia lingüística (HIL) y del umbral lingüístico (HUL). 299
3. Importancia del conocimiento previo en el proceso de comprensión escrita . 301
4. El estudio 303
5. Método. 303
   5.1. Sujetos. 303
   5.2. Materiales 304
   5.3. Definición de grupos 305
   5.4. Procedimiento. 305
   5.5. Análisis de datos 305
6. Resultados 306
7. Discusión 309
   7.1. Comentarios respecto al efecto del conocimiento previo en la comprensión lectora (hipótesis 1). 309
   7.2. Comentarios respecto al efecto del nivel de inglés en la comprensión lectora (hipótesis 2). 310
   7.3. Comentarios respecto a la importancia comparativa del nivel de inglés y del conocimiento previo en la comprensión lectora (hipótesis 3 y 4) . 310

Conclusiones 311
Limitaciones del estudio e implicaciones para una futura investigación 312
Implicaciones pedagógicas 312
Bibliografía 313
Notas 315

AUTORES

Eva Alcón, Departament de Filologia Anglesa i Romànica, Universitat Jaume I, Castelló, España.

Jasone Cenoz, Ingeles eta Alemaniar Filologi Saila. Departamento de Filología Inglesa y Alemana, Euskal Herriko Unibertsitatea, Universidad del País Vasco, España.

Victòria Codina, Departament de Filologia Anglesa i Romànica, Universitat Jaume I, Castelló, España.

Lourdes Díaz, Departament de Traducció i Filologia, Universitat Pompeu Fabra, Barcelona, España.

Catherine Doughty, Department of Second Language Studies, University of Hawai'i, Estados Unidos.

Margaret DuFon, Department of English, California State University-Chico, Estados Unidos.

Gabriele Kasper, Department of Second Language Studies, University of Hawai'i, Estados Unidos.

Eric Kellerman, Departments of English and Applied Linguistics, University of Nijmegen and the Centre for Language Studies, Holanda.

Juana M. Liceras, Department of Modern Languages and Literatures, University of Ottawa, Canadá.

Rosa M.ª Manchón, Departamento de Filología Inglesa, Universidad de Murcia, España.

Carmen Muñoz, Departament de Filologia Anglesa i Alemanya, Universitat de Barcelona, España.

Liz Murphy, Departamento de Filología Inglesa, Universidad de Murcia, España.

Lourdes Ortega, Department of Second Language Studies, University of Hawai'i, Estados Unidos.

Josu Perales, HABE, Eusko Jaurlaritza, Gobierno Vasco, España.

Julio Roca, Departamento de Didáctica de la Lengua y la Literatura, Universidad de Murcia, España.

Elsa Tragant, Departament de Filologia Anglesa i Alemanya, Universitat de Barcelona, España.

Esther Usó, Departament de Filologia Anglesa i Romànica, Universitat Jaume I, Castelló, España.

INTRODUCCIÓN

Este volumen constituye un esfuerzo por ofrecer al lector de habla castellana trabajos actuales en el campo de la adquisición de segundas lenguas. Los autores y autoras que se encargan de los distintos capítulos forman una combinación de investigadores del Estado español que trabajan sobre la adquisición de segundas lenguas dentro o fuera de nuestras fronteras, junto con otros autores de reconocido prestigio internacional que nos acompañan en el proyecto. Las lenguas objeto de adquisición en los diversos estudios son principalmente el inglés y el castellano, aunque otras lenguas estén en menor medida representadas. Los trabajos varían también en cuanto a su orientación, presentando bien un estudio empírico concreto con cuyos resultados se contribuye al conocimiento de un aspecto en particular, o bien una visión panorámica del estado de la cuestión en un área determinada. Entre todos ofrecen al lector una visión que, sin ser exhaustiva, es suficientemente amplia para conocer los avances más recientes en este campo.

Los trabajos de este volumen se reparten en tres secciones, intentando caracterizar tres dimensiones básicas de la adquisición de segundas lenguas: el *quién*, el *dónde* y el *qué*. Es decir, el aprendiz de una segunda lengua, el contexto del aula en que se da la adquisición de la lengua, y las habilidades que se adquieren en ese contexto.

Los capítulos de la primera sección caracterizan al aprendiz de lenguas —el sujeto del aprendizaje lingüístico— por su conocimiento previo de una lengua (o más), por los mecanismos innatos de adquisición lingüística y su relación con el *input* o la experiencia lingüística, y por unas características individuales que no son indiferentes al contexto social del aprendizaje.

Señala Kellerman en la introducción de su capítulo que todo manual de adquisición de segundas lenguas escrito en los últimos treinta años y, probablemente, los que se escribirán en el nuevo milenio contienen una sección sobre transferencia o los efectos de la primera lengua en el aprendizaje de la segunda. El presente volumen sigue esta tendencia, y se abre con este primer capítulo en el que Kellerman trata sobre «el miedo a la similitud» entre la lengua nativa y la lengua meta que padecen los aprendices de una segunda lengua, y que el autor denomina «homiofobia». Este miedo a la similitud es una manifestación más del hecho, fundamental y característico del aprendiz de una segunda lengua, de que éste, a diferencia del niño que aprende a vivir con y a través del lenguaje, ya domina una lengua.

El papel de la primera lengua será también abordado por Liceras y Díaz en el siguiente capítulo, en cuanto interviene en la relación entre lo innato y el medio. Desde un modelo racionalista, las autoras explican las diferencias entre el aprendizaje del lenguaje infantil y el aprendizaje de una segunda lengua por un adulto, prestando atención a la selección de desencadenantes del *input*, porque esta selección —nos dicen— permite poner en relación el problema lógico con el problema real de la adquisición. La identificación y el conocimiento de los auténticos desencadenantes permitirían, según las autoras de este capítulo, manipular el *input* que se presenta en el aula.

En el tercer capítulo, Tragant y Muñoz exploran las relaciones entre la edad y la motivación, dos de las características individuales de mayor influencia en la adquisición de segundas lenguas. Al analizar los tipos de motivación predominantes en grupos de escolares de diferentes edades, descubren que éstos varían en cada grupo de edad, destacando la importancia de la orientación instrumental, especialmente entre los alumnos mayores, y las orientaciones de naturaleza más intrínseca entre los menores. Asimismo, las autoras observan en su estudio una clara interacción entre la motivación y las actitudes, la edad, y el curso o la experiencia escolar acumulada.

La segunda sección contiene tres trabajos sobre el aula, como contexto de adquisición formal, como lugar de investigación, y como escenario de las prácticas pedagógicas que se derivan de la investigación en su seno.

Cenoz y Perales inician esta sección con un capítulo sobre los efectos de las variables contextuales en la adquisición de la segunda lengua. Y nos sitúan así en el contexto escolar en el que tienen lugar las investigaciones a las que se refieren principalmente los capítulos posteriores. Destacan los autores que la adquisición de la segunda lengua en el medio escolar está relacionada con variables del propio contexto socioeducativo y de la interacción entre éste y el contexto sociolingüístico más amplio. La influencia de estos contextos sobre variables individuales, como las actitudes y la motivación, se halla precisamente ilustrada en el capítulo de Tragant y Muñoz.

En el trabajo de Chaudron el lector encuentra una reflexión sobre la investigación en el aula como el centro de implementación de la educación y formación en segundas lenguas, y una extensa bibliografía sobre los trabajos realizados en este campo, incluidos los realizados en el Estado español. La investigación cuantitativa y la investigación cualitativa son examinadas y comparadas tomando como ilustración dos corrientes muy actuales. La investigación sobre elección y uso de lenguas en el aula caracteriza la investigación cualitativa, mientras que la investigación sobre la forma lingüística, sobre la que tratará el capítulo de Doughty, sirve para ilustrar un caso concreto de metodología cuantitativa.

El capítulo de Doughty, que aparece a continuación, ahonda en la investigación sobre la negociación en el aula desde una perspectiva interaccionista social. La revisión histórica lleva al lector desde las primeras formulaciones sobre la importancia del *input* comprensible con exclusiva atención al significado, pasando por la importancia de la negociación del significado y los ajustes lingüísticos en el discurso, hasta las más recientes formulaciones de la atención a la forma lingüística en un contexto de interacción significativa. En esta evolución se aprecia el interés de los investigadores por dotar a la investigación de una base psicolingüística que explique de qué maneras la negociación es efectiva para la adquisición lingüística.

Los capítulos de la tercera sección del libro versan sobre el objeto del aprendizaje lingüístico, sobre distintas habilidades que los aprendices deben dominar para ser competentes en la segunda lengua: la competencia gramatical, la competencia pragmática y la competencia discursiva oral, la competencia escritora y de comprensión lectora.

El capítulo de Ortega presenta una amplia panorámica de los estudios teóricos y empíricos que consideran que la base del desarrollo de la competencia gramatical oral se encuentra en la actuación lingüística. En esta revisión se incluyen trabajos sobre la interlengua, y en especial la interlengua de los aprendices de español como segunda lengua, así como las propuestas interaccionistas de manipulación de tareas que tienen como objetivo facilitar la adquisición. La autora aborda una cuestión también planteada por Doughty, Alcón, y Kasper y DuFon, en sus respectivos capítulos, que es la de hasta qué punto pueden aprenderse en el aula las competencias, en su caso particular la competencia gramatical. Como Alcón, Ortega se plantea la manera en que las intervenciones pedagógicas deberían organizarse en el aula para propiciar el desarrollo de estas competencias de la manera más eficaz posible.

El capítulo de Kasper y DuFon nos ofrece una revisión exhaustiva de los trabajos sobre adquisición de la pragmática y su relación con el nivel de conocimiento de la lengua meta, tratando otros temas fundamentales, como el de la transferencia pragmática de la primera lengua, o el de la relación de las acciones comunicativas con los contextos locales en que se producen; es decir, la interacción entre los contextos sociales y la adquisición de la pragmática. Una observación recurrente en las conclusiones de los estudios longitudinales que han recogido datos del aula es que ésta no proporciona suficiente *input* ni suficientes oportunidades de practicar la lengua para adquirir la competencia pragmática. Sin embargo, según las autoras, el aula ofrece ciertas ventajas respecto a la interacción en contextos naturales, especialmente el aula en que se da una enseñanza explícita de aspectos pragmáticos de la segunda lengua, que puede paliar en cierta medida las deficiencias del *input* y de la práctica del aula.

También Alcón, en el capítulo siguiente, se interroga sobre la potencialidad de la interacción oral que tiene lugar en el aula para facilitar la enseñanza-aprendizaje de la competencia discursiva oral. Como Kasper y DuFon, la autora concluye que el *input* del aula —sea éste aportado por el profesor y los materiales, o generado en el aula misma— no ofrece las condiciones necesarias para el desarrollo de la competencia discursiva oral. El reto para el profesor consiste en intentar proporcionar el *input* y la interacción adecuados, enseñar de manera explícita los componentes de la competencia textual, y diseñar las actividades didácticas apropiadas.

Los dos capítulos siguientes nos sitúan en el contexto de enseñanza-aprendizaje y uso de la segunda lengua de niveles académicos. El primero versa sobre los procesos de composición escrita, y el segundo sobre la comprensión lectora. En ambos se explora la variable «grado de dominio de la segunda lengua» y sus efectos.

El capítulo de Manchón, Roca y Murphy relaciona esta variable con las actividades cognitivas de la escritura, en especial la dimensión temporal y el uso de operaciones retrospectivas. El diseño del estudio permite que aflore de manera clara la complejidad de las interrelaciones y se muestre, por ejemplo, cómo el dominio de la segunda lengua afecta la asignación de recursos a los distintos macroprocesos de la composición, o cuál es el uso de la primera o la segunda lengua en las operaciones retrospectivas.

También el grado de dominio de la lengua meta ejerce una influencia importante en la comprensión lectora, influencia mayor que la del conocimiento previo, según el estudio que nos presenta el capítulo de Codina y Usó. Estas autoras apuntan el interés en explorar qué niveles de dominio de la segunda lengua son necesarios para que ciertas intervenciones pedagógicas sean eficaces, cuestión que cobra importancia con la comprobación empírica de los efectos del grado de dominio de la segunda lengua sobre diversos procesos cognitivos que tienen lugar durante el uso de ésta.

En resumen, en los capítulos de este volumen se aprecia que la adquisición de segundas lenguas en el aula está limitada en cuanto a la cantidad de *input*, a la variedad de registros, o a las posibilidades de interacción natural con interlocutores más expertos. Pero se observa también que el aula ofrece la oportunidad de poder manipular el *input* y la interacción, así como de poder ofrecer una enseñanza explícita de aspectos pragmáticos o formales que, de otro modo, son de difícil aprehensión para los aprendices.

El consenso es claro con respecto a que la enseñanza y la interacción en el aula deben estar centradas en los mensajes que se vehiculan mediante la lengua, en los contenidos que ésta expresa. En este sentido, las técnicas que se proponen se plantean como técnicas complementarias sobre la base de los procesos de adquisición natural de la competencia comunicativa que deben primar en el aula.

Finalmente, interesa destacar también que, si bien el aprendizaje exclusivo en el aula no puede tener como objetivo que los aprendices adquieran una competencia nativa, sí que puede, y debe, ofrecer unos niveles mínimos necesarios para el desarrollo de los procesos de escritura y de comprensión lectora, y de una competencia gramatical y pragmática suficientes para comunicarse eficazmente y usar la lengua con propiedad. El aula puede y debe, además, proporcionar una motivación que es esencial para el desarrollo autónomo del aprendiz, y una experiencia educativa y vitalmente enriquecedora.

CARMEN MUÑOZ

Febrero de 2000

PRIMERA PARTE

EL APRENDIZ, SUJETO DEL APRENDIZAJE

CAPÍTULO 1

LO QUE LA FRUTA PUEDE DECIRNOS ACERCA DE LA TRANSFERENCIA LÉXICO-SEMÁNTICA: UNA DIMENSIÓN NO ESTRUCTURAL DE LAS PERCEPCIONES QUE TIENE EL APRENDIZ SOBRE LAS RELACIONES LINGÜÍSTICAS

por ERIC KELLERMAN

1. Homoiofobia

Aunque las teorías, como las modas, van y vienen y se reciclan solas, y los intereses de la investigación son cada vez más variados, quizá sea interesante reflexionar sobre el hecho de que los manuales de ASL, bien hayan sido escritos en los setenta, ochenta o noventa (y esta afirmación sin duda también vale para el nuevo milenio), siempre incluyen una sección sobre transferencia o cualquiera de sus «sinónimos» —que hay para elegir—, *interferencia, papel de la lengua nativa, influencia entre dos lenguas*. En resumidas cuentas, la L1 ha sido en ocasiones considerada como un factor determinante en la adquisición de una segunda lengua (Lado, 1957) y en otras como un factor sin una particular significación teórica (Dulay, Burt y Krashen, 1982). Hoy día, las cuestiones acerca del papel de la L1 se abordan considerando *por qué, cuándo* y *cómo* desempeña ésta su papel. Cualquiera de los manuales más recientes (p. ej., Ellis, 1994; Gass y Selinker, 1994; Larsen-Freeman y Long, 1991; Mitchell y Miles, 1998) recapitula sobre el desarrollo teórico en el estudio de la influencia entre las lenguas, desde Lado y el conductismo, pasando por el escepticismo, Dulay y Burt y la «construcción creativa», hasta la gramática generativa y todo lo que conlleva. Así que en este capítulo no se hará un recorrido por los momentos históricos del tema, aunque mi historia comienza hace alrededor de veinte años.

En 1978, mi artículo «Dándole un descanso al aprendiz: intuiciones del nativo como una fuente de predicciones acerca de la transferibilidad» fue publicado en *Working Papers on Bilingualism*. Este artículo examinaba un fenómeno que hasta entonces no había llamado demasiado la atención, algo que hoy puedo denominar *homoiofobia*; es decir, el miedo a la similitud. La *homoiofobia* describe la sensación que a veces albergan los aprendices de una segunda lengua de que, en determinadas estructuras lingüísticas (sintácticas, léxicas, de cualquier tipo), la L1 y la L2 deben ser diferentes la una de la otra.

Mientras que es muy probable que las expectativas de diferencia se cumplan cuando la L1 y la L2 son tipológicamente muy remotas (digamos español y japonés), se ha demostrado que tales sensaciones se dan incluso cuando la L1 y la L2 están muy estrechamente relacionadas y las estructuras en cuestión son realmente similares.

La *homoiofobia* puede observarse claramente en las reacciones de los aprendices holandeses ante las expresiones idiomáticas del inglés con equivalentes directos en holandés, que son contempladas con asombro y desconfianza, a menos que aparezcan en textos ingleses auténticos (en cuyo caso sí son recibidas con agradecimiento). Estas expresiones potencialmente bilingües son rechazadas en tests de aceptabilidad; véase el caso de Kellerman (1977). Un ejemplo muy útil de este tipo de expresiones (que de paso muestra qué cerca se encuentran el holandés y el inglés) es *to drink someone under the table/iemand onde de tafel drinken* («ganar una apuesta en una competición de bebedores»). A causa, al menos en parte, de la inusual combinación de modo y movimiento en el verbo, los hablantes holandeses de inglés consideran la versión inglesa como una jocosa traducción literal del original holandés.

Parece como si la confrontación de estructuras de la propia lengua nativa a través del espejo de otra lengua incrementara la percepción metalingüística, y la repentina apreciación de lo inusual en la propia lengua sirviera para restringir las expectativas acerca de lo que es posible o no en la lengua que uno está aprendiendo.

La *homoiofobia*, sin embargo, no afecta sólo a las intuiciones acerca de las expresiones idiomáticas. Algunas estructuras sintácticas también provocan fuertes reacciones. Pongamos por caso los verbos ergativos como *read* (leer), con los que tanto el inglés como el holandés permiten al objeto nocional funcionar como sujeto gramatical:

Dit boek	*leest*	*voortreffelijk*
This book	*reads*	*excellently*
[Este libro	lee	excelentemente]

Sin embargo, los aprendices holandeses tienden a evitar la inclusión de la estructura del holandés en inglés incluso cuando ello sería perfectamente posible. En su lugar, producen frases como:

It's an excellent book to read
The readability of this book is excellent
Reading the book is very pleasant
It is to be read perfectly well

Si se les pregunta cuál es el inconveniente de *This book reads excellently* responderán que «los libros no leen», proporcionando así, una vez más, un ejemplo de percepción metalingüística exagerada (y mal informada) provocada por la situación de encuentro entre las dos lenguas. De un modo similar, incluso los aprendices más avanzados afirman que «*the cup broke*» no es una frase aceptable en inglés porque las tazas no se desintegran de una forma espontánea y que se requiere algún tipo de causa, incluso a pesar de que su equivalente literal «*het kopje brak*» sea perfectamente normal en holandés. Estos últimos ejemplos son también muy convenientes para volver al artículo de 1978 que mencioné brevemente con anterioridad.

Como se dijo antes, el inglés y el holandés son lenguas estrechamente relacionadas. Tomemos como ejemplo el verbo polisémico *break* (romper). Este verbo tiene usos literales, como en *he broke his leg* (se rompió la pierna) o *she broke the vase* (ella rompió el jarrón) y usos metafóricos como *she broke his heart* (ella le rompió el corazón) o *he broke his promise* (él rompió su promesa). Otra forma de considerar los diferentes usos de *break* es en términos de concreción: piernas, jarrones, una voz que se quiebra-rompe de emoción *(a voice breaking with emotion)* o las olas rompiendo en la orilla *(the waves breaking on the shore)* son todos ejemplos concretos, mientras que las promesas y los corazones que se rompen y los récords que se baten/rompen[*] *(broken promises, hearts and world records)* son claramente abstractos. Todos estos usos y algunos más pueden traducirse al holandés utilizando el cognado holandés *breken*. No obstante, y a pesar de la considerable coincidencia entre el holandés y el inglés a este respecto, los aprendices holandeses de inglés albergan unas expectativas consistentes acerca de la equivalencia entre *breken* y *break*, aunque estas expectativas también subestimen el grado de similitud en el uso entre los dos verbos.

En el mencionado estudio de 1978 solicité de un elevado número de aprendices holandeses de inglés, de muy diversos niveles, que decidieran si *break* resultaría la traducción adecuada de *breken* en un determinado número de ejemplos similares a los del párrafo anterior.

Sin contar alguna excepción, todos los casos holandeses podían traducirse directamente utilizando *break*. Así, si los estudiantes rechazaban la equivalencia L1-L2, no lo harían a partir de sus conocimientos del inglés sino de su propia intuición. En la tabla 1.1, que con objeto de hacer la exposición más clara presenta sólo doce de los diecisiete estímulos originales, se proporciona el porcentaje de aceptaciones de la traducción equivalente para cada uso.

En esta tabla no se han tenido en cuenta los diferentes niveles de competencia de los sujetos, ya que este dato no afecta materialmente al orden general de preferencia en las predicciones de equivalencia. Se puede observar que existe una variación considerable en la aceptación de las equivalencias, del 100 % de aceptación que recibe *breaking a leg* (romperse una pierna) al 89 % de rechazo de *breaking a strike* (romper una huelga).

Esta gran amplitud en la variación requiere una explicación: ¿por qué es más probable que unos usos se consideren más ingleses que otros, dado el evidente parentesco entre los dos verbos? Consideremos simplemente las implicaciones de la tabla. La aceptabilidad variable de los usos de *break* en inglés no apoya una postura basada en la transferencia del tipo que propone el principio de «transferencia a algu-

---

[*] En aquellas expresiones en las que el verbo inglés *break* no se traduce por el verbo castellano *romper* aparece la traducción correcta en castellano separada por una barra de la traducción literal. (*N. del t.*)

TABLA 1.1. *Es* 'breken' = 'break'?

%	*Es breken = break?*
100	1. He broke his *leg* (Él se rompió la pierna)
97,5	2. She broke his *heart* (Ella le rompió el corazón)
79	3. The *cup* broke (La taza se rompió)
75	4. A broken *man* (Un hombre destrozado)
74	5. He broke his *word* (Rompió su palabra)
63	6. They broke the world *record* (Batieron/rompieron el récord mundial)
43	7. The *waves* broke against the rocks (Las olas rompían contra las rocas)
35	8. Who broke the *ceasefire*? (¿Quién rompió la tregua?)
27	9. The enemy *resistance* was broken (Se rompió la resistencia del enemigo)
21	10. His *fall* was broken by a tree (Su caída fue detenida/rota por un árbol)
21	11. His *voice* broke when he was 13 (Su voz se rompió a los 13 años)
11	12. Some workers broke the *strike* (Algunos trabajadores rompieron la huelga)

na parte» de Andersen (1983), que entre otras cosas predice que los aprendices sólo transferirán una entidad de la L1 cuando la L2 parezca mostrar evidencia de equivalencia. Ya que *breken* y *break* están evidentemente relacionados, tenemos también esta «transferencia a alguna parte», pero no es completa. Al menos por lo que concierne a este estudio, existen restricciones que afectan la suposición de equivalencia. Éste es precisamente el significado de *homoiofobia*.

Puede objetarse que un estudio como éste es artificial: está claro que si se pide a los sujetos que emitan juicios debe haber truco por alguna parte. Incluso si un aprendiz cree que todos los usos de *breken* pueden traducirse por *break*, existe claramente una segunda intención en el ánimo del investigador. Así es que quizá se han colado en los resultados algunos ejemplos como respuesta a lo que se han considerado «preguntas trampa». Esta objeción puede rebatirse reconociendo que, si bien es posible que los sujetos alberguen sospechas acerca de estas preguntas, la consistencia en el patrón observado en los juicios de los aprendices requiere alguna explicación. Es muy extraño que algún individuo se desvíe de forma radical de la clasificación general que se muestra en la tabla 1.1. Es más, si tomamos los usos de *breken* que presentan un alto índice de rechazo en inglés y pedimos a otro aprendiz holandés que los traduzca obtendremos una visión más detallada de las estrategias empleadas para evitar la equivalencia en la traducción. Consideremos los siguientes ejemplos:

Texto original:

zijn	val	werd	door een boom	gebroken
his	fall	was	by a tree	broken

«his fall was broken by a tree»
[Su caída fue detenida por un árbol]

Traducción del aprendiz holandés:
As he hit a tree in his fall, his fall was not that serious
(Como chocó contra un árbol al caer, la caída no fue tan grave)
His fall was softened by a tree
(Su caída fue amortiguada por un árbol)

Texto original:
Het kopje brak
«The cup broke»
(La taza se rompió)

Traducción del aprendiz holandés:
The cup was broken
(La taza fue rota)
The cup burst
(La taza estalló)

Texto original:
Zijn stem brak toen hij 13 jaar oud was
his voice broke when he 13 year old was
«his voice broke when he was 13 years old»
[Mudó de voz/Se le rompió la voz cuando tenía 13 años]

Traducción del aprendiz holandés:
His voice changed when he was 13
[Su voz cambió cuando tenía 13 años]
His voice deepened when he was 13
[Su voz se hizo más profunda cuando tenía 13 años]

Casos como éste son ejemplos de lo que puede denominarse «evitación» (Schachter, 1974), aunque según lo entiende Schachter este fenómeno se produce como respuesta a una experiencia anterior que implicaba diferencias problemáticas entre la L1 y la L2: uno evita lo que se sabe que es difícil. Aquí, sin embargo, se trata de diferencias *anticipadas*; de nuevo, *homoiofobia*.

Volvamos a los usos diversos que tiene *breken* en holandés y busquemos una explicación para las diversas restricciones de traducibilidad que detectamos en la tabla 1.1. Para ello haré uso de las nociones de prototipicidad y pertenencia a una categoría por medio de la consideración de «*fruit*» (fruta). «*Fruit*» es una categoría natural, un término superordenado, de muchísimos miembros. Supongamos que se nos pide que hagamos una lista con el mayor número de términos de fruta posible en treinta segundos. Mi lista (como la de otros europeos del norte) será probablemente distinta de la de un español, pero sí que citaré manzanas, peras, plátanos, naranjas, y también fresas, frambuesas, melocotones y cerezas. Sin duda, incluiría frutas como el higo, los kiwis, mangos y otras variedades de frutas del bosque también. Algunos europeos presumidos incluso nombrarían los duriones, mangostanes, rambutanes o los tomates.

Sin embargo, no se trata solamente de que sea poco probable que frutas del tipo de los duriones y los tomates aparezcan frecuentemente, sino que incluso si aparecen en la lista lo harán hacia el final (cuando se acaban los treinta segundos). No son lo que consideramos el «prototipo de fruta».[1] Aquellos en los que pensamos primero pueden considerarse los mejores ejemplos de la categoría fruta; es decir, son representativos de tal categoría. Incluso aunque un experto en botánica clasifique al tomate como a una fruta, para la mentalidad popular sólo lo es marginalmente, si es que lo es. Es mucho más probable encontrarlo dentro de la categoría *hortalizas*.

Tomemos ahora la categoría «tipos de *breken* o *break*». Mi hipótesis era esencialmente la siguiente: cuanto más prototípico se considera un uso determinado de *breken*, más probable es que el aprendiz asuma que es equivalente en inglés. Si pidiéramos a hablantes de holandés que nos dieran una lista de frases para ilustrar cómo puede usarse este verbo se podría predecir que algunos usos aparecerían con más frecuencia que otros. Quizá usos que implicaran la rotura de enseres concretos de la casa y de huesos figurarían por delante de otros, pero en una tarea de este tipo nunca aparecerían los usos más marginales. Es necesario un enfoque diferente para determinar si la variación percibida en la traducibilidad de *breken* por *break* está determinada por las intuiciones acerca de la prototipicidad de sus usos en holandés.

Un modo fácil e incluso agradable de hacerlo consiste en solicitar a hablantes nativos que agrupen los diferentes significados del verbo en holandés según la similitud del contenido. Con este fin se escribieron en tarjetas diferentes todos y cada uno de los usos particulares de *breken* (diecisiete en total) incluidos en una frase ilustrativa (como las de la tabla 1.1 pero, por supuesto, en holandés). Se dijo a los sujetos (un total de 50 adultos universitarios) que podían construir tantos montones como necesitaran. Si les parecía que todos los usos de *breken* tenían en realidad un único significado podían colocarlos en un solo montón; si opinaban que eran todos diferentes podían hacer diecisiete montones distintos cada uno de una sola tarjeta. El resultado fue inevitablemente un punto intermedio. Algunos sujetos apilaron muchos montones y otros fueron más comedidos.

El siguiente paso fue calcular una matriz de similitud a partir de los juicios emitidos. Para ello se emparejaron todas las frases (17 frases [17 × 16 : 2 =], 136 pares). El número de veces que un determinado par de tarjetas aparece como tal en el mismo montón se toma como medida de similitud. Si los 50 sujetos colocan un determinado par en el mismo montón se considera que los significados son idénticos (100 %). Por otra parte, si no hay montones en los cuales se repite una pareja concreta podemos asumir que «nuestro hablante holandés universitario medio» no consigue ver ninguna semejanza entre los dos *brekens* (0 %).

Presentamos ahora la matriz de similitud que puede extraerse a partir de los juicios de los hablantes holandeses sobre los doce *brekens* que se consideran en este capítulo. Las cifras representan el porcentaje de sujetos que colocaron una pareja concreta en el mismo montón. La matriz debe interpretarse como un cuadro de distan-

TABLA 1.2. *Matriz de similitud de los usos de* breken *en holandés*

olas										
28	pierna									
28	90	taza								
06	02	02	hombre							
06	02	02	82	corazón						
06	0	0	16	30	palabra					
08	0	0	08	14	40	tregua				
06	0	0	08	14	36	90	huelga			
08	06	06	12	18	26	30	26	récord		
14	04	04	12	14	08	06	12	18	voz	
36	14	14	02	08	10	08	02	04	22	caída
08	0	0	04	12	30	68	34	22	08	12	resistencia

cias de un mapa de carreteras pero al revés; es decir, cuanto más alta sea la cifra, más próximos pueden considerarse los significados. Nótese más adelante cómo, por ejemplo, el 12 % colocó el equivalente holandés de *broken man* (hombre deshecho) y *they broke the world record* (batieron/rompieron el récord del mundo) en el mismo montón, lo que indica que estos dos *breaks* no fueron considerados particularmente semejantes, mientras que el 82 % colocó juntos *broken man* y *she broke his heart* (ella le rompió el corazón). El 90 % de los sujetos colocó juntos *he broke his leg* (se rompió la pierna) y *the cup broke* (la taza se rompió), mientras que el mismo número consideró juntos *who broke the ceasefire* (quien rompió la tregua) y *some workers broke the strike* (algunos obreros rompieron la huelga). Hay, sin embargo, ocho posibles emparejamientos que nunca se dan y otros 26 (de un número total de 66) que colocan juntos menos del 10 % de los sujetos.

La analogía del cuadro de distancias de un mapa de carreteras nos sigue resultando útil. De la misma forma que un cuadro de distancias puede construirse a partir de un mapa de carreteras bidimensional, en teoría también es posible construir un mapa bidimensional rudimentario a partir del cuadro de distancias.

Tendría que añadirse información adicional para reconciliar la orientación del mapa con los hechos geográficos conocidos: sabemos, por ejemplo, que Amsterdam y Madrid están más o menos a 1.800 km de distancia, pero también sabemos que Amsterdam es la que está más al norte y más al este de las dos. Pero al construir un mapa de los *brekens*, no tenemos una idea de orientación equiparable. Nuestro cometido es encontrar una, y determinar los principios que organizan el mapa que se presenta más abajo en la figura 1.1.*a*.

Se reconocerán fragmentos de la matriz de similitud de la tabla 1.2, ya que los usos que aparecen agrupados en el mapa (como ciudades adyacentes) también eran colocados en los mismos montones con más frecuencia (por ejemplo, pierna y taza, hombre y corazón, huelga y tregua, tregua y resistencia). Pero aún más interesante que esto último es la disposición de los usos a lo largo de los ejes norte-sur y este-oeste del mapa. Tomando primero el eje N-S observamos el orden siguiente: *leg* (pierna), *cup* (taza), *man* (hombre), *heart* (corazón), *record* (récord), *fall* (caída), *voice* (voz), *strike* (huelga), *ceasefire* (tregua), *resistance* (resistencia). La dimen-

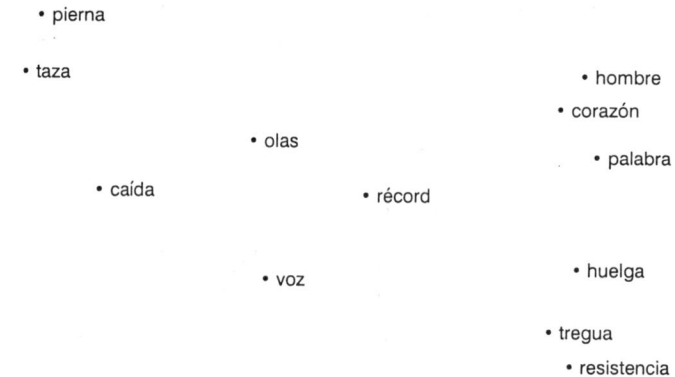

Fig. 1.1.a. «Mapa» de los distintos usos de breken basado en las intuiciones de similitud de los holandeses.

sión O-E se estructura así: *cup* (taza), *leg* (pierna), *fall* (caída), *waves* (olas), *voice* (voz), *record* (récord), *resistance* (resistencia), *heart* (corazón), *man* (hombre), *ceasefire* (tregua), *word* (palabra), *strike* (huelga).

Ahora bien, ¿qué quiere decir tal disposición de usos en dichas dimensiones, si es que quiere decir algo? Mi propuesta es que la dimensión N-S es en realidad una escala de prototipicidad; los usos más al norte son los que mejor ejemplifican el significado prototípico de *breken*. Según bajamos hacia el sur vamos encontrando usos que se van apartando cada vez más de este significado prototípico. Lo que resulta más interesante de este orden es que usos metafóricos como los asociados a *man* o *heart* se sitúen en puntos relativamente elevados, por lo que yo defendería que también éstos constituyen usos prototípicos de *breaking*. Aunque es cierto que ni los humanos ni los corazones son literalmente rompibles (a menos que se congelen en nitrógeno líquido), los percibimos (y a todo nuestro cuerpo en general) como sólidos metafóricos, contenedores de emoción. Considérense, por ejemplo, expresiones del inglés del tipo *I feel shattered* (estoy hecho polvo); *he couldn't take the strain* (no pudo soportar la presión); *he cracked under pressure* (se derrumbó por la presión); *he went totally to pieces* (se hizo pedazos); *but he'll pull himself together eventually* (pero al final se recompondrá); *he poured out his heart to me* (me abrió su corazón); *a heart of gold/stone* (un corazón de oro/de piedra); *my heart melted* (se me derritió el corazón), etc., etc. Cuando se ha realizado un salto conceptual de ese tipo es posible apreciar que *breken/break* está siendo usado en realidad en su sentido más prototípico en el caso de *man* y *heart*. En el caso de *waves* (olas) creo que nos encontramos ante un uso menos prototípico de *breken/break*. Aunque el agua en grandes cantidades puede ser considerada como incontable (*a solid wall of water came rushing towards us*: una sólida cortina de agua se precipitaba sobre nosotros; *the surf smashed against the shore*: la espuma rompía en la orilla), en mi opinión, *break* se emplea aquí en un sentido un tanto diferente. Volveré después a este punto. En el caso de *word* (romper la palabra de uno), como en el de *promise* (romper una promesa), podemos observar, según el modo en que es empleado en otras expresiones (*I give you my word*: te doy mi palabra; *she made me a promise*: me hizo una promesa; *he never keeps his word/promise*: nunca mantiene su pala-

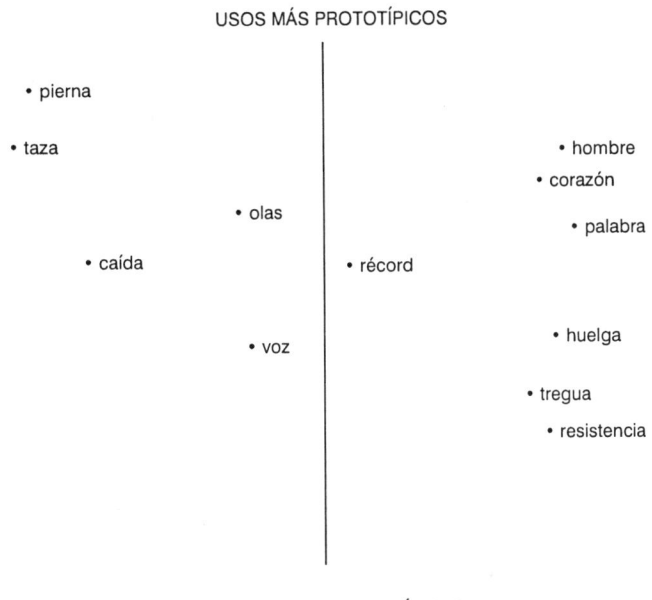

FIG. 1.1.b. *Disposición de los usos de* breken *a lo largo de la dimensión de la prototipicidad.*

bra/promesa), que se trata de otro sólido metafórico. Probablemente aparece muy al final en la escala de prototipicidad porque, a diferencia de *man, heart* y *waves*, no existe un objeto determinado que se pueda señalar e identificar como una «palabra» en el sentido en el que aquí se emplea. La figura 1.1.*b* ilustra la disposición de usos dentro de la dimensión de prototipicidad.

Consideremos ahora la dimensión O-E. Ésta resulta mucho más fácil de interpretar. Según avanzamos hacia el este parece como si los cinco primeros usos (*cup, leg, fall, waves* y *voice*) sean todos concretos o literales o se les pueda adjudicar una imagen, o como quiera que etiquetemos los usos que se refieren a acontecimientos que podemos percibir directamente: vemos u oímos tazas que se caen, sentimos o vemos (gracias a los rayos X) huesos que se rompen, vemos o experimentamos caídas que son interceptadas, vemos u oímos cómo las olas se rompen en las rocas y escuchamos el sonido de una voz quebrada. Es discutible si los sentidos restantes a lo largo del eje O-E son perceptibles de alguna forma, aunque sus efectos sí que pueden serlo. Por estas razones, a esta dimensión la denominaremos dimensión de lo concreto (fig. 1.1.*c*).

Lo que estos mapas demuestran es la existencia de una estructura que subyace a la conducta clasificadora. Aunque los hablantes nativos realicen clasificaciones a partir de una base de similitud (tal y como revelan los agrupamientos de los diferentes usos que aparecen en el mapa de la tabla 1.1), las figuras 1.1.*b* y 1.1.*c* revelan dimensiones probablemente inconscientes de su conducta clasificadora que sólo se ponen de manifiesto tras la manipulación informática de la matriz de similitud de la tabla 1.2.

El siguiente paso es simple: estamos buscando pruebas del papel de la prototipicidad en la determinación de los juicios emitidos por estudiantes holandeses acerca

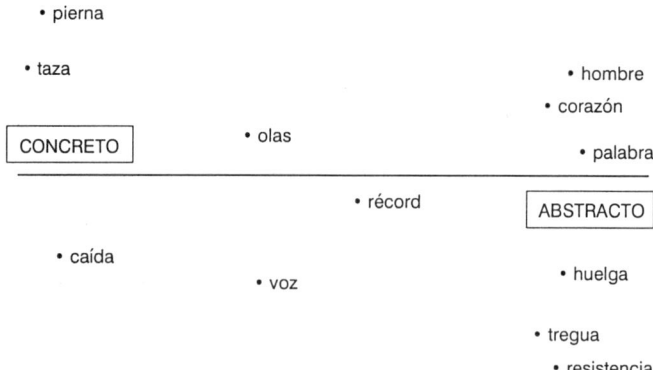

FIG. 1.1.c. *Disposición de los usos de* breken *en la dimensión de prototipicidad.*

de la traducibilidad de los variados usos de *break*, así es que lo que tenemos que hacer es una comparación estadística del orden de preferencia en los juicios de traducibilidad de la tabla 1.1 y el orden de usos a lo largo de la dimensión de prototipicidad (fig. 1.1.*b*), y con objeto de conseguir una medición correcta también sería interesante comparar dichos usos con el orden de preferencia dentro de la dimensión de lo concreto (fig. 1.1.*c*), tal y como aparece en la tabla 1.3.

No se necesita ser un experto en estadística para ver que existe un paralelismo claro entre los órdenes de preferencia de la columna de la izquierda (prototipicidad) y la del centro (traducibilidad), ni para ver que existe además poca relación entre los órdenes de las columnas de la derecha (lo concreto) y la de la traducibilidad.

Tests estadísticos adecuados podrían muy bien corroborar esta última afirmación. Una deducción razonable sería, por tanto, decir que la dimensión de prototipicidad, más que la de lo concreto, subyace a la posibilidad de traducir *breken* por *break*.

¿Cómo explicar entonces que '*the cup broke*' fuera considerada como inglés aceptable sólo por el 79 % de los sujetos si constituye uno de los usos prototípicos de

TABLA 1.3. *Comparación de los datos de traducción con la ordenación de los usos en las dimensiones de lo prototípico y lo concreto*

Dimensión de lo prototípico	Juicios de traducibilidad	Dimensión literal-metáfora
1. pierna	1. pierna	3. taza
3. taza	2. corazón	1. pierna
4. hombre	3. taza	10. caída
2. corazón	4. hombre	7. olas
7. olas	5. palabra	11. voz
5. palabra	6. récord	6. récord
6. récord	7. olas	9. resistencia
10. caída	8. tregua	2. corazón
11. voz	9. resistencia	4. hombre
12. huelga	10. caída	8. tregua
8. tregua	11. voz	5. palabra
9. resistencia	12. huelga	12. huelga

breken? En este punto debemos reconocer la existencia de un factor añadido, la fuerza pragmática de la producción misma. Aunque *het kopje brak* (*literalmente 'the cup broke'*: la taza se rompió) es holandés normativo, lo cierto es que un 21 % de estos aprendices rechazó *'the cup broke'*. La mayoría de estos estudiantes pertenecía al grupo de los más aventajados (universitarios de tercer año). Se les preguntó a algunos de ellos por qué habían rechazado esta opción, y la respuesta fue que «las cosas no se rompen espontáneamente, debe existir un agente». De ahí que su traducción de *het kopje brak* fuera *'the cup was broken'* o *'someone broke the cup'*, implicando ambas construcciones (pasiva y activa) la existencia de un agente responsable de la destrucción de la copa. Otra solución que proporcionaban era *'the cup cracked'* (la taza se agrietó). Esta última propuesta es interesante por cuanto *'to crack'* en holandés *(barsten)* es, en contraste con *break*, necesariamente intransitivo. Los alumnos menos avanzados se vieron menos afectados por este problema de transitividad/intransitividad, y además, si se proporcionaba una «justificación» para la acción de romper (ej.: *'he squeezed the cup until it __'*: «apretó la taza hasta que ____»), ningún estudiante de inglés dudaba en rellenar el hueco solamente con *break*.

Estos resultados muestran que la influencia de la primera lengua, al menos por lo que se refiere al significado de la palabra, puede resultar bastante sutil. Podría esperarse que los aprendices holandeses sacaran partido de la similitud entre las dos lenguas, pero no es éste el caso de aquellos con los que normalmente tengo relación, ni siquiera de los menos avanzados. Proceden con cautela, asumen una serie de posibles equivalencias que puede predecirse por medio de probabilidades que surgen de sus intuiciones como hablantes nativos de holandés. Ninguna comparación lingüística estructural del estilo del análisis contrastivo de Lado podría predecir o dar cuenta de los fenómenos que he descrito anteriormente, del mismo modo que tampoco lo haría la hipótesis de la evitación de Schachter. Los datos anteriores acentúan la necesidad del establecimiento de una dimensión psicolingüística que prediga y explique la transferencia de la L1 a la L2.

2. Polisemia, metáfora y nuestra experiencia sobre *breaking*

Volvamos, en la última parte de este capítulo, a algunos temas dignos de interés. *Breken* y *break* son verbos muy polisémicos, tanto en inglés como en holandés, y comparten multitud de usos. Algunos parecen ser más prototípicos que otros. Pero ¿qué significa que el uso A es prototípico y el uso B no? ¿Estamos tan sólo ante un único significado abstracto subyacente de *break* y una serie de reglas contextuales para construir el matiz preciso en cada uso? ¿O se trata, digamos, de una serie de significados, quizá un grupo polisémico, y una serie de homónimos casuales sin relación entre sí? La última opción no parece muy razonable, dada la no demasiado obvia semejanza entre, pongamos por caso, tazas que se rompen y voces que cambian/rompen.

Es en este punto donde merece la pena considerar las últimas corrientes de la teoría lingüística cognitiva. Lingüistas como Lakoff (p. ej., 1987; véase también Ungerer y Schmid, 1996) propondrían que incluso usos no prototípicos que conten-

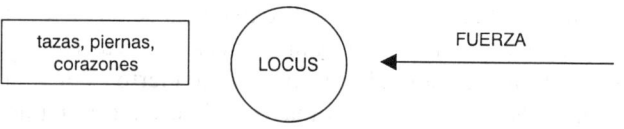

Fig. 1.2. *Break₁*.

gan *breken/break* tienen sentido para los hablantes nativos de holandés e inglés, respectivamente, a causa precisamente de su experiencia de romper cosas y de que las cosas se rompan en nuestro entorno inmediato, una experiencia del mundo real iniciada probablemente en la infancia «prelingüística». Éste es el punto de vista de la polisemia extrema: todos los *breaks* en sus usos más variados no sólo están relacionados entre sí, sino que todos derivan de nuestra experiencia «corporeizada» de ruptura *(breakage)* que proviene del mundo real (véase Johnson [1987] para el concepto de corporeización —*embodiment*—). Se les aplica una fuerza y los objetos pierden su integridad. Podríamos, tal y como hace la lingüística cognitiva, representar el sentido prototípico de *breken/break* (BREAK₁ a través del simple diagrama que presentamos en la figura 1.2), en el que una línea que representa una fuerza actúa sobre un objeto representado simbólicamente por un círculo (un 'locus' en el lenguaje de la lingüística cognitiva), que en última instancia no puede resistirse a la fuerza. Lo que está «en el punto de mira» es el objeto/el locus. Este diagrama también simbolizará la ruptura de «objetos» metafóricos tales como *corazón* u *hombre*.

Cambiar de este sentido de *breken* al sentido que encierran usos como *to break the world record* (batir/romper el récord del mundo) o *to break soundbarrier* (romper la barrera del sonido) o *a scientific breakthrough* (un gran descubrimiento científico) requiere tan sólo una pequeña transformación de fuerza y de locus (BREAK₂). Esta vez la fuerza opera sobre una barrera unidimensional inicialmente resistente, y es la fuerza misma la que está en el punto de mira (fig. 1.3). La «barrera» puede también ser metafórica: un estándar preexistente difícil de superar, como el actual récord del mundo o limitaciones persistentes en el estado actual del conocimiento.

Una tercera acepción de *break* (BREAK₃) se refiere a casos no muy diferentes a los de BREAK₂. En esta ocasión la fuerza está de nuevo en el punto de mira, pero encuentra algún tipo de resistencia total o parcial. La fuerza es la que se rompe, proporcionándonos ejemplos como *his fall was broken by a tree* (un árbol detuvo su caída), *windbreak* (cortavientos), *firebreak* (cortafuegos), *breakwater* (rompeolas). Consi-

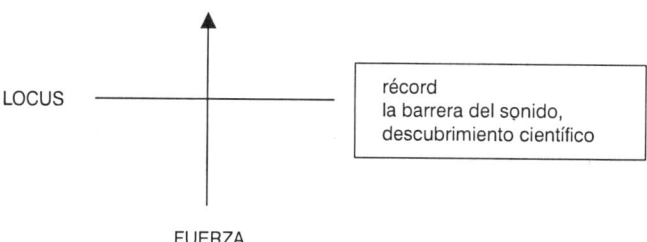

Fig. 1.3. *Break₂*.

Fig. 1.4. *Break₃*.

dero también oportuno incluir *waves breaking on the shore* (las olas rompiendo en la orilla) en esta categoría (fig. 1.4).

Un último caso que me gustaría considerar (BREAK₄) lo constituyen aquellos usos de *break* que el inglés no comparte con el holandés, tales como *to break the news* (comunicar una noticia). En esta ocasión el punto de mira está de nuevo en el objeto, un contenedor (metafórico) en el que la fuerza actúa *desde dentro*. Un observador externo no puede ver el interior del contenedor hasta que éste se rompe. Esta representación de *break* también explica expresiones del tipo *outbreaks of deseases, pimples and war* (brotes de una enfermedad, de granos, declaración de guerra), *jailbreaks* (fugas de la cárcel), y la imagen de unos zorros *breaking cover* (saliendo a campo raso en una cacería) (fig. 1.5).

Nótese cómo todos los diagramas esquemáticos de estas cuatro acepciones de *break* son fundamentalmente simples variaciones la una de la otra. No he cubierto en mi exposición todos los posibles usos de *break*, y no espero que todo el mundo esté de acuerdo con mis interpretaciones, pero pueden suponer algún tipo de apoyo para las mismas los dibujos espontáneos realizados por adultos ingleses y holandeses a los que se les pidió que explicaran visualmente por qué «se bate/rompe un récord del mundo», por qué «se detiene/rompe una caída» y por qué «las noticias salen a la luz-se rompen/» *(news breaks)*. Reproduzco aquí tres series de dibujos (figs. 1.6.*a-c*). Como puede observarse, presentan una considerable semejanza con el esquema que proporciono para los diversos significados de *break*.

Diagramas como éstos no sólo esquematizan la interacción de las fuerzas y *loci*

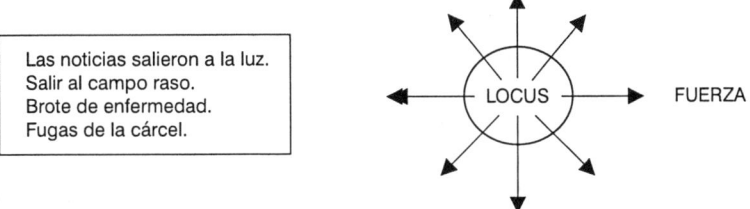

Fig. 1.5. *Break₄*.

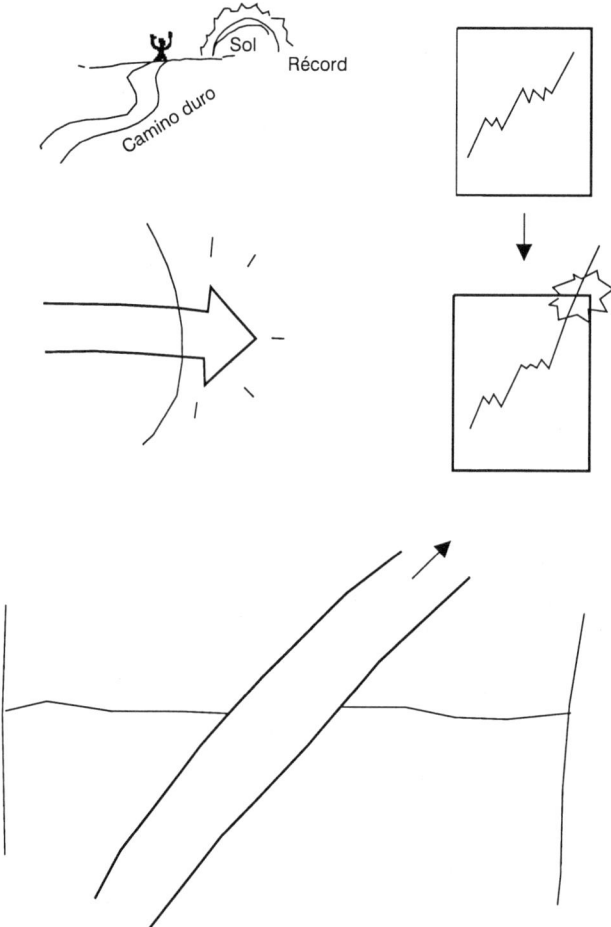

FIG. 1.6.a. *Dibujos espontáneos de «batir/romper un récord del mundo»* (to break a world record).

que se asocian a la idea de ruptura, también indican el grado de relación entre los distintos usos. Me parece importante señalar que no trato de defender la existencia de un significado abstracto de *break* que subyace a todos sus usos; considero más bien que todos los hablantes ingleses y holandeses tienen una noción prototípica de lo que *break/breken* significa a partir de sus tempranas y prolongadas experiencias de «ruptura». Este prototipo puede también ser transformado para expresar usos no prototípicos motivados por el esquema prototípico.

El interesante experimento llevado a cabo por Harrington (1992) puede proporcionar evidencia de que los aprendices hacen uso de su comprensión del prototipo para dar sentido a lo que parecen ser usos muy idiomáticos. En esta ocasión la palabra en cuestión es *stand* (estar de pie), pero en su versión japonesa, *tatsu*. Se enseñó a sujetos norteamericanos sin conocimiento previo de japonés la transliteración inglesa de expresiones con *tatsu* que no tienen equivalente en este idioma. Por ejemplo, en japonés se puede decir *my teeth don't stand* (No puedo hacerlo, me sobrepasa),

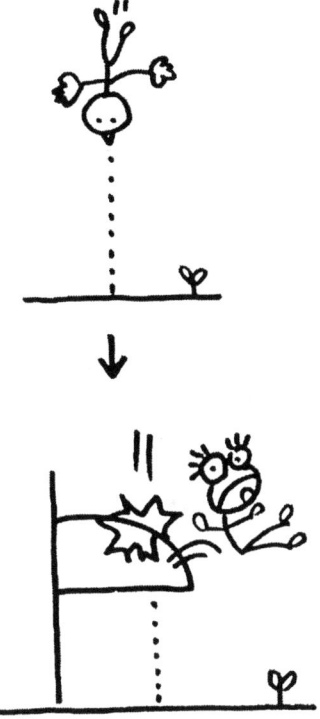

Fig. 1.6.b. *Detener la caída* (breaking a fall).

my stomach stands (Estoy enfadado) y *the liquid stands easily* (se evapora fácilmente). Estas expresiones son opacas semánticamente hablando, y ciertamente desconcertaron a la muestra de hablantes nativos norteamericanos del estudio de Harrington cuando se enfrentaron a la tarea de interpretarlas sin entrenamiento previo.

En dicho experimento, Harrington pidió a sus sujetos que se aprendieran estas expresiones transliteradas literalmente del japonés, emparejadas, bien con una paráfrasis verdadera/correcta (como *my stomach stands* = estoy enfadado), con una paráfrasis falsa pero plausible (*my stomach stands* = estoy distraído) o con un significado antonímico (*my stomach stands* = estoy feliz). Si estos usos del japonés están efectivamente relacionados con la experiencia física que supone *standing*, entonces la predicción será que los sujetos obtendrán mejores resultados en los casos en que han aprendido las opciones verdaderas. Y efectivamente así fue. Los sujetos reconocieron las paráfrasis auténticas y las recordaron más rápidamente y con mayor precisión que las opciones falsas o los antónimos. Según Harrington, si la comprensión de los significados de *stand* en japonés no hubiera sido facilitada por la comprensión de lo que conlleva el acto de *standing*, los significados antónimos o falsos pero plausibles habrían demostrado ser tan «aprendibles» como los auténticos. Sin embargo, no fue ése el caso.

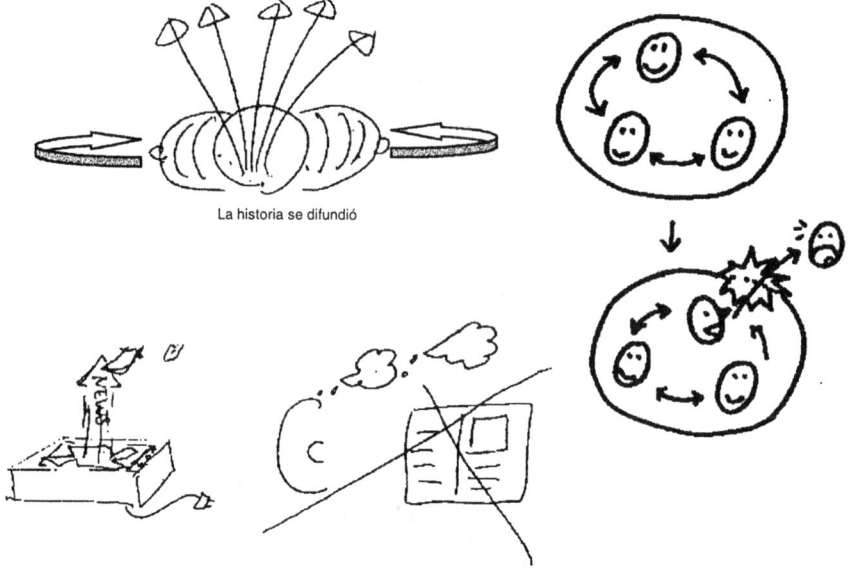

FIG. 1.6.c. *Las noticias salieron a la luz / la historia se difundió* (the news / the story broke).

Conclusión

En este capítulo he sugerido que incluso cuando se trata de lenguas que son tipológicamente próximas, los aprendices pueden no hacer uso de las similitudes obvias entre la L1 y la L2 (homoiofobia). En su lugar adoptan una postura conservadora en relación al paralelismo entre las lenguas. Las decisiones acerca de qué usos pueden ser traducidos a la L2 parecen depender de las intuiciones de prototipicidad en la lengua nativa. La noción de prototipicidad, según se ha afirmado aquí, deriva de la experiencia física real de actividades como *breaking* (y *standing*), y es el grado de prototipicidad de un uso determinado lo que determinará si se considera transferible o no. Por lo que respecta a la polisemia, está claro que la comparación estructural de la L1 y la L2 no servirá necesariamente como fuente de predicciones acerca de la transferencia, siendo necesaria una búsqueda de restricciones de tipo psicolingüístico que determine la homoiofobia.

Bibliografía

Andersen, R. (1983): «Transfer to somewhere», en S. Gass y L. Selinker (eds.), *Language Transfer in Language Learning*, Rowley, Mass., Newbury House.
Dulay, H.; Burt, M. y Krashen, S. (1982): *Language Two*, Oxford, Oxford University Press.
Ellis, R. (1994): *The Study of Second Language Acquisition*, Oxford, Oxford University Press.

Gass, S. y Selinker, L. (1994): *Second Language Acquisition: An Introductory Course*, New Jersey, Lawrence Erlbaum.
Harrington, M. (1992): «Prototype theory and lexico-semantic organisation», comunicación presentada en The Second Language Research Forum, Michigan State University, 4 de abril de 1992.
Johnson, M. (1987): *The Body in the Mind: The Bodily Basis of Meaning, Imagination, and Reason*, Chicago, Chicago University Press.
Kellerman, E. (1977): «Towards a characterisation of the strategy of transfer in second language learning», *Interlanguage Studies Bulletin*, 2, pp. 58-145.
— (1978): «Giving learners a break: native language intuitions a source of predictions about transferability», *Working Papers on Bilingualism*, 15, pp. 59-92.
Lado, R. (1957): *Linguistics across Cultures*, Ann Arbor, University of Michigan Press.
Lakoff, G. (1987): *Women, Fire and Dangerous Things*, Chicago, University of Chicago Press.
Mitchell, R. y Myles, F. (1998): *Second Language Learning Theories*, Londres, Arnold.
Larsen-Freeman, D. y Long, M. H. (1991): *An Introduction to Second Language Acquisition Research*, Harlow, Longman.
Schachter, J. (1974): «An error in error analysis», *Language Learning*, 24, 2, pp. 205-214.
Ungerer, F. y Schmid H.-J. (1996): *An Introduction to Cognitive Linguistics*, Londres, Longman.

Nota

1. Esto no es obstáculo para que la gente que vive en el Sureste asiático considere efectivamente a los duriones, los mangostantes y los rambutanes como prototipo de fruta.

CAPÍTULO 2

LA TEORÍA CHOMSKIANA Y LA ADQUISICIÓN DE LA GRAMÁTICA NO NATIVA: A LA BÚSQUEDA DE DESENCADENANTES

por JUANA M. LICERAS y LOURDES DÍAZ

1. Introducción

La teoría chomskiana, con los tres pilares en que se fundamenta su análisis del lenguaje, constituye una propuesta adecuada e incluso apasionante para el estudio de la adquisición del lenguaje en general y del lenguaje no nativo en particular. Los tres pilares a que nos referimos son: 1) la búsqueda de cuál pueda ser el fundamento biológico, es decir, la capacidad genética (lo que se ha denominado «Gramática Universal»); 2) la determinación de las características del órgano mental, realizado en el cerebro, que se denomina lenguaje, es decir, la dimensión psicológica del modelo, y 3) la propuesta lingüística que se propone explicar de qué forma la dotación genética configura todas y cada una de las lenguas naturales.

Esta «utopía» tripartita, tan admirada como criticada, no debería verse como una amenaza al estudio de la adquisición del lenguaje desde otros enfoques o al estudio de otros aspectos de la misma, ya que, si bien es un hecho que la adquisición en el aula presenta características específicas, lo que nosotros vamos a presentar es un modelo que trata de explicar la adquisición haciendo abstracción del contexto en que se produce, pero que no niega que ese contexto juegue un papel determinante digno de ser estudiado en sí mismo. De hecho, no tendría sentido plantearse el estudio globalizador y coherente de la adquisición de segundas lenguas en el aula a partir simplemente del modelo que nos ocupa. Ahora bien, tampoco se puede prescindir de un modelo que nos ayude a reformular preguntas, replantear problemas, comprobar hipótesis, separar el problema lógico del problema real de la adquisición, delimitar el papel de lo innato y del medio, abordar los sistemas de representación por un lado y los procedimientos de «selección» del *input* lingüístico por otro, y, finalmente, situar la adquisición de L2 en el aula en relación con la adquisición natural de L2, de la L1 y de la adquisición de corte patológico. Es más, ni el problema lógico ni el problema del desarrollo pueden prescindir del individuo que adquiere el lenguaje y de sus características biológicas y psicológicas, entre las cuales la edad juega sin duda un papel fundamental.

Uno de los objetivos centrales que se plantea la teoría chomskiana es dar cuenta del problema lógico de la adquisición del lenguaje (también denominado el problema de la «aprendibilidad»). Para ello se parte del supuesto de que existe una predisposición genética (una dotación biológica) específicamente lingüística (un «gen» o «genes» del lenguaje) que, en contacto con una lengua natural, se desarrolla («crece», en la terminología chomskiana) de forma que da lugar a una estructura cerebral (un «órgano mental») también específica: la lengua-I (lengua interna) del hablante nativo de castellano, francés, chino o mohawk. Según esta visión de la adquisición del lenguaje, que se ve como «selección» por oposición a «instrucción» (Piatelli-Palmarini, 1989; Liceras, 1996a), es esa dotación genética, la Gramática Universal (GU), la que guía la selección de los datos con los que el aprendiz entra en contacto para fijar así los parámetros de la lengua en cuestión. Es decir, la GU es sensible a la variedad paramétrica típica de las lenguas naturales. Esa sensibilidad permite que se activen los rasgos que los desencadenantes del medio (de una de las lenguas naturales) favorezcan.

Los desencadenantes, si bien no necesariamente de forma explícita, han aparecido sistemáticamente en los trabajos de adquisición de las lenguas maternas y las lenguas no nativas, y son un elemento fundamental no sólo para dar cuenta del problema lógico de la adquisición del lenguaje sino también para dar cuenta del problema real (el desarrollo, el proceso, el *cuándo* y el *cómo*) de la adquisición del lenguaje (Liceras, en preparación, *a*). En este sentido, sirven de puente entre dos de los elementos que determinan la creación de una gramática dada: el *input* o experiencia lingüística (con sus desencadenantes) y el dispositivo de adquisición (los principios y parámetros de la GU en su estado inicial o ya «crecidos» y los procedimientos —o proceso de selección— que permiten la activación de rasgos a partir de los desencadenantes).

En este capítulo vamos a realizar un estudio crítico de cómo ha evolucionado la noción de desencadenante en relación con lo que se denomina el sistema computacional del lenguaje (el lexicón y la sintaxis) y de qué elementos se han propuesto como desencadenantes dentro del llamado modelo de Principios y Parámetros (Chomsky, 1981, 1986; Chomsky y Lasnik, 1991) y del más reciente Programa Minimalista (Chomsky, 1995). Nos ocuparemos del papel de los desencadenantes en la fijación de parámetros, en las propuestas relacionadas con la adquisición de las categorías funcionales, y en las propuestas que explican el funcionamiento de la sintaxis a partir de un mecanismo de cotejo de rasgos (explícitos o abstractos). Finalmente abordaremos el tema de los desencadenantes desde la perspectiva de la modularidad del lenguaje (módulo fonológico, morfológico, sintáctico, pragmático...) y de la mente (representación gramatical, procesador...), con objeto de discutir el problema de la sensibilidad de los que adquieren una lengua no nativa a los desencadenantes que se han propuesto en el caso de la adquisición de la lengua materna (Liceras, en preparación, *b*).

2. Presupuestos teóricos: el problema lógico y el problema real de la adquisición del lenguaje

Uno de los fundamentos metodológicos básicos del modelo racionalista con el cual nos proponemos abordar el estudio de la adquisición del lenguaje no nativo radica en la separación del denominado «problema lógico» (o de la «aprendibilidad») y del denominado «problema real» (o del «desarrollo») de la adquisición del lenguaje. Es decir, que en la presentación de cada uno de los apartados en que abordamos el tema de los desencadenantes vamos a ocuparnos de las categorías, principios y constructos que caracterizan la adquisición del lenguaje en abstracto, y no de cómo se produce en el tiempo real y en un contexto dado. Abordar el problema lógico de la adquisición supone tratar de dar respuesta a las preguntas de *en qué* consiste y *cómo* se lleva a cabo dicha adquisición, mientras que el problema del *cuándo* es patrimonio del estudio del desarrollo del lenguaje.

Esta separación, aunque no siempre de forma explícita, no sólo se aplica a los trabajos de adquisición que se llevan a cabo en la actualidad sino que, tradicionalmente, ha dividido a los investigadores en dos grupos claramente diferenciados a los que hemos denominado (Liceras, 1998) «teoricones» *(theorophiles)* y «datosos» *(dataphiles)*.

El término «teoricones» se lo hemos atribuido a aquellos estudiosos que se centran fundamentalmente en la solución del problema lógico, en la línea de la teoría de Principios y Parámetros (Chomsky, 1981, 1986) y, posteriormente, el Programa Minimalista (Chomsky, 1995; Abraham *et al.*, 1996; Collins, 1997, y Kayne, 1994). Éstos creen, además, que existe una base genética específica para la capacidad lingüística (Rice, 1996) y, como hemos visto, asignan un papel marginal al *input* en la medida en que se limita a proporcionar los desencadenantes de la selección. Esta marginalidad del *input* les ha llevado no sólo a utilizar y sentir la necesidad de utilizar pocos datos sino, incluso, a prescindir de ellos a favor de una argumentación al estilo de la lingüística chomskiana. Los constructos que propone el modelo y que constituyen el patrimonio genético innato (la Gramática Universal), son sensibles a los desencadenantes del medio (características fonológicas, morfológicas, etc., de una lengua dada) gracias a un dispositivo innato de dominio específico (lingüístico) que no es propio de otras capacidades cognitivas.

El término «datosos» se lo hemos atribuido a aquellos investigadores que, en la línea de Slobin (1985) o MacWhinney (1987), consideran que la capacidad innata está muy poco especificada y que, desde luego, es una capacidad cognitiva que no abarca sólo el lenguaje. Representan al grupo cuyo principal objetivo es explicar cuáles son los mecanismos y procesos que dan cuenta de la conducta lingüística (no de la competencia). Para este grupo, bastante bien representado en la obra colectiva reciente *Rethinking Innatenes* (Elman *et. al.*, 1996), el *input* tiene una función muy destacada, primordial, y está lejos de tener el papel meramente desencadenante que le otorgan los «teoricones» ya que, como hemos mencionado arriba, tanto la capacidad en sí —entendida como representación— como los mecanismos de acceso a los datos no son específicos del lenguaje sino que forman parte del sistema cognitivo general del ser humano. Para estos estudiosos, los datos, cuantos más mejor, son fundamentales para la explicación de los mecanismos y del proceso de adquisición y, de hecho, raramente se separan estos dos últimos.

2.1. La Capacidad/Dispositivo de Adquisición del Lenguaje (CAL/DAL) y la aprendibilidad: la adquisición como proceso de selección y la adquisición como proceso de instrucción

El término Dispositivo de Adquisición del Lenguaje (DAL) se ha utilizado, dentro y fuera de la tradición chomskiana, como equivalente de capacidad y mecanismo de adquisición del lenguaje. De hecho, en los últimos sesenta y en la década de los setenta, las referencias al período crítico para la adquisición del lenguaje (Lenneberg, 1967; Liceras, 1992) utilizan ese término para referirse al hecho de que este dispositivo se atrofia en torno a la pubertad y, por lo tanto, su disponibilidad para la adquisición de lenguas segundas es limitada, o la adquisición de las lenguas segundas se produce por otras vías (Bley-Vroman, 1990). El término DAL, que nunca se ha propuesto «oficialmente» como sinónimo de GU, abarca no sólo la capacidad de representación del lenguaje sino también la de procesarlo y producirlo.

Por lo tanto, y si bien nos atrevemos a afirmar, junto con O'Grady (1997), que todos los estudiosos de la adquisición del lenguaje coinciden en que existe una Capacidad o Dispositivo de Adquisición del Lenguaje (CAL/DAL), pueden diferir de forma drástica tanto en lo que se refiere al contenido como al funcionamiento del DAL. La dicotomía «teoricones»/«datosos» se hace eco, sin matices, de lo que podríamos llamar los dos planteamientos más claros (que no necesariamente extremos). En nuestra propuesta, que se sitúa claramente en el campo de los «teoricones» en tanto en cuanto toma como punto de partida el modelo chomskiano de adquisición del lenguaje nativo y lo «adapta» a la adquisición del lenguaje no nativo, mantenemos la necesidad de separar el «problema lógico» del «problema del desarrollo» y, además, tomamos como punto de partida el modelo lingüístico, y no los datos, para proponer hipótesis sobre la aprendibilidad que pueden muy bien tener consecuencias —y/o adaptarse— a la investigación del desarrollo del lenguaje.

Como se puede observar en la tabla 2.1, el «problema lógico» de la adquisición del lenguaje gira en torno a la relación que se establece entre «lo innato» *(nature)* y el medio *(nurture)* y trata de explicar en qué consiste y cómo se produce la selección, a partir de un inventario universal de categorías y rasgos, de aquellos que «se muestran» a través de los desencadenantes del *input* (la lengua a la que el aprendiz está expuesto). Esa selección es la base a partir de la cual se lleva a cabo la extrapolación a las distintas construcciones de dicha lengua. En realidad, es el procedimiento que se ha venido denominando fijación de parámetros.

Si se parte del supuesto de que «lo innato» no está especificado de forma que pueda llevarse a cabo esa selección, será entonces la experiencia, el *input*, lo que «instruya», «grabe» o «dé forma» en el cerebro a las categorías y los rasgos de la lengua con la que el aprendiz entre en contacto.

TABLA 2.1. *El problema lógico*

1) Lo innato

   — Inventario universal de categorías y rasgos
   — Principios
   — Procedimientos
     • Selección a partir de desencadenantes
     • Fijación de parámetros

2) El *input*

   — Los desencadenantes

El punto de contacto, o la interfaz, entre el problema lógico y el problema del desarrollo lo constituye el problema del «estadio inicial» (tabla 2.2), ya que es obvio que la especificidad o definición que se atribuya a dicho estadio inicial será diferente para los «teoricones» y para los «datosos».

Es más, incluso dentro del campo de los «teoricones», no hay acuerdo sobre si las categorías, rasgos y principios de la GU están disponibles desde la primera etapa de la adquisición —la teoría de la continuidad defendida por Pinker (1984), Clahsen (1992), Poeppel y Wexler (1993), Vainikka (1993-1994) o Lust (1995), entre otros—, o si hay algunos cuya entrada en funcionamiento está condicionada por mecanismos de maduración (Felix, 1987, 1992; Borer y Wexler, 1987; Kean, 1988).

Esta polémica sobre la determinación exacta del estadio inicial se ha planteado también en el caso de la adquisición del lenguaje no nativo, aunque no en términos de continuidad y maduración sino en términos de disponibilidad (proporcionada por un acceso similar a la GU o a la L1) de las categorías o rasgos que se han de seleccionar (o activar) en el caso de la lengua no materna (Schwartz y Sprouse, 1996; Eubank, 1996; Vainikka y Young-Scholten, 1996).

Por lo que se refiere al proceso concreto, el modelo chomskiano presupone que la selección da lugar al crecimiento del «órgano» del lenguaje (Lightfoot, 1982, 1991). El niño no puede negarse a que «le crezca» la lengua materna, y este crecimiento se produce en contacto con el lenguaje.[1]

En el caso del lenguaje no nativo el «crecimiento» no tiene las mismas características. En primer lugar, es muy probable que los principios y categorías (lo innato) sufran cambios ligados a la interacción con el medio y con otros sistemas cognitivos, y, en segundo lugar, el mecanismo de selección puede también diferir en cuanto a la forma en que se relaciona con el papel desencadenante del *input*. En realidad, lo que

TABLA 2.2. *El problema del desarrollo*

1) El estado inicial
   — Continuidad y maduración
2) Crecimiento / reconstrucción
3) El logro final

vamos a proponer es que en la adquisición del lenguaje no nativo, y sobre todo por adultos, nos encontramos ante una selección a partir de patrones más abstractos (resultado de la interacción con los desencadenantes de la L1) y ante un inventario desigual en cuanto al peso de los distintos elementos (los que se destacan en la L1 se han activado, el resto no). Esos patrones más abstractos se constatan con los datos del *input* de forma que no permiten el acceso a los desencadenantes, sino que acceden directamente a los patrones estructurales y ajustan el *input* a partir de mecanismos no de «crecimiento» sino de «reconstrucción» (Liceras *et al.*, 1997; Liceras, Díaz y Maxwell, 1998; Liceras y Díaz, 1999).

2.2. Principios y procedimientos: la fijación de parámetros y los conceptos de lengua-I y lengua-E

La necesidad de dar respuesta al problema lógico viene dada por la imposibilidad que supone explicar cómo, a partir del contacto con una lengua natural, el niño construye un sistema gramatical que va mucho más allá de los datos a los que ha sido expuesto. Es decir, si esos datos se consideran insuficientes e incluso «engañosos» en el nivel superficial al que se le ofrecen (la denominada «pobreza del estímulo»), tiene que ser la capacidad lingüística innata la que guíe, facilite o dé lugar al «crecimiento» de una lengua dada.

La base de esta propuesta radica, entre otros, en el hecho de que la lengua contiene ambigüedad en cuanto a la relación semántica/sintaxis y, además, el aprendiz no dispone de información sobre lo que no es posible (las intuiciones del nativo de que se vale el lingüista para determinar la «agramaticalidad»). Un ejemplo de ambigüedad que ha sido objeto de estudios empíricos recientes, dirigidos a explicar el problema lógico de la adquisición del lenguaje no nativo (Montrul, 1999), nos lo ofrece una oración como la de (1):[2]

1) Se ahogaron los náufragos.

Esta oración puede interpretarse como un caso de construcción en la que hay una causa externa (las construcciones llamadas a veces de voz media), de forma que se podría poner en el contexto en que aparece en (2*a*), o también como atribuible a una causa interna como en (2*b*), o a agentividad recíproca como en (2*c*) o, incluso, a la posible existencia de un agente externo (el equivalente a fueron ahogados) en (2*d*).

2*a*) Se ahogaron los náufragos cuando las olas inundaron la balsa.
2*b*) Se ahogaron los náufragos porque no podían respirar.
2*c*) Se ahogaron los náufragos (unos a otros) para asegurarse un espacio en la balsa.
2*d*) Se ahogaron los náufragos (??por los piratas).

Por supuesto que la adquisición de los distintos significados se puede plantear como un caso de atribución de los papeles temáticos que se «esconden» bajo el SE

(Liceras, 1999), pero eso no explica las consecuencias sintácticas que se desprenden de la selección de uno u otro papel temático (Bruhn de Garavito, 1999) e incluso, si las explica, tendremos aún que dar cuenta de cómo llega el niño a establecer las relaciones adecuadas entre las nociones de agente y causa, por un lado, y las de sujeto, objeto directo o inacusatividad, por otro.

Si bien todos los estudiosos del lenguaje y de su adquisición conciden en que el hablante de una lengua dada es capaz de construir oraciones que no ha adquirido nunca, no todos coinciden en el origen y el porqué de esa capacidad. De hecho, y tal como nos recuerda O'Grady (1997), la analogía ha constituido y sigue siendo la respuesta tanto al origen como al porqué. El problema es que la analogía puede llevar tanto a la producción de oraciones posibles —(4*a*) a partir de (3*a*)— como a la de oraciones imposibles, como es el caso de (4*b*) a partir de (3*b*).

3*a*) Juan quería salir de casa.
3*b*) Juan quería que saliéramos de casa.
4*a*) Juan debía salir de casa.
4*b*) *Juan debía que saliéramos de casa.

Vemos pues que no es difícil refutar el papel de la analogía como solución al problema de la pobreza del estímulo, sobre todo si tenemos en cuenta que los niños no producen oraciones como la de (4*b*). Ahora bien, el que la analogía no sea la solución del problema no supone que no constituya una herramienta útil para la adquisición, por ejemplo, de los paradigmas morfológicos, como nos muestra la producción de formas verbales como *sabo (por *sé*) o *vene (en lugar de *ven*).

La respuesta de los defensores de la GU al por qué los niños son capaces de resolver el problema de la «pobreza del estímulo» consiste en proponer la existencia *a priori* de las categorías que pueden activarse en las lenguas naturales y de los principios que regulan el funcionamiento de dichas lenguas. Por lo que se refiere a la variedad existente entre las distintas lenguas, se plantea que está regulada de forma que la lengua en cuestión proporciona las pistas que permiten la activación de las categorías o rasgos de los que dependen sus opciones paramétricas. En el caso del español, por ejemplo, la concordancia verbal permite la activación del rasgo [+ fuerte] o [+ persona] (según el análisis) que determina la posición del sujeto en las oraciones afirmativas e interrogativas, la existencia de sujetos nulos, la carencia de sujetos expletivos, la posición del adverbio, etc.

Bajo esta óptica, la adquisición de la sintaxis de una lengua dada es rápida y eficaz debido a esa capacidad de activar (abstraer), de forma inconsciente, los elementos de los que dependen las propiedades sintácticas que determinan su estructura. La proyección de una gramática a partir de esos elementos de la GU y a través de la fijación de parámetros da lugar a lo que Chomsky (1986) denomina lengua-I (lengua interna). La GU sólo da cuenta de una serie de restricciones universales y de los aspectos parametrizados, mientras que las propiedades idiosincrásicas y los aspectos periféricos de las lenguas son patrimonio de la lengua-E (lengua externa), que no tiene relación directa con la GU. Por consiguiente, el modelo que presentamos sólo se ocupa de una parte de la lengua objeto que se ha denominado a veces «gramática nuclear» (Chomsky, 1981; Liceras, 1986).

2.3. La naturaleza específica de los sistemas no nativos

En el modelo que hemos esbozado, es de la relación entre lo innato (la GU) y el medio de donde surge la gramática nuclear de una lengua natural. A la hora de extrapolar o aplicar este modelo a la adquisición del lenguaje no nativo se nos plantea, por un lado, como hemos visto anteriormente, el problema de determinar qué es lo innato (o estadio incial) del hablante que ya ha adquirido la L1 y, por otro, el tema de los procedimientos de selección de desencadenantes.

En los estudios de adquisición de L2 de corte chomskiano se ha discutido hasta la saciedad el llamado acceso directo e indirecto a la GU (Liceras, 1986; White, 1987; Flynn y O'Neil, 1988; Eubank, 1991; Strozer, 1994; Liceras, 1996a; Flynn, Martohardjono y O'Neil, 1998; Beck, 1998; Klein y Martohardjono, 1999, entre otros muchos). De la amplia problemática que subyace a estos trabajos queremos destacar lo siguiente: *a)* no hay consenso en cuanto al contenido concreto de la GU; *b)* raras veces es posible diferenciar entre el acceso directo a los principios que restringen el funcionamiento de todas las lenguas y el acceso a través de la L1; *c)* en contadas ocasiones se plantea la diferencia entre principios y procedimientos de acceso al *input*, y *d)* en muchos casos GU se identifica con DAL.

Una lectura cuidada de los comentarios a Epstein, Flynn y Martohardjono (1996) nos confirma que, efectivamente, esa problemática descrita está por clarificar, aunque también nos permite sentar las bases que pueden llevar a corregir esa situación. Si la GU no es un DAL sino un conjunto de restricciones sobre la forma que puede tomar una lengua natural, el único requisito que podemos exigirle a la gramática de una interlengua para que constituya una lengua natural es que respete esas restricciones. Con eso resolvemos el problema del acceso (Liceras, 1998). Otra cuestión es si la interlengua es una lengua-I; si el que adquiere una lengua no nativa selecciona, a partir de una GU crecida (Liceras, 1996b, 1998), los desencadenantes del medio como lo hace el niño que adquiere la L1. Es decir, debemos abordar también el tema del *input*, y éste es un tema que, aunque parece haber ocupado un lugar precario en el marco que nos ocupa, en realidad no ha sido así sino que ha aparecido con distintos disfraces a lo largo de las dos últimas décadas y, siempre, como era de esperar, ligado a su papel de desencadenante de la selección.

Ahora bien, ¿podemos afirmar que los desencadenantes que contribuyen a la construcción de la gramática nativa «se dejan ver» también en el caso de la adquisición de la gramática no nativa? Lo que nos proponemos precisar a lo largo de los apartados que completan este capítulo es que la relación entre lo innato y el medio, que tiene lugar en el caso de la adquisición del lenguaje no nativo, responde también a la necesidad de dar cuenta de la pobreza del estímulo, y que el aprendiz de una L2 selecciona unidades de la lengua objeto pero, por un proceso de arriba abajo, y con patrones más elaborados que los del niño e, incluso, con patrones de la L1 que reconstruye localmente a partir de la selección de unidades y patrones de la L2 (Liceras y Díaz, 1999; Liceras, Díaz y Mongeon, en prensa). Por el contrario, en el caso de la L1 se produce por un procedimiento de selección de abajo arriba, a partir de una captación de desencadenantes que llevan a la activación de rasgos y a su vez a la fijación de parámetros. En otras palabras, el adulto que adquiere una L2 no es sensible a los desencadenantes que conducen a la activación inconsciente de un rasgo a partir del cual se fija un parámetro.[3]

3. La fijación de parámetros y la identificación de desencadenantes: la etapa «prefuncional»

A lo largo de la década de los ochenta asistimos a una profusión de trabajos sobre adquisición de segundas lenguas que, desde el marco chomskiano, se proponen investigar, entre otros temas, si los adultos que adquieren una L2 fijan las opciones paramétricas de esa lengua a partir de las opciones de la L1 (transferencia), si fijan todas las propiedades o sólo alguna y si las opciones por defecto son las que aparecen primero, independientemente de que sean o no las de la L1 (Liceras, 1986, 1993; White, 1985, 1987; Flynn, 1987). En realidad, la teoría de la marca es anterior a la teoría de los Parámetros, si bien pasa a la etapa paramétrica cuando establece como condición para definir un parámetro que tenga una opción no marcada o por defecto (Liceras, 1997).

3.1. LA TEORÍA DE LA MARCA Y LAS OPCIONES POR DEFECTO

La teoría de la marca (Chomsky, 1981) surge como un intento de dotar de contenido concreto a la llamada «gramática nuclear» por oposición a la «gramática periférica» y, como era de esperar, inmediatamente se ve como un constructo que puede dar cuenta del problema lógico de la adquisición del lenguaje, dado que tiene implicaciones directas para la selección de los datos de la lengua objeto (Liceras, 1986). En realidad, está ligada a los desencadenantes en cuanto a que las opciones por defecto serán las primeras que estén disponibles para la selección.

Ahora bien, la tarea del lingüista no es fácil, y no hay acuerdo en cómo delimitar lo marcado y lo periférico. Como se discute en Liceras (1986), las propuestas de la teoría lingüística varían e incluso apelan a los datos de la adquisición y a principios no lingüísticos sino de adquisición (el principio del subconjunto) para determinar cuál es la opción marcada en el contraste de dos opciones posibles.[4]

Un caso interesante lo proporcionan las llamadas «preposiciones colgadas», propias de lenguas como el inglés pero no del español, como se indica en (5).

5a) *This is the man Mary is living with*
5b) *Ése es el hombre que María vive con

En inglés, además de la opción que aparece en (5), también es posible la opción en que la preposición figura junto al relativo, en la posición de complementante, la única que es posible en español, como figura en (6).

6a) *This is the man with whom Mary is living*
6b) Ése es el hombre con el que vive María

Chomsky (1977) propone que la extracción del sintagma nominal del interior de un sintagma preposicional, que es el análisis de las construcciones interrogativas y relativas que aparece de forma simplificada en (7), constituye un mecanismo marcado.

7a) This is the man [[Mary is living [with –wh]]]
                SCOMP   SV   SP
7b) Muévase –wh
7c) This is the man [(whom$_i$)]   [Mary is living [with t$_1$]

La presencia del relativo es opcional en el caso del inglés. Este tipo de extracción no es posible en español, ya que en los ejemplos de (6) es todo el sintagma preposicional el que se mueve a la posición de complementante, como se indica en (8):

8a) Éste es el hombre [[vive María   [con –wh]]]
                SCOMP   SV   SP
8b) Muévase –wh
8c) Éste es el hombre [con el que$_i$ [vive María [t$_1$]

La posibilidad de que haya construcciones con preposiciones colgadas, que son típicas del inglés, se ha explicado también en función de las características de las preposiciones del inglés que rigen una categoría vacía: la huella (t) que deja el sintagma nominal cuando se mueve a la posición del complementante. Según ese análisis, las preposiciones del español serían diferentes y la adquisición del inglés y del español diferiría en la capacidad/no capacidad de reducción de categorías vacías.[5]

La propuesta de la que nos hicimos eco (Liceras, 1986), en su momento de forma intuitiva, aunque en realidad apuntaba hacia un desencadenante muy transparente, fue la que ligaba la presencia de preposiciones colgadas a la posibilidad del inglés de reestructurar el sintagma verbal de (7a) de forma que el resultado de (7b) no fuese (7c) sino el que figura en (9):

9)   This is the man [(whom$_i$)   [Mary [is living with t$_1$]
                                 SV   V

Es decir, que desaparece la proyección SP, y se forma un V que está compuesto por V + P. Dado que este tipo de entrada léxica aparece constantemente en inglés (los llamados verbos con partícula), la constatación de estas unidades léxicas servirá de desencadenante para la reestructuración que hace posible la presencia de preposiciones colgadas. De la ausencia de ese tipo de entradas léxicas en español se deduce que en esta lengua no existan construcciones con preposiciones colgadas y, por lo tanto, que el que aprende español no las incorpore nunca en su gramática.

La transparencia intuitiva y real de la propuesta nos llevó, en su momento, a adoptarla y, vista desde nuestra posición actual, la propuesta sigue en pie: al niño le «crece» el mecanismo de reestructuración a partir de la constatación de que las palabras del inglés tienen un valor [+ afijo], «a la Snyder (1995)».

Ese rasgo o esa categoría se selecciona, por ejemplo, a partir de la constatación de que el léxico tiene entradas [V + P]. El adulto que adquiere el inglés como lengua segunda, aunque percibe esas entradas, no es capaz de dar el salto que lleva a asignar el rasgo [+ afijo] a las categorías referenciales del inglés y, por lo tanto, al no activar ese rasgo, no tiene acceso a las consecuencias. Esas consecuencias son que, además de las construcciones con preposiciones colgadas que hemos visto y de las construcciones de verbo con partícula como la de (10), en inglés son productivas las construcciones resultativas como la de (11), el movimiento del dativo como es el caso de (12) y los compuestos N-N como el de (13):

    10)   *He ran up the bill*   [«se gastó una gran cantidad de dinero»]
    11)   *He blew his hair dry*   [«usó el secador para secarse el pelo»]
    12)   *John gave Mary the book*   [*Juan dio María el libro] [Juan (le) dio a María el libro]
    13)   *Toy box*   [*juguete caja] [caja de juguetes]

El adulto impone el patrón de su L1 —o un patrón más elaborado que el del niño— y reconstruye cada una de las estructuras que procesa sin establecer relación alguna entre estas estructuras.

Por su parte, el adulto que adquiere el español, al contrario que el niño, no percibirá que las categorías referenciales del español contienen marcadores de palabras (Harris, 1991; Piera, 1995), como la –o que aparece en (14a) pero no en (14b):

    14a)   N[[perr] o]
    14b)   N [dog]

A la presencia de marcadores de palabras en español se debe, según Piera (1995), la poca productividad de los compuestos N-N, la obligatoriedad de que el núcleo del compuesto se sitúe a la izquierda y la falta de recursividad.[6]

3.2. El principio del subconjunto

La teoría de la marca se puede «reformular» en términos del llamado Principio del Subconjunto (Berwick, 1985), al menos en lo que se refiere al problema con que hemos ilustrado la teoría de la marca; es decir, a las preposiciones colgadas. Ahora bien, hemos de aclarar que el Principio del Subconjunto entra en los estudios de adquisición como un principio de aprendizaje, de procesamiento, y no como un principio de la GU. El objetivo fundamental de dicho principio es facilitar que el problema lógico de la adquisición del lenguaje no se tope con la dificultad que supone el contar, *a priori*, con un poderoso programa de selección que puede llevar al aprendiz a seleccionar una opción «marcada» que no forme parte de la gramática de la lengua a que está expuesto. Si esto sucede, y dado que se parte también del supuesto de que los niños no disponen de evidencia negativa (información explícita sobre agramaticalidad), nunca recibirán la evidencia negativa que les lleve a rechazar una opción dada (pero véase Doughty, en este volumen). Por lo tanto, y según esta propuesta, el inglés es la lengua «grande», la que tiene las dos opciones (la posibilidad de extraer el SN de dentro del SP y el movimiento de todo el SP),[7] como se indica en la tabla 2.3.

Visto así, todos los niños deberán comenzar por la opción A), la no marcada —dándose por sentado que es la no marcada también para todas las lenguas—, la que comparten el español y el inglés. Cuando encuentren datos positivos (la abundancia de léxico V + P) incorporarán ese tipo de reestructuración en construcciones con movimiento de palabras –QU y producirán relativas con preposiciones colgadas (la opción B).

El Principio del Subconjunto, visto así, se convierte en un requisito —el Requisito del Subconjunto— (Atkinson, 1992) al que se someten las opciones paramétricas (Liceras, 1997). Por ejemplo, en el caso del tan traído y llevado parámetro del sujeto nulo, la definición [+/– sujeto nulo] llevó, en un principio, a plantear que la presencia de sujetos nulos representaba la opción marcada (tal como se deduce del Principio del Subconjunto), y así lo defiende también White (1987) en el caso de la L2 y, en contra de Phinney (1987). Esta última, basándose en la direccionalidad de la dificultad que sugieren sus datos (les resulta más fácil a los hablantes de inglés que adquieren español no poner sujetos nulos que a los hablantes de español que adquieren inglés ponerlos obligatoriamente), mantiene que el español representa la opción por defecto o la opción no marcada. Esta propuesta pone en duda la validez del Principio del Subconjunto para explicar la direccionalidad de la dificultad en el caso de la fijación del parámetro del sujeto nulo en la L2. La validez del Principio del Subconjunto en la fijación del parámetro del sujeto en la L1 también se puso en duda cuando se constató que los sujetos nulos también eran posibles en el lenguaje infantil de los niños cuya lengua adulta no los permite.

Independientemente de que el problema radicara en la falta de refinamiento de un análisis que equiparaba los sujetos explícitos de lenguas como el español con los sujetos explícitos de lenguas como el inglés, el problema seguía siendo la necesidad de dar con el desencadenante que permitiera explicar la presencia de sujetos nulos en lenguas tan diferentes tipológicamente como el español y el chino, mientras que una lengua tan próxima al español como lo es el francés se situaba junto al inglés. Esta situación atentaba, además, contra la intuición que subyace a la propuesta inicial de Perlmutter (1971), y que va a ser una constante en los análisis subsiguientes (Liceras y Díaz, 1999; Liceras, Valenzuela y Díaz, 1999), según la cual existe algún tipo de relación entre la riqueza de la morfología y la posibilidad de elidir sujetos, aunque no sea una relación directa. En el apartado siguiente nos ocupamos de uno de los primeros intentos de abordar este problema.

TABLA 2.3. *La parametrización del movimiento QU en las relativas oblicuas del inglés y el español: La opción marcada y la opción por defecto*

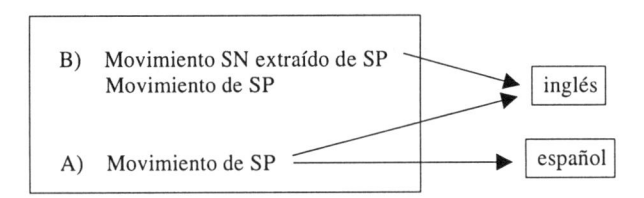

B) Movimiento SN extraído de SP Movimiento de SP	inglés
A) Movimiento de SP	español

3.3. El papel de la morfología en la adquisición de la sintaxis: el Principio de la Uniformidad Morfológica (PUM)

Entre las alternativas que se han buscado al problema que presenta la distribución de sujetos nulos en las distintas lenguas (y que también pueden verse desde el prisma del desencadenante) se encuentran algunas que, al igual que el Principio del Subconjunto, no parecen ser principios de la GU sino principios de adquisición. Por ejemplo, Jaeggli (1982) propone el principio Evítese el Pronombre para dar cuenta de las construcciones que Chomsky (1981) enumera en relación con el parámetro del sujeto nulo, y que figuran en (15):

15a) Sujetos nulos referenciales
[e] hemos encontrado el libro
[e] *have found the book
15b) Posposición libre del sujeto en oraciones matrices
[e] ha comido Juan
[e] *has eaten Juan
15c) Movimiento largo del sujeto
el hombre$_i$ que me pregunto a quién [e]$_i$ había visto
*the man$_i$ that I wonder whom [e]$_i$ had seen
15d) Sujetos nulos reasuntivos en oraciones subordinadas
ésta es la chica$_i$ que me pregunto quién cree que [e]$_i$ lo hizo
*this is the girl$_i$ that I wonder who thinks that [e]$_i$ did it
15e) Violaciones aparentes del filtro *[que-t]
¿quién$_i$ crees que [e]$_i$ se irá?
*who$_i$ do you think that [e]$_i$ will leave?

Pero también lo hace extensivo a la obligatoriedad del uso del complementante *que* en las relativas restrictivas sujeto y objeto directo de las lenguas como el español. Dicha obligatoriedad contrasta con la opcionalidad propia del inglés, como se desprende de los ejemplos (16) y (17):[8]

16a) Éste es el estudiante {que/*quien/*el que/*el cual} llamó ayer
16b) *This is the student {that/who} phoned yesterday*
17a) Ése es el libro {que/*el que/*el cual} necesitamos
17b) *That is the book {Ø/that/which} we need*

¿Cuál es en realidad el estatuto del principio Evítese el Pronombre en la gramática? ¿Es un principio que se aplica, por defecto, salvo que la lengua ofrezca datos positivos que lo invaliden? ¿Es propio solamente de lenguas en las que la evidencia positiva —la morfología flexiva o la forma de las palabras, por ejemplo— lo activan? En cualquier caso, y si bien evitar el pronombre no parece ser un problema grave para los hablantes de lenguas [-sujeto nulo] que adquieren el español (Phinney, 1997; Liceras, 1993), evitar el pronombre relativo (elegir el complementante *que* en lugar de *quien*) sí que se presenta como un caso de potencial fosilización (Liceras, 1986). Lo anterior podría explicarse, o bien porque los aprendices no clasifiquen *que* como un elemento no pronominal, o bien porque sean incapaces de establecer relación alguna entre estas construcciones del español y el principio Evítese el Pronombre. También cabe preguntarse si este principio forma parte de los mecanismos de adquisición de los adultos que aprenden una L2, tal como nos preguntábamos en el caso del Principio del Subconjunto (Liceras, 1988).

Un principio mucho más atractivo es el PUM (Principio de la Uniformidad Morfológica) que proponen Jaeggli y Safir (1989). El PUM surge ante la necesidad de explicar cómo llega un niño a la conclusión de que está en contacto con una lengua en la que son posibles (o no lo son) los sujetos nulos. Efectivamente, van a decirnos estos autores, la morfología está en la base de este parámetro, como se ha intuido y postulado sistemáticamente, pero no es la riqueza morfológica sino la uniformidad morfológica lo que entra en juego. Es decir, el español y el italiano son lenguas de sujeto nulo porque son morfológicamente uniformes: los niños nunca encuentran raíces verbales puras (*cant-* además de *cant*-ar, *cant*-o, *cant*-aba, etc.), como ocurre sistemáticamente en inglés (*sing* además de *sing*-s, *sing*-ing). Por lo tanto, la uniformidad del paradigma español contrasta con la falta de ésta del paradigma del inglés (y por esa misma regla de tres con la falta de uniformidad del paradigma del francés y del alemán, donde las raíces puras alternan sistemáticamente con las formas flexionadas).

El chino, el japonés o el coreano entran dentro de la categoría «morfología uniforme» porque las raíces verbales siempre aparecen como raíces, y nunca con elementos flexivos, con lo cual son lenguas de morfología uniforme precisamente por su carencia de morfología (la uniformidad consiste en presentar siempre raíces puras). En otras palabras, el niño no se encuentra con datos no uniformes con respecto a la flexión verbal.

Es obvio que la propuesta es ingeniosa y que, por ello, va en la dirección que marca la propuesta de Borer (1984), corroborada posteriormente por Wexler y Manzini (1987), Lebeaux (1988) y Chomksy (1992), y adoptada ya de forma generalizada, según la cual la parametrización (toda la variabilidad de las lenguas) tiene base morfológica, por presencia o ausencia de morfología, ya sea por las características de la morfología flexiva y, por lo tanto, esté localizada en las categorías funcionales, o, como se ha propuesto recientemente (Snyder, 1995; Piera, 1995), por la forma misma de las palabras: su carácter de afijo o la presencia de los marcadores de palabra a que hemos hecho alusión arriba y de la que nos ocupamos con más detalle en el apartado cuarto de este capítulo.

4. La adquisición de las categorías funcionales y el papel de los rasgos morfológicos en la adquisición del lenguaje no nativo

Hay varias razones por las cuales, en la década de los noventa, el estudio de la adquisición de las categorías funcionales va a pasar a ocupar un lugar central, eclipsando las referencias directas a la fijación de parámetros. En primer lugar, según se va desarrollando el modelo sintáctico de Principios y Parámetros que se esboza en Chomksy (1981) y sigue su marcha hasta culminar, de alguna forma, en Pollock (1989), por citar un trabajo que aborda de lleno el tema de la categoría funcional flexión (FLEX), las categorías funcionales se convierten en el objetivo y motor del modelo. No sólo se redefine su estatus sino que se inicia la investigación de cuántas, cuáles y en qué orden deben aparecer en la estructura de la oración, etc. Algo que nos lleva incluso a revisar los casi olvidados estudios del orden de adquisición de morfemas —repensados desde la perspectiva de las categorías funcionales— con objeto de equiparar los morfemas a las categorías funcionales y utilizar dichos estudios para comparar el proceso de desarrollo de las categorías funcionales del inglés L1 y L2 (Zobl y Liceras, 1994).[9]

Otra razón importante, aunque no se haya hecho explícita en los trabajos de adquisición, si bien nosotros nos hemos hecho eco de ella repetidamente (Liceras, 1995; Liceras, 1996a; Liceras, 1997), la constituyen propuestas como la de Bickerton (1990), según la cual las categorías funcionales constituyen la base que diferencia el lenguaje humano del *Homo sapiens*, ya que, según este autor, la protolengua que hablaban los hombres de etapas anteriores, y el lenguaje que pueden adquirir los simios —en el que hay categorías referenciales o sustantivas— no contiene categorías funcionales. El paralelismo entre la filogénesis y la ontogénesis lleva rápidamente a proponer que es posible que el lenguaje infantil, en la medida en que se pueda probar que no tiene categorías funcionales, sea también una protolengua. El paralelismo es, obviamente, muy discutible, y lo es precisamente porque la propuesta plantea que las categorías funcionales han pasado a formar parte del paquete genético (es decir, o bien en la GU —o en el DAL que se proponga— está el inventario de categorías funcionales, o bien la capacidad de proyectarlas). Ahora bien, la propuesta según la cual no hay categorías funcionales en la primera etapa del lenguaje infantil (Radford, 1990; Guilfoyle y Noonan, 1992, entre otros), que ha sido muy debatida en la bibliografía sobre adquisición del lenguaje (Clahsen, 1996), no adopta la teoría de la protolengua como tal. En realidad, lo que estos autores mantienen es que la GU se ajusta a un calendario genético; es decir, sufre un proceso de maduración que, si bien necesita de la experiencia, es independiente de la forma concreta en que se adquiera esa experiencia.

Lo anterior nos lleva a una tercera razón por la cual las categorías funcionales han ocupado un lugar central en los estudios de adquisición del lenguaje no nativo: la determinación del estatus de las categorías funcionales en el estadio inicial suplanta y reactiva la polémica del acceso a la GU. Ahora la polémica, discutida de nuevo hasta la saciedad, gira en torno a la transferencia inicial o a la no transferencia inicial a la L2 de las categorías funcionales de la L1 (Vainikka y Young Scholten, 1996; Schwartz y Sprouse, 1996). Esta polémica puede verse como el correlato de la polémica continuidad/maduración que ha ocupado —y sigue ocupando— un lugar preeminente en el análisis del desarrollo de la lengua materna (Wanner y Gleitman, 1982; Goodluck, 1991; O'Grady, 1997, por citar una pequeña muestra). Así, se dispara el estudio de las categorías funcionales, aunque luego se extiende a la investigación de cómo se van proyectando en el desarrollo de la adquisición y, finalmente, se trata de determinar cuál es el logro final (White, 1995).

4.1. Continuidad fuerte, continuidad débil y maduración

En los estudios de adquisición de L1, los defensores de la hipótesis de la continuidad mantienen que todas las unidades y principios que sean patrimonio de la GU estarán a disposición del niño desde los primeros momentos y a lo largo de todo el proceso de selección que lleva a la proyección de su lengua-I. Ahora bien, mientras que algunos se adscriben a la versión de la hipótesis que se ha denominado «continuidad fuerte» (Lust, 1995; Poeppel y Wexler, 1993; Borer, en prensa), otros defienden la versión que se conoce como «continuidad débil» (Pinker, 1984; Clahsen, 1992; Vainikka, 1993-1994).

La diferencia entre estas dos versiones radica en la importancia que conceden al aprendizaje del léxico. En el caso de la versión fuerte se defiende que las representaciones sintácticas de los niños son como las de los adultos. Es decir que, visto desde el prisma de las categorías funcionales, una oración del lenguaje infantil se representaría como una del lenguaje adulto, de forma que tanto (18a) como (18b) tendrían la estructura que figura en (19):

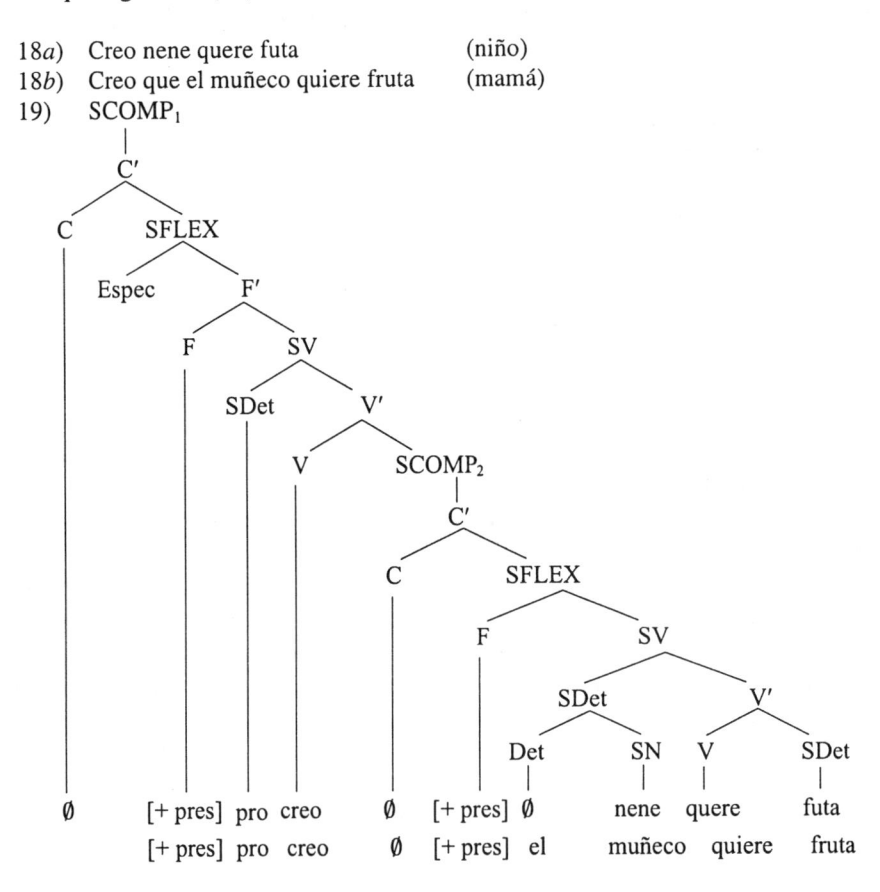

18a) Creo nene quere futa   (niño)
18b) Creo que el muñeco quiere fruta (mamá)
19) SCOMP$_1$

```
              SCOMP₁
                |
                C'
              /    \
             C     SFLEX
                  /    \
               Espec    F'
                       /  \
                      F    SV
                         /    \
                       SDet    V'
                              /  \
                             V   SCOMP₂
                                   |
                                   C'
                                 /    \
                                C    SFLEX
                                     /    \
                                    F      SV
                                         /    \
                                       SDet    V'
                                       / \    /  \
                                     Det  SN  V  SDet
                                      |    |  |    |
 ∅   [+ pres] pro creo    ∅   [+ pres]  ∅   nene quere futa
     [+ pres] pro creo    ∅   [+ pres] el   muñeco quiere fruta
```

La versión débil admite que la falta de conocimiento léxico que vemos en (18a) puede impedir que se proyecte el SCOMP$_2$ que aparece en (19) y, por tanto, las representaciones iniciales del lenguaje infantil carecerían de aquellas categorías para las cuales no se ha seleccionado contenido léxico concreto. Según esta versión, la falta de conocimiento léxico podría incluso retrasar la fijación de un parámetro, ya que la selección de un rasgo puede estar directamente ligada a la adquisición del léxico (ya sean morfemas libres o ligados).

Dentro de los defensores de la continuidad, algunos han propuesto que las características del lenguaje infantil no responden a diferencias sintácticas con la producción adulta sino a deficiencias del módulo pragmático o del procesador. Por ejemplo, Hyams (1996) mantiene que la producción de sujetos nulos por niños ingleses no se debe a la no fijación del parámetro del sujeto nulo sino a un déficit pragmático. Por su parte, Valian (1991) y Bloom (1990) atribuyen la presencia de sujetos nulos en el lenguaje infantil a un déficit de procesamiento.

Los defensores de la hipótesis de la maduración se apoyan en la propia base genética de la GU. Si la GU es parte del programa genético estará también sometida a un calendario de maduración. Esto es lo que defiende de forma explícita Felix (1987) y lo que Kean (1988) considera la forma más lógica de abordar el problema (O'Grady, 1997). De ahí que, en principio, no se presente como una herejía la propuesta de Radford (1990) según la cual la sintaxis inicial del lenguaje infantil carece de categorías funcionales, de forma que sólo cuenta con categorías sustantivas o referenciales.

¿Es posible adaptar estas propuestas al desarrollo de la adquisición del lenguaje no nativo? En realidad, el paralelismo tiene que ser sólo parcial porque lo primero que se nos plantea es la existencia de las categorías funcionales de la lengua materna.

4.2. La economía de la derivación: las categorías funcionales y las lenguas naturales

Una lectura cuidada del inicio de la polémica en torno a la presencia de categorías funcionales en las primeras etapas de la adquisición del lenguaje nativo y del lenguaje no nativo puede llevar a pensar que los defensores de la etapa prefuncional se sitúan fuera de la ortodoxia chomskiana. De hecho, en algunos casos (Epstein, Flynn y Martohardjono, 1996), la defensa de una etapa prefuncional en el lenguaje no nativo de los adultos por parte de Vainikka y Young-Scholten (1994, 1996) se ha considerado similar a las propuestas que niegan el acceso a la GU (Bley-Vroman, 1990) por parte de los adultos. Y, sin embargo, lo que Vainikka y Young-Scholten (1994, 1996) plantean es que no se transfieren las categorías funcionales de la lengua materna sino que sólo se transfieren los llamados «árboles mínimos» —como el que figura en (20)— para luego proyectarse, a partir de la incorporación de datos del *input*, «árboles reducidos» como el de (21) y, finalmente, «árboles completos» como el de (22).[10]

20)
```
            SV
          /    \
        SN      V'
        |      /  \
        |     V    SN
        |     |    |
       Juan habla español
```

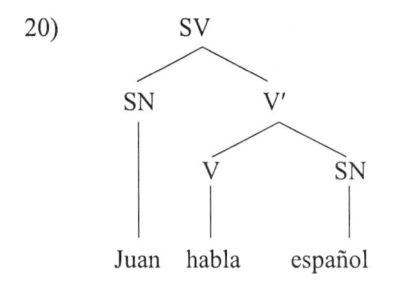

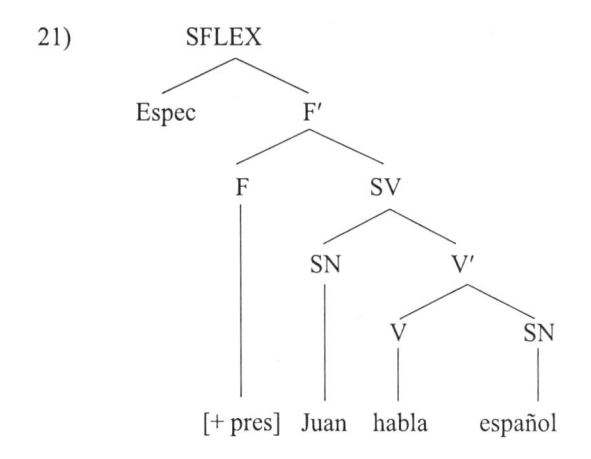

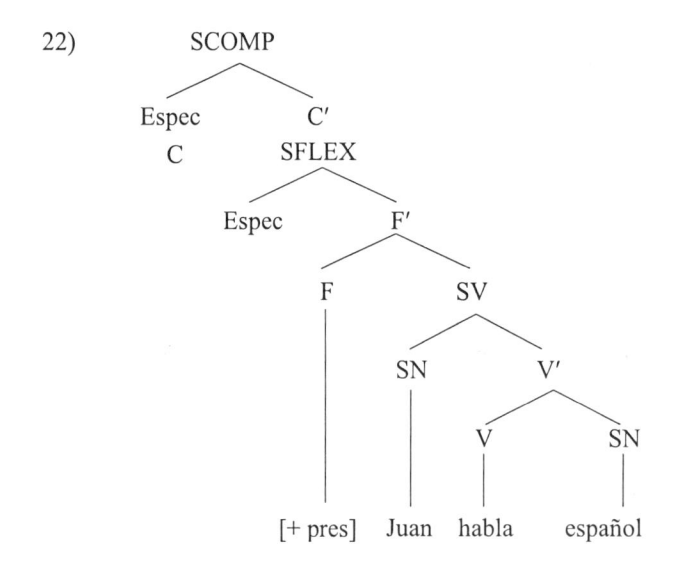

21)
```
              SFLEX
             /     \
          Espec     F'
                   /  \
                  F    SV
                      /  \
                    SN    V'
                    |    /  \
                    |   V    SN
                    |   |    |
                [+ pres] Juan habla español
```

22)
```
                SCOMP
               /     \
            Espec     C'
              C      SFLEX
                    /     \
                 Espec     F'
                          /  \
                         F    SV
                             /  \
                           SN    V'
                           |    /  \
                           |   V    SN
                           |   |    |
                       [+ pres] Juan habla español
```

Si abordamos el mismo problema desde la perspectiva de la adquisición del lenguaje no nativo, de lo que se tratará es de si asignamos o no una estructura completa, como la del español nativo, a una oración de la interlengua en que se haya omitido la morfología flexiva. Si lo hacemos, le asignaremos la estructura de (22) a cualquier oración de la interlengua, tenga el verbo flexionado o no, con flexión nativa o no y tenga un complementante o no. Ésta sería la versión fuerte de la hipótesis de la continuidad aplicada a la L2. La continuidad fuerte la defienden, como producto de la transferencia de la L1, Schwartz y Sprouse (1996). La continuidad fuerte como reflejo de una representación similar a la que tiene el niño en el estadio inicial —es decir, como reflejo directo de la GU disponible en su totalidad a lo largo de toda la vida de cualquier aprendiz— la defienden Epstein, Flynn y Martohardjono (1996).

Ahora bien, si como proponen Vainikka y Young-Scholten (1994, 1996), partimos del supuesto de que no hay una estructura completa como la de (23) si no hay un complementante explícito, y no hay una como la de (22) si no hay verbos flexionados, nos encontramos con una versión de la continuidad débil aplicada a la L2. Y no proponemos que se pueda defender la hipótesis de la maduración en el caso del adulto porque no parece probable que ese calendario genético se pueda repetir de nuevo (Liceras, 1996*b*).

En nuestra opinión, la diferencia clara que parece establecerse en el caso de la lengua materna es la que separa la hipótesis de la continuidad fuerte de la hipótesis de la continuidad débil o de la maduración. Es decir, no parece posible diferenciar estas dos últimas a partir del análisis de datos empíricos, ya que es un hecho que la falta de léxico o bien se explica como tal y sin ligarla a la existencia de una sintaxis diferente (continuidad fuerte), o bien se establece una relación directa entre esa falta de léxico y las características estructurales (sintácticas) del lenguaje infantil que pueden explicarse como resultado de un grado determinado de maduración (hipótesis de la maduración), o bien como resultado de la falta del léxico necesario para que se active un rasgo o se proyecte una estructura. En lo que se refiere a la interlengua, la diferencia se establece en torno a la hipótesis de la continuidad fuerte (con o sin transferencia y dando por sentado que la GU es un organismo maduro)[11] y la continuidad débil (el que sea necesaria la adquisición del léxico para proyectar la sintaxis de la L2).

Visto así, la elección entre continuidad fuerte y continuidad débil estará ligada a la coherencia estructural, entendida como relación entre el léxico y la sintaxis, que presenten las gramáticas no nativas. Es decir, si carecen de un proceso sintáctico dado o de una categoría funcional presentarán unas características. Por el contrario, si se trata simplemente de un problema de deficiencia morfológica (Zobl y Liceras, 1994; Epstein, Flynn y Martohardjono, 1996; Prévost y White, en prensa; Liceras, Valenzuela y Díaz, 1999), las gramáticas no nativas no tendrán una coherencia estructural (no habrá relación entre el léxico y la sintaxis).

Lo que se desprende de la hipótesis de la continuidad fuerte es que en todos los casos se proyectan especificadores y complementos y, además, parecería que se proyecta todo el inventario relativo a esa lengua. Eso no es, por ejemplo, lo que proponen Tsimpli y Roussou (1991), para quienes las oraciones de sujeto nulo de la interlengua inglesa de los hablantes de griego, una lengua [+ sujeto nulo], pueden interpretarse como casos de transferencia de la categoría vacía *pro* del griego (como prueba de que no se ha fijado el parámetro del sujeto nulo), como se indica en (23):

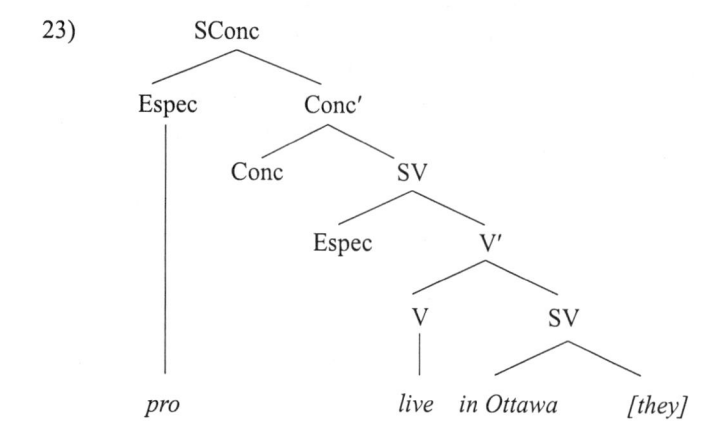

23)
```
          SConc
         /    \
      Espec   Conc'
        |    /    \
        |  Conc    SV
        |        /    \
        |     Espec    V'
        |       |     /  \
        |       V    SV
        |       |   /  \
       pro   live in Ottawa  [they]
```

También proponen que esos mismos hablantes pueden recurrir al uso de la categoría vacía PRO porque no proyectan la categoría SConc, como se indica en (24):[12]

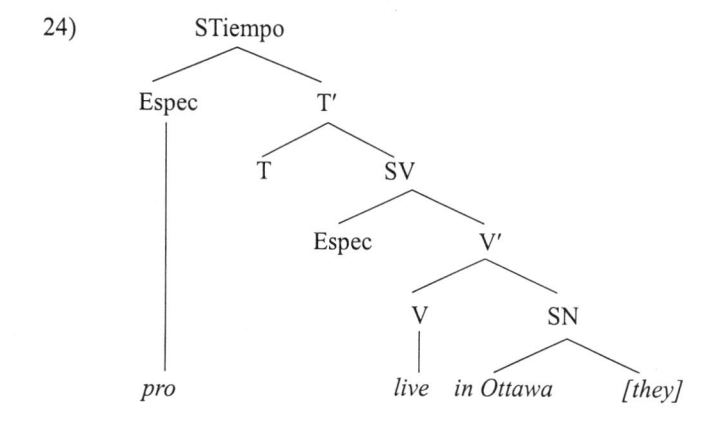

24)
```
          STiempo
         /     \
      Espec     T'
        |     /   \
        |    T     SV
        |        /    \
        |     Espec    V'
        |       |     /  \
        |       V    SN
        |       |   /   \
       pro   live in Ottawa  [they]
```

De hecho, la estructura de (24) se convierte precisamente en la que se propone para el japonés cuando las condiciones o requisitos o el concepto de «economía» de la derivación entra en escena (Chomsky, 1993; Speas, 1994) y resulta perfectamente aceptable que haya lenguas que no contengan una proyección dada. Según Speas (1994), los sujetos nulos del español son posibles gracias a la calidad de afijo de la categoría Conc, mientras que la carencia de sujetos nulos en lenguas como el inglés responde a la naturaleza no afijal de la categoría Conc, como se indica en (25) y (26).

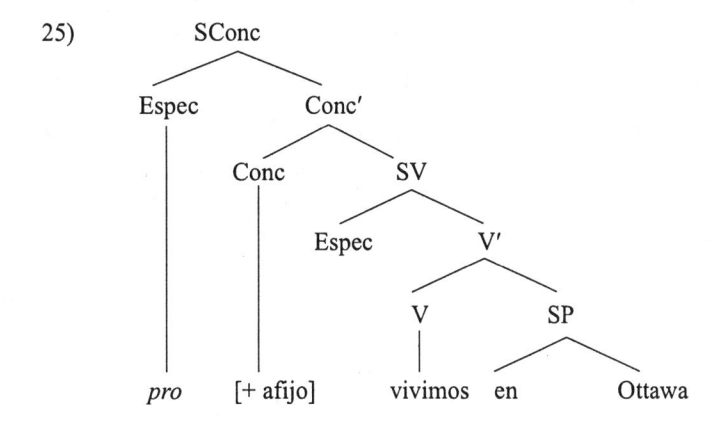

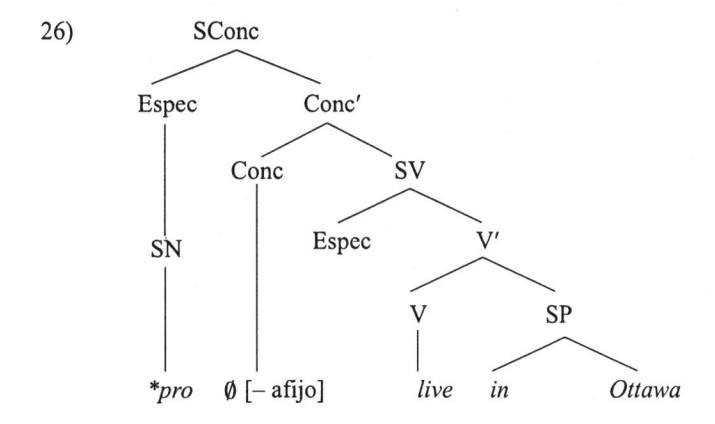

25) SConc
         /   \
      Espec   Conc'
              /   \
           Conc   SV
                  /   \
               Espec   V'
                      / \
                     V   SP
                             / \
       pro [+ afijo] vivimos en Ottawa

26) SConc
         /   \
      Espec   Conc'
              /   \
           Conc   SV
             | /   \
            SN Espec   V'
                       / \
                      V   SP
                              / \
       *pro ∅ [– afijo] live in Ottawa

Por lo que se refiere al japonés, la propuesta es que carece de la categoría Conc, exactamente como se proponía en (24), de forma que una oración con sujeto nulo, como la de (25), no tendría la estructura de su equivalente español sino la que figura en (27):

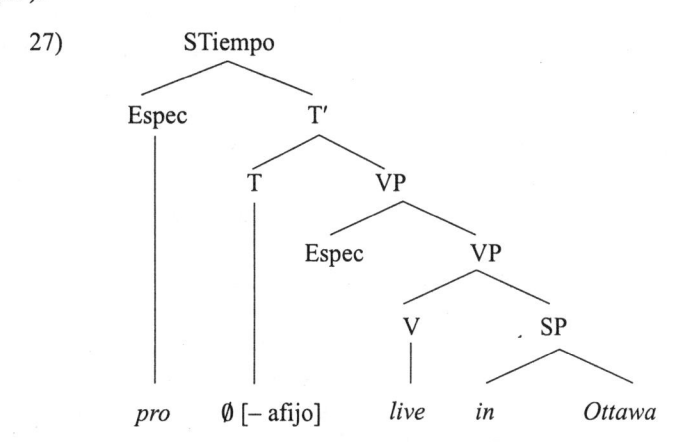

27) STiempo
         /   \
      Espec   T'
              /   \
             T   VP
                  /   \
               Espec   VP
                       / \
                      V   SP
                              / \
        pro ∅ [– afijo] live in Ottawa

La propuesta es, de forma muy simplificada, que para que se proyecte una categoría funcional tiene que existir una justificación léxica y una justificación semántica, de donde se desprende que ninguna de las dos justificaciones se cumple en japonés.

Por lo tanto, si el inventario de categorías funcionales no se proyecta en todas las lenguas naturales sino que cada una selecciona las que «convienen» a su tipología específica, podría plantearse que los aprendices de una lengua segunda necesitaran acceder a los elementos de que depende la proyección de esa categoría. En todo caso, una gramática no nativa sigue siendo una gramática de una Lengua Natural, aunque carezca de alguna categoría funcional; es decir, que utiliza las categorías y está sometida a las restricciones de la GU. Por la misma regla de tres, una gramática infantil no se diferenciará cualitativamente de una gramática adulta. Ahora bien, la propuesta de que sólo hay categorías léxicas, o bien en el lenguaje infantil o bien en el lenguaje no nativo, seguirá siendo problemática para una teoría de la continuidad fuerte.

Queremos precisar que la forma en que se proyecten las categorías funcionales, al igual que la forma en que se fijen los parámetros (es decir, los mecanismos de selección del *input*) es lo que determinará la creación de una Lengua-I, como precisamos arriba (Chomsky, 1986). Y, en este sentido, mientras que la gramática infantil culmina en una Lengua-I, nuestra propuesta es que eso no sucede en el caso de la gramática no nativa. Y lo mismo puede hacerse extensivo cuando se explica la adquisición de la sintaxis en términos de la activación de rasgos, como veremos en el apartado siguiente.

4.3. Rasgos con realización fonética y rasgos abstractos

Si como decíamos anteriormente, las categorías funcionales eclipsaron el estrellato de los parámetros en la primera parte de la década de los noventa, la segunda parte ha sido patrimonio de los rasgos. Un trabajo que se encuentra precisamente a caballo de esa transición es el de Zobl y Liceras (1994), ya que en él se explican las diferencias en el orden de adquisición de morfemas del inglés infantil y de la interlengua adulta del inglés a partir de las categorías funcionales como tales y también de la noción de rasgo o carácter [± fuerte] de la concordancia. En este trabajo se destacan, entre otras, las siguientes diferencias entre la adquisición de la L1 y la L2: 1) la morfología ligada es más importante que la libre en el caso de la adquisición de la L1, mientras que lo contrario parece producirse en la adquisición de la L2 —de hecho, la morfología flexiva desencadena la proyección de categorías funcionales sólo en el caso de la L1—, y 2) el movimiento «marcado» de los rasgos de concordancia del inglés le crea más problemas al aprendiz de L2 que al de L1.

En esa propuesta de la teoría lingüística el movimiento está directamente ligado al valor del rasgo de la concordancia. Como hemos mencionado anteriormente, es a partir de Pollock (1989) cuando se propone que el SConc y el STiempo se consideren proyecciones sintácticas y que en inglés (Chomsky, 1991) los verbos auxiliares y los modales se mueven a la posición de Tiempo. Por su parte, los verbos principales permanecen in situ y, por lo tanto, serán las categorías Tiempo y Conc las que bajen a la posición de V. Este movimiento de bajada es, según el Principio de Economía de la Derivación (Chomsky, 1991), un movimiento marcado. Sin entrar en detalles, ilustramos el fenómeno del movimiento de subida y bajada típico del inglés en (28) y (29):

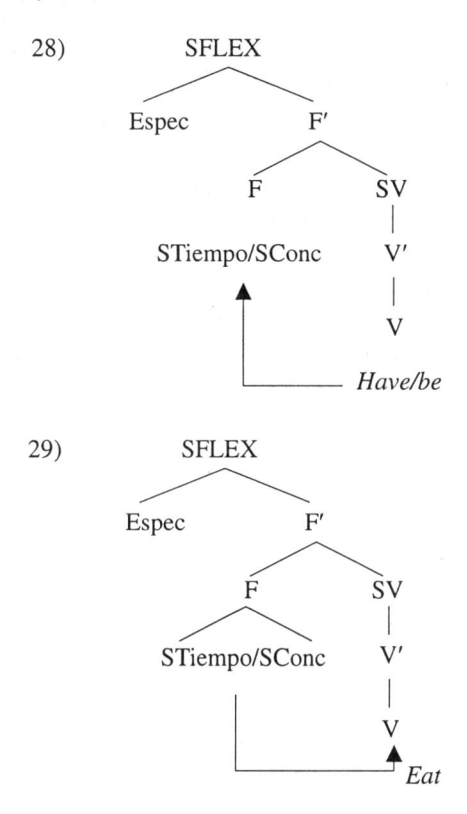

28)
```
            SFLEX
           /     \
        Espec     F'
                 /   \
                F     SV
                |     |
          STiempo/SConc V'
                ↑     |
                |     V
                └── Have/be
```

29)
```
            SFLEX
           /     \
        Espec     F'
                 /   \
                F     SV
               / \    |
              STiempo/SConc V'
                  |   |
                  |   V
                  └──▲ Eat
```

El verbo inglés no se mueve a F(lexión) porque la concordancia tiene el rasgo [– fuerte]. Por el contrario, V se mueve a F(lexión) en francés o español porque tienen concordancia con rasgo [+ fuerte]. Posteriormente, los movimientos de bajada han desaparecido por completo del modelo. En primer lugar, los verbos entran ya flexionados en el sistema computacional y el movimiento se convierte en movimiento para cotejar rasgos en la posición que corresponda. El cotejo tiene lugar en la sintaxis (se plasma en el orden de palabras) cuando los rasgos son fuertes y en la forma lógica (para la interpretación en la interfaz conceptual) cuando son débiles. Por lo tanto, el V del inglés no se mueve en la sintaxis mientras que el del español sí.[13]

La sensibilidad de los adultos que adquieren una L2 a los rasgos que son propios de las categorías que desencadenan las operaciones sintácticas en dicha lengua (los rasgos de los que dependen las opciones paramétricas) se ha puesto en duda repetidamente (Clahsen, 1988; Eubank, 1996; Beck, 1997). En Liceras, Laguardia, Fernández y Fernández y Díaz (1998) proponemos que los aprendices de L2 producen sujetos nulos en español porque son capaces de identificarlos pero que, en realidad, no los legitiman como sucede en el caso de la adquisición del español como lengua materna. De hecho, lo que hemos defendido repetidamente (Liceras, 1994; Liceras, Díaz y Maxwell, 1998) es que la identificación es una propiedad universal de las lenguas mientras que la legitimación es un mecanismo computacional cuya activación está parametrizada porque depende de la selección del rasgo del que depende la legitimación. Es decir, lo que proponemos es que si, según el Principio de la Categoría Vacía, las categorías vacías (el sujeto nulo representado por *pro* o *PRO*) tienen que legitimarse e identificarse (Rizzi, 1986), la legitimación se desencadena a partir de los datos (la selección del rasgo adecuado), en el caso de la adquisición de la L1, y una vez que ese mecanismo de selección «crece» no es posible volver a utilizarlo de la misma forma.[14] Por tanto, en la adquisición de la L2, la legitimación no entrará en la dinámica de selección de desencadenantes típica de la L1 y serán los mecanismos de identificación los que se impongan.

De lo anterior se desprende que en la adquisición del español como lengua materna se selecciona este rasgo abstracto, el rasgo [+ fuerte] de la concordancia del español, a partir de los desencadenantes concretos que proporcionan los datos. Luego ese rasgo legitima el *pro* de (30) y los marcadores de persona (*–n*, *–mos*) sirven como identificadores.

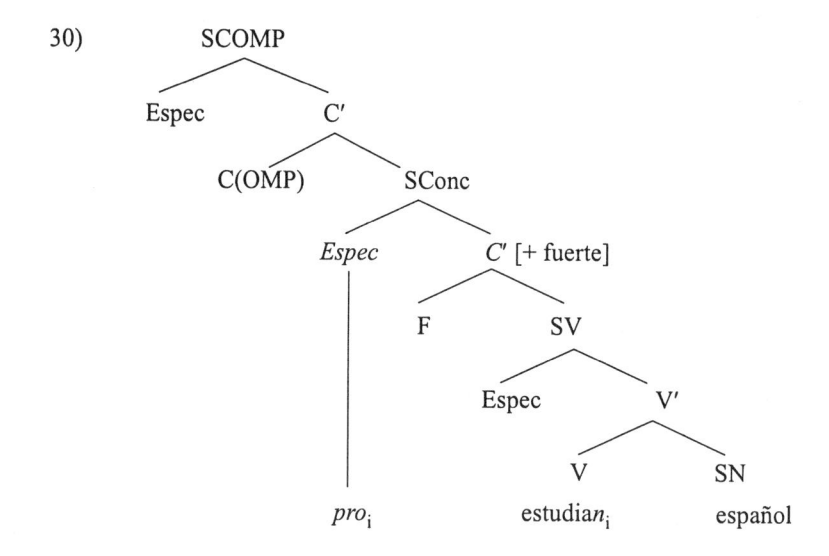

30)
```
            SCOMP
           /     \
        Espec    C'
                /  \
            C(OMP)  SConc
                   /    \
                Espec   C' [+ fuerte]
                        /  \
                       F    SV
                           /  \
                        Espec  V'
                              /  \
                             V    SN
                 proᵢ    estudianᵢ  español
```

Si la legitimación de esa categoría vacía no es posible porque el aprendiz no selecciona el rasgo, la adquisición tendrá lugar a partir de otros procedimientos. Lo que nosotros proponemos (Liceras, Díaz y Maxwell, 1998; Liceras y Díaz, 1999) es que los adultos imponen las representaciones de la L1 sobre los datos de la L2 y los reestructuran. Por lo tanto, y en un primer acercamiento al tema, hemos sugerido que una oración como la de (31), producida por un hablante nativo de español, tendrá la representación que figura en (32*a*), mientras que la construcción equivalente del inglés que produce un hablante de inglés como lengua materna tiene la representación de (32*b*).

31) Comemos mucho pescado

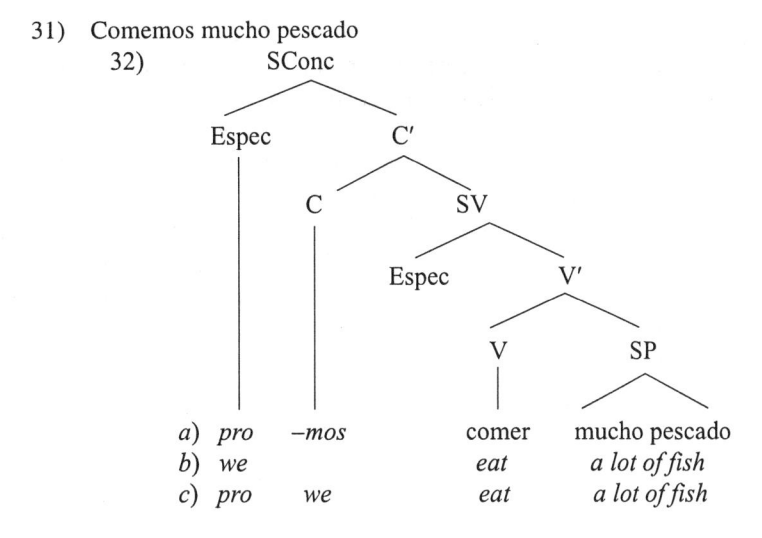

32)
```
                    SConc
                   /     \
               Espec      C'
                         /  \
                        C    SV
                            /  \
                        Espec   V'
                               /  \
                              V    SP
```

	Espec	C	V	SP
a)	pro	–mos	comer	mucho pescado
b)	we		eat	a lot of fish
c)	pro	we	eat	a lot of fish

Sin embargo, en la interlengua inglesa de los hispanohablantes o los italohablantes, la categoría vacía puede seguir siendo una opción posible y el pronombre obligatorio: el *we* de (32*b*) se reanalizará como un marcador de concordancia (como el equivalente del español *–mos*), tal como figura en (32*c*).[15]

Liceras y Díaz (1998, 1999) hacen una propuesta menos apegada a la transferencia según la cual en la gramática no nativa del español existen distintos procedimientos de identificación de los sujetos nulos, si bien todos pueden coincidir en el procedimiento de legitimación por defecto en la posición Espec V; tal como se indica en (33).

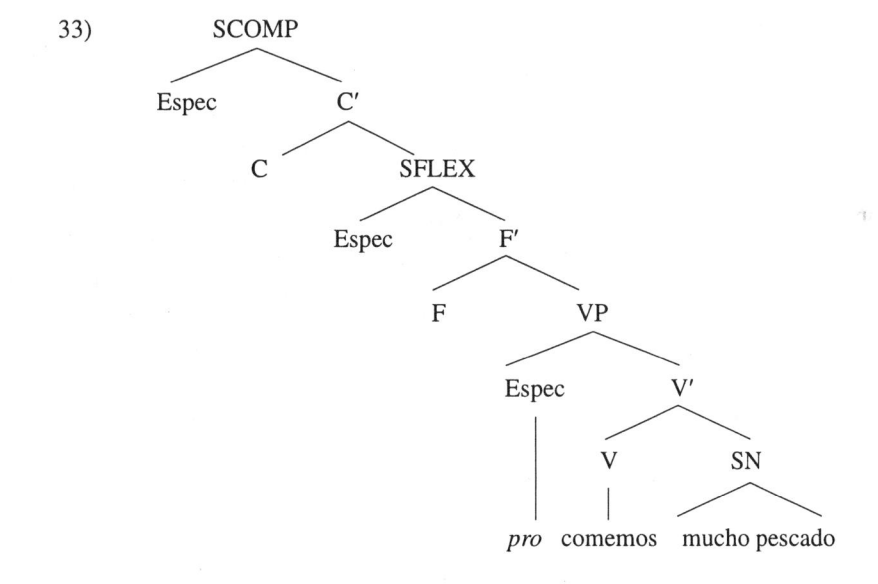

33)
```
                SCOMP
               /     \
           Espec      C'
                     /  \
                    C    SFLEX
                        /     \
                    Espec      F'
                              /  \
                             F    VP
                                 /  \
                             Espec   V'
                                    /  \
                                   V    SN
                                   |
                            pro  comemos  mucho pescado
```

Concretamente, los hablantes de alemán, chino o inglés producen sujetos nulos desde las primeras etapas del desarrollo de la interlengua porque legitiman *pro* en el nivel del SV. Es decir, que no lo legitiman en el nivel del SConc, como se indica en (30), ni tampoco en el nivel del SCOMP, como se ha propuesto (Hyams, 1994; Rizzi, 1993-1994) para el caso del chino. Ahora bien, los chinos y japoneses identifican *pro* a través de temas nulos (aquí sí que se produce transferencia), posteriormente marcan «nosotros» como tema y, finalmente, identifican el contenido de la categoría vacía haciendo uso de los marcadores de persona (*–mos*) o de los pronombres personales. Esto último puede explicar el sobreuso de pronombres sujeto de los japoneses de nivel intermedio avanzado cuya producción se analiza en Liceras y Díaz (1998, 1999). Nuestra propuesta es, una vez más, que los adultos que adquieren una L2 no seleccionan los datos del *input* como lo hacen los niños y que eso se debe a que no son sensibles a los desencadenantes del medio (al menos no lo son al mismo tipo de desencadenantes) porque el mecanismo que realiza esa operación ha «madurado».

4.4. La subespecificación

La no activación de un rasgo se ha denominado subespecificación, y la explicación de por qué los niños de lenguas [– sujeto nulo] producen sujetos nulos en las primeras etapas se ha explicado precisamente como resultado de la subespecificación de un rasgo dado. Por ejemplo, en las estructuras que figuran en (24) y (25), la subespecificación del rasgo [+/– afijo] conducirá a que la producción de sujetos léxicos no sea obligatoria en inglés.[16] Este uso del término subespecificación es muy diferente de como se utiliza en Hyams (1996) y Hoekstra, Hyams y Becker (1997).

La presencia de sujetos nulos en el inglés infantil (y en la producción infantil de otras lenguas que no permiten sujetos nulos) se ha atribuido a déficit de base pragmática.[17] Es decir que, dentro de los defensores de la hipótesis de la continuidad, la explicación de las diferencias que se observan entre el lenguaje infantil y el adulto se ha buscado en principios que, de alguna forma, están en la interfaz sintaxis/pragmática. Ése es el caso de la elección del índice por defecto y no del índice marcado (la subespecificación) que liga los niveles de la oración a los operadores de que depende su anclaje temporal (Hyams, 1996; Hoekstra y Hyams, 1997). Sin entrar en los tecnicismos de la propuesta, de los que nos hacemos eco en Liceras, Valenzuela y Díaz (1999), podemos decir que la hipótesis de la subespecificación que defienden estos autores no está ligada a la falta de selección de un rasgo como tal, sino a que ese rasgo no esté coindizado sino en la opción por defecto. En otras palabras, la categoría se proyecta pero el índice sólo se marca por defecto; es decir, que, como se indica en la tabla 2.4, la relación entre el Operador temporal (T) o de la Definitud (N) y las respectivas categorías, COMP, T, V y DET, X, N, no presenta un índice marcado, como sucede en el caso del lenguaje adulto.

TABLA 2.4. *La codificación gramatical de la especificidad*

(T)OP	**COMP**	NUM [TP	**T**	[SV	**V**	]]
(N)OP	**DET**	NUM [DP	**X**	[SN	**N**	]]

Los niños optan por una estrategia pragmática, en lugar de la sintáctica de los adultos que establece distintas opciones en las cadenas de índices de determinadas categorías funcionales.

Por lo que se refiere a los rasgos concretos, lo que Hyams (1996) y Hoekstra, Hyams y Becker (1997) proponen concretamente es que éstos dependen de la «fuerza» de los paradigmas morfológicos. De hecho, según estos autores, la «fuerza» del paradigma morfológico del español se plasma en la activación del rasgo Persona, mientras que la del inglés o la del holandés lo hace en el rasgo Número y la del japonés en el rasgo Tiempo, tal como se indica en la tabla 2.5.

Esta noción de «fortaleza» del paradigma morfológico que, en nuestra opinión, necesita refinarse, constituye un intento loable de explicar cómo llega el niño a la selección, a partir de los rasgos de la morfología (los desencadenantes que le ofrece una lengua dada), de los rasgos concretos. La especificación de estos rasgos depende pues de las distintas lenguas y, por tanto, los niños tienen que seleccionar la que corresponda.

Lo que se ha propuesto es que la distribución de los sujetos nulos y explícitos, así como la distribución de SSNN «desnudos» (sin determinante) y plenos (con determinante), responde a la subespecificación del rasgo Número. Es decir, que, para estos autores, el rasgo Número está presente pero no se le asignan obligatoriamente los índices que son propios del inglés adulto, lo cual explica la diferencia en lo que se refiere a las características estructurales del inglés infantil y del adulto.

Lo que Hoekstra y Hyams (1995), Hyams (1996) y Hoekstra, Hyams y Becker (1997) no indican es si el español infantil (o el lenguaje infantil de cualquier otra lengua que marque el rasgo Persona, y lo mismo puede decirse de las lenguas que marcan el rasgo Tiempo) también presenta características distintivas y explicables a partir de algún tipo de déficit pragmático. De hecho, lo que proponen es que en esas lenguas la especificación de Número se manifiesta por la escasez de formas del plural. Con objeto de investigar la posibilidad de que el rasgo Persona se seleccione ligado al rasgo Número en el lenguaje infantil y de cuál sea la situación en el caso del len-

TABLA 2.5. *Especificación de los núcleos de las categorías funcionales*

Lengua	Persona	Número	Tiempo	
Clase-*a*	m	0	∅	[italiano, español...]
Clase-*b*	∅	m	0	[inglés, holandés...]
Clase-*c*	∅	∅	m	[japonés]

m = marcado; ∅ = no marcado.

guaje no nativo, hemos analizado (Liceras, Valenzuela y Díaz, 1999) la producción del español L1 de dos niños —María, del *corpus* de López Ornat (1994) y Magín, del *corpus* de Aguirre (1995)—, así como la producción de varios sujetos de nuestros proyectos de investigación.[18] Los resultados de nuestro estudio indican que no existe una relación clara entre la sintaxis y la morfología en el caso de la gramática no nativa en lo relativo a la distribución de verbos flexionados y sujetos explícitos por un lado, y de verbos no flexionados y sujetos nulos y sustantivos sin determinante, por otro. Ahora bien, la existencia de infinitivos matriz (Rizzi, 1994) u opcionales (Wexler, 1994) en el lenguaje infantil pero no en el no nativo, junto con la clara diferencia en el desarrollo estructural del lenguaje infantil y de la interlengua, indican claramente que las características estructurales de las gramáticas no nativas de los adultos no presentan este tipo de subespecificación. Lo que sí se refleja de forma clara es la transferencia de los rasgos de especificación de Número y de Tiempo de las L1 a la interlengua del español.

De lo anterior se desprende que si esos rasgos constituyen los desencadenantes que estamos buscando, los elementos que sirven como desencadenantes de las opciones sintácticas de la L1 se muestran de forma sutil en la construcción de las gramáticas no nativas.

5. Desencadenantes y modularidad

Existen al menos dos formas distintas de abordar el tema del papel de la morfología en la adquisición de la sintaxis. Se ha propuesto, por un lado, que existe relación entre los paradigmas morfológicos (los exponentes de las categorías funcionales que se manifiestan como morfemas ligados) y la adquisición de la sintaxis. Por otro lado, se defiende que la relación entre la adquisición de las propiedades morfológicas de una lengua y su sintaxis depende de las propiedades de las categorías referenciales (Nombre, Verbo...) como tales. Es decir, que es en realidad la forma de las palabras de una lengua la que determina el cómo se van a seleccionar los rasgos que lleven a la fijación de sus opciones paramétricas.

De hecho, la importancia que ha adquirido el léxico para el aprendizaje sintáctico en el Programa Minimalista (Chomsky, 1995) ha situado la búsqueda de desencadenantes morfológicos en el corazón mismo de la interfaz morfología/sintaxis. Por ejemplo, en Snyder (1995) y Beck (1998) se investiga en detalle el papel de la morfología en la adquisición de la sintaxis de la lengua materna y las segundas lenguas, respectivamente, y mientras que algunos investigadores mantienen que los desencadenantes de la adquisición sintáctica se sitúan en los morfemas explícitos de los paradigmas morfológicos (Vainikka y Young-Scholten, 1998), otros mantienen (Borer, en prensa; Sprouse, 1998) que están situados en los rasgos abstractos de las categorías funcionales, como hemos visto en el apartado anterior. Por otro lado, hay quienes aceptan esta última propuesta para la adquisición de la lengua materna pero no para la adquisición de la L2 (Hawkins y Chan, 1997; Liceras *et al.*, 1997). Finalmente, y como adelantábamos al inicio de este apartado, algunos han propuesto que no son los paradigmas morfológicos sino la forma de las palabras (lo que nosotros denominamos el «léxico morfológico») lo que actúa como desencadenante de la adquisición de la sintaxis (Snyder, 1995; Piera, 1995).

En los subapartados que siguen vamos a analizar los resultados de una serie de estudios en los que se ha investigado esta problemática.

5.1. Desencadenantes fonológicos y rasgos morfosintácticos

Snyder (1995) propone que la elisión de sustantivos en los SDets del español infantil no está ligada a la riqueza del paradigma morfológico del determinante español. Sin embargo, tanto en la tradición gramatical del español (Bello, 1847; Alarcos Llorach, 1972) como en análisis sintácticos recientes (Torrego 1987; Contreras, 1989), se sugiere que existe relación entre la riqueza morfológica del determinante y la productividad del fenómeno de la elisión del sustantivo que vemos en los ejemplos de (34) a (36):

    34a) La blusa roja
    34b) La _ roja
    35a) Los zapatos de deporte
    35b) Los _ de deporte
    36a) El traje que tiene lunares
    36b) El _ que tiene lunares

También Snyder (1995) recurre a la propuesta de Bernstein (1993), según la cual los determinantes del español proyectan una categoría funcional, un marcador de palabra *(Word Marker)*, que es la versión sintáctica del rasgo morfológico que propone Harris (1991) para los sustantivos, adjetivos e incluso adverbios del español, con el fin de ver si es el paradigma morfológico como tal o este marcador de palabra lo que actúa como desencadenante de la elisión de sustantivos en contextos como los de (34b) a (36b). La conclusión a la que llega, después de analizar los datos de adquisición del español L1, De Juan (del *corpus* de De Monte en Childes) es que no hay relación entre la elisión de sustantivos y la adquisición de la morfología del determinante como tal, aunque sí que parece haber relación entre la producción de sustantivos nulos y la producción de determinantes con la marca de género femenino. Obviamente, lo anterior parece probar que existe una relación entre la selección del rasgo (o categoría) [+ marcador de palabra/género] y la elisión del sustantivo.[19]

Con objeto de investigar si efectivamente se produce esta relación y si también puede decirse lo mismo en el caso de la adquisición de la L2, en Liceras, Rosado y Díaz (1998), Rosado (1998) y en Liceras, Díaz y Mongeon (en prensa) se analizan datos de adquisición del español L1 —de nuevo los de Magín (Aguirre, 1995) y María (López-Ornat, 1994)—, datos de adquisición del español L2 de niños que lo adquieren en un contexto natural (Adil y Madelin) y de niños que lo adquieren en un contexto institucional, así como datos de adquisición del español L2 de adolescentes que lo adquieren en un contexto institucional.[20]

Vamos a referirnos sólo a las diferencias que hemos encontrado en el caso de la adquisición del lenguaje nativo y del lenguaje infantil en un contexto natural. Porque, dado que existe consenso en que el logro final de los niños emigrantes, que llegan a un país a los cuatro e incluso a los ocho años y se integran en el sistema escolar, equivale al nativo, es importante investigar también si el proceso que sigue la adquisición sugiere que la selección de desencadenante sea también igual que en el caso del español nativo.

Lo que muestran los resultados es, en primer lugar, que sólo los datos de la L1 contienen «rellenos monosilábicos» (Liceras, Díaz y Mongeon, en prensa); es decir, las vocales que aparecen delante de los sustantivos en los ejemplos de (37) a (45).

37) a for [Magín 1;8]
38) e nene [Magín 1;8]
39) a bici [Magín 2;2]
40) e agua [Magín 2;3]
41) e pie [María 1;7]
42) a bota [María 1;8]
43) as manos [María 2;1]
44) e bolo [María 2;5]
45) a tambor [María 2;5]

Utilizamos este término, como Bottari, Cipriani y Chilosi (1993-1994), y no el de «protodeterminantes» de López-Ornat (1997), que también nosotros utilizamos en Liceras, Rosado y Díaz (1998), porque partimos del supuesto de que estos elementos constituyen la prueba de que los aprendices ya tienen identificada la posición pero necesitan aprender el vocabulario morfológico (los morfemas libres) del determinante español. En otras palabras, no se trata de un *boostrapping* fonológico a partir del cual se crean las categorías sintácticas, como mantiene López-Ornat (1997), sino de la utilización de esas vocales para marcar una posición sintáctica necesaria en la gramática infantil. Es decir, lo que proponemos es que esas vocales son los elementos de que se sirve el mecanismo de selección para activar el rasgo [+ marcador de palabra/género] que es propio del español.

Los datos de Adil y Madelin (que sólo tienen cuatro y ocho años, respectivamente, cuando llegan a Madrid y comienzan a aprender español en el colegio) no contienen este tipo de elementos. Para nosotros esto prueba que, incluso a tan temprana edad, el mecanismo de selección funciona ya desde representaciones más elaboradas que las del niño que adquiere la lengua materna, aunque es posible que estos niños lleguen a activar el rasgo [+ marcador de palabra/género] por un proceso de reconstrucción de los elementos que componen los determinantes. Algo que probablemente nunca consignan los adultos o los niños que adquieren el español en un contexto institucional.

Hemos de añadir, además, que los sustantivos nulos —los ejemplos de (46) a (51)— de María y Magín son incompatibles con los «rellenos monosilábicos»; es decir, no se registran casos de vocales como las de (37) a (45) seguidas de adjetivos como los de (46)-(47), o de SPs como los de (48)-(49), ni tampoco de SComps como los de (50)-(51).

46) la _ azul [María 2;11]
47) otro _ amarillo [Magín 1;10]
48) El _ de las vaquitas [María 2;5]
49) El _ del pollito [Magín 2;5]
50) La _ que está en mi cole [María 2;5]
51) Unos _ que te pican [Magín 2;1]

Otra diferencia importante la encontramos en la distribución de determinantes nulos que no son posibles en español, ya que Adil y Madelin producen un porcentaje más alto que María y Magín y, además, presentan un patrón de distribución distinto: en la L1 desaparecen precisamente cuando comienzan a producir sustantivos nulos; en la L2 la producción de determinantes nulos de Adil es menor, y se concentra en tres entrevistas hacia la mitad del proceso de aprendizaje para luego desaparecer. En el caso de Madelin continúan hasta la última entrevista y se distribuyen a lo largo de todas las entrevistas.

En el caso de los desajustes de género y número nos encontramos un patrón similar al de los determinantes nulos. En primer lugar, Adil se empareja con los niños de L1 en cuanto a la escasez de desajustes. De hecho, y pese a que el porcentaje de desajustes es bajo en todos los casos, la diferencia entre Madelin y Adil es significativa. Además, Adil cesa de producir desajustes en la etapa final de las entrevistas, como sucede en el caso de María y Magín, mientras que Madelin sigue produciéndolos durante todo el período en que es entrevistada (más de un año).

Por consiguiente, Madelin es la única que pese a no dominar la concordancia de género produce sustantivos nulos, lo cual indica que, en el caso de la L2, la adquisición de la sintaxis (posibilidad de legitimar e identificar sustantivos nulos) no parece depender de la adquisición del «léxico morfológico» (de los marcadores de palabra). Creemos que la razón por la cual esto es así es porque Madelin no activa el rasgo [+ marcador de palabra/género] a partir de la selección de «rellenos monosilábicos» como lo hacen María y Magín y como tal vez lo haga también Adil, aunque sólo en el nivel del procesamiento (el período silencioso en el que apenas produce formas no nativas) y no en el de producción.[21]

5.2. Desencadenantes «funcionales» y desencadenantes «léxicos»

Hemos visto que, aparentemente al menos, hay dos propuestas con respecto a lo que constituye un desencadenante léxico. Por un lado, en el apartado 3 de este capítulo hemos tratado de los desencadenantes ligados a los rasgos de las categorías funcionales y que resultan, de alguna manera, del cómputo mental que consiste en determinar qué tipo de «riqueza» del paradigma morfológico determina el valor [+/− fuerte] o el rasgo [+/− afijo] de la concordancia, o bien el que se hable de rasgos [+ Persona], [+ Número] o [+ Tiempo]. A estos desencadenantes podemos denominarlos «funcionales». Por otro lado, en el apartado anterior, nos hemos ocupado del rasgo [+ marcador de palabra/género] que, según Snyder (1995), difiere de los paradigmas morfológicos en que está directamente ligado a la forma de las palabras. El problema es que desde el momento en que el marcador de palabra se convierte en una proyección funcional (Bernstein, 1993), la diferencia entre esta categoría (que no siempre tiene realización fonética concreta) y los rasgos de las categorías funcionales que se determinan a partir de la riqueza del paradigma flexivo del verbo, o desaparece o es muy sutil.

Sin embargo, Snyder (1995) mantiene que no es la morfología flexiva como tal, sino las propiedades léxicas que definen, por ejemplo, el Parámetro de los Compuestos, las que tienen un papel directo en la adquisición de la sintaxis. El Parámetro de los Compuestos divide a las lenguas en dos tipos: las que marcan la categoría sustantiva N con el rasgo [+ afijo] y las que no. En las primeras, entre las que está el inglés, la composición N-N es productiva —el ejemplo de (52)— y también lo son los predicados complejos como los que figuran en (53)-(55), entre otros.

52) *coffee table*
53) *He hammered the metal flat*   [HAMMER FLAT... the metal]: resultativa
54) *He picked up the book*   [PICK UP...the book]: verbo con partícula
55) *We sent Alice a letter*   [SEND A LETTER...Alice]: movimiento del dativo

El español representa la otra opción de este parámetro porque la categoría sustantiva N no tiene el rasgo [+ afijo]. Por tanto, las construcciones de (54) y (55) no son posibles, y la de (53) sólo se produce en casos muy restringidos (Valenzuela, 1998; Liceras y Valenzuela, 1998).

Este parámetro tiene los ingredientes propios de la primera definición de un parámetro (Chomsky, 1981), en lo que se refiere a que abarca una serie de construcciones y en que se puede definir en términos del Principio del Subconjunto: el inglés tiene las dos opciones en todos los casos, la de (52)-(55) y la de los equivalentes del español que no son predicados complejos y que no suelen optar por los compuestos N-N.

En una serie de experimentos que se llevaron a cabo con objeto de comprobar el valor de desencadenante de los compuestos N-N en la fijación de este parámetro en español por hablantes de inglés —Valenzuela *et al.* (1997), Valenzuela (1998) y Liceras y Valenzuela (1998)—, no se encontró correlación alguna entre el estatuto de los compuestos N-N y las resultativas. Se constató, además, que las diferencias entre los hablantes de inglés y los hablantes de francés (el francés representa la opción [– afijo] del parámetro, exactamente como el español) dejaban clara la proximidad tipológica en el caso de los compuestos N-N pero no en el caso de las resultativas. Por tanto, los datos de la L2 no parecen proporcionar evidencia a favor del valor desencadenante del rasgo [+ afijo].

5.3. Desencadenantes del sistema de representación y desencadenantes del sistema de procesamiento

El español tiene compuestos nominales N-N de núcleo a la izquierda, como los que figuran en (56*a*)-(59*a*), que no son tan productivos como los equivalentes de núcleo a la derecha que son típicos del inglés (56*b*)-(59*b*) y de otras lenguas.

56a) *Hombre* araña
56b) Spider *man*
57a) *Barco* pirata
57b) Pirate *ship*
58a) *Perro* policía
58b) Police *dog*
59a) *Mujer* pulpo
59b) Octopus *woman*

Independientemente del papel de desencadenante que Snyder (1995) atribuye al valor [+ afijo] de los sustantivos del inglés, Piera (1995) propone que las diferencias entre el inglés y el español en lo que se refiere a la productividad, la direccionalidad y la recursividad de compuestos nominales se deben a que los sustantivos del español tienen un «marcador de palabra», como propone Harris (1991) y hemos visto en (14), y repetimos aquí en (60):

60a) $_N$[[perr] <u>o</u>]
60b) $_N$ [*dog*]

La presencia o ausencia de este marcador de palabra actúa como desencadenante de la adquisición de estas construcciones en la L1.

En Liceras y Díaz (en prensa) se presentan los resultados de una serie de experimentos dirigidos a investigar el valor de esta propuesta en la adquisición del español L2 por hablantes de lenguas sin marcador de palabra y por hablantes de francés, que se agrupa con el español. Se trataba de investigar si la estrategia de la composición N-N es una estrategia marcada, como se deduce del parámetro propuesto por Snyder (1995) y si el marcador de palabra de los sustantivos del español actúa como desencadenante de la adquisición de los compuestos típicos de esta lengua.

Los resultados obtenidos al realizar una serie de pruebas con dibujos de posibles compuestos nominales *(mujer pulpo)* y de compuestos nominales que están avalados por el uso *(perro policía)* fueron los siguientes:

1) No se confirma que la estrategia de la composición N-N sea una estrategia marcada porque todos los sujetos, salvo el grupo de principiantes que estudiaban español en España, produjeron muchos ejemplos de compuestos N-N. La escasa producción de compuestos de esos principiantes (al contrario de lo que sucede en el caso de los principiantes de Canadá) se la atribuimos al hecho de que habían recibido suficiente *input* como para darse cuenta de que la estrategia de la composición nominal no es prioritaria en español, pero no el suficiente como para incorporar la estrategia de composición nominal típica del español.

2) En relación con el valor desencadenante del marcador de palabra, una primera interpretación de los datos puede llevar a defender que el Marcador de palabra no actúa como desencadenante en la primera etapa sino en una etapa posterior, ya que los sujetos de nivel avanzado producen una gran cantidad de compuestos de núcleo a la izquierda (como los del español nativo). Ahora bien, si nos fijamos en el pa-

trón que muestran los compuestos con respecto al marcador de género, lo que se hace patente es que no es el marcador de palabra como tal sino la direccionalidad (la necesidad de cambiar el orden del núcleo de derecha a izquierda) lo que desencadena la adquisición de los compuestos del español. Prueba de ello es que hay una correlación entre el aumento en la producción de compuestos N-N y la desaparición de la estrategia Nombre-Preposición-Nombre, pero no lo hay entre el aumento en la producción de compuestos y los problemas de género.

Una vez más, hemos interpretado estos datos como prueba de que los adultos que adquieren una lengua segunda no seleccionan los desencadenantes (el «marcador de palabra» en este caso) que se seleccionan en la adquisición de la lengua materna. Por el contrario, parece ser que la estrategia que hemos denominado «de arriba abajo» se manifiesta en este caso ligada a la direccionalidad y, por tanto, como un desencadenante relacionado con el sistema de procesamiento.

Conclusión

En este capítulo hemos presentado el modelo chomskiano de adquisición del lenguaje prestando especial atención al concepto de selección de desencadenantes del *input* por el hecho de que es precisamente esta selección la que permite poner en relación el problema lógico con el problema real de la adquisición del lenguaje. Además, si somos capaces de identificar auténticos desencadenantes y de explicar cómo se activan y llevan a la fijación de las opciones paramétricas, podremos utilizar este conocimiento para manipular el *input* que se presenta a los que adquieren la lengua segunda en un contexto institucional.

A lo largo de los distintos apartados hemos tratado de mostrar cómo se presentan los desencadenantes desde la teoría de la marca, la teoría de los parámetros, la proyección de categorías funcionales y el cotejo (y selección) de rasgos. Partiendo de estos constructos hemos proporcionado ejemplos para mostrar que la adquisición de la gramática no nativa utiliza el inventario de categorías y está sometida a las restricciones que regulan los principios de la Gramática Universal. Al mismo tiempo hemos tratado de mostrar que la adquisición de la gramática no nativa, al menos en el caso de los adultos, no se produce por un proceso de selección de desencadenantes similar al que se propone para la lengua materna (una estrategia de abajo arriba), todo lo cual nos ha llevado a concluir que las interlenguas son lenguas naturales pero no son Lenguas-I en el sentido de Chomsky (1986).

Bibliografía

Abraham, W.; Epstein, S. M.; Thráinsson, H. y Zwart, J.-W. (1996): *Minimal ideas*, Amsterdam, John Benjamins.

Aguirre, C. (1995): «La adquisición de las categorías gramaticales en español», tesis doctoral inédita, Universidad Autónoma de Madrid.

Alarcos Llorach, E. (1972): *Estudios de gramática funcional del español,* Madrid, Gredos.
Atkinson, M. (1992): *Children's Syntax: An introduction to the Principles and Parameters theory,* Oxford, Blackwell.
— (1996): «Now hang on a minute: Some reflections on emerging ortodoxies», en H. Clahsen (ed.), *Generative perspectives on language acquisition,* Amsterdam, John Benjamins, pp. 451-485.
Baralo, M. (1994): «La adquisición del español como lengua extranjera: aspectos morfológicos, sintácticos y semánticos de los adverbios en *–mente*», tesis doctoral, Instituto Universitario Ortega y Gasset, Universidad Complutense de Madrid.
Beck, M.-L. (1997): «Regular verbs, past tense and frequency: tracking down a potential source of NS/NNS competence differences», *Second Language Research,* 13, pp. 93-115.
— (1998): *Morphology and its interfaces in second-language knowledge,* Amsterdam, John Benjamins.
Bello, A. (1847): *Gramática de la lengua castellana,* con notas de R. J. Cuervo (ed. 1970), Buenos Aires, Sopena.
Bernstein, J. (1993): «The syntactic role of word markers in null nominal constructions», *Probus,* 5, pp. 5-38.
Berwick, R. (1985): *The acquisition of syntactic knowledge,* Cambridge, Mass., The MIT Press.
Bickerton, D. (1990): *Language and species,* Chicago, The University of Chicago Press.
Bley-Vroman, R. (1990): «The logical problem of foreign language learning», *Linguistic Analysis,* 20, pp. 3-49.
Bloom, P. (1990): «Subjectless sentences in child language», *Linguistic Inquiry,* 21, pp. 491-504.
Borer, H. (1984): *Parametric syntax: case studies in Semitic and Romance languages,* Dordrecht, Foris.
— (en prensa): «Functional projections: at the interface of acquisition, morphology and syntax», *In Interfaces: Papers from the Interfaces Workshop in Oporto,* Portugal, 1995.
Borer, H. y Wexler, K. (1987): «The maturation of syntax», en T. Roeper y E. Williams (eds.), *Parameter setting,* Dordrecht, Reidel, pp. 123-172.
Bottari, P.; Cipriani, P. y Chilosi, A. (1993-1994): «Protosyntactic devices in the acquisition of Italian Free Morphology», *Language Acquisition,* 3, pp. 327-369.
Bruhn de Garavito, J. (1999): «The SE construction in Spanish and near-native competence», *Spanish Applied Linguistics,* 3, pp. 247-295.
Chomsky, N. (1977): «On *wh*-movement», en A. Akmajian, P. Culicover y T. Wasow (eds.), *Formal syntax,* Nueva York, Academic Press.
— (1981): *Lectures on government and binding,* Dordrecht, Foris.
— (1986): *Knowledge of language: its nature, origin, and use,* Nueva York, Praeger.
— (1991): «Some notes on the economy of derivation and representation», en R. Freidin (ed.), *Principles and Parameters in comparative grammar,* Cambridge, Mass., The MIT Press, pp. 417-454.
— (1992): A minimalist Program for linguistic theory, *Mit Ocasional papers in Linguistics,* Cambridge, Mass., The MIT Press.
— (1993): «A Minimalist Program for linguistic theory», en K. Hale y S. J. Keyser (eds.), *The View from Building 20: Essays in Linguistics in Honor of Sylvain Bromberger,* Cambridge, Mass., The MIT Press.
— (1995): *The Minimalist Program,* Cambridge, Mass., The MIT Press.
Chomsky, N. y Lasnik, R. (1977): «Filters and control», *Linguistic Inguiry,* 8, pp. 425-504.
Clahsen, H. (1988): «Parametrized grammatical theory and language acquisition: a study of

the acquisition of verb placement and inflection by children and adults», en S. Flynn y W. O'Neil (eds.), *Linguistic theory in second language acquisition*, Dordrecht, Kluwer.
— (1992): «Learnability theory and the problem of development in language acquisition», en J. Weissenborn, H. Goodluck y T. Roper (eds.), *Theoretical issues in language acquisition*, Hillsdale, N.J., Erlbaum, pp. 53-76.
— (1996): *Generative Perspectives on Language Acquisition*, Amsterdam, John Benjamins.
Clahsen, H.; Penke, M. y Parodi, T. (1993): «Functional categories in early child German», *Language Acquisition*, 3, pp. 325-429.
Collins, C. (1997): *Local economy*, Cambridge, Mass., The MIT Press.
Contreras, H. (1989): «On Spanish Empty N' and N», en C. Kirschner y J. de Cesaris (eds.), *Studies in Romance Linguistics*, Amsterdam, John Benjamins.
Elman, L.; Bates, E.; Johnson, M.; Karmiloff-Smith, A.; Parisi, D. y Plunkett, K. (1996): *Rethinking Innateness*, Cambridge, Mass., The MIT Press.
Epstein, S.; Flynn, S. y Martohardjono, G. (1996): «Second language acquisition: Theoretical and experimental issues in contemporary research», *Behavioral and Brain Sciences*, 19, pp. 677-758.
Eubank, L. (1991): *Point/Counterpoint. Universal grammar in the second language*, Amsterdam, John Benjamins.
— (1994): «On the transfer of parametric values in L2 development», *Language Acquisition*, 3, pp. 183-208.
— (1996): «Negation in early German-English interlanguage: more valueless features in the L2 initial state», *Second Language Research*, 12, pp. 73-106.
Felix, S. (1987): *Cognition and language growth*, Dordrecht, Foris.
— «Language acquisition as a maturational hypothesis», en J. Weissenborn, H. Goodluck y T. Roeper (eds.), *Theoretical issues in language acquisition*, Hillsdale, N.J., Erlbaum, pp. 25-51.
Fleta, T. (1999): «Las primeras etapas del desarrollo de la sintaxis del inglés L2 de niños españoles», tesis doctoral, Instituto Universitario Ortega y Gasset, Universidad Complutense de Madrid.
Flynn, S. (1987): *A parameter-setting model of L2 acquisition: experimental studies in anaphora*, Dordrecht, Reidel.
Flynn, S. y O'Neil, W. (1988): *Linguistic theory in second language acquisition*, Dordrecht, Kluwer.
Flynn, S.; Martohardjono, G. y O'Neil, W. (1998): *The generative study of second language acquisition*, Mahwah, N.J., Erlbaum.
Fukui, N. (1986): «A theory of category projection and its applications», tesis doctoral, The MIT Press.
Goodluck, H. (1991): *Language acquisiton. A linguistic introduction*, Oxford, Blackwell.
Guilfoyle, E. y Noonan, M. (1992): «Functional categories and language acquisition», *Canadian Journal of Linguistics*, 37, pp. 241-273.
Haegeman, L. (1994): *Introduction of Government and Binding Theory*, Oxford, Blackwell.
Harris, J. W. (1991): «The exponence of Gender in Spanish», *Linguistic Inquiry*, 22, pp. 27-62.
Hawkins, R. y Chan, C. (1997): «The partial availability of Universal Grammar in second language acquisition: the failed functional features hypothesis», *Second Language Research*, 13, pp. 187-226.
Hernanz, M. L. y Brucart, J. M. (1987): *La sintaxis*, Barcelona, Crítica.
Hoekstra, T. y Hyams, N. (1995): «The syntax and interpretation of dropped categories in

child language: a unified account». Trabajo presentado en la 14th West Coast Conference on Formal Linguistics (WCCFL), USC, Los Ángeles.

Hoekstra, T.; Hyams, N. y Becker, M. (1997): «The role of the specifier and finiteness in early grammar», *BUCLD 21 Proceedings*, Sommerville, Mass., Cascadilla Press, pp. 293-306.

Hoekstra, T. y Schwartz, B. (1994): *Language acquisition studies in generative grammar,* Oxford, Blackwell.

Hyams, N. (1986): *Language acquisition and the theory of parameters*, Dordrecht, Reides.

— (1994): «VP, null arguments and COMP projections», en T. Hoekstra y B. Schwartz (eds.), *Language acquisition studies in generative grammar*, Oxford, Blackwell, pp. 21-55.

— (1996): «The underspecification of functional categories in early grammar», en H. Clahsen (ed.), *Generative perspectives on language acquisition*, Amsterdam, John Benjamins, pp. 91-127.

Jaeggli, O. (1992): *Topics in Romance syntax*, Dordrecht, Foris.

Jaeggli, O. y Safir, K. (1989): *The null subject parameter,* Dordrecht, Reidel.

Kato, M. A. (1999): «Strong and weak pronominals in the null subject parameters», *Probus* 11, pp. 1-37.

Kayne, R. (1975): *French Syntax,* Cambridge, Mass., The MIT Press.

— (1994): *The antisymmetry of Syntax*, Cambridge, Mass., The MIT Press.

Kean, M.-L. (1988): «Brain structures and linguistic capacity», en F. Newmeyer (ed.), vol. 2: *Linguistic theory: extensions and implications* (pp. 74-95), Nueva York, Cambridge University Press.

Klein, E. y Martohardjono, G. (1999): *The development of second language grammars. A generative approach*, Amsterdam, John Benjamins.

Lebeaux, D. (1988): «Language acquisition and the form of grammar», tesis doctoral, Amherst, University of Massachusetts.

Lenneberg, E. (1967): *Biological foundations of language*, Nueva York, Wiley.

Liceras, J. M. (1986): *Linguistic theory and second language acquisition: The Spanish non-native grammar of English speakers*, Tubinga, Gunter Narr.

— (1988): «L2 learnability: delimiting the domain of core grammar as distinct from the marked periphery», en S. Flynn y W. O'Neil (eds.), *Linguistic theory in second language acquisition*, Dordrecht, Kluwer.

— (1992): *La adquisición de lenguas extranjeras: hacia un modelo de análisis de la interlengua*, Madrid, Visor.

— (1993): *La lingüística y el análisis de los sistemas no nativos,* Ottawa, Dovehouse.

— (1994): «La teoría gramatical y los principios que regulan la adquisición del orden de palabras en español», *Primera Mesa Redonda de Lingüística Española*, México, Universidad Autónoma Metropolitana de México.

— (1995): «Los procesos de selección, instrucción y representación en la adquisición del lenguaje no nativo», *Revista de Didáctica*, 7, pp. 187-202.

— (1996*a*): *La adquisición de las lenguas segundas y la gramática universal,* Madrid, Síntesis.

— (1996*b*): «"To grow" and what "to grow": That is one question. Commentary to S. Epstein, S. Flynn and G. Martohardjono. Second language acquisition: Theoretical and experimental issues in contemporary research», *Behavioral and Brain Sciences,* 19, p. 734.

— (1997): «The "now" and "then" of L2 growing pains», en L. Díaz y C. Pérez (eds.), *Views on the Acquisition and Use of a Second Language. EUROSLA'7 Proceedings*, Barcelona, Universitat Pompeu Fabra.

— (1998): «On the specific nature of non-native grammars: the whys, whens, wheres and... hows», en Jesús Fernández González y Javier de Santiago Guervós (eds.), *Issues in Second Language Acquisition and Learning*, número especial de LYNX, vol. 6, pp. 58-96.

— (1999): «Linguistic theory, L2 acquisition and pedagogical grammar: on some universal and idiosyncratic properties of Spanish SE», *Spanish Applied Linguistics*, 3, pp. 297-309.

— (en prensa): «La teoría lingüística y la composición nominal en español y en inglés», en P. Fernández Nistal y J. M. Bravo (eds.), *Pathways in Translation*, Valladolid, S.A.E. Universidad de Valladolid.

— (en preparación, *a*): «Introduction», en A. T. Pérez-Leroux y J. M. Liceras, *The Acquisition of Spanish Morphosyntax: the L1/L2 Connection*, Dordrecht, Kluwer.

— (en preparación, *b*): *La adquisición del lenguaje: A la búsqueda de los principios y mecanismos que regulan la adquisición de las gramáticas no nativas*, Madrid, Visor.

Liceras, J. M. y Díaz, L. (1998): «On the nature of the relationship between morphology and syntax: f-features and null/overt pronouns in the Spanish interlanguage of speakers of Indo-European and Oriental languages», en M. L. Beck (ed.), *Morphology and its interfaces in second-language knowledge*, Amsterdam, John Benjamins, pp. 307-338.

— (1999): «Topic-drop versus pro-drop: null subjects and pronominal subjects in the Spanish L2 of Chinese, English, French, German, Japanese and Korean speakers», *Second Language Research*, 15(1), pp. 1-40.

— (2000): «Triggers in L2 acquisition: the case of Spanish N-N compounds», *Studia Linguistica*.

Liceras, J. M.; Díaz, L. y Maxwell, D. (1998): «Null arguments in non-native grammars: the Spanish L2 of Chinese, English, French, German, Japanese and Korean speakers», en E. Klein y G. Martohardjono (eds.), *The development of second language grammar. A generative approach*, Amsterdam, John Benjamins, pp. 113-149.

Liceras, J. M.; Díaz, L.; Maxwell, D.; Laguardia, B.; Fernández, Z. y Fernández, R. (1997): «A longitudinal study of Spanish non-native grammars: beyond parameters», en A. T. Pérez-Leroux y W. R. Glass (eds.), *Contemporary perspectives on the acquisition of Spanish*, Somerville, Mass., Cascadilla Press, pp. 99-132.

Liceras, J. M.; Díaz, L. y Mongeon, C. (en prensa): «N-drop and determiners in native and non-native Spanish: more on the role of morphology in the acquisition of syntactic knowledge», *Proceedings of 1999 Conference on L1 and L2 Acquisition of Spanish*, Sommerville, Mass., Cascadilla Press.

Liceras, J. M.; Laguardia, B.; Fernández, R.; Fernández, Z. y Díaz, L. (1998): «Licensing and identification of null categories in Spanish non-native grammars», en J. Lema y E. Treviño (eds.), *Theoretical Analysis on Romance Languages*, Amsterdam, John Benjamins, pp. 263-282.

Liceras, J. M.; Rosado, E. y Díaz, L. (1998): «On the differences and similarities between primary and non-primary language acquisition: evidence form Spanish null nouns», Comunicación presentada en *Eurosla '98,* The British Institute, París, septiembre 1998.

Liceras, J. M. y Valenzuela, E. (1998): «The "Compounding Parameter" in L2 Acquisition: The Subset Principle Revisited». Comunicación presentada en la conferencia *Generative Approaches to Second Language Acquisition (GASLA '98)*, University of Pittsburgh/Carnegie Mellon University, 25-27 de septiembre de 1998.

Liceras, J. M.; Valenzuela, E. y Díaz, L. (1999): «L1 and L2 developing Spanish grammars and the "pragmatic deficit hypothesis"», *Second Language Research* 15(2), pp. 161-190.

Liceras, J. M.; Díaz, L.; Maxwell, D.; Laguardia, B.; Fernández, Z. y Fernández, R. (1997): «A longitudinal study of Spanish non-native grammars: beyond parameters», en A. T. Pérez-Leroux y W. R. Glass (eds.), *Contemporary perspectives on the acquisition of Spanish*, Somerville, Mass., Cascadilla Press, pp. 99-132.

Lightfoot, D. (1982): *The language lottery: towards a biology of grammar*, Cambridge, Mass., The MIT Press.

— (1991): *How to set parameter: arguments for language change*, Cambridge, Mass., The MIT Press.

López-Ornat, S. (1994): *La adquisición de la lengua española*, Madrid, Siglo XXI.

—[i] (1997): «What lies in between a pre-grammatical and a grammatical representation: evidence on nominal and verbal form-function mappings in Spanish from 1;7 to 2;1», en A. T. Pérez y W. R. Glass (eds.), *Contemporary perspectives on the acquisition of Spanish*, vol. 1, Sommerville, Mass., Cascadilla Press.

Lust, B. (1995): «Functional projection of CP and phrase structure parametrization: an argument for the Strong Continuity Hypothesis», en B. Lust, M. Suñer y J. Whitman (eds.), *Syntactic theory and first language acquisition: cross-linguistic perspectives*, vol. 1, *Heads, projections and learnability*, Hillsdale, NJ, Erlbaum, pp. 85-188.

MacWhinney, B. (1987): *Mechanisms of language acquisition*, Hillsdale, N.J., Lawrence Erlbaum Associates.

Montrul, S. (1999): «SE o no SE: a look at transitive and intransitive verbs in Spanish interlanguage», *Spanish Applied Linguistics*, 3, pp. 145-194.

O'Grady, W. (1997): *Syntactic Development*, Chicago, The University of Chicago Press.

Perlmutter, D. (1971): *Deep and surface structure constraints in syntax*, Nueva York, Holt, Rinehart and Winston.

Phinney, M. (1997): «The pro-drop parameter in second language acquisition», en T. Roeper y E. Williams, *Parameter-setting*, Dordrecht, Reidel.

Piatelli-Palmarini, M. (1989): «Evolution, selection, and cognition: from "learning" to "parameter setting" in biology and the study of language», *Cognition*, 31, pp. 1-44.

Piera, C. (1995): «On Compounding in English and Spanish», en H. Campos y P. Kempchinsky (eds.), *Evolution and revolution in linguistic theory*, Washington, Georgetown University Press.

Pinker, S. (1984): *Language learnability and language development*, Cambridge, Harvard University Press.

Poeppel, D. y Wexler, K. (1993): «The Full Competence Hypothesis of clause structure in early German», *Language*, 69, pp. 1-33.

Pollock, J.-Y. (1989): «Verb movement, UG and the structure of IP», *Linguistic Inquiry*, 20, pp. 365-424.

Prévost, P. y White L. (en prensa): «Truncation and missing inflection in second language acquisition», en M. A. Friedmann y L. Rizzi (eds.), *The acquisition of syntax*, Londres, Longman.

Radford, A. (1990): *Syntactic theory and the acquisition of English syntax*, Oxford, Blackwell.

— (1997): *Syntactic theory and the structure of English: a minimalist approach*, Cambridge, Cambridge University Press.

Rice, M. (1996): *Towards a genetics of language*, Mahwah, N.J., Erlbaum.

Rizzi, L. (1986): «Null objects in Italian and the theory of pro», *Linguistic Inquiry*, 17, pp. 501-557.

— (1993-1994): «Some notes on linguistic theory and language development: the case of root infinitives», *Language Acquisition*, 3, pp. 371-393.

— (1994): «Early null subjects and root null subjects», en T. Hoekstra y B. Schwartz (eds.), *Language acquisition studies in generative grammar*, Amsterdam, John Benjamins, pp. 151-176.

Rosado, E. (1998): «La adquisición de la categoría funcional determinante y los sustantivos nulos del español infantil», tesis de Masters, University of Ottawa.

Schwartz, B. y Sprouse, R. (1994): «World order and nominative case in nonnative language acquisition: a longitudinal study of (L1 Turkish) German interlanguage», en T. Hoekstra y B. Schwartz (eds.), *Language acquisition studies in generative grammar*, Amsterdam, John Benjamins, pp. 317-368.

— (1996): «L2 cognitive states and the Full Transfer/Full Access model», *Second Language Research,* 12, pp. 40-72.

Slobin, D. (1985): *The crosslinguistic study of language acquistion,* vol. 2, *Theoretical Issues,* Hillsdale, N.J., Erlbaum.

Snyder, W. (1995): «Language acquisition and language variation: the role of morphology», tesis doctoral, The MIT Press.

Speas, M. (1994): «Null arguments in a theory of economy of projection», *University of Massachusetts Occasional Papers in Linguistics,* 17, pp. 179-208.

Sprouse, R. (1998): «Some notes on the relationship between inflectional morphology and parameter setting in first and second language acquisition», en M. L. Beck (ed.), *Morphology and its interfaces in second-language knowledge,* Amsterdam, John Benjamins, pp. 41-67.

Strozer, J. (1994): *Language Acquisition after Puberty,* Washington, Georgetown University Press.

Torrego, E. (1987): «Empty Categories in Nominals», manuscrito inédito, Boston, University of Massachusetts.

Tsimpli, I. A. y Roussou, A. (1991): «Parameter-resetting in L2?», *UCL Working Papers in Linguistics,* 3, pp. 149-169.

Vainikka, A. (1993-1994): «Case in the development of English syntax», *Language Acquisition,* 3, pp. 257-325.

Vainikka, A. y Young-Scholten, M. (1994): «Direct access to X'-theory: evidence from Turkish and Korean adults learning German», en T. Hoekstra y B. Schwartz (eds.), *Language acquisition studies in generative grammar,* Amsterdam, John Benjamins, pp. 265-316.

— (1996): «Gradual development of L2 phrase structure», *Second Language Acquisition Research*, 12, pp. 7-39.

— (1998): «Morphosyntactic triggers in adult SLA», en M. L. Beck (ed.), *Morphology and its interfaces in second-language knowledge,* Amsterdam, John Benjamins.

Valenzuela, E. (1998): «Comparative grammar and the relationship between syntax and morphology: the status of complex predicates in the Spanish interlanguage of French and English speakers», tesis de Masters, University of Ottawa.

Valenzuela, E.; Díaz, L.; Feliú, G. y Redó, J. A. (1997): «L2 acquisition and the "Morphological Model of Parametric Knowledge": N-N compounds and resultatives in Non-Native Spanish», en L. Díaz y C. Pérez (eds.), *Views on the Acquisition and Use of a Second Language. EUROSLA'7 Proceedings,* Barcelona, Universitat Pompeu Fabra.

Valian, V. (1991): «Syntactic subjects in the early speech of American and Italian children», *Cognition,* 40, pp. 21-81.

Wanner y Gleitman, L. (1982): *Language acquisition. The state of the art,* Cambridge, Cambridge University Press.

Wexler, K. (1994): «Optional infinitives, head movement and the economy of derivations», en D. Lightfoot y N. Horstein (eds.), *Verb Movement*, Cambridge, Cambridge University Press, pp. 305-350.

Wexler, T. y Manzini, R. (1987): «Parameters and learnability in binding theory», en T. Roeper y E. Williams (eds.), *Parameter-setting*, Dordrecht, Reidel.

White, L. (1985): «The pro-drop parameter in adult second language acquisition», *Language Learning,* 35, pp. 47-62.

— (1987): *Universal Grammar and second language acquisition*, Amsterdam, John Benjamins.

— (1995): «The tale of the ugly ducking (or the coming of age of second language acquisition research)», en *BUCLD 20 Proceedings*, Symposium, Sommerville, Mass., Cascadilla Press.

Villiers, J. de (1995): «The Acquisition of Wh-Questions». Número especial de *Language Acquisition*, 4 (1 y 2).

Zobl, H. y Liceras, J. M. (1994): «Functional categories and acquisition orders», *Language Learning,* 44, pp. 159-180.

Notas

1. Un requisito necesario de este contacto parece ser que el lenguaje al que está expuesto el niño sea interpretable; es decir, que con sólo oír la radio no podría adquirirlo (O'Grady, 1997).

2. Ejemplos de este tipo de ambigüedad se discuten también en el manual de sintaxis del español de Hernanz y Brucart (1987).

3. Es decir, el cómputo mental inconsciente que permite relacionar las distintas propiedades de los parámetros no es propio de la adquisición del lenguaje adulto.

4. Aquí sólo nos ocupamos de la teoría de la marca tal como se ha visto dentro del marco chomskiano, que es el que nos ocupa, aunque las jerarquías de accesibilidad de la gramática relacional o de los estudios tipológicos (Liceras, 1986) también han ocupado un papel importante en los estudios de adquisición de segundas lenguas.

5. En Liceras (1986) se revisan las propuestas de que se disponía hasta esa fecha. Para análisis posteriores aplicados a estudios de adquisición véase, por ejemplo, De Villiers (1995).

6. Sobre este tema, y en relación con la gramática contrastiva del inglés y del español, y la adquisición del español como lengua materna por hablantes de distintas lenguas, véase Liceras (en prensa) y Liceras y Díaz (en prensa).

7. Esta opción, que comparten el español y el inglés, se conoce en la bibliografía sintáctica como *pied-pipping*.

8. En Liceras (1986 y 1996a) se discuten estas construcciones en relación con la teoría de la marca.

9. Los manuales de sintaxis al uso, como el de Haegeman (1994), que presentan cómo va evolucionando el modelo de Rección y Ligamiento (Chomsky, 1981) hacia el Programa Minimalista (Chomsky, 1995) o que directamente presentan el Programa Minimalista (Radford, 1997), avalan nuestra afirmación sobre la importancia de las categorías funcionales.

10. Ejemplos tanto de la polémica como de propuestas a favor o en contra de cada una de estas estructuras pueden encontrarse en los trabajos que se recogen en los volúmenes editados por Hoekstra y Schwartz (1994) o Clahsen (1996).

11. En esto discrepamos de Epstein, Flynn y Martojardjono (1996).

12. Según esta propuesta, los que adquieren una L2 pueden elegir entre las dos opciones: transferencia o recurso a categorías o principios de la GU. Baralo (1994) adopta esta propuesta para explicar la gramática de los adverbios en *-mente* de las interlenguas del español.

13. Véase, por ejemplo, Radford (1997).

14. En Liceras (1996a) y en Liceras y Díaz (1999) proponemos que en el caso de la L1 los procedimientos de dominio específico (la selección de desencadenantes de los datos que se identifica, por ejemplo, con la fijación de parámetros) son de primer nivel, mientras que en el caso de la L2 nos encontramos ante procedimientos de segundo nivel (o como queramos denominar el hecho de que las representaciones iniciales ya no están disponibles sino como re-representaciones).

15. El problema que tiene esta propuesta es que si los pronombres del inglés no nativo son marcadores de concordancia y se asimilan a los sujetos clíticos del francés deberían comportarse como ellos. Pero mientras que los sujetos clíticos del francés (Kayne, 1975) no pueden ser enfáticos (*Je, comme tout le monde, voudrait savoir...*), ni se pueden coordinar (*Je et tu*), etc., no está claro que los sujetos de la interlengua inglesa de los hispanohablantes tengan esas características. Ahora bien, si retomamos el análisis de la interlengua a la vista de las propuestas recientes sobre las características de los distintos elementos «identificadores» (elementos pronominales) de las lenguas (Kato, 1999), es muy posible que podamos solucionar este problema (Liceras, en preparación *b*).

16. Clahsen, Penke y Parodi (1993) utilizan el término subespecificación también de esta forma, aunque en su caso se trata de varios rasgos y la subespecificación consiste en que no se active uno de ellos (Atkinson, 1996).

17. También se ha explicado como consecuencia de limitaciones de procesamiento (Valian, 1991; Bloom, 1990), como se dijo anteriormente.

18. Se trata del proyecto «The specific nature of non-native grammars», financiado por el Consejo de las Ciencias Sociales y las Humanidades de Canadá (SSHRC #410-96-0326), y del proyecto «Análisis longitudinal de las interlenguas del español en contextos institucionales», financiado por la Dirección General de Ciencia y Tecnología del Ministerio de Educación de España (DGCYT #PB-94-1096-C02-01).

19. Dado que es difícil separar el marcador de palabra de la marca de género, sobre todo del femenino, que es el género que se marca distintivamente en español (Harris, 1991), llamaremos a ese rasgo o categoría [+ marcador de palabra/género].

20. Los datos de adquisición del español de Adil y Madelin son los que se recogieron en Madrid (Aguirre, 1996-1997), como parte de un subproyecto de la DGCYT (nota n.º 18) que se ocupaba de datos de adquisición natural. Este subproyecto de Aguirre también fue financiado por el Ministerio de Educación y Ciencia de España.

21. Es interesante ver cómo el desarrollo del lenguaje no nativo de los niños presenta tantas similitudes como diferencias con el desarrollo de la correspondiente L1. En Fleta (1999) se analizan ejemplos de estas diferencias y similitudes en relación con la adquisición del inglés.

Capítulo 3

LA MOTIVACIÓN Y SU RELACIÓN CON LA EDAD EN UN CONTEXTO ESCOLAR DE APRENDIZAJE DE UNA LENGUA EXTRANJERA[1]

por Elsa Tragant y Carmen Muñoz[2]

1. La motivación hacia el aprendizaje de una segunda lengua

En el campo de las segundas lenguas se presentan cuatro conceptos sobre motivación con los que todo profesor suele estar familiarizado: motivación instrumental e integradora, por un lado, y motivación extrínseca e intrínseca, por otro. La popularidad de estos conceptos se puede atribuir a que tienen definiciones opuestas y ello permite que se presenten en claras dicotomías. La motivación instrumental, asociada a intereses de tipo pragmático (especialmente orientados al mundo laboral), contrasta con la motivación integradora, asociada a intereses de tipo sociocultural hacia la comunidad meta, y ambas pertenecen a un componente del constructo motivacional propuesto desde la psicología social. La motivación extrínseca, asociada a fuentes externas de motivación (satisfacer a los padres, aprobar un examen, demostrar competencia ante los compañeros de clase, etc.), se contrapone a la intrínseca, asociada a un interés interno o personal por el aprendizaje de la lengua como finalidad última, y ambas forman una dicotomía con la que trabaja una corriente que trata la motivación desde el campo de la psicología educativa.

1.1. La motivación y la psicología social

En el campo de las segundas lenguas se han desarrollado varios modelos teóricos que dan un enfoque social a la motivación, como el Modelo de Aculturación de Schumann (1978) o el Modelo Intergrupal de Giles y Byrne (1982). El más influyente, sin duda, ha sido el modelo desarrollado por Gardner, Lambert y sus asociados a lo largo de más de cuatro décadas. Según el modelo de Gardner de 1985, que parte de la base de la existencia de un tipo de motivación específica al aprendizaje de lenguas, el grado de motivación de un individuo viene determinado por tres factores: el deseo por aprender o poder utilizar la lengua en cuestión, las actitudes hacia el aprendizaje de la misma y el esfuerzo que uno está dispuesto a realizar.

Este modelo teórico se refleja en la batería de tests AMTB (Attitude/Motivation Test Battery), que permite calcular la intensidad de la motivación de un aprendiz de lenguas a partir de 11 escalas agrupadas en cinco categorías. El modelo se caracteriza por la importancia dada a las actitudes del individuo hacia la comunidad, su predisposición e interés por establecer contactos e interactuar con la comunidad de hablantes de la lengua meta. En el AMTB este interés se cuantifica mediante la motivación integradora, que a su vez incluye la escala llamada «orientación integradora», cuya definición correspondería al concepto que mencionábamos al principio de esta sección. De hecho, la diferenciación entre la orientación integradora y la instrumental de Lambert y Gardner en los años sesenta ha sido la base sobre la cual se ha elaborado posteriormente este modelo de mucha mayor complejidad. En sus inicios se interpretaron estas dos orientaciones como autoexcluyentes, aunque posteriormente no se han considerado así, como bien refleja el modelo de 1985, que presenta estas dos medidas independientemente.

A lo largo de este período, el interés de Gardner por estas dos orientaciones, la integradora y la instrumental, ha sido constante, excluyendo implícitamente otros motivos o intereses que un aprendiz de lenguas pueda tener. Ello puede deberse al contexto específico a partir del cual Gardner elaboró su teoría (canadienses anglófonos que aprendían francés), ya que estudios llevados a cabo en otros contextos han identificado orientaciones o tipos de motivación adicionales.

Quizá la aportación más significativa de este tipo de estudios sobre las orientaciones motivacionales ha sido la adaptación de la definición de «orientación integradora/instrumental» a otros contextos. Clément y Kruidenier (1983), en un estudio transversal que incluía una variedad de contextos, identificaron tres tipos de motivación, además de la instrumental: motivación por viajar, por conocer a ciudadanos del país de la lengua meta y motivación por adquirir conocimientos. Estas tres orientaciones, junto con la instrumental, se han corroborado en un estudio posterior de Clément, Dörnyei y Noels (1994) en el que participaron escolares de 17-18 años en Budapest. Además, este último estudio añade una serie de matices importantes. La motivación por conocer nuevas personas no se limita a un determinado país o países sino que hace referencia a personas extranjeras con las que poder comunicarse («orientación xenofílica»). De la misma forma, se hace mención a una orientación «sociocultural» (interés por aspectos culturales) y otra de «identificación» (voluntad por llegar a pensar, comportarse y ser como la gente del país de la lengua meta) que se distinguen de la orientación integradora tal como la define Gardner, ya que en este caso el énfasis no reside en algo tan específico como la voluntad de interacción o el interés por una sociedad determinada, sino que queda más abierto a actitudes y sentimientos de atracción hacia otros idiomas, otras culturas y otras comunidades de hablantes. Según Dörnyei (1990), esta ampliación de la definición de «orientación integradora» es lógica en contextos donde el aprendiz tiene poco contacto con la comunidad de hablantes de la lengua meta. Más recientemente, en una réplica del trabajo de Clément y Kruidenier (1983) en la ciudad de Quebec, Belmechri y Hummel (1998) observan incluso la ausencia de la orientación integradora por parte de la comunidad francófona objeto de estudio.

1.2. La motivación y la psicología motivacional

La dicotomía entre motivación intrínseca y extrínseca, existente desde el inicio de la década de los cincuenta, es ya una referencia clásica sobre la cual posteriormente se han elaborado otras teorías y otros conceptos complementarios, aunque en la actualidad ya no se les considera como dos tipos de motivación diametralmente opuestos. Las cualidades que se asocian a la motivación intrínseca, según Deci *et al.* (1991, p. 330), son el desarrollo de la creatividad, la potenciación del conocimiento conceptual y la predisposición personal hacia la realización de la tarea o actividad en cuestión. La motivación extrínseca se da cuando uno lleva a cabo una tarea, no por un interés personal, sino porque ésta le conduce a conseguir o evitar unos objetivos externos (obtención de buenas notas, un castigo, etc.). La reciente «teoría de la autodeterminación» distingue tres subtipos de motivación intrínseca, en función de si el estímulo primario es el aprendizaje, la experimentación o la autosuperación, y cuatro tipos de motivación extrínseca, según el grado de interiorización o asimilación personal de la actividad en función de un objetivo o resultado (Deci y Ryan, 1985).

Esta teoría es atractiva porque tiene un alto grado de aplicación al aula. Así lo han demostrado una serie de autores del campo de las segundas lenguas (Crookes y Schmidt, 1991; Dörnyei, 1994*a*, 1998; Oxford y Shearin, 1994), quienes en la década de los noventa han desarrollado una importante labor de divulgación de ésta y otras teorías del campo de la psicología motivacional (por ejemplo, «*goal theories*» o «*expectancy-value theories*», entre otras).

En esta labor de transferencia de información de una disciplina a otra cabe destacar los trabajos de Dörnyei (1994*b*) y Williams y Burden (1997), quienes han presentado, de manera independiente, dos taxonomías en las que se enumeran una serie de variables que definen el constructo motivacional. Más recientemente, Dörnyei y Otto (1998) han elaborado un modelo teórico exhaustivo a partir de estas taxonomías. En estos trabajos las variables procedentes de las teorías de la psicología motivacional tienen un peso específico y complementan a las variables de carácter social de la tradición de Gardner.

Aunque la utilidad de los trabajos descritos en el párrafo anterior no es cuestionable, es de reconocer que éstos se encuentran en un estadio básicamente descriptivo. De todas formas, su influencia ya se ha plasmado en algunos estudios recientes de la corriente social. Así pues, el modelo empírico de motivación que presentan Clément, Dörnyei y Noels (1994), además de incluir los componentes de «motivación integradora» y «autoconfianza con respecto a la L2», incluye un tercer componente, «la evaluación del contexto educativo», que es un concepto más amplio que el del modelo de Gardner, ya que tiene en cuenta la variable de «cohesión grupal», un factor de naturaleza psicológica. Más recientemente, el mismo Gardner ha incorporado variables de la corriente psicológica en su modelo, como son las atribuciones causales, el establecimiento de objetivos, las expectativas y la eficacia (Tremblay y Gardner, 1995).

Noels, Clément y Pelletier (1999), en un estudio empírico que adopta íntegramente el paradigma de Deci *et al.* (1991), destacan las relaciones entre las distinciones intrínseca/extrínseca e integradora/instrumental. Consideran que la motivación extrínseca regulada externamente y la orientación instrumental son similares en cuanto ambas ponen de relieve el rol de las recompensas tangibles externas al proceso de adquisición de la lengua para sostener el aprendizaje. Sin embargo, algunos aspectos de la orientación instrumental (por ejemplo, aprender una lengua para adquirir conocimientos) pueden estar relacionados con formas más autodeterminadas de motivación extrínseca y quizá intrínseca también. Igualmente, la motivación intrínseca guarda similitud con descripciones recientes de la orientación integradora en cuanto se refiere a actitudes positivas hacia el contexto y el proceso de aprendizaje. No obstante, la motivación intrínseca, a diferencia de la noción de integración, no se preocupa por las actitudes hacia la comunidad de la lengua meta. Por tanto, la motivación integradora puede considerarse como extrínseca porque consiste en razones para aprender la lengua que son externas a la actividad misma.

Los estudios psicológicos sobre motivación también se han utilizado para poder explicar por qué algunos enfoques didácticos suelen crear en el aprendiz de lenguas un estado motivacional alto (véase Dörnyei [1997], en referencia al aprendizaje cooperativo, y Ribé [1997], a las tramas creativas).

1.3. La motivación en el contexto educativo

La mayoría de los estudios empíricos sobre motivación han seguido el paradigma de Gardner y se han llevado a cabo en el contexto educativo. Tanto Ellis (1994) como Skehan (1991) coinciden en que dentro de esta línea de trabajo se ha llegado a probar la existencia de una relación entre la motivación, especialmente la integradora, y el aprendizaje, medido por los resultados en el curso o por pruebas de proficiencia lingüística específicas. Aunque Gardner reconoce que también puede existir esta relación con otros tipos de motivación, especialmente en contextos distintos al de Canadá, éste cree que la influencia de la motivación integradora en los resultados del aprendizaje es constante (Gardner, 1985).

También se ha encontrado evidencia de que la distinción entre motivación intrínseca y motivación extrínseca puede ser válida para predecir los resultados del aprendizaje de una segunda lengua (Kamada, 1986). En un estudio reciente ya mencionado, Noels, Clément y Pelletier (1999) observaron que, en estudiantes de edades comprendidas entre los 18 y los 36 años, una motivación intrínseca intensa no estaba correlacionada positivamente con los resultados puramente lingüísticos del aprendizaje de una lengua, pero sí con otros aspectos positivos de este aprendizaje. Éstos eran una mayor intensidad motivacional, mejores autoevaluaciones de competencia lingüística y reducción de ansiedad, así como las percepciones que tenían los estudiantes del estilo comunicativo de los profesores (en particular, el grado de control que ejercían y la información que proporcionaban sobre el progreso de los alumnos).

Otro factor motivacional que puede afectar el nivel de competencia es la confianza o seguridad que se tiene en relación con la L2, factor que Clément (1980) identificó a principios de los ochenta en su modelo de proficiencia en la L2. Este factor tiene dos componentes correlacionados. El primero es de tipo cognitivo y se corresponde con la autoevaluación de las habilidades que se tienen en la L2; es decir, la estimación que hace el hablante del grado de dominio conseguido en la lengua meta. El segundo es de tipo afectivo y se corresponde con la ansiedad lingüística, específicamente la incomodidad que se siente al usar la L2. Según Macintyre et al. (1998, p. 551), generalmente los conceptos de ansiedad y autoevaluación están muy unidos y muy correlacionados en el contexto de la L2. También se ha observado que la confianza en sí mismo está relacionada con aspectos de contacto intergrupal, con el nivel de conocimientos de la L2, y con la identidad étnica y la adaptación intercultural. Se ha demostrado que este factor puede afectar el nivel de competencia incluso en contextos en los que las oportunidades de utilización de la lengua son escasas (Clément, Dörnyei y Noels, 1994, p. 423).

Además de los numerosos estudios que han mostrado una sólida relación entre motivación y resultados lingüísticos, se conoce algún caso, como el estudio de Bernaus (1992), en que se ha observado incluso que esta relación es más fuerte en los alumnos más motivados. Sin embargo, se conocen otros casos en los que esta relación se ha mostrado débil. Así ocurrió en un estudio donde participaron más de un millar de escolares holandeses de 14 años de edad, en su primer año de alemán (Kuhlemeier, Bergh y Melse, 1996). Éste y otros estudios siguen la tendencia general en este campo de centrarse en sujetos en sus primeros años de estudio de la lengua, pero no nos informan sobre la relación entre motivación y resultados lingüísticos en sujetos con más horas de clase. Estos datos resultan cada vez más necesarios en el contexto europeo actual en el que los escolares estudian una lengua extranjera de forma obligatoria durante un mínimo de seis u ocho cursos, y con la tendencia a que este número aumente en muchos países.

Diferentes investigadores han reflexionado sobre la dirección de la relación entre la motivación y la actitud hacia el aprendizaje de una lengua, y los resultados que se obtienen en su estudio: ¿son los buenos resultados consecuencia o causa de la motivación hacia el estudio de la lengua? (Skehan, 1989, 1991). Hermann (1980) argumenta a favor de lo que denomina la «hipótesis resultativa» en su investigación de dos grupos de estudiantes alemanes de inglés, uno de nivel principiante y otro en quinto curso de inglés. Este último grupo tenía actitudes más positivas hacia la comunidad de la lengua meta que los principiantes, lo cual sería un efecto de la enseñanza, según Hermann. En el estudio de Burstall (1975), los alumnos que obtuvieron un rendimiento mejor en los primeros estadios de su aprendizaje de la lengua extranjera (francés) mostraron posteriormente actitudes más positivas hacia el aprendizaje de la lengua, y estas actitudes se correspondían con mejores puntuaciones en las pruebas escritas y orales. Correlaciones parciales indicaron que el rendimiento obtenido en los primeros estadios tuvo un efecto mucho más fuerte que las actitudes mostradas en esos mismos estadios sobre las actitudes posteriores hacia el aprendizaje del francés y el rendimiento consecuente. También en el estudio de Savignon (1972) se realizaron sucesivas correlaciones entre, por un lado, medidas actitudinales y motivacionales en estudiantes de inmersión en Canadá, y, por el otro, los resultados obtenidos en el aprendizaje de la lengua francesa. Mientras en un primer momento, después de las primeras 18 semanas, no se observaron correlaciones significativas, en un segundo y tercer momento, conforme avanzaba el curso, los estudiantes que obtenían mejores notas se mostraban mucho más entusiastas hacia el estudio de la lengua francesa. Savignon interpretó estos resultados también como evidencia de que, al menos en una situación de aprendizaje formal sin contacto exterior con la cultura de la lengua meta, el éxito inicial en el aprendizaje estimula actitudes más positivas y logros posteriores. También el hecho de que los estudiantes con mejores resultados en los programas de inmersión en francés tienden a continuar con el programa en la enseñanza secundaria (Pack, 1979) parece confirmar que el éxito inicial en el aprendizaje estimula actitudes positivas y logros posteriores.

Parece evidente que para poder estudiar mejor la relación entre la motivación y los resultados lingüísticos del aprendizaje, así como para poder definir mejor la dirección de esa relación, sería conveniente, tal y como apunta Skehan (1989, 1991), llevar a cabo estudios de tipo longitudinal y etnometodológico, en los que se pueda observar cambios en los niveles motivacionales a lo largo del tiempo y en relación con los sucesos y las influencias del contexto.[3]

1.4. La motivación en edad escolar

En las experiencias educativas donde se ha iniciado la enseñanza de una lengua extranjera en la educación primaria, las referencias sobre los efectos positivos de esta introducción temprana en la motivación y las actitudes del aprendiz son frecuentes, aun cuando los resultados sobre el nivel de competencia adquirida son irregulares. Así queda constatado tanto en el informe editado por el CILTR (Centre for Information on Language Teaching and Research) sobre reformas y experiencias piloto llevadas a cabo en Inglaterra (Hawkins, 1996; Satchwell, 1996) y Escocia (Johnstone, 1996) en los últimos treinta años, como en el trabajo desarrollado dentro del marco de la Comunidad Europea (Blondin *et al.*, 1998) sobre el aprendizaje de lenguas en la educación primaria y preescolar en la década de los noventa.

En estos informes destaca el hecho de que, en ocasiones, los efectos sobre aspectos actitudinales de estas experiencias no se limitan a una motivación positiva del niño dentro del ámbito escolar, sino que pueden tener una incidencia de mayor alcance: el desarrollo de actitudes favorables hacia el uso de la lengua, una percepción de la lengua como algo «no difícil» y una mayor confianza en el potencial lingüístico personal, un incremento del interés por las lenguas en general y de los sentimientos de empatía hacia gente de otros países y sus culturas. Ya en el estudio de Burstall (1975, p. 391) se había observado que los alumnos que habían iniciado su aprendizaje en la escuela elemental, a los ocho años, mostraban una actitud hacia el uso oral de la lengua extranjera más positiva (aunque —recordemos— como consecuencia de los buenos resultados obtenidos) que los alumnos que iniciaron su aprendizaje más tarde, a los 11 años. Sin embargo, esta actitud más positiva no se reflejaba en mejores habilidades orales.

Las experiencias con diferentes programas de inmersión en Canadá han aportado también valiosos datos sobre el efecto de la edad de inicio del aprendizaje del idioma en la motivación de los alumnos y sus actitudes hacia la lengua. Un factor motivacional positivo parece ser la causa de un índice de abandono del programa de inmersión menor entre los alumnos que han iniciado la inmersión a edades más tempranas (Reid y Fouillard, 1982). Sin embargo, la motivación también ha tenido un papel importante en la explicación de la mayor eficiencia mostrada por los alumnos de los programas de inmersión tardía. En este caso son los alumnos mismos los que han decidido incorporarse a un programa de inmersión, mientras que en el caso de los programas de inmersión temprana (de niños de parvulario o en la escuela elemental), son los padres los que toman la decisión por sus hijos (Harley, 1986). Además, la autoselección también se corresponde con una mayor aptitud académica, lo cual les da mayor confianza en sí mismos para afrontar el reto académico y personal que supone la inmersión (Turnbull *et al.*, 1998).

La edad de los estudiantes también parece tener una influencia importante sobre su motivación hacia la lengua extranjera. En el primero de dos estudios llevados a cabo en Finlandia en el que participaron 593 jóvenes de 12 y 14 años de edad se encontraron tipos de orientaciones menos positivos y de carácter menos intrínseco a medida que aumentaba la edad de los escolares (Julkunen, 1989). En el segundo, con 623 estudiantes de 12, 14 y 17 años de edad de escuelas finlandesas y rusas, se encontró asimismo un descenso con la edad de la motivación integradora en los estudiantes finlandeses y rusos. Sin embargo, sólo entre los estudiantes de Finlandia se apreció un aumento de la motivación instrumental con la edad, mientras que entre los estudiantes rusos este tipo de motivación era ya muy alta, y se mantenía así desde los 12 años. En este último caso la influencia de las familias parecía determinante de la fuerte motivación instrumental de los estudiantes hacia el idioma inglés (Julkunen y Borzova, 1997).

En las secciones siguientes de este capítulo presentamos un estudio de la motivación que hacia la lengua extranjera (el inglés) muestran estudiantes de las etapas primaria y secundaria de nuestro entorno, prestando especial atención a los cambios que la motivación pueda experimentar con la edad y la experiencia escolar, e intentando distinguir entre los efectos de la una y la otra.

2. Estudio sobre la actitud y la motivación hacia el aprendizaje de la lengua inglesa

2.1. Diseño del estudio

Los datos del estudio proceden de un proyecto más amplio sobre los efectos de la edad en el aprendizaje de una lengua extranjera en el contexto de la escuela pública en las etapas de primaria y secundaria. La nueva ley de educación en España (LOGSE), implementada durante la década de los años noventa, ha adelantado la edad de inicio del aprendizaje de la lengua extranjera de los once a los ocho años. Durante un tiempo, la implementación progresiva y con calendario distinto en diferentes centros ha posibilitado la coexistencia de grupos de alumnos que habían iniciado su aprendizaje a los ocho años, en el modelo actual en la EP —Educación Primaria— (al que en adelante nos referiremos también como sistema A), y de grupos que lo habían iniciado a los 11 años, en el modelo anterior de la EGB —siglas con las que se conocía la etapa de los 11 a los 13 años de Educación General Básica— (al que en adelante nos referiremos también como sistema B).

A fin de poder comparar estudiantes de los dos modelos en diferentes momentos del proceso de adquisición de la lengua extranjera, manteniendo el número de horas de clase constante, se establecieron tres tiempos de recogida de datos en un diseño en parte longitudinal y en parte transversal. El seguimiento longitudinal se mostró viable entre los dos primeros tiempos de medición, separados por dos años, aunque el cambio de la etapa primaria a la secundaria o ESO (Educación Secundaria Obligatoria) en el modelo actual, o de la EGB al BUP (Bachillerato Unificado Polivalente) en el modelo anterior, comportó en todos los casos un cambio de centro escolar, lo que dificultó recuperar la totalidad de los alumnos de la primera medición. A ello se añadió, como es habitual en este tipo de estudios, un índice moderado de sujetos que no se pudieron seguir por cambio de domicilio, o por dejar de ser válidos para el estudio (véase más adelante). A fin de que el número de sujetos no quedara muy reducido en el segundo tiempo de medición se recogieron datos de nuevos sujetos, que se encontraban en ese momento en las clases con alumnos a los que se había efectuado los tests en el primer tiempo. Datos de tipo transversal se obtuvieron también de los alumnos del tercer tiempo de medición y del modelo anterior (sistema B), puesto que el grupo desaparecía antes de que los alumnos a los que se les efectuaron los tests en el tiempo 1 y 2 llegaran al último curso: COU (Curso de Orientación Universitaria). Los datos del tercer tiempo del modelo actual, de tipo longitudinal, podrán recogerse cuatro años después de la recogida de datos del segundo tiempo.

En la tabla 3.1 se muestran los cursos en los que los alumnos del estudio se hallan en los tres tiempos de medición, y el número de horas de clase con que cuentan en los tres momentos, así como la naturaleza longitudinal y/o transversal de los datos.

2.2. Sujetos

El número de sujetos del estudio es de 923, de los cuales 532 no habían tenido ningún tipo de exposición extraescolar, y eran por ello considerados «válidos» para las comparaciones entre grupos en las que la variable «número de horas de clase acumuladas» debía mantenerse constante. Los alumnos que habían repetido algún curso se habían eliminado desde el principio, de manera que se pudieran mantener constantes las variables edad y horas de clase. Del total de sujetos, el 47 % eran de sexo

TABLA 3.1. *Diseño de la recogida de datos*

	N.º de horas de instrucción	*Sistema A*	*Sistema B*
Tiempo 1	200	A1 (5.º EP)	B1 (7.º EGB)
Tiempo 2	416	A2 (1.º ESO)$^{L/T}$	B2 (1.º BUP)$^{L/T}$
Tiempo 3	726	A3 (1.º BTO)$^{L/T}$	B3 (COU)^{T}

L/T Datos de tipo longitudinal y datos de tipo tranversal.
T   Datos de tipo tranversal.

masculino, y el 53 % de sexo femenino, proporciones que se mantenían en el subgrupo de «válidos». Los sujetos eran alumnos de siete centros distintos, todos centros escolares públicos de tres barrios céntricos de la ciudad de Barcelona, en los que la población es heterogénea en cuanto a clase socioeconómica y cultural.

Los sujetos que habían iniciado su aprendizaje a los ocho años en el 3.er curso de la Educación Primaria tenían una edad media de 10,9 años en el momento de la primera entrega de los tests y estaban realizando el 5.º curso de EP, mientras que los que habían iniciado su aprendizaje a los 11 años, en el 6.º curso de la EGB, tenían una edad media de 12,9 años en ese momento y estaban realizando el 7.º curso de EGB.[4]

En el segundo tiempo de medición, los alumnos del sistema A tenían una edad media de 12,9 años, mientras que los alumnos del sistema B tenían 14,9 años de media. Finalmente, en el tercer tiempo de medición, los alumnos del sistema B (datos transversales ya obtenidos) tenían 17,9 años de edad media; es decir, tres años más que en el tiempo de administración anterior.[5] En la tabla 3.2 se puede observar el número de sujetos en cada grupo/curso y las edades correspondientes.

Es importante señalar que cuando las comparaciones entre los sujetos tienen como objetivo examinar los resultados de los tests en función de la edad de inicio para poder establecer, por ejemplo, en qué habilidades uno u otro grupo muestran una ventaja respecto al otro, se eliminan los datos de los sujetos que cuentan con algún tipo de exposición a la lengua extranjera extracurricular. Éstos constituyen aproximadamente un 42 % del total, como puede observarse en la tabla 3.2. Sin embargo, para las comparaciones realizadas acerca del tipo de motivación se han incluido todos los sujetos que se encontraban dentro de una misma franja de edad que habían contestado las preguntas correspondientes del cuestionario utilizado. Con anterioridad se había comprobado que los resultados no se veían afectados, y en cambio la dispersión de categorías de tipo de motivación hacía conveniente contar con el mayor número de sujetos posibles.

2.3. INSTRUMENTOS Y MÉTODO

Se entregó un cuestionario a todos los sujetos en horas de clase, junto con unas pruebas lingüísticas para medir sus conocimientos de la lengua inglesa. Estos tests eran una prueba de dictado, una prueba de rellenar espacios en blanco *(cloze)*, una

TABLA 3.2. *Edades y número de sujetos por grupos y tiempos de medición*

	Sistema A (edad inicio: 8 años)		*Sistema B (edad inicio: 11 años)*	
	Edad	n	Edad	n
Tiempo 1	10,9	162 (152)*	12,9	188 (100)*
Tiempo 2	12,9	233 (133)*	14,9	168 (93)*
Tiempo 3	16,9	—	17,9	172 (54)*

* Entre paréntesis se indica el número de sujetos sin exposición extracurricular al inglés.

prueba de gramática y una prueba de comprensión oral. El cuestionario contenía, además de las preguntas sobre motivación, preguntas biográficas sobre la ocupación del padre y la madre, sobre el uso del catalán y del castellano, sobre exposición a la lengua inglesa, y sobre estrategias.

El presente estudio se centra en el análisis de las dos preguntas sobre motivación incluidas en el cuestionario. La primera pregunta sobre la actitud global hacia el aprendizaje del inglés decía así: «¿Te gusta estudiar/aprender inglés?», y el alumno debía elegir entre dos opciones (sí/no).[6] La segunda pregunta sobre motivación del cuestionario pedía al estudiante el «porqué» de la respuesta anterior con el objetivo de obtener información sobre el tipo de motivación.

2.4. Preguntas de la investigación

2.4.1. *La actitud global hacia el inglés y variables temporales individuales*

En primer lugar, nos proponemos examinar las relaciones de la actitud global hacia el inglés de los alumnos —a partir de su respuesta a la primera pregunta acerca de si les gusta o no el inglés— con la edad de inicio y con las horas de clase acumuladas.

2.4.1.1. La actitud hacia el inglés y la edad de inicio del aprendizaje de la lengua extranjera

Estudios anteriores en el contexto de enseñanza de la lengua extranjera como una asignatura (Blondin *et al.*, 1998; Burstall *et al.*, 1974; Burstall, 1975) han observado una actitud más positiva hacia la lengua extranjera entre los alumnos que inician su aprendizaje a edad más temprana. En nuestro caso nos preguntamos si los alumnos del sistema A, que iniciaron su aprendizaje de la lengua extranjera a los ocho años, presentarán una actitud más positiva que los alumnos del sistema B, que lo iniciaron a los 11 años.

2.4.1.2. La actitud hacia el inglés y las horas de clase acumuladas

Como se mencionaba anteriormente, existen pocos estudios en los que se pueda observar la evolución de la motivación longitudinalmente (Skehan, 1991). En nuestro estudio nos preguntamos si la actitud hacia el aprendizaje de la lengua extranjera cambia con el paso del tiempo o se sostiene durante los años de escolarización estudiados. Es decir, si la experiencia escolar está relacionada con un aumento de la motivación, o si por el contrario se ve asociada a una disminución de ésta.

2.4.2. *Interacción entre la actitud global hacia el inglés y el rendimiento lingüístico*

Como hemos visto anteriormente, los resultados de diferentes estudios no coinciden siempre en observar una relación positiva entre la motivación y las puntaciones obtenidas en los tests lingüísticos administrados. En nuestro estudio nos interesa también poder distinguir qué habilidades se encuentran relacionadas con la motivación. Y para ello utilizaremos las puntuaciones de los cuatro tests administrados a los sujetos de nuestro estudio.

Nos interesa también observar si, tal como predice la «hipótesis resultativa», existe una relación entre los resultados lingüísticos de un momento inicial y las actitudes posteriores. Para ello observaremos la relación entre una nota global de las pruebas realizadas en el primer tiempo y las actitudes manifestadas en el segundo tiempo de medición.

2.4.3. *Tipos de motivación según la edad y experiencia escolar*

Las respuestas a la segunda pregunta del cuestionario («¿Por qué?» [te gusta o no te gusta estudiar/aprender inglés]) nos permitirán conocer, en primer lugar, los tipos de motivación de los sujetos de nuestro estudio.

2.4.3.1. Tipos de motivación que se encuentran en nuestro contexto

Los tipos de motivación que se han encontrado en diferentes estudios parecen variar, como hemos visto, en función del contexto de aprendizaje, y en especial del grado de contacto que tiene el aprendiz con la comunidad de hablantes de la lengua meta, pudiéndose incluso detectar posibles evoluciones temporales en el mismo contexto. Nos interesa, pues, apreciar las similitudes o diferencias de los tipos de motivación de nuestro estudio con sujetos de estudios realizados en diferentes contextos.

2.4.3.2. La relación entre tipos de motivación y edad y experiencia escolar

En segundo lugar nos interesa conocer las relaciones entre los tipos de motivación y los cursos y edades de los sujetos, ya que si bien es cierto que una mayoría de estudios sobre motivación incluye sujetos procedentes de diversos cursos o edades, generalmente estos dos factores no se analizan como variables independientes. Por consiguiente, en esta sección se trata de identificar la interacción entre la edad o curso al que pertenecen los sujetos y los tipos de argumentos dados al justificar tanto una actitud global negativa como positiva hacia el inglés. Más concretamente nos interesa saber si las orientaciones más tangibles, como la instrumental o la comunicativa, son más frecuentes en los sujetos de mayor edad o con más horas de clase, tal como encontraron Schmidt, Boraie y Kassabgy (1996) y Julkunen y Borzova (1997). Por otro lado, en sujetos de menor edad nos interesa saber si la actitud hacia la clase de inglés, tanto en evaluaciones positivas como en las negativas, se menciona con igual o mayor frecuencia que las orientaciones más tangibles.

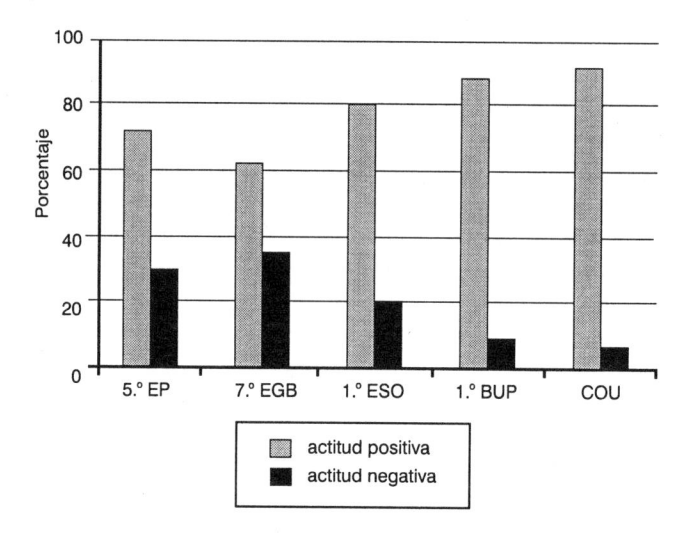

FIG. 3.1. *Actitud global hacia el inglés según el curso.*

2.5. RESULTADOS

2.5.1. *La actitud global hacia el aprendizaje del inglés y variables temporales individuales*

2.5.1.1. La actitud hacia el inglés y la edad de inicio del aprendizaje

En respuesta a la pregunta acerca de si les gustaba estudiar/aprender la lengua inglesa, la gran mayoría de estudiantes señalaron una de las dos opciones (sí/no), siendo inapreciable el número de estudiantes que dejaron la pregunta en blanco (0,9 %). Sin embargo, cabe destacar que algunos estudiantes no se ciñeron a estas dos respuestas, y o bien señalaron las dos o bien añadieron una respuesta propia *(«sí y no», «depende», «un poco», «no demasiado», «a veces»)*. En estos casos se ha tenido en cuenta la respuesta a la pregunta siguiente para asignarle el valor *«sí»* o *«no»*.

En la figura 3.1 se presentan las frecuencias por curso de las respuestas a esta primera pregunta del cuestionario. Como se puede apreciar, no se encuentran diferencias significativas entre los estudiantes según la edad en que iniciaron su aprendizaje del idioma. En un primer tiempo, después de 200 horas de clase, la proporción de alumnos de 5.° de EP (70,5 %) es sólo ligeramente superior a la de los alumnos de 7.° de EGB que dicen que les gusta el inglés (64 %), mientras que en un segundo tiempo, después de 416 horas, la diferencia aparece a favor del grupo que inició su aprendizaje más tarde (89 % en 1.° de BUP frente al 80,5 % en 1.° de ESO). Parece, por tanto, que en nuestros sujetos comenzar a los ocho o a los once años no afecta la actitud global hacia la lengua extranjera de manera significativa.[7]

2.5.1.2. La actitud hacia el inglés y las horas de clase acumuladas

Por el contrario, las horas de clase recibidas parecen tener un efecto positivo en la motivación hacia el inglés. En el gráfico de la figura 3.1 se puede observar que el porcentaje de los que contestan «sí» es mayor conforme transcurren los cursos de cada plan de estudios. O lo que es lo mismo, se da una clara disminución de respuestas negativas: después de 200 horas de clase, entre un 29,5 y un 36 % de los alumnos no tiene una actitud positiva hacia el aprendizaje del inglés, mientras que después de 416 horas esta proporción se reduce entre un 11 y un 19,5 %, y después de 726 horas (en alumnos que iniciaron su aprendizaje del inglés a los 11 años) esta actitud tan sólo se da en un 9,3 % de la población. Es de destacar que el número de horas de clase recibidas parece tener más peso que la edad de los sujetos, como se puede apreciar al observar la diferencia entre los alumnos de 7.º de EGB y 1.º de ESO que, con la misma edad, obtienen porcentajes de respuestas negativas bien distintos (36 % los primeros, con 200 horas de clase, frente al 19,5 % los segundos, con 416 horas acumuladas).

La diferencia entre los porcentajes de respuestas positivas entre el tiempo 1 y el tiempo 2 (véase la figura 3.2) es significativa ($n = 473$, ji-cuadrado = 15,569, $p < ,001$).[8] Este aumento de la motivación se podría explicar parcialmente, en los grupos de mayor edad (1.º de BUP y COU), por la existencia de filtros selectivos anteriores porque estos cursos forman parte de la enseñanza secundaria postobligatoria, pero ello no explicaría el aumento en 1.º de ESO, curso inicial de la formación secundaria obligatoria en el nuevo plan de estudios (sistema A).[9]

2.5.2. *Interacción entre la actitud y el rendimiento lingüístico*

Cuando la actitud es positiva se observa una tendencia hacia la obtención de mejores resultados en dos de las pruebas y en casi todas las edades. La tendencia es

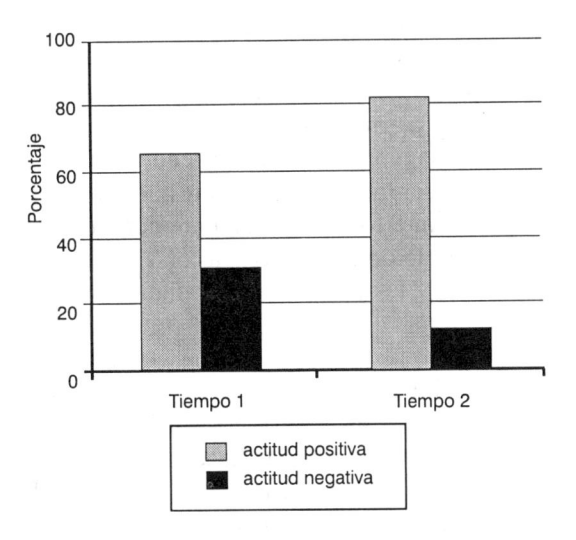

FIG. 3.2. *Actitud hacia el inglés según las horas de instrucción.*

significativa, según una prueba T para medidas independientes, en las pruebas de carácter integrador, que son las que mejor miden supuestamente la competencia global: la prueba de rellenar espacios en blanco y el dictado. Los resultados de la prueba son significativos en la prueba de rellenar espacios en blanco para todos los grupos, excepto 1.º de BUP (véase el apéndice 3.1). Los resultados de la prueba también son significativos en la prueba de dictado en los alumnos de menor edad, 5.º de EP, 7.º de EGB y 1.º de ESO, y en los del test de gramática para el grupo de mayor edad (COU). La tendencia no es significativa en ninguna de las pruebas lingüísticas del grupo de 1.º de BUP, y en general los valores de significación de las pruebas del grupo de COU son inferiores a las de los alumnos más jóvenes. Parece, pues, que la interacción es más fuerte en alumnos más jóvenes y se debilita con la edad. Por otro lado, la ausencia de una relación fuerte entre la actitud y las pruebas de habilidades específicas (tests de gramática y comprensión oral) podría deberse a que en estas pruebas, otros factores (por ejemplo, la aptitud o el estilo de aprendizaje) tienen más peso que la actitud.

Por otro lado, nuestros datos apuntan también a una relación entre los resultados lingüísticos obtenidos en el primer tiempo de medición, y las actitudes mostradas en el segundo tiempo, en los alumnos a los que se les ha podido seguir longitudinalmente. En una prueba T los resultados son significativos ($t = 2,204$; $p < ,030$), mostrando que los alumnos que expresan una actitud positiva en el tiempo 2 habían obtenido una puntuación más alta en el tiempo 1.

2.5.3. *Tipos de motivación según la edad y experiencia escolar*

En este apartado se analiza la pregunta donde se pedía al alumno que razonase su actitud positiva o negativa hacia el inglés, y se clasifican los argumentos proporcionados en distintas categorías, y según el curso al que pertenece el sujeto que hace mención del argumento en cuestión. Los datos provienen de una población mayor ($n = 923$) que la utilizada en los apartados anteriores, al no extraerse los alumnos que han recibido exposición o instrucción extraescolar, como se ha comentado anteriormente. En cambio, sí se ha controlado la edad de los sujetos en cada grupo, lo cual permitirá realizar un estudio descriptivo sobre la naturaleza de la motivación según la edad del aprendiz. En los datos obtenidos se observa que el porcentaje de preguntas no contestadas es del 8,5 %, porcentaje superior al de la pregunta anterior probablemente debido a la naturaleza abierta de la pregunta. El porcentaje de respuestas no clasificadas (por infrecuentes o poco claras) es del 4,4 %, y las respuestas que incluyen más de un argumento constituyen un 19 % del total.

2.5.3.1. Tipos de motivación

Las respuestas de los sujetos fueron clasificadas teniendo en cuenta taxonomías de estudios anteriores, y en especial los modelos de Clément, Dörnyei y Noels (1994) y Gardner (1985), en los que se incluyen tanto categorías de tipo motivacional como de tipo actitudinal. La clasificación resultante incluye ocho categorías, la mayoría de las cuales tienen valores positivos y negativos (véase apéndice 3.2).[10] El análisis de los datos distinguió, de entre las ocho categorías, cuatro tipos de orientaciones: «orientación instrumental», «orientación hacia el conocimiento», «orientación comunicativa interpersonal», y «orientación comunicativa receptiva».

Los valores positivos de la orientación instrumental hacen referencia tanto a la importancia actual del inglés como lengua franca como a la utilidad del idioma en el futuro académico o laboral del estudiante. Los valores negativos de esta orientación expresan una ausencia de apreciación de la necesidad de aprender inglés, bien en el presente o en el futuro.

Los valores positivos de la orientación hacia el conocimiento incluyen referencias de carácter bastante elíptico del tipo «Siempre es bonito aprender algo nuevo» o «Porque es una lengua más», de las cuales se ha inferido que, al saber otra lengua o simplemente al tener más conocimientos, uno está mejor preparado. En un principio, las afirmaciones de este tipo se clasificaron dentro de la orientación instrumental tal como lo hicieron Clément, Dörnyei y Noels, en el trabajo mencionado. Sin embargo, a medida que se avanzó en el análisis de datos se observó que el volumen de respuestas de este tipo era suficiente para crear una categoría propia, tal como han hecho otros autores (Belmechri y Hummel, 1998). No se han identificado valores negativos de esta orientación en nuestros datos.

La orientación comunicativa interpersonal (valores positivos) es probablemente la categoría más amplia y se refiere a la utilización del inglés en situaciones de interacción. Esta categoría incluye alusiones a un interés por el inglés para entender y hacerse entender por gente de otras nacionalidades en el extranjero o en España, aunque también incluye afirmaciones que dejan entrever un interés por una comunicación más profunda con gente de otros países («Me apasiona la idea de poder comunicarme con otros países», «Para hacer amigos») o un objetivo más concreto («Quiero vivir en Irlanda»). De todos modos, no se ha dividido esta categoría en dos («turismo» y «amistad»), como tampoco hicieran Clément, Dörnyei y Noels (1994) y Ramage (1990), porque en nuestros datos la distinción no siempre era clara.

Los valores negativos de la orientación comunicativa incluyen alusiones a la ausencia actual o futura de oportunidades para viajar y poder así utilizar la lengua. También se han incluido en esta categoría varias afirmaciones que demuestran una falta de atracción, indiferencia o desprecio por la utilización o existencia de lenguas distintas a la propia (actitudes xenófobas).

La orientación comunicativa receptiva (valores positivos) hace referencia a la utilización del inglés a través de diversos medios (canciones, películas, libros, programas informáticos, etc.). A diferencia de la orientación comunicativa interpersonal, en este tipo de orientación la exposición a la lengua es a nivel de comprensión y no incluye interacción personal. No se han identificado valores negativos de esta orientación en nuestros datos.

Una característica común a estas orientaciones es la variabilidad en el grado de intensidad y detalle de algunas respuestas. Esta variabilidad es congruente con el modelo de Deci et al. (1991) sobre motivación, mencionado anteriormente, en el que se distinguen cuatro subtipos de motivación extrínseca, según el grado de asimilación o regulación de la actividad. Dada la naturaleza abierta de la pregunta en nuestros datos, no ha sido posible asignar cada respuesta a un subtipo. Sin embargo, es posible encontrar ejemplos donde se ven reflejados distintos grados de interiorización personal del propósito en cuestión (véase apéndice 3.3). Otra característica de estas categorías es la ausencia de otras orientaciones identificadas en el trabajo de Clément, Dörnyei y Noels (1994), y que en nuestros datos o son absolutamentes ausentes o se mencionan aisladamente, como sucede con «la identificación» y la de tipo «sociocultural». Según Dörnyei (1990), esta ausencia vendría justificada por el hecho de que la mayoría de los estudiantes no han tenido suficiente contacto con la comunidad anglófona o internacional como para haber desarrollado actitudes respecto a ellas. En nuestro caso, como el cuestionario reveló, un porcentaje elevadísimo (79,1 %) no habían visitado un país de habla inglesa, y el 11,9 % lo habían hecho en un viaje turístico inferior a tres semanas.

Hay respuestas en nuestros datos que no corresponden a ningún tipo de orientación sino que encajan con otros componentes de la motivación identificados en los modelos de motivación de Clément, Dörnyei y Noels (1994) y/o Gardner (1985). Uno de estos componentes está constituido por «las actitudes hacia la situación de instrucción», que en su mayoría incluye calificaciones globales de la asignatura («divertido»/«aburrido»), aunque también se encuentran valoraciones positivas y negativas hacia aspectos más concretos como son la metodología o el profesor. Dentro de este componente también se han incluido actitudes generales hacia la escuela.

Un segundo componente correspondería al «interés por las lenguas extranjeras», cuyos valores positivos describen una atracción hacia esta lengua, muchas veces a partir de un calificativo de carácter general («bonito»; «curioso»; «interesante») o una atracción general por los idiomas («Me gusta saber otras lenguas»). Por el contrario, los valores negativos de esta categoría expresan una falta de atracción hacia los idiomas o el inglés. En ocasiones se alude a otra lengua por la que el estudiante muestra un mayor interés.

Los valores positivos de la siguiente categoría, «predisposición para aprender inglés», hacen referencia a objetivos personales, a una voluntad personal de superación, o una predisposición para dedicarle tiempo o esfuerzo al aprendizaje del idioma. Gran parte de estas respuestas son referencias poco concretas («Quiero aprender idiomas», «Me gustaría mejorar») y a veces van acompañadas de una alusión a las limitaciones lingüísticas personales («Porque me cuesta y quiero aprender»). Por el contrario, los valores negativos de esta categoría son afirmaciones que expresan una falta de predisposición o voluntad de esforzarse para aprender inglés.

La última categoría, «autoconfianza con respecto a la L2», hace referencia a valoraciones que pueden ejercer una influencia en el desarrollo de expectativas de éxito o fracaso del estudiante. Incluimos aquí valoraciones sobre las aptitudes lingüísticas del aprendiz, referencias a una sensación de éxito o fracaso, y percepciones de la dificultad o facilidad que el idioma representa para el estudiante.

Es interesante comparar las categorías identificadas en este estudio con las de otros dos estudios similares que también incluyen sujetos en edad escolar en un contexto de lengua extranjera: el de Ramage (1990), con estudiantes de francés y castellano en la educación secundaria en Estados Unidos, y el de Julkunen (1989), con estudiantes de inglés en edad escolar en Finlandia. En general, los tres estudios tienen una mayoría de categorías en común (por ejemplo, la «orientación comunicativa», el «interés por la lengua» o la «actitud hacia la clase de lenguas»), aunque se aprecia una especial similitud entre las categorías de nuestro estudio y las del estudio de Ramage, probablemente debido a que en ambos se partió de preguntas abiertas para la identificación de categorías. Se aprecian, sin embargo, algunas diferencias importantes entre nuestro estudio y los otros dos. Por ejemplo, nuestros sujetos, desde los 10 hasta los 18 años, no muestran interés por otras culturas o comunidades, por lo que no se ha podido identificar una orientación de tipo integradora, categoría presente en los otros dos estudios.

2.5.3.2. La relación entre tipos de motivación y edad y experiencia escolar

Para empezar, es interesante realizar dos observaciones de tipo general sobre el efecto de la edad en las respuestas de los sujetos. Por un lado, cabe destacar que el número de alumnos que proporcionan más de un argumento por respuesta aumenta con la edad. Así pues, mientras que en 5.º de EP este fenómeno se da en 1,1 de cada 10 sujetos, en COU la proporción es de 3,2. Por otro lado, y mediante un análisis cualitativo, se observa una tendencia a que, conforme aumenta la edad de los sujetos, los argumentos ganen en nivel de concreción y subjetividad, y que por tanto muestren con mayor frecuencia actitudes susceptibles de ser clasificadas como muestras de los niveles más autorregulados de motivación extrínseca e incluso de motivación intrínseca (véase apéndice 3.3).

En la tabla 3.3 se presenta la información sobre los argumentos de signo negativo (un total de 187, frente a 801 de valor positivo). Podemos observar que los dos grupos con menos horas de clase en la escuela (5.º de EP y 7.º de EGB) son los que con mayor frecuencia atribuyen su falta de interés a la actitud negativa hacia la clase de inglés. En cambio, los grupos con un mayor número de horas de clase, y en especial los dos grupos de mayor edad (1.º de BUP y COU), tienden a atribuir este desinterés a una falta de autoconfianza con respecto a la L2 y a una falta de interés por el inglés.

En cuanto a los argumentos que incluyen valoraciones positivas, en una primera lectura vertical de la tabla 3.4 se observa que, excepto en el grupo de sujetos de menor edad, las proporciones correspondientes a las distintas categorías siguen un pa-

TABLA 3.3. *Argumentos negativos más frecuentes y tipos de motivación**

	5.º EP n = 140 (%)	7.º EGB n = 190 (%)	1.º ESO n = 252 (%)	1.º BUP n = 175 (%)	COU n = 206 (%)
Actitud negativa hacia la clase de inglés	10,6	12	6,4	1,1	2,3
Falta de interés por el inglés o las lenguas	1,2	4	2,6	2,1	3,7
Falta de autoconfianza con respecto a la L2	3,7	6,5	9,4	6,3	4,1

* La *n* de cada curso corresponde al total de argumentos positivos y negativos obtenidos.

trón similar. La orientación instrumental es la que obtiene una mayor proporción de respuestas a partir de los 12,9 años de edad, oscilando entre el 22 % en 7.º de EGB y un 41,9 % en 1.º de BUP. Le sigue la orientación comunicativa, con valores que oscilan entre un 13,5 % en 7.º de EGB y un 19,9 % en 1.º de BUP. En cambio, en el grupo de 5.º de EP —el de alumnos más jóvenes— es la orientación comunicativa la que obtiene una mayor proporción de respuestas (22,4 %), seguida de las expresiones de interés por la lengua (16,8 %), y de las valoraciones positivas hacia la clase de inglés (14,9 %). Estos resultados nos indican que los factores actitudinales de naturaleza intrínseca tienen un peso específico en el grupo de menor edad, mientras que en edades posteriores se da más importancia a la utilización de la lengua para fines prácticos y comunicativos.

En una segunda lectura horizontal de los datos, que nos permite examinar cada categoría individualmente, se observa que la orientación de tipo instrumental gana importancia con la edad, de forma que los valores más altos se obtienen en los cursos de 1.º de BUP (41,9 %) y COU (37,3 %). Ello corrobora resultados de investigaciones anteriores que encontraban una mayor motivación instrumental con la edad (Schmidt, Boraie y Kassabgy, 1996; Julkunen y Borzova, 1997).

En cambio, la orientación hacia el conocimiento es bastante más frecuente en los sujetos más jóvenes (donde los porcentajes oscilan entre un 9,3 y un 12 % en 5.º de EP y 7.º de EGB, respectivamente) que en los mayores (donde los porcentajes oscilan entre un 5,2 y 2,8 % en 1.º de BUP y COU, respectivamente). Como se recordará, la orientación hacia el conocimiento incluye afirmaciones de tipo general y vago («Nunca se sabe demasiado»; «Así sabré otra lengua»), lo cual explicaría por qué este tipo de orientación es más frecuente en sujetos menos maduros. Posiblemente, los sujetos de mayor edad verbalizan contenidos similares con afirmaciones más concretas, que muestran una orientación de tipo instrumental.

Por último, y a diferencia de las tres categorías anteriores, donde se observan grandes diferencias entre los cursos, la orientación comunicativa interpersonal se mantiene bastante estable y no parece fluctuar excesivamente en sujetos de distintas edades. Es decir, los sujetos de más corta edad tienen tanta o más consciencia de la

TABLA 3.4. *Argumentos positivos más frecuentes y tipos de motivación**

	5.º EP n = 140 (%)	7.º EGB n = 190 (%)	1.º ESO n = 252 (%)	1.º BUP n = 175 (%)	COU n = 206 (%)
Orientación instrumental	10	22	24,4	41,9	37,3
Orientación comunicativa interpersonal	22,4	13,5	19,2	19,9	18,4
Orientación hacia el conocimiento	9,3	12	11,3	5,2	2,8
Interés por el inglés o las lenguas	16,8	8	8,6	8,9	15,7
Actitud positiva hacia la clase de inglés	14,9	3,5	4,9	3,1	3,7

* La *n* de cada curso corresponde al total de argumentos positivos y negativos obtenidos.

utilidad del inglés para fines turísticos y de comunicación con gente de otros países que los de mayor edad.

En cuanto a los otros componentes de la motivación, cabe destacar que las alusiones a un interés por la lengua inglesa o las lenguas obtienen valores más altos en los dos grupos extremos de edad, 5.º de EP (16,8 %) y COU (15,7 %), lo que demuestra que hay un sector de alumnos que a muy temprana edad ya se sienten atraídos por la lengua. Una diferencia quizá más acusada se presenta en las frecuencias sobre el interés por la clase de inglés. Excepto en el grupo de menor edad, donde esta categoría obtiene un 14,9 % del total de argumentos positivos, éste parece ser un factor menor para los demás sujetos, que lo mencionan con relativa poca frecuencia.

Conclusiones

En este estudio se ha evidenciado un progresivo aumento de actitudes positivas hacia el inglés según las horas de clase recibidas. Este factor se ha revelado más importante que la edad de inicio y que la edad de los sujetos al realizar las pruebas. La tendencia hacia actitudes más positivas con la experiencia no se ha podido relacionar con la pertenencia a grupos seleccionados, pues se ha encontrado tanto en los cursos obligatorios como en los postobligatorios.

La actitud global hacia el inglés se ha visto relacionada también con el rendimiento lingüístico mediante las pruebas de carácter integrador, especialmente en los alumnos de los tres grupos más jóvenes. Igualmente se ha identificado, en aquellos alumnos que se han seguido longitudinalmente, una relación positiva entre los resultados en un momento inicial y las actitudes en un momento más avanzado, confirmándose los efectos motivadores de los buenos resultados.

Al observar los tipos de motivación predominantes destaca la importancia de la orientación instrumental, particularmente a partir de los 12,9 años de edad. Este incremento con la edad ha sido observado en estudios anteriores, y parece seguir patrones de socialización comunes a diversos países de nuestro entorno. Destaca también el claro interés de nuestros sujetos por la utilización del inglés en situaciones interactivas («orientación comunicativa interpersonal»), que se mantiene constante en todos los grupos, mientras que hay un interés bajo por la exposición al inglés en situaciones comunicativas receptivas.

Asimismo se han observado claras diferencias en el tipo de motivación según las horas de clase o la edad. Al argumentar una actitud negativa hacia la lengua, las diferencias entre los grupos parecen estar relacionadas con las horas de clase recibidas. Después de 200 horas de clase, los alumnos tienden a atribuir su desinterés por el inglés principalmente a factores externos («actitud negativa hacia la clase de inglés»), probablemente debido a su corta experiencia en el aprendizaje del inglés, mientras que los estudiantes con más horas de clase (416 y 726 horas) tienden a atribuir esta actitud negativa a factores personales («falta de interés por el inglés», «poca autoconfianza»).

Por el contrario, al argumentar una actitud positiva hacia la lengua, las diferencias entre los grupos parecen estar principalmente relacionadas con la edad. Los alumnos más jóvenes, de 10,9 años, muestran un perfil marcadamente distinto al de los otros grupos. Mientras los primeros dan más peso a tipos de orientaciones menos tangibles y de naturaleza más intrínseca («interés por el inglés», «actitud positiva hacia las lenguas»), los grupos mayores muestran una clara orientación hacia el tipo de motivación instrumental y, por lo general, de naturaleza extrínseca. Es decir que, aunque en nuestro caso no se da una mayor proporción de estudiantes más jóvenes con una actitud global positiva, cuando ésta lo es, tiende a ser de naturaleza intrínseca con mayor frecuencia. Este resultado estaría en consonancia con otros estudios, como el de Julkunen (1989), que muestra tipos de orientación de carácter menos intrínseco a medida que aumenta la edad de los escolares.

En resumen, en un contexto escolar de aprendizaje de lengua extranjera parece darse una clara interacción entre, por un lado, la motivación y las actitudes, y, por el otro, la edad, las horas de clase recibidas, y el rendimiento lingüístico. Mientras que otros trabajos han analizado la influencia en la motivación de factores afectivos, y los efectos del profesor, las tareas y los materiales, nuestro estudio ha revelado que factores ligados a la edad y a la experiencia son también importantes en el estudio de la motivación de los escolares. El interés de los datos obtenidos bien justifica proseguir esta línea de investigación con el fin de describir, con más detalle, las relaciones entre todas estas variables.

Apéndices

APÉNDICE 3.1. *Actitud y rendimiento lingüístico*

	n	df	Prueba espacios en blanco t-*valor*	Dictado t-*valor*	Test de gramática t-*valor*	Comprensión oral t-*valor*
5.º EP	141	139	–3,562***	–3,262***	n.s.	n.s.
7.º EGB	93	91	–2,06*	–2,883***	n.s.	n.s.
1.º ESO	128	126	–5,590***	–3,076**	n.s.	n.s.
1.º BUP	81	79	n.s.	n.s.	n.s.	n.s.
COU	53	51	–2,834**	n.s.	–2,307*	n.s.

* $p < ,05$.
** $p < ,01$.
*** $p < ,001$.
n.s. = no significativo.

APÉNDICE 3.2. *Tipos de orientación*

Valoraciones positivas	*Valoraciones negativas*
Orientación instrumental	
«El día de mañana puede servir para algo importante» «La lengua del futuro» «De mayor quiero dedicarme a la informática y debo saber inglés»	«Ahora no me sirve de nada» «Creo que no la utilizaré»
Orientación hacia el conocimiento	
«Nunca se sabe demasiado» «Siempre es bueno dominar diversas lenguas» «Para saber otra lengua además del catalán o castellano»	————
Orientación comunicativa interpersonal	
«Para hacer turismo» «Porque me gustan los Beatles y los quiero entender» «Si vas a otros países y sabes inglés te entienden mejor» «Para conocer a más gente»	«No salgo nunca del país» «Me gustaría que todo el mundo hablase la misma lengua» «Ya tengo una lengua»
Orientación comunicativa receptiva	
«Para entender las canciones que me gustan» «Para leer libros» «Es el idioma de Internet»	————
Actitud hacia la clase de inglés	
«Asignatura divertida» «Es la asignatura que más me gusta» «El profesor me cae bien»	«Aburrido» «Es muy pesado, pero esto me pasa con todas las asignaturas» «No lo enseñan bien» «No me gusta estudiar»
Interés por el inglés o las lenguas	
«Bonito» «Me gustan los idiomas» «Suena bien» «Me lo paso bien imitando el acento»	«Me gustaría estudiar francés» «No me gustan las lenguas extranjeras» «El inglés no me gusta»
Predisposición para aprender inglés	
«Para llegar a hablarlo bien» «Me gustaría mejorar» «Me cuesta un poco y quiero aprender»	«No me gusta estudiar» «Tendría que esforzarme para estudiar»
Autoconfianza con respecto a la L2	
«Tengo facilidad» «El inglés es fácil» «Me gusta porque lo entiendo»	«Tengo la sensación de que no mejoro» «Demasiado difícil» «No lo entiendo» «Me cuesta bastante»

APÉNDICE 3.3. *Tipos de orientación y motivación extrínseca/intrínseca*

Niveles de motivación según Deci et al. (1991)	Orientación instrumental	Orientación comunicativa	Orientación hacia el conocimiento/predisposición para aprender inglés
Bajo nivel de regulación ↓	«La lengua del futuro» «Te abre las puertas a cualquier trabajo» ↓	«Para viajar»; «Para poder hablar con extranjeros» «Para relacionarte con gente de otros países» ↓	«Para aprender cosas nuevas» «Nunca se sabe demasiado» «Así sabré una lengua más»; «Para saberla de mayor» ↓
Alto nivel de regulación y motivación intrínseca	«Será la lengua que necesito para la carrera que quiero cursar»	«Me apasiona la idea de poder comunicarme con otros países»	«Quiero llegar a hablarlo bien» «Quiero saber inglés como un americano»

Bibliografía

Belmechri, F. y Hummel, K. (1998): «Orientations and motivation in the acquisition of English as a second language among high school students in Québec City», *Language Learning*, 28, 2, pp. 219-244.

Bernaus, M. (1992): «The role of motivation in the learning of English as a foreign language», tesis doctoral no publicada, Universitat de Barcelona.

Blondin, C.; Candelier, M.; Edelenbos, P.; Johnstone, R.; Kubanek-German, A. y Taeschner, T. (1998): *Foreign Languages in Primary and Pre-School Education*, Londres, CILT.

Burstall, C. (1975): «French in the Primary School: The British Experiment», en *The Canadian Modern Language Review*, 31, 5, pp. 388-402.

Burstall, C.; Jamieson, M.; Cohen, S. y Hargreaves, M. (1974): *Primary French in the Balance*, Windsor, The National Foundation for Educational Research.

Clément, R. (1980): «Ethnicity, contact and communicative competence in a second language», en H. Giles, W. P. Robinson y P. Smith (eds.), *Language: Social Psychological Perspectives*, Oxford, Pergamon Press, pp. 147-154.

Clément, R.; Dörnyei, Z. y Noels. K. A. (1994): «Motivation, self-confidence and group cohesion in the foreign language», *Language Learning*, 44, 3, pp. 417-448.

Clément, R. y Kruidenier, B. G. (1983): «Orientations in second language acquisition: The effects of ethnicity, milieu, and target language on their emergence», *Language Learning*, 33, pp. 273-291.

Crookes, G. y Schmidt, R. (1991): «Motivation: Reopening the research agenda», *Language Learning*, 41, 4, pp. 469-512.

Deci, E. L. y Ryan, R. M. (1985): *Intrinsic Motivation and Self-determination in Human Behavior*, Nueva York, Plenum.

Deci, E.; Vallerand, R.; Pelletier, L. y Ryan, R. (1991): «Motivation and education: The self-determination perspective», *Educational Psychologist*, 26, 3 y 4, pp. 325-346.

Dörnyei, Z. (1990): «Conceptualizing motivation in foreign language learning», *Language Learning*, 40, 1, pp. 45-78.

— (1994a): «Understanding L2 motivation: On with the challenge!», *The Modern Language Journal*, 78, 4, pp. 515-523.

— (1994b): «Motivation and motivating in the foreign language classroom», *The Modern Language Journal,* 78, 3, pp. 273-284.
— (1997): «Psychological processes in cooperative language learning: Group dynamics and motivation», *The Modern Language Journal,* 81, 4, pp. 482-493.
— (1998): «Motivation in second and foreign language learning», *Language Teaching,* 31, pp. 117-135.
Dörnyei, Z. y Otto L. (1998): «Motivation in action: A process model of L2 motivation», *Working Papers in Applied Linguistics,* 4, Londres, Thames Valley University, pp. 43-69.
Ellis, R. (1994): *The Study of Second Language Acquisition,* Oxford, Oxford University Press.
Gardner, R. C. (1985): *Social Psychology and Second Language Learning: The role of Attitudes and Motivation,* Londres, Edward Arnold.
Giles, H. y Byrne J. L. (1982): «An intergroup approach to second language acquisition», *Journal of Multilingual and Multicultural Development,* 3, pp. 17-40.
Harley, B. (1986): *Age in Second Language Acquisition,* Clevedon, Multilingual Matters.
Hawkins, E. (1996): «The early teaching of modern languages. A Pilot Scheme», en E. Hawkins (ed.), *Thirty Years of Language Teaching,* Londres, CILT, pp. 155-164.
Hermann, G. (1980): «Attitudes and success in children's learning of English as a second language: The motivational vs. resultative hypothesis», *English Language Teaching Journal,* 34, pp. 247-254.
Johnstone, R. (1996): «The Scottish initiatives», en E. Hawkins (ed.), *Thirty Years of Language Teaching,* Londres, CILT, pp. 171-175.
Julkunen, K. (1989): «Situation- and task-specific motivation in foreign-language learning and teaching», *Publications in Education,* 6, University of Joensuu, Finlandia.
Julkunen, K. y Borzova, H. (1997): *English Language Learning Motivation in Joensuun and Petrozavodsk,* University of Joensuu, Research Reports of the Faculty of Education, 64.
Kamada, L. D. (1986): «Intrinsic and extrinsic motivational learning process: Why Japanese can't speak English», comunicación presentada en *Japan Association of Language Teachers International Conference on Language Teaching and Learning,* Seirei Gakuen, Hamamatsu, Japón, 22-24 de noviembre de 1986.
Kuhlemeier, H.; Bergh, H. y Melse, L. (1996): «Attitudes and achievements in the first year of German language instruction in Dutch secondary education», *The Modern Language Journal,* 80, 4, pp. 494-508.
Macintyre, P. D.; Clément, R.; Dörnyei, Z. y Noels, K. A. (1998): «Conceptualizing willingness to communicate in a L2: A situational model of L2 confidence and affiliation», *The Modern Language Journal,* 82, 4, pp. 545-562.
Muñoz, C. (1999) (en prensa): «The effects of age on instructed foreign language acquisition», en S. González, R. Valdeón, D. García, A. Ojanguren, M. Urdiales y A. Antón (eds.), *Essays in English Language Teaching. A Review of the Communicative Approach,* Oviedo, Servicio de Publicaciones, Universidad de Oviedo.
Noels, K. A.; Clément, R. y Pelletier, L. G. (1999): «Perceptions of teachers communicative style and students' intrinsic and extrinsic motivation», *The Modern Language Journal,* 83, 1, pp. 23-34.
O'Bryen, P. (1996): «Using questionnaires to assess motivation in second language classrooms, en J. D. Brown (ed.), *University of Hawai'i Working Papers in ESL,* 14, 2, pp. 73-125.

Oxford, R. y Shearin, J. (1994): «Language learning motivation: Expanding the theoretical framework», *The Modern Language Journal*, 78, 1, pp. 12-28.

Pack, H. P. (1979): «A Study of the Factors Affecting Enrollment in French in the Senior High School: A Comparison of the Variables of Sex, Achievement, Attitude and Motivation of Two Groups of Grade Ten Students», tesina de master no publicada, Memorial University of Newfoundland.

Ramage, K. (1990): «Motivational factors and persistance in foreign language study», *Language Learning*, 40, 2, pp. 189-219.

Reid, M. y Fouillard, C. (1982): *High School French Enrollment in Newfoundland and Labrador*, St. John's, Canadian Parents for French, Newfoundland/Labrador.

Ribé, R. (1997): *Tramas creativas y aprendizaje de lenguas. Prototipos de tareas de tercera generación,* Barcelona, Publicacions de la Universitat de Barcelona.

Satchwell, P. (1996): «The present position in England», en E. Hawkins (ed.), *Thirty Years of Language Teaching,* Londres, CILT.

Savignon, S. (1972): *Communicative competence: An experiment in foreign language teaching*, Filadelfia, Center for Curriculum Development.

Schmidt, R.; Boraie, D. y Kassabgy, O. (1996): «Foreign language motivation: internal structure and external connections», *University of Hawai'i Working Papers in ESL*, 14, 2, pp. 1-72.

Schumann, J. H. (1978): «The acculturation model for second language acquisition», en R. Gingras (ed.), *Second Language Acquisition and Foreign Language Teaching*, Arlington, VA, Centre for Applied Linguistics.

Skehan, P. (1989): *Individual differences in second language learning,* Londres, Arnold.

— (1991): «Individual differences in second language learning», *Studies in Second Language Acquisition,* 13, pp. 275-298.

Tremblay, P. F. y Gardner R. C. (1995): «Expanding the motivation construct in language learning», *The Modern Language Journal,* 79, pp. 505-518.

Turnbull, M.; Lapkin, S.; Hart, D. y Swain, M. (1998): «Time on Task and Immersion Graduates' French Proficiency», en S. Lapkin (ed.), *French Second-Language Education in Canada. Empirical Studies*, Toronto, University of Toronto Press, pp. 31-55.

Williams, M. y Burden, R. (1997): *Psychology for Language Teachers*, Cambridge, Cambridge University Press.

Notas

1. Este trabajo forma parte de un proyecto que ha contado con la beca PB97-0901 de la DGYCIT del Ministerio de Educación y Ciencia, para cuya realización también se ha contado con una ayuda del mismo Ministerio para una estancia en la Universidad de Hawai.

2. Agradecemos a C. Chaudron su asesoramiento en el análisis de los datos, y a M. Victori y M. Birello su colaboración en las primeras fases del estudio.

3. En una revisión de doce estudios empíricos sobre motivación hacia la lengua extranjera (O'Bryen, 1996) solamente aparece uno de tipo longitudinal.

4. Por tanto, en el primer caso hacía dos años que los alumnos habían empezado la asignatura de lengua inglesa (de 3.º a 5.º curso), y en el caso de los alumnos de EGB, un año (de 6.º a 7.º curso). Ello se debe a que la intensidad con que se imparte la asignatura en el nuevo modelo ha bajado, en Cataluña, de 180 minutos semanales a 150 minutos en Educación Primaria.

5. Los alumnos del sistema A tendrán 16,9 años cuando se recojan los datos del tercer tiempo, cuatro años después del segundo momento de medición. Como anteriormente, la menor intensidad del nuevo modelo en la Educación Secundaria hace necesario un período de tiempo más largo para obtener las mismas horas de enseñanza/aprendizaje de la lengua extranjera.

6. Esta pregunta sobre la actitud global hacia el inglés correspondería al componente «actitudes sobre el aprendizaje de la lengua» del AMTB de Gardner (1985).

7. Esta ausencia de relación entre la edad de inicio y la actitud hacia el aprendizaje del inglés demuestra que factores actitudinales no pueden explicar las diferencias encontradas entre los grupos del sistema A y los del sistema B en un estudio anterior basado en esta misma población (Muñoz, 1999). En ese estudio se observa que los alumnos del sistema B (7.º de EGB y 1.º de BUP), que iniciaron el aprendizaje a los 11 años, obtienen mejores resultados que los alumnos del sistema A (5.º de EP y 1.º de ESO), que lo iniciaron a los ocho. Esta diferencia deberá explicarse, pues, por la intervención de otros factores, probablemente de tipo cognitivo.

8. Sin embargo, cuando se analizan los cambios experimentados en la motivación de los alumnos a los que se les puede hacer un seguimiento longitudinal entre el primer tiempo de recogida de datos y el segundo en los dos sistemas no se encuentran diferencias significativas (en una prueba de signos, tests de comparaciones no paramétricas para muestras relacionadas). Ello puede deberse al reducido tamaño de la muestra, que consta de 88 sujetos, 59 del sistema A y 29 del sistema B. Según los resultados, un 70,4 % de sujetos no cambia de actitud, y del resto un 18,2 % pasa de estar desmotivado en el primer tiempo a estar motivado en el segundo, frente a un 11,4 % que experimenta el cambio inverso.

9. El filtro anterior a 1.º de BUP se situaba al final de la educación obligatoria (8.º de EGB), tras la cual los alumnos con resultados negativos abandonaban los estudios o se encaminaban hacia la formación profesional, mientras que los alumnos que habían conseguido resultados positivos podían continuar con el bachillerato (BUP). El filtro anterior a COU se situaba al final de los estudios secundarios, momento en el cual los alumnos podían proseguir hacia la preparación para la entrada en la universidad (COU).

10. Las ocho categorías obtuvieron frecuencias superiores a 15.

Segunda parte

EL AULA, LUGAR DE APRENDIZAJE

CAPÍTULO 4

LAS VARIABLES CONTEXTUALES Y EL EFECTO DE LA INSTRUCCIÓN EN LA ADQUISICIÓN DE SEGUNDAS LENGUAS

por JASONE CENOZ y JOSU PERALES

1. Introducción

El aprendizaje y la adquisición de segundas lenguas es un proceso que puede tener lugar en diferentes contextos sociolingüísticos y educativos. Aunque el estudio de la influencia del contexto en el proceso de adquisición de segundas lenguas es relativamente reciente, está ampliamente aceptado que las variables contextuales pueden afectar ese proceso (Ellis, 1994; Gardner y Clément, 1990). La influencia de las variables contextuales también se considera fundamental en varios modelos teóricos que tratan de explicar la adquisición de segundas lenguas desde una perspectiva psicosocial: el modelo de aculturación (Schumann, 1978), el modelo de intergrupo (Giles y Byrne, 1982), el modelo socioeducativo (Gardner, 1979; Gardner y McIntyre, 1993) o el modelo del contexto social (Clément, 1980). Otros modelos teóricos (Krashen, 1978; Spolsky, 1989) también incluyen variables contextuales al tratar de explicar el proceso de la adquisición de segundas lenguas.

En este complejo proceso de adquisición de segundas lenguas intervienen directa o indirectamente un gran número de variables individuales y contextuales que también pueden estar relacionadas entre sí. Además, la adquisición de segundas lenguas presenta una gran diversidad en lo que se refiere a las condiciones en que tiene lugar y a sus objetivos. En este capítulo partiremos de las diferencias entre los contextos natural y formal de adquisición y analizaremos la influencia de la instrucción y la exposición en contextos mixtos. A continuación analizaremos las variables del contexto sociolingüístico y educativo que son consideradas más relevantes en la adquisición de segundas lenguas en el medio escolar.

2. Contextos naturales y formales en la adquisición de segundas lenguas

La adquisición de segundas lenguas puede tener lugar en contextos naturales o formales, aunque también son comunes los contextos mixtos. En el contexto natural, que se asemeja más que el formal al contexto de adquisición de primeras lenguas, la adquisición ocurre como resultado de la interacción con hablantes de la L2 y la observación de la interacción entre hablantes de L2 en distintas situaciones sociales. Estas situaciones varían con relación a las características de los interlocutores y los objetivos de la propia interacción. En contextos formales, el estudiante suele recibir algún tipo de instrucción sobre el funcionamiento de la segunda lengua y recibe *feedback* sobre aspectos específicos y/o generales de los resultados de la instrucción. En estos contextos, la exposición a la segunda lengua es el resultado de un proceso de intervención educativa que programa y regula la cantidad y el tipo de *input* y de interacción al que tendrá acceso el estudiante de segundas lenguas. En la mayoría de los casos, la adquisición de segundas lenguas en contextos formales tiene lugar en el aula, pero también existe la posibilidad de que la adquisición tenga lugar por medio de autoinstrucción con la ayuda de materiales didácticos específicos.

Desde una perspectiva sociolingüística (Ellis, 1990), la diferencia entre los dos contextos afecta a la localización, los participantes, los temas y la finalidad de la comunicación. El contexto formal es generalmente más limitado que el natural en cuanto a la diversidad de los factores que influyen en el uso de la lengua.

Aunque la distinción entre los contextos naturales y formales parece nítida, es muy frecuente encontrar situaciones de adquisición de segundas lenguas en las que se combinan características de ambos. Además, la gran diversidad de tipos de instrucción, la diversidad de contextos naturales de adquisición y las diferencias individuales que influyen en el proceso impiden considerar la diferencia entre contextos formales y naturales en términos de una dicotomía absoluta, siendo más adecuada la idea de un *continuum* cuyos extremos son los contextos formal y natural pero que admite posiciones intermedias (fig. 4.1).

En las posiciones intermedias se situarían los contextos mixtos de adquisición que parten de un contexto de adquisición natural en la comunidad en que se habla la L2, que se complementan con la instrucción, o bien de un contexto formal que combina la instrucción con la exposición natural por medio de estancias en el extranjero. En estas posiciones intermedias también se situarían algunos tipos de instrucción específicos que incorporan elementos característicos de los contextos naturales como

CONTEXTO NATURAL			CONTEXTO FORMAL
Interacción con hablantes de la L2	Natural + instrucción instrucción + exposición	Inmersión Enseñanza basada en contenidos Tareas	Instrucción

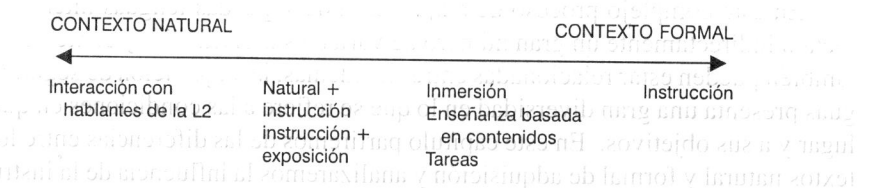

Fig. 4.1.

por ejemplo la inmersión, la enseñanza basada en el contenido o el enfoque basado en tareas (Genesee, 1987; Met, 1998; Nunan, 1989).

2.1. La adquisición natural y la adquisición por medio de la instrucción: estudios comparativos

Es una creencia bastante extendida que los contextos naturales de adquisición de segundas lenguas son más apropiados para alcanzar un nivel alto de proficiencia que los contextos formales. Como consecuencia, muchos estudiantes de segundas lenguas realizan estancias en comunidades en las que se habla la lengua meta. Además, en la década de los ochenta alcanzó gran difusión el método natural que se basa en la idea de que el *input* comprensible en la lengua meta era el factor determinante de la adquisición (Krashen, 1985). Como consecuencia se consideraba que la instrucción en L2, a diferencia de las épocas anteriores en las que predominaba el audiolingüismo, debía centrarse en proporcionar *input* comprensible y reproducir en la medida de lo posible los contextos naturales de adquisición. Se consideraba que el efecto de la instrucción era mínimo y que las clases en contextos formales solamente eran útiles en la medida en que proporcionan exposición a la lengua (Long, 1988). Aunque la importancia del *input* es generalmente aceptada, la propuesta de considerar al *input* comprensible como único factor determinante de la adquisición ha sido criticada (Swain, 1985; McLaughlin, 1987, y véanse Doughty y Alcón, en este volumen).

La comparación de la adquisición en contextos naturales y formales presenta dificultades en el ámbito teórico y metodológico. Los investigadores parten de distintos postulados teóricos y establecen objetivos que son también diferentes (Long, 1983; Ellis, 1990, 1994). En algunas investigaciones se trata de comparar aspectos específicos del código lingüístico como la adquisición de formas verbales u oraciones de relativo. Otras investigaciones, por el contrario, comparan el nivel general de proficiencia, el orden de las distintas secuencias de adquisición de determinados elementos gramaticales o el efecto de la instrucción. Además, la interpretación de los resultados puede resultar confusa porque en la mayoría de los estudios no se especifican suficientemente las características del contexto.

Desde una perspectiva metodológica, resulta imposible en la práctica controlar todas las variables individuales y contextuales que intervienen en la adquisición en contextos naturales y formales y cuyo efecto puede resultar tan importante o más que la diferencia entre contextos formales y naturales (Doughty, 1991). En segundo lugar, en la investigación en esta área es necesario controlar tanto las características de la instrucción en el caso del contexto formal como la cantidad y tipo de interacción en el caso del contexto natural (Spada, 1985, 1986). Asimismo, el tipo de instrucción influirá en el efecto que produce aun en el caso de que la intensidad de la exposición sea semejante (Harley *et al.*, 1990; Lightbown, 1991; Spada, 1987). En contextos naturales se puede presentar una gran variedad respecto al tipo de interacción, y la duración de las estancias en comunidades donde se utiliza la lengua meta no predice necesariamente el nivel de proficiencia. De este modo, al investigar la adquisición en contextos naturales en el caso de emigrantes se ha observado que cuando éstos llevan menos de cinco años en el país de acogida, cuanto mayor es la duración de la estancia mayor es su nivel de proficiencia; pero a partir de los cinco años de estancia (o incluso de los tres) la edad de llegada es la variable que mejor predice el nivel de proficiencia (Bachi, 1956; Asher y García, 1969; Slavoff y Johnson, 1995). Por último, cabe señalar que existen problemas relacionados con la operacionalización de las variables, la medición de constructos complejos como el de proficiencia y gran diversidad en los diseños de investigación utilizados, que incluyen tanto estudios de tipo cuantitativo como cualitativo.

En el resto de esta sección incluimos los principales resultados sobre la influencia que los contextos naturales, formales y mixtos tienen en el nivel de proficiencia en la segunda lengua o en aspectos específicos de proficiencia.

2.2. La comparación entre contextos exclusivamente naturales y formales

Los estudios comparativos entre los dos extremos del *continuum* «contexto natural-contexto formal» no son frecuentes debido probablemente a razones prácticas y metodológicas. En primer lugar, la adquisición en estos dos contextos no se presenta como una opción real. La adquisición en un contexto exclusivamente formal o natural tiene lugar como consecuencia de las circunstancias personales y sociales, y los contextos exclusivamente naturales y formales no suelen ser intercambiables en la vida real. Además, las comparaciones entre los dos contextos presentan dificultades metodológicas importantes, puesto que es muy difícil estimar el cómputo total de horas en exposición natural y las características de esta exposición. Por otra parte, podemos añadir que las investigaciones realizadas en contextos mixtos que analizan la influencia de la instrucción en contextos naturales o de la exposición en contextos formales tienen implicaciones más relevantes para las situaciones de aprendizaje.

En algunos estudios se ha observado que los contextos naturales aceleran el ritmo de adquisición de la segunda lengua (Fathman, 1978), pero también se ha observado que existen importantes diferencias individuales (Ellis, 1994). En un estudio reciente se compara la adquisición en contexto natural por parte de un grupo de *sherpas* que acompañan a turistas en sus desplazamientos en Nepal con la adquisición en un contexto exclusivamente formal en el mismo país (Shresta, 1998). Después de realizar un cómputo de horas de exposición aproximado y sin analizar las características del tipo de exposición, Shresta comprueba que los aprendices de segundas lenguas de contexto natural reciben evaluaciones globales de su proficiencia más positivas que los estudiantes de segundas lenguas en contextos formales. También observa que en el contexto natural las producciones orales presentan mayor fluidez en relación al número de pausas, titubeos y repeticiones, pero también presentan un número más elevado de errores gramaticales en relación a las producciones de los estudiantes de contextos formales. Aunque este estudio presenta algunos problemas metodológicos, confirma la influencia de la instrucción en la exactitud a nivel gramatical observada en otros estudios (Ellis, 1994).

Si bien la comparación de contextos exclusivamente naturales y formales no ha despertado un gran interés entre los investigadores, se puede afirmar que existe una tendencia a admitir que la adquisición natural da lugar a un mayor grado de fluidez y la formal a una mayor exactitud gramatical.

2.3. LA INFLUENCIA DE LA INSTRUCCIÓN FORMAL EN CONTEXTOS DE ADQUISICIÓN NATURAL

Otra línea de investigación tiene como objetivo el conocer si la instrucción formal tiene una influencia positiva en contextos de adquisición natural. Estos estudios varían notablemente respecto al diseño metodológico, y en este sentido no están exentos de limitaciones, puesto que en la mayoría de los casos no se controlan el tipo de instrucción ni el tipo de interacción en el contexto natural. El objetivo de esta investigación es comparar el efecto de la instrucción con el de la exposición exclusivamente natural, y en algunos estudios se analiza el efecto de la instrucción en un grupo determinado realizando mediciones antes y después de que la instrucción tenga lugar (Kadia, 1988; Lightbown *et al.*, 1980; Ellis, 1984). La investigación en esta área también difiere en relación a la medición de la proficiencia en la segunda lengua, puesto que algunos estudios miden la proficiencia global (Krashen *et al.*, 1978; Fathman, 1975) y otros la adquisición de elementos lingüísticos muy específicos (Doughty, 1991; Lightbown, 1983; Gass, 1982).

Aunque en algunos estudios se considera que la instrucción no aporta beneficios cuando la adquisición de la lengua tiene lugar en contextos naturales (Upshur, 1968; Mason, 1971), el metanálisis de los resultados de un gran número de estudios ha llevado a Long (1983, 1988) y a Ellis (1990, 1994) a afirmar que la instrucción sí tiene un efecto positivo en la adquisición de la L2 en estos contextos. A pesar de las diferencias individuales y el efecto de otros factores del contexto sociolingüístico y educativo, en general se considera que la instrucción tiene un efecto positivo. También se ha considerado que el nivel de proficiencia final de la adquisición de segunda lengua es superior cuando la adquisición en contextos naturales se complementa con la instrucción (Long, 1988; Ellis, 1994).

La mayoría de los estudios mencionados sobre el efecto de la instrucción están limitados porque no miden la cantidad y tipo de interacción, o la intensidad y el tipo de instrucción, aunque la importancia de estos factores ha quedado demostrada en otras investigaciones (Spada, 1986; Doughty, 1991). Una línea de investigación que ha tenido un gran desarrollo en los últimos años es la que tiene por objeto determinar el efecto de determinados tipos de instrucción en contextos mixtos y formales y que analiza la instrucción centrada en la forma (Spada, 1997; Doughty y Williams, 1998).

En resumen, los resultados de la mayor parte de los estudios sobre el efecto de la instrucción formal en contextos de adquisición natural indican que la instrucción acelera el ritmo de adquisición de la L2, pero que existen diferencias en función del tipo de instrucción e interacción.

2.4. LA INFLUENCIA DE LA EXPOSICIÓN NATURAL EN CONTEXTOS DE ADQUISICIÓN FORMAL

Las situaciones en las que la adquisición se produce en un contexto natural y es reforzada por la instrucción tienen su correspondencia en los casos en que la adquisición en un contexto formal es reforzada por la exposición a la lengua en un contexto natural. Ambas situaciones de adquisición se producen en contextos mixtos, son complementarias y en muchos casos pueden presentar características semejantes. Sin embargo, en los trabajos sobre el tema estas dos situaciones no suelen relacionarse y pertenecen a dos tradiciones distintas: la influencia de la instrucción en la adquisición a la que ya nos hemos referido y la influencia de realizar estancias en comunidades en las que se habla la lengua meta que tratamos aquí.

Como hemos señalado anteriormente, y de acuerdo con la creencia popular, se considera que en situaciones de adquisición de lenguas extranjeras resulta muy efectivo complementar la instrucción formal con estancias en comunidades de hablantes de la lengua meta. Estas creencias justifican que un gran número de escolares y adultos se desplacen cada año desde todo el mundo a países de habla inglesa para acelerar el ritmo de adquisición del inglés o que un creciente número de extranjeros combine la adquisición formal del español con estancias en países hispanohablantes.

Sin embargo, existe un número limitado de estudios que analicen el progreso a nivel lingüístico realizado en estas estancias y que utilicen diseños metodológicos apropiados (Freed, 1995*a*). Los resultados de estos estudios confirman las creencias populares, puesto que demuestran que las estancias en el extranjero aceleran el ritmo de adquisición de la segunda lengua. En algunos estudios se ha observado que las estancias en el extranjero o en entornos donde la lengua meta es la más utilizada favorecen la producción oral considerada globalmente (Meara, 1994; Maiz, 1997). Así, Maiz (1997) analizó la percepción del progreso que habían realizado un grupo de estudiantes adultos de euskara como segunda lengua que participaron en estancias de un mes de duración con familias vascoparlantes en entornos en los que se utilizaba mayoritariamente la lengua meta. Los resultados de este estudio indican que el 90 % de los estudiantes consideró su estancia muy positiva y el 72 % consideró que habían realizado un progreso considerable en comprensión y producción oral. En otros estudios se ha observado que estas estancias también favorecen aspectos específicos de la producción oral como las estrategias comunicativas utilizadas o un mayor grado de fluidez (DeKeyser, 1991; Lafford, 1995; Freed, 1995*b*). Como ejemplo de la adquisición de estrategias comunicativas podemos considerar el estudio de Lafford (1995), que analiza el progreso de tres grupos de estudiantes norteamericanos que, respectivamente, pasan un semestre en Cuernavaca (México), en Granada y en su propia universidad sin salir de Estados Unidos. Los resultados del estudio indican que los estudiantes que han estado en Cuernavaca y Granada utilizan más estrategias a la hora de iniciar y mantener la conversación. Estas estrategias incluyen la utilización de expresiones para entablar la conversación como saludos *(hola, buenos días)* o fórmulas para llamar la atención del interlocutor *(perdón, disculpa)* o expresiones para obtener información del interlocutor *(puedes decirme, sabes)*. Freed (1995*b*) también ha observado que el mayor progreso que tiene lugar después de las estancias en el extranjero se da en aspectos relacionados con la fluidez como la velocidad de habla o el número de pausas en la producción oral. Resultados similares se observaron también en un estudio realizado por Meara (1994), en el que los estudiantes consideran que su estancia en el extranjero les ha servido para mejorar su proficiencia oral pero no para desarrollar sus habilidades lectoras o de escritura.

Algunos investigadores han analizado el efecto de las estancias en comunidades en las que se habla la L2 en relación al nivel de proficiencia que tienen los estudiantes de segundas lenguas al inicio de estas estancias. En general se ha observado que los estudiantes que presentan un nivel de competencia más bajo son los que más se benefician de las mismas (Brecht *et al.*, 1995; Lapkin *et al.*, 1995; Freed, 1995*b*; Guntermann, 1995).

En resumen, los estudios mencionados confirman la creencia popular sobre el efecto positivo de la exposición natural como complemento de la adquisición formal. Además, la investigación en esta área indica que este efecto es mayor en algunos aspectos de la competencia comunicativa y que beneficia principalmente a aquellos estudiantes que presentan niveles de proficiencia más bajos.

2.5. El proceso y las secuencias de adquisición de segundas lenguas en contextos naturales y formales

El objetivo de los estudios presentados hasta ahora ha sido el de analizar si la instrucción o la exposición natural producen un efecto positivo en la adquisición de segundas lenguas en contextos naturales y formales, respectivamente. En otros estudios se analiza si el proceso y las secuencias de adquisición son diferentes en contextos naturales y formales.

Algunos estudios se han centrado en comparar el proceso de adquisición en contextos naturales y formales analizando la interlengua de los aprendices de segundas lenguas en ambos contextos y específicamente los errores que producen. Los resultados de estas investigaciones indican que los errores en ambos contextos son similares (Felix, 1981; Wode, 1981).

Otros estudios tratan de comparar distintas etapas o secuencias de adquisición en contextos naturales y formales. Destacan aquí, en primer lugar, los estudios que analizan si el orden de adquisición de los morfemas en contextos naturales es el mismo que en contextos formales o si este orden es alterado por el efecto de la instrucción. La mayoría de los estudios se ha realizado sobre la adquisición de morfemas en lengua inglesa, y, en general, se ha observado que el orden de adquisición es relativamente independiente de la instrucción, de la primera lengua y de la edad (Dulay y Burt, 1973, 1974; Bailey, Madden y Krashen, 1974). Estos estudios han sido criticados porque extraen conclusiones sobre las secuencias de adquisición a partir del grado de exactitud gramatical en un test realizado en un momento determinado. Además, también se ha considerado que el test utilizado en la mayoría de las investigaciones —*Bilingual Syntax Measure*— puede sesgar los resultados. Existen también estudios, cuyo rigor metodológico no ha sido puesto en tela de juicio, donde se han confirmado las similitudes en las secuencias de adquisición de elementos gramaticales en distintos contextos (véase Ellis, 1990, 1994); aunque en algunos de estos estudios se han observado diferencias que pueden ser efecto de la instrucción (Pica, 1983; Lightbown, 1983; Ryan y Lafford, 1992). Por ejemplo, Pica (1983) observó que los estudiantes de segundas lenguas de contextos formales mostraban una tendencia a producir un mayor número de morfemas no obligatorios.

También se ha observado que la instrucción tiene un efecto limitado en la secuencia de adquisición en experimentos en los que se ha analizado la adquisición de elementos gramaticales específicos. Por ejemplo, dentro del marco de la gramática universal se ha observado la influencia de que los elementos lingüísticos sean marcados o no (Gass, 1979; Pavesi, 1986; Zobl, 1985; Eckman, Bell y Nelson, 1988). Estos resultados podrían explicar la limitación del efecto de la instrucción en el proceso de adquisición, ya que los estudiantes de segundas lenguas adquieren los elementos menos marcados antes que los marcados pero tienden a generalizar la estructura marcada antes que la no marcada. Por ejemplo, Pavesi (1986) investigó la adquisición de oraciones de relativo en inglés comparando un grupo de estudiantes italianos de secundaria en un contexto formal de adquisición de la L2 con un grupo de trabajadores italianos que vivían en el Reino Unido y adquirían inglés en un contexto exclusivamente natural. Analizó la adquisición de varios tipos de oraciones de relativo y observó que ambos grupos mostraban mayor exactitud gramatical al producir las oraciones relativas de sujeto *(El niño que juega)* que al producir oraciones relativas de otros tipos *(El niño a quien llamé, la niña con quien jugué)*. Este estudio confirmaría la propuesta de Keenan y Comrie (1977) que afirma que existe un orden establecido en la adquisición de las oraciones de relativo, aunque este orden ha sido cuestionado en estudios posteriores (Hamilton, 1994).

El efecto limitado de la instrucción en las secuencias de adquisición también se ha atribuido a procesos de tipo cognitivo (Pienemann, 1984, 1989). De este modo, Pienemann (1984) ha formulado la hipótesis de la *teachability* (educabilidad) y considera que la instrucción solamente puede acelerar el proceso de aprendizaje si el sujeto está preparado para su adquisición, pero no puede cambiar las secuencias.

Los estudios sobre el proceso y la secuencia de adquisición en contextos formales y naturales indican que la instrucción tiene una influencia bastante limitada. Sin embargo, con muy pocas excepciones (Bouton, 1996; Freed, 1995*b*; Lafford, 1995), la investigación sobre este tema se ha limitado a analizar el efecto de la instrucción en la adquisición de elementos gramaticales, sin considerar la adquisición de la competencia sociolingüística, pragmática o estratégica que hoy en día son consideradas como parte integral de la competencia comunicativa (Cenoz, 1996; véanse también Alcón y Ortega en este volumen). Sería deseable que en un futuro se comprobara la influencia de la instrucción en los distintos componentes de la competencia comunicativa y las limitaciones de esta influencia.

3. El contexto sociolingüístico en la adquisición de segundas lenguas en el medio escolar

El contexto sociolingüístico hace referencia al conocimiento y utilización de lenguas en el entorno social en el que tiene lugar la adquisición de segundas lenguas. La adquisición de segundas lenguas por medio de la instrucción no se produce en un *vacuum* social sino que tiene lugar en un contexto determinado y está sujeta a su influencia. En primer lugar, podemos considerar si la lengua meta es utilizada en la comunidad o no. En sentido estricto, en el primer caso nos referimos a la adquisición de segundas lenguas y en el segundo a la adquisición de lenguas extranjeras. Esta distinción, que es útil al estudiar el efecto del contexto sociolingüístico, es generalmente obviada al tratar otras áreas en las que no es relevante, y se tiende a utilizar la expresión «segundas lenguas» como expresión general que engloba ambos contextos. Al analizar el efecto del contexto sociolingüístico, la distinción lengua extranjera/segunda lengua es fundamental, puesto que la presencia o ausencia de la comunidad de hablantes de la L2 tiene implicaciones no solamente porque la adquisición puede darse en un contexto exclusivamente formal o mixto, sino también por la influencia de elementos psicosociales como las actitudes y relaciones intergrupales entre miembros de distintas comunidades lingüísticas.

En situaciones de adquisición de lenguas extranjeras en el contexto escolar, el estudiante tiene contacto con la lengua meta en el aula y, en todo caso, a través de los medios de comunicación o por estancias en comunidades en las que se habla la lengua. Cuando la lengua meta se utiliza en la comunidad la adquisición de la segunda lengua en el medio escolar tiene lugar en un contexto mixto, puesto que también existe exposición natural a la lengua meta. En este caso es posible distinguir dos situaciones en relación al contexto sociolingüístico:

1) El aprendiz de segundas lenguas vive en una comunidad monolingüe en la que se habla la lengua meta. Esta situación es frecuente en el caso de emigrantes que se trasladan a vivir a otro país por razones económicas o políticas y, también, en el caso de estudiantes de segundas lenguas que deciden realizar una estancia en una comunidad en la que se habla la lengua meta.

2) El aprendiz de segundas lenguas vive en una comunidad bilingüe o plurilingüe y una de sus lenguas es la lengua meta. En este caso, también es importante considerar la vitalidad de la lengua meta en el contexto sociolingüístico, puesto que esa lengua puede ser la lengua mayoritaria o bien una lengua minoritaria. Además de la adquisición por parte de emigrantes o estudiantes de L2 que realizan estancias en el extranjero, en estas situaciones también nos encontramos con frecuencia miembros de la propia comunidad que aprenden una lengua que está en contacto con la suya. Por ejemplo, tenemos el caso de los hablantes de quechua como L1 que aprenden español en Perú o Bolivia, o los hablantes de español como L1 que aprenden catalán en Cataluña o euskara en el País Vasco.

En ambos contextos sociolingüísticos pueden existir diferencias importantes en cuanto al grado de contacto con la comunidad de hablantes de la segunda lengua, y las variables relacionadas con el tipo de interacción serán importantes para determinar el éxito en el proceso de adquisición. Sin embargo, como hemos señalado anteriormente, la distinción entre la adquisición de la segunda lengua en un contexto monolingüe o bi/plurilingüe también tiene otras implicaciones.

En principio, las oportunidades de interacción con hablantes de la lengua meta son mayores si el aprendiz de segundas lenguas vive en una comunidad monolingüe o aprende la lengua mayoritaria en una comunidad bi/plurilingüe. En este último caso, los hablantes de lenguas minoritarias suelen tener mayor contacto y tienen más oportunidades de alcanzar un alto nivel de proficiencia en la lengua mayoritaria que los hablantes de la lengua mayoritaria en la minoritaria.

Sin embargo, y además de las características del contexto sociolingüístico en el que tiene lugar la adquisición, existen otros factores relacionados con el mismo que pueden influir en el proceso de adquisición de segundas lenguas, como el tipo de interacción con los hablantes de la L2 y las oportunidades de exposición adicional a la lengua cuando ésta es una lengua de comunicación internacional. La limitada interacción con hablantes de la L2 explica que algunas personas tengan muchas dificultades para comunicarse en la L2 después de haber residido en la comunidad en la que se habla esta lengua durante muchos años, porque la L2 no es la lengua más importante en sus redes sociales. En cuanto a la exposición adicional, el caso más evidente es el del inglés. Así, en comunidades en las que el inglés es la lengua minoritaria, como en la provincia de Quebec en Canadá, la gran vitalidad del inglés como lengua mayoritaria de Canadá, y principal lengua de comunicación internacional, aumenta las posibilidades de exposición que se pueda tener a esta lengua.

La adquisición de la L2 en situaciones de contacto de lenguas recibe la influencia de variables psicosociales como la relación entre grupos etnolingüísticos e incluso de la percepción que de estas relaciones tiene el aprendiz de L2 (Giles y Byrne, 1982; Gardner y Clément, 1990). Esta perspectiva es ampliamente compartida en los modelos psicosociales de adquisición de segundas lenguas a los que nos hemos referido anteriormente (Schumann, 1978; Giles y Byrne, 1982; Gardner, 1979; Gardner y McIntyre, 1993; Clément, 1980) y también ha dado lugar al desarrollo de constructos teóricos como el de vitalidad etnolingüística (Giles, Bourhis y Taylor, 1977).

La vitalidad etnolingüística, que ha tenido un gran desarrollo en los últimos años, se aplica a contextos de contacto de lenguas en los que se compara la vitalidad relativa de las lenguas de dos o más comunidades etnolingüísticas. La vitalidad etnolingüística de una comunidad lingüística viene determinada por tres componentes: la demografía, el estatus y el control institucional. Las variables demográficas incluyen el número de hablantes, su distribución, la tasa de natalidad, el nivel de exogamia/endogamia, la emigración e inmigración. El estatus se calcula teniendo en cuenta el prestigio de la lengua a nivel de la comunidad y a nivel internacional, y el prestigio económico, social e histórico de la comunidad etnolingüística. El control institucional hace referencia a la presencia de la lengua a nivel institucional, incluyendo los medios de comunicación, el sistema educativo, la religión, la cultura, la política y la administración. Teniendo en cuenta estas tres dimensiones podemos realizar comparaciones relativas entre comunidades lingüísticas. Por ejemplo, el guaraní en Paraguay es una lengua con una demografía relativamente alta respecto al español, pero tiene un estatus y un control institucional relativamente bajos. El euskara en el País Vasco presenta una demografía mucho más baja que la del español, pero las diferencias se reducen en lo que respecta al estatus y el control institucional. En el caso de Cataluña, Ros, Cano y Huici (1987) consideran que el catalán tiene una vitalidad media-alta en demografía y control institucional y alta en estatus, mientras que el español tiene una vitalidad alta en las tres dimensiones. En los estudios sobre vitalidad etnolingüística y adquisición de segundas lenguas se ha observado que la percepción que el estudiante de L2 tiene de la vitalidad relativa de las dos comunidades lingüísticas puede estar relacionada con la motivación hacia la adquisición y puede influir en este proceso (Clément, 1984; Cenoz y Valencia, 1993; Gardner *et al.*, 1988). Por ejemplo, en un estudio sobre la adquisición del euskara como L2, en el que participaron alumnos de secundaria, observamos que la percepción de la vitalidad etnolingüística estaba directamente relacionada con la motivación hacia el aprendizaje del euskara y con la utilización del euskara en las redes sociales e indirectamente relacionada con el rendimiento en euskara (Cenoz y Valencia, 1993).

En resumen, la presencia o ausencia de la lengua meta en el contexto en el que tiene lugar el proceso de aprendizaje puede influir en las características y en los resultados de este proceso. Cuando la adquisición tiene lugar en contextos sociolingüísticos en los que está presente la lengua meta, el que ésta sea la lengua única de una comunidad monolingüe o bien la lengua mayoritaria o minoritaria de una comunidad bilingüe o plurilingüe también tendrá implicaciones diferentes.

4. El contexto socioeducativo en la adquisición de segundas lenguas en el medio escolar

La adquisición de la L2 en el medio escolar está relacionada con variables del propio contexto socioeducativo en el que tiene lugar y de la interacción entre este contexto y el contexto sociolingüístico al que nos hemos referido en la sección anterior.

Dentro del contexto educativo destaca la importancia de los objetivos lingüísticos del sistema educativo y la presencia de la segunda lengua en el currículum, que frecuentemente están determinados por el contexto sociolingüístico en el que tiene lugar la adquisición. Así, en el caso de lenguas extranjeras como el inglés o el español en muchas partes del mundo, el objetivo de la adquisición suele ser el de alcanzar un nivel de proficiencia básico para poder comunicarse oralmente y por escrito. En otros casos, como el de adquisición de la L2 por emigrantes, el objetivo puede consistir en alcanzar un nivel mucho más avanzado y llegar a utilizar la L2 para una gran parte de las funciones de la vida diaria.

La presencia de las lenguas en el currículum se puede situar en un *continuum* cuyos extremos son la utilización de la segunda lengua como asignatura y la inmersión total en la segunda lengua, existiendo situaciones intermedias como la inmersión parcial (fig. 4.2).

La presencia de la segunda lengua o lengua extranjera como asignatura del currículum es la forma más frecuente de adquisición, que a su vez puede presentar gran di-

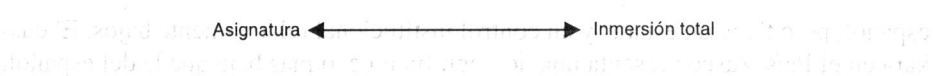

Asignatura ◄─────────► Inmersión total

FIG. 4.2.

versidad en lo que se refiere a las estrategias metodológicas adoptadas (Richards y Rodgers, 1986). En los programas de inmersión no solamente hay una asignatura dedicada a la segunda lengua o lengua extranjera, sino que ésta se utiliza como vehículo de enseñanza de algunas o todas las asignaturas del currículum (Genesee, 1987; Swain y Lapkin, 1985; Baker, 1996; Baker y Jones, 1998). Existe una gran variedad de programas de inmersión, principalmente en Canadá y Europa, dependiendo de la intensidad (inmersión parcial o inmersión total), la edad en la que comienza la inmersión (inmersión temprana o tardía) o la población a la que está dirigida (inmersión para hablantes de lengua mayoritaria o subinmersión). Los resultados de las evaluaciones de programas de inmersión ponen de manifiesto el éxito de estos programas e indican que la utilización de la lengua meta como vehículo de enseñanza implica un gran desarrollo de la misma, a la vez que el estudiante aprende el contenido de las distintas materias del currículum escolar (Swain y Lapkin, 1985; Genesee, 1987).

El contexto específico del aula —profesorado, la dinámica del grupo y las condiciones físicas del aula incluyendo la disponibilidad de medios— constituye dentro del contexto socioeducativo un área relevante que no puede ser soslayada. En lo que se refiere al profesorado, se han tratado de identificar los requisitos necesarios que debe reunir un profesor de L2 (Nunan y Lam, 1998). Estos requisitos hacen referencia tanto a la formación del profesorado como a características de su personalidad. Entre los primeros destacan los siguientes: el conocimiento de la lengua objeto, el conocimiento de aspectos metodológicos incluyendo la creación de materiales, la evaluación y la utilización de tecnologías nuevas. Además, el profesorado debería estar muy motivado y ser buen comunicador. Adoptando una perspectiva diferente, Dörnyei y Malderez (1997) consideran que el profesor es el líder del grupo y que tiene que reunir tres características: habilidad para empatizar, aceptación por los miembros del grupo y «congruencia», entendida como la autenticidad en su conducta. La dinámica del grupo y el ambiente de la clase también pueden tener una influencia importante en la interacción (Hadfield, 1992; Prabhu, 1992). El número de estudios sobre la influencia de estos factores es muy limitado, pero podemos citar el estudio realizado por Clément, Dörnyei y Noels (1994) sobre la adquisición del inglés en Hungría. Estos investigadores prueban la relación entre el entorno de la clase y la cohesión del grupo y consideran que estos factores forman uno de los componentes de la motivación (véase también Tragant y Muñoz, en este volumen). En cuanto a las condiciones físicas del aula y la disponibilidad de medios, hay que tener en cuenta el espacio y la distribución del mobiliario, por la influencia que pueden tener en la cantidad y calidad de la interacción en el aula (Cerdán, 1997). Además, las condiciones físicas del aula pueden ser más importantes en contextos de lengua extranjera en los que el estudiante no tiene la posibilidad de completar la instrucción formal con la exposición natural. El limitado número de investigaciones sobre la influencia de las condiciones del aula en la adquisición de la L2 impide confirmar la influencia relativa de las distintas variables mencionadas.

Y sin salir aún del contexto socioeducativo, también podemos incluir la influencia que el entorno familiar y social pueden ejercer en la adquisición de la segunda lengua. Los padres que conocen la segunda lengua pueden ayudar a sus hijos en el proceso de adquisición. Además, los padres pueden desempeñar un papel importante transmitiendo actitudes y valores sobre la lengua meta y su comunidad de hablantes (Gardner, 1985; Ravid, 1987; Rockwell, 1995). El nivel socioeducativo y socioeconómico también puede influir en la adquisición de la L2 en el medio escolar (Olshtain *et al.*, 1990; Cenoz, 1991). Sin embargo, en el caso de la adquisición de la L2 y a diferencia de otras áreas del currículum escolar, no siempre es fácil separar los efectos atribuibles a un mayor nivel sociocultural de los que son consecuencia de las mayores oportunidades de contactos con la lengua que pueden tener los estudiantes de clases sociales más favorecidas.

A pesar de que teóricamente las variables relacionadas con el contexto socioeducativo pueden ejercer una influencia importante en el proceso de adquisición de la L2, es necesario realizar más estudios sobre algunos aspectos como la influencia del profesorado o las condiciones físicas del aula y, también, comparaciones relativas a la presencia de la segunda lengua en el currículum. Igualmente contribuirían a esclarecer el tema estudios que relacionen las variables del contexto socioeducativo con el contexto sociolingüístico en el que la adquisición tiene lugar.

Conclusiones

En este capítulo hemos analizado las características de contextos de adquisición naturales y formales y los resultados de estudios que se han realizado tanto en estos contextos como en otros que denominamos «mixtos». Asimismo hemos considerado la influencia que las variables del contexto sociolingüístico y socioeducativo tienen en la adquisición de la L2. A lo largo de este capítulo hemos querido resaltar que la adquisición de la L2 está relacionada con el contexto en el que se produce. Un análisis simplista del proceso de adquisición implicaría que una segunda lengua se adquiere por medio de la instrucción o de la interacción. La realidad es más compleja porque no sólo tenemos los contextos mixtos de adquisición en los que se combinan instrucción e interacción, sino que la adquisición tiene lugar en contextos sociolingüísticos y socioeducativos que presentan características determinadas.

También es importante señalar que los contextos sociolingüísticos y socioeducativos en los que tiene lugar la adquisición determinarán, en gran medida, las posibilidades de interacción y el tipo de instrucción. Además, estos contextos influyen en variables individuales como las actitudes y la motivación. Todo ello implica que, aunque el objetivo de un estudio determinado sea el análisis de un aspecto lingüístico o psicolingüístico específico, no debemos olvidar que las variables contextuales pueden influir en todos los aspectos de la adquisición de lenguas. Por lo tanto, es necesario determinar las características de las distintas situaciones de adquisición de L2 y adoptar una perspectiva multidisciplinar que no sólo incluya elementos lingüísticos y psicolingüísticos sino también psicosociales y sociolingüísticos.

Bibliografía

Asher, J. y García, R. (1969): «The optimal age to learn a foreign language», *Modern Language Journal,* 53, pp. 334-341.

Bachi, R. (1956): «A statistical analysis of the revival of Hebrew in Israel», *Scripta Hierosolymitan,* 3, pp. 179-247.

Bailey, K.; Madden, C. y Krashen, S. (1974): «Is there a natural sequence in adult second language learning?», *Language Learning,* 28, pp. 235-243.

Baker, C. (1996): *Foundations of Bilingualism and Bilingual Education,* Clevedon, Multilingual Matters.

Baker, C. y Jones, S. P. (1998): *Encyclopedia of Bilingualism and Bilingual Education,* Clevedon, Multilingual Matters.

Bouton, L. (1996): «¿Puede mejorar la habilidad de los hablantes no nativos al interpretar la implicatura en inglés americano por medio de la instrucción explícita? Un estudio piloto», en J. Cenoz y J. Valencia (eds.), *La competencia pragmática: Elementos Lingüísticos y Psicosociales,* Bilbao, Universidad del País Vasco, pp. 195-224.

Brecht, R. D.; Davidson, D. E. y Ginsberg, R. (1995): «Predictors of foreign language gain during study abroad», en B. F. Freed (ed.), *Second Language Acquisition in a Study Abroad Context,* Amsterdam, John Benjamins, pp. 37-66.

Cenoz, J. (1991): *Enseñanza-aprendizaje del inglés como L3,* Lejona, Universidad del País Vasco.

— (1996): «La competencia comunicativa: su origen y componentes», en J. Cenoz y J. Valencia (eds.), *La competencia pragmática: Elementos Lingüísticos y Psicosociales,* Bilbao, Universidad del País Vasco, pp. 95-114.

Cenoz, J. y Valencia, J. F. (1993): «Ethnolinguistic vitality, social networks and motivation in second language acquisition: some data from the Basque Country», *Language, Culture and Curriculum,* 6, pp. 113-127.

Cerdán, L. (1997): «Hitzik gabeko komunikazioak irakaslearen diskurtsoan eta ikasgelan duen eragina», *Hizpide,* 40, pp. 53-64.

Clément, R. (1980): «Ethnicity, contact and communicative competence in a second language», en H. Giles; W. P. Robinson y P. M. Smith (eds.), *Language: Social Psychological Perspectives,* Oxford, Pergamon, pp. 147-154.

— (1984): «Aspects socio-psychologiques de la communication inter-ethnique et de l'identité sociale», *Recherches Sociologiques,* 15, pp. 293-312.

Clément, R.; Dörnyei, Z. y Noels, K. A. (1994): «Motivation. Self-confidence and group cohesion in the foreign language classroom», *Language learning,* 44, pp. 417-448.

DeKeyser, R. (1991): «Foreign language development during a semester abroad», en B. Freed (ed.), *Foreign Language Acquisition Research and the Classroom,* Lexington, Mass., D. C. Heath, pp. 104-119.

Dörnyei, Z. y Malderez, A. (1997): «Group dynamics and foreign language teaching», *System,* 25, pp. 65-81.

Doughty, C. (1991): «Second language instruction does make a difference», *Studies in Second Language Acquisition* 13, pp. 431-469.

Doughty, C. y Williams, J. (1998): *Focus on Form in Classroom Second Language Acquisition,* Cambridge, Cambridge University Press.

Dulay, H. y Burt, M. (1973): «Should we teach children syntax?», *Language Learning,* 24, pp. 245-258.

— (1974): «Errors and strategies in child second language acquisition», *TESOL Quarterly,* 8, pp. 129-136.

Eckman, F. R.; Bell, L. y Nelson, D. (1988): «On the generalization of relative clause instruction in the acquisition of English as a second language», *Applied Linguistics*, 9, pp. 1-20.

Ellis, R. (1984): «Can syntax be taught? A study of the effects of formal instruction on the acquisition of Wh-questions by children», *Applied Linguistics*, 5, pp. 138-155.

— (1990): *Instructed Second Language Acquisition*, Oxford, Blackwell.

— (1994): *The Study of Second Language Acquisition*, Oxford, Oxford University Press.

Fathman, A. (1975): «The relationship between age and second language productive ability», *Language Learning*, 25, pp. 245-253.

— (1978): «ESL and EFL learning: similar or dissimilar», en C. Blatchford y J. Schachter (eds.), *On TESOL '78: EFL Policies, Programs, Practices*, Washington, DC, TESOL, pp. 213-223.

Felix, S. (1981): «The effect of formal instruction on second language acquisition», *Language Learning*, 31, pp. 87-112.

Freed, B. F. (1995a): *Second Language Acquisition in a Study Abroad Context*, Amsterdam, John Benjamins.

— (1995b): «What makes us think that students who study abroad become fluent?», en B. F. Freed (ed.), *Second Language Acquisition in a Study Abroad Context*, Amsterdam, John Benjamins, pp. 123-148.

Gardner, R. (1979): «Social psychological aspects of learning acquisition», en H. Giles y R. St. Clair (eds.), *Language and Social Psychology*, Oxford, Blackwell, pp. 193-220.

— (1985): *Social Psychology and Second Language Learning: the Role of Attitude and Motivation*, Londres, Edward Arnold.

Gardner, R. y Clément, R. (1990): «Social psychological perspectives on second language acquisition», en H. Giles y W. Robinson (eds.), *Handbook of Language and Social Psychology*, Chichester, Wiley, pp. 495-517.

Gardner, R.; Lalonde, R. N.; Nero, A. M. y Young, M. Y. (1988): «Ethnic stereotypes: implications of measurement strategy», *Social Cognition*, 6, pp. 40-60.

Gardner, R. y MacIntyre, P. (1993): «A student's contribution to second language learning. Part II: Affective variables», *Language Teaching*, 26, pp. 1-11.

Gass, S. (1979): «Language transfer and universal grammatical relations», *Language Learning*, 29, pp. 327-344.

— (1982): «From theory to practice», en M. Hynes y W. Rutherford (eds.), *On TESOL '81*, Washington, DC, TESOL, pp. 129-139.

Genesee, F. (1987): *Learning Through Two Languages*, Cambridge, Mass., Newbury House.

Giles, H.; Bourhis, R. Y. y Taylor, D. M. (1977): «Towards a theory in ethnic group relations», en H. Giles (ed.), *Language, Ethnicity and Intergroup Relations*, Nueva York, Academic Press, pp. 307-348.

Giles, H. y Byrne, J. (1982): «An intergroup approach to second language acquisition», *Journal of Multilingual and Multicultural Development*; 3, pp. 17-40.

Guntermann, G. (1995): «The Peace Corps experience: language learning in training and in the field», en B. F. Freed (ed.), *Second Language Acquisition in a Study Abroad Context*, Amsterdam, John Benjamins, pp. 149-169.

Hadfield, J. (1992): *Classroom Dynamics*, Oxford, Oxford University Press.

Hamilton, R. (1994): «Is implicational generalization unidirectional and maximal? Evidence from relativization instruction in a second language», *Language Learning*, 44, pp. 123-157.

Harley, B.; Allen, P.; Cummins, J. y Swain, M. (1990): *The Development of Bilingual Proficiency*, Cambridge, Cambridge University Press.

Kadia, K. (1988): «The effect of formal instruction on monitored and spontaneous naturalistic interlanguage performance», *TESOL Quarterly*, 22, pp. 509-515.

Keenan, E. y Comrie, B. (1977): «Noun phrase accessibility and universal grammar», *Linguistic Inquiry*, 8, pp. 63-99.

Krashen, S. (1978): «The monitor model for second language acquisition», en R. C. Gringas (ed.), *Second-Language Acquisition and Foreign Language Teaching*, Washington, Center for Applied Linguistics, pp. 1-26.

— (1985): *The Input Hypothesis*, Londres, Longman.

Krashen, S.; Jones, C.; Zelinksi, S. y Usprich, C. (1978): «How important is instruction», *English Language Teaching Journal*, 32, pp. 257-261.

Lafford, B. A. (1995): «Getting into, through and out of a survival situation: a comparison of communicative strategies used by students studying Spanish abroad and 'at home'», en B. F. Freed (ed.), *Second Language Acquisition in a Study Abroad Context*, Amsterdam, John Benjamins, pp. 97-121.

Lapkin, S.; Hart, D. y Swain, M. (1995): «A Canadian interprovincial exchange: evaluating the linguistic impact of a three-month stay in Quebec», en B. F. Freed (ed.), *Second Language Acquisition in a Study Abroad Context*, Amsterdam, John Benjamins, pp. 67-94.

Lightbown, P. M. (1983): «Exploring relations between developmental and instructional sequences in L2 acquisition», en H. Seliger y M. Long (eds.), *Classroom-oriented Research in Second Language Acquisition*, Rowley, Mass., Newbury House, pp. 217-243.

— (1991): «What have we here? Some observations on the role of instruction in second language acquisition», en R. Phillipson; E. Kellerman; L. Selinker; M. Sharwood-Smith y M. Swain (eds.), *Foreign/Second Language Pedagogy Research; A Commemorative Volume for Claus Faerch*, Clevedon, Multilingual Matters, pp. 197-212.

Lightbown, P.; Spada, N. y Wallace, R. (1980): «Some effects of instruction on child and adolescent ESL learners», en R. Scarcella y S. Krashen (eds.), *Research in Second Language Acquisition*, Nueva York, Newbury House, pp. 162-172.

Long, M. (1983): «Does second language instruction make a difference? A review of the research», *TESOL Quarterly*, 17, pp. 359-382.

— (1988): «Instructed interlanguage development», en L. Beebe (ed.), *Issues in Second language Acquisition: Multiple Perspectives*, Nueva York, Newbury House, pp. 115-141.

McLaughlin, B. (1987): *Theories of Second Language Learning*, Londres, Edward Arnold.

Maiz, A. (1997): «Euskara bere giroan ikasten», *Hizpide*, 39, pp. 15-30.

Mason, C. (1971): «The relevance of intensive training in English as a foreign language for university students», *Language Learning*, 21, pp. 197-204.

Meara, P. (1994): «The year abroad and its effect», *Language Learning Journal*, 10, pp. 32-38.

Met, M. (1998): «Curriculum decision-making in content-based language teaching», en J. Cenoz y F. Genesee (eds.), *Beyond Bilingualism: Multilingualism and Multilingual Education*, Clevedon, Multilingual Matters, pp. 35-63.

Nunan, D. (1989): «Designing tasks for the communicative classroom», Cambridge, Cambridge University Press.

Nunan, D. y Lam, A. (1998): «Teacher education for multilingual contexts: models and issues», en J. Cenoz y F. Genesee (eds), *Beyond Bilingualism: Multilingualism and Multilingual Education*, Clevedon, Multilingual Matters, pp. 117-140.

Olshtain, E.; Shohamy, E.; Kemp, J. y Chatow, R. (1990): «Factors predicting success in EFL among culturally different learners», *Language Learning*, 40, pp. 23-44.

Pavesi, M. (1986): «Markedness, discoursal modes and relative clause formation in a formal and informal context», *Studies in Second Language Acquisition*, 8, pp. 38-55.

Pica, T. (1983): «Adult acquisition of English as a second language under different conditions of exposure», *Language Learning*, 33, pp. 465-497.

Pienemann, M. (1984): «Psychological constraints on the teachability of language», *Studies in Second Language Acquisition*, 6, pp. 186-214.

— (1989): «Is language teachable? Psycholinguistic experiments and hypotheses», *Applied Linguistics*, 10, pp. 52-79.

Prabhu, N. S. (1992): «The dynamics of the language lesson», *TESOL Quarterly*, 26, pp. 225-241.

Ravid, R. (1987): «The correlation of parents' and students' attitudes with Hebrew language achievement», *Foreign Language Annals,* 20, pp. 421-425.

Richards, J. y Rodgers, T. (1986): *Approaches and Methods in Language Teaching*, Cambridge, Cambridge University Press.

Rockwell, C. (1995): «Attitudes to language learning: a survey of three Sydney high school classes», Babel, Australia, 30, pp. 12-17.

Ros, M.; Cano, J. y Huici, C. (1987): «Language and intergroup perception in Spain», *Journal of Language and Social Psychology*, 6, pp. 243-260.

Ryan, J. M. y B. Lafford (1992): «Acquisition of lexical meaning in a study abroad environment: ser and estar and the Granada experience», *Hispania*, 75, pp. 714-722.

Schumann, J. (1978): «The acculturation model for second language acquisition», en R. Gingras (ed.), *Second Language Acquisition and Foreign Language Teaching*, Arlington, VA, Center for Applied Linguistics, pp. 27-50.

Shresta, T. B. (1998): «Instruction and exposure: how do they contribute to second language acquisition?», *Foreign Language Annals*, 31, pp. 231-240.

Slavoff, G. y Johnson, J. (1995): «The effects on age on the rate of learning a second language», *Studies in Second Language Acquisition*, 17, pp. 1-16.

Spada, N. (1985): «Effects of informal contact on classroom learners' l2 proficiency: a review of five studies», *TESL Canada Journal*, 2, pp. 51-62.

— (1986): «The interaction between type of contact and type of instruction: some effects on the L2 proficiencia of adult learners», *Studies in Second Language Acquisition*, 8, pp. 181-200.

— (1987): «Relationships between instructional differences and learning outcomes: a process-product study of communicative language teaching», *Applied Linguistics*, 8, pp. 137-161.

— (1997): «Form-focussed instruction and second language acquisition: a review of classroom and laboratory research», *Language Teaching*, 30, pp. 73-87.

Spolsky, B. (1989): *Conditions for Second Language Learning*, Oxford, Oxford University Press.

Swain, M. (1985): «Communicative competence: some roles of comprehensible input and comprehensible output in its development», en S. Gass y C. Madden (eds.), *Input and Second language Acquisition*, Rowley, Newbury, pp. 235-253.

Swain, M. y Lapkin, S. (1985): *Evaluating Bilingual Education: A Canadian Case Study*, Clevedon, Multilingual Matters.

Upshur, J. (1968): «Four experiments on the relation between foreign language teaching and learning», *Language Learning*, 18, pp. 111-124.

Wode, H. (1981): *Learning a Second Language 1: An Integrated View of Language Acquisition*, Tubinga, Gunter Narr.

Zobl, H. (1985): «Grammars in search of input and intake», en S. Gass y C. Madden (eds.), *Input and Second Language Acquisition*, Rowley, Mass., Newbury House, pp. 329-344.

CAPÍTULO 5

MÉTODOS ACTUALES DE INVESTIGACIÓN EN EL AULA DE SEGUNDAS LENGUAS[1]

por Craig Chaudron

1. Introducción

La investigación sobre la enseñanza de segundas lenguas y extranjeras (L2) se divide en numerosas categorías entre las que se incluyen la teoría didáctica o curricular, la metodología pedagógica, el desarrollo de la evaluación, estudios psicológicos, lingüísticos y sociológicos sobre adquisición de segundas lenguas de individuos y sus comunidades, el análisis del uso de la lengua meta y las necesidades de los aprendices, entre otras. Aunque gran parte del interés se ha centrado en la adquisición de una L2 en contextos naturales, en el centro de la implementación de la educación en L2 se encuentra el estudio de la enseñanza de la lengua en el aula, conocida como «investigación en el aula». Los investigadores del aula prestan atención a lo que ocurre en clase y al efecto que esto provoca en el desarrollo del uso lingüístico de los aprendices. Si bien esta rama de la lingüística aplicada se inició durante los años sesenta y setenta, las dos últimas décadas han estado marcadas por el incremento de la aparición de trabajos con base teórica que estudian en detalle las prácticas de la adquisición y uso de la L2 dentro del aula. Este capítulo se centra en dos áreas fundamentales de dicha investigación, la *forma lingüística* y la elección y uso de lenguas, y revisa los puntos fuertes y débiles de las bases teóricas y las metodologías de investigación que han sido adoptadas para el estudio de estos temas. Pero para mejor comprender estas metodologías e intereses es conveniente revisar algunos de los avances que se han producido durante los últimos veinte años.

Hasta los años setenta, la investigación dentro del aula organizaba las variables entre aquellas relacionadas con los «procesos» del discurso y del habla propia de la clase, con los «productos» o efectos en la actitud o en los resultados del aprendizaje, con los «contextos» escolares y sociales, y las variables relacionadas con el historial y las características de los profesores y los estudiantes (véase el modelo de Dunkin y Biddle, 1974, 38). La investigación sobre la efectividad de los «métodos» de enseñanza de lenguas, que se desarrollaron a mediados y finales de los años sesenta, por ejemplo, relacionaban conjuntos de variables del contexto con los resultados. Sin embargo, pronto se señaló que la noción de «método» de enseñanza, o de «programa» escolar, constituía un conjunto especial de variables compuesto principalmente por variables específicas del «contexto», así como por algunas variables del «proceso» relativamente desconocidas. En consecuencia, hacia mitad de los años setenta la investigación en el aula de L2 evolucionó hacia una perspectiva centrada en la investigación «proceso-producto» e incluso «proceso-proceso»; en otras palabras, estudios de la dinámica de los procesos de interacción en el aula y algunos de los resultados de su aprendizaje.[2] Esta perspectiva dio lugar a una gran cantidad de investigación a lo largo de los quince años siguientes, gran parte de la cual ha sido sintetizada en libros y otras publicaciones desde el final de los años ochenta (Adamson, 1993; Allwright y Bailey, 1991; Brumfit y Mitchell, 1990; Chaudron, 1988; Courchêne *et al.*, 1992; Cumming, 1994; Edwards y Westgate, 1987; Freed, 1991; Green y Harker, 1988; Harley *et al.*, 1990; James y Garrett, 1991; Johnson, 1995; Long, 1991*b*; McGroarty y Faltis, 1991; Nunan, 1989, 1991, 1992*c*, 1996; Phillipson *et al.*, 1991).

Una de las elaboraciones clave en el estudio de la adquisición de la L2 en el contexto escolar durante la última década proviene de los intensos avances de la teoría y la investigación de la psicología cognitiva y la percepción de lenguas, que han llevado a los investigadores a considerar más detalladamente los procesos cognitivos internos que tienen lugar durante la enseñanza en el aula. Los descubrimientos teóricos y empíricos de la investigación en el aula han servido como instrumento para demostrar la efectividad de una enseñanza de lenguas que selecciona oportunidades de comunicación e interacción para que los aprendices utilicen y presten atención a las formas y los contenidos de la L2. Hacia finales de los ochenta la investigación demostró que los procesos internos del aula estaban profundamente influidos por el modo en que se organizaba la clase, en la que los diferentes patrones de interacción profesor-alumno, el trabajo en grupo, el nivel de control de los alumnos sobre su propio aprendizaje, y las variaciones de las tareas y su secuenciación, determinaban en gran manera la cantidad y calidad de la producción y la interacción con la lengua meta. En consecuencia, ha surgido un mayor interés por los procesos cognitivos implícitos del aprendiz, y la percepción que éste tiene de la lengua meta y las operaciones metacognitivas que realiza con ella. Este tema se tratará como investigación de la *forma lingüística*.[3]

Al mismo tiempo, y debido a una serie de fuerzas que actúan en la educación, en relación con el uso y las necesidades lingüísticas en contextos multiculturales, y con la frecuente falta de éxito observada en la enseñanza escolar de las primeras y segundas lenguas, muchos estudiosos y profesores comenzaron a adoptar en su trabajo perspectivas políticas y sociopsicológicas más amplias. El foco de atención pasó de estar centrado en una enseñanza de la lengua tradicional, y en un aprendiz de L2 económicamente solvente, a ocuparse de los problemas de aprendizaje y las oportunidades sociopolíticas de las poblaciones inmigrantes, grupos de minorías marginadas, y del mantenimiento y regeneración de la L1 de los pueblos indígenas de todo el planeta. A partir de estos avances, una serie de innovaciones y descubrimientos en el campo de la investigación en el aula han contribuido enormemente a ampliar nuestro entendimiento del compromiso social del aprendiz con la lengua y la práctica de la educación. Así, mientras que la investigación en el aula precedente no había explorado demasiado el «contexto» y las variables individuales del aprendiz y el profesor mencionadas anteriormente, en la actualidad muchos investigadores que se han centrado en el aula se han esforzado por caracterizar los principales rasgos del ambiente de la sociedad y la comunidad, junto con las perspectivas individuales de profesor y alumno que influyen en la adquisición de una L2. Este tema se tratará a partir del ejemplo de la investigación de la *elección y uso de lenguas*.[4]

2. Innovaciones recientes de la investigación en el aula

2.1. Investigación en colaboración, investigación del profesor, investigación en la acción

Con objeto de contextualizar estos temas y las aproximaciones a la investigación que han acompañado estos avances es conveniente mencionar algunas líneas de investigación centrada en el aula que han aparecido hace relativamente poco tiempo, que se suelen considerar dentro de una tradición más amplia conocida como investigación «cualitativa», pero que con más precisión se conocen como «investigación en colaboración» o «investigación en la acción» (véase el trabajo sobre L1 representativo en Brady y Jacobs, 1994; Branscombe *et al.*, 1992; Brookes y Grundy, 1988; Burton y Mickan, 1993; Cochran-Smith y Lytle, 1993; Gitlin, 1994; Goswami y Stillman, 1987; Schecter y Ramírez, 1992; Schensul y Schensul, 1992. Y compárese el debate y los informes sobre L2 en Allwright, 1993; August, 1987; Bailey *et al.*, 1992; Bailey y Nunan, 1996; Crookes, 1993; Edge y Richards, 1993; Freeman, 1992; Jacob *et al.*, 1996; Kreeft Peyton y Staton, 1993; Montero-Sieburth y Gray, 1992; Murray, 1992; Nunan, 1988, 1990, 1992*a*, *b*, 1993; Richards y Nunan, 1992; Staton, 1993; Sturman, 1992; Ulichny y Schoener, 1996; Woods, 1993, 1996). En general, estas aproximaciones no implican una teoría o metodología de investigación en particular, aunque su puesta en práctica puede estar orientada hacia ciertas tradiciones sociales o filosóficas, como la teoría crítica o la fenomenología.

La «investigación en colaboración» se refiere normalmente al acuerdo de cooperación entre un profesor que desempeña su labor docente y un investigador, normalmente alguien con un estatus profesional (a través de conexiones institucionales o de publicaciones de renombre) como experto en el terreno de la enseñanza de lenguas o la metodología de la investigación en el aula. La teoría y práctica subyacentes a este enfoque están bien ilustradas en la investigación en el aula de L1 de, por ejemplo, Schachter y Ramírez (1992), Schensul y Schensul (1992) o Brady y Jacobs (1994), y de L2 de, por ejemplo, Ulichny y Schoener (1996). Los objetivos de este tipo de investigación pueden ser tantos como los adoptados por otros enfoques que se describirán a continuación, aunque el objetivo típico inmediato sea que el profesor descubra nuevas perspectivas de sus actuaciones a través de un proceso de observación y reflexión realizado conjuntamente por el profesor y el investigador.

Es posible también encontrar investigación en colaboración surgiendo de la propia investigación que los profesores realizan de sus estudiantes, que puede convertirse en una colaboración estudiante-profesor. Esta aproximación deriva de la que se conoce como «investigación del profesor», la cual puede verse ilustrada en varios artículos sobre L2, en Edge y Richards (1993), Nunan (1992*b*), y otros estudios citados con anterioridad.

Por último, conviene aclarar la noción de «investigación en la acción». Tal y como señala Crookes (1993), esta denominación ha llegado a significar una variedad de actividades, incluidas las varias formas de investigación en colaboración e investigación del profesor que acabamos de mencionar. Pero Crookes deja claro, como hicieran pioneros de la investigación en la acción como Kemmis y McTaggart (1988), que la investigación orientada hacia el *cambio social*, hacia el reconocimiento social de los alumnos y los profesores y las comunidades que les rodean, es el sentido primordial de la investigación del profesor y la investigación en colaboración. Todavía falta mucha investigación de este tipo en el campo de la educación en L2, aunque ya está apareciendo en la investigación y las prácticas que se realizan con grupos de minorías inmigrantes y con programas de revitalización y mantenimiento de lenguas indígenas. Un buen ejemplo reciente de este tipo de trabajo es el de Davis y Jasso-Aguilar (1997).

Con respecto a estas recientes tendencias habría que resaltar que rara vez ilustran una posición teórica generalizada en lo que se refiere al aprendizaje de lenguas *per se*, aunque puedan inspirarse en determinadas teorías independientes sociales o, con más frecuencia, políticas de la acción y el cambio. Por el contrario, tratan de la resolución local de problemas del momento y de los intereses de los protagonistas en un contexto determinado, haciendo uso en gran medida de las observaciones realizadas en el contexto social y de la comunidad circundante, así como de reflexiones de profesores y alumnos fuera del aula acerca de sus creencias y actitudes hacia las prácticas educativas. Las prácticas metodológicas empleadas constituyen sólo una parte de una aproximación mucho más generalizada conocida como investigación «cualitativa» y «etnográfica» (que se esboza en la tabla 5.1), y que se contrapone a la metodología racionalista tradicional adoptada por las ciencias naturales y, de forma muy dominante, en la investigación educativa hasta los años noventa.

2.1.1. *Características comunes a las diferentes metodologías*

Los dos enfoques aquí presentados se denominan investigación «cuantitativa» y «cualitativa», términos éstos lo bastante amplios como para englobar una multiplicidad de terminología con tradiciones filosóficas subyacentes a menudo bastante distintas entre sí. La breve descripción que aparece en la tabla 5.1 de los enfoques paradigmáticos del desarrollo teórico y la metodología proviene de diversas fuentes, muy especialmente de Seliger y Shohamy (1989) y Watson-Gegeo (1988).

Ambas metodologías cumplen con las normas requeridas por la investigación, que suponen un proceso *sistemático* de indagación que conduce al análisis de las observaciones empíricas, y a una comprensión que permite el desarrollo teórico y la clarificación de decisiones de acciones concretas. La meta principal de la investiga-

TABLA 5.1. *Métodos de investigación: aplicaciones en la lingüística aplicada*

Investigación cualitativa

El artículo de Watson-Gegeo (1988) presenta una corta exposición de lo que es la etnografía, la metodología y una perspectiva quizá más vinculada con la investigación cualitativa.

1. *La observación y recogida de datos (metodología)*

En la recogida de datos, la investigación etnográfica (como ejemplo concreto y normalmente más riguroso de la investigación cualitativa) no suele usar «instrumentos» sino «procesos», supuestamente sin predisposiciones (observación libre prolongada, entrevistas abiertas, «triangulación» de información, acceso a documentos existentes).

2. *La naturaleza de los datos*

La investigación etnográfica considera que los datos más relevantes son los que surgen de los sucesos naturales en el contexto que se está investigando. Los temas de mayor interés para los investigadores cualitativos son los comportamientos humanos y las normas culturales y sociológicas que forman la base y la razón de aquéllos. Los datos se consideran de manera holística o global (considerando la entidad entera, sin división en componentes), y siguiendo preferiblemente las perspectivas o interpretaciones de las personas que son el objeto de la investigación («émicas»).

3. *El uso y desarrollo de la teoría*

El investigador cualitativo no quiere comprobar ni probar teorías; lo que intenta es observar sin prejuicios ni enfoques específicos. Sin embargo, el investigador siempre tendrá en cuenta las teorías relevantes al contexto o tema que quiera investigar, y normalmente tendrá que tener en cuenta sus predisposiciones de observación e interpretación. La buena práctica de la metodología lo mantendrá con la «objetividad» apropiada. Y al final el investigador querrá desarrollar una teoría fundamentada (conectada de manera extensa y obvia a la multiplicidad de los datos), o revisar y perfeccionar la teoría o cuadro conceptual que contemplaba anteriormente. En su forma más radical (desde la tradición de la fenomenología), la investigación cualitativa no busca una «explicación» causativa de los datos y hechos, sino sólo un mejor «entendimiento».

Investigación cuantitativa

En contraste con la investigación cualitativa, los métodos de investigación cuantitativa adoptan normas utilizadas en las ciencias naturales. Seliger y Shohamy (1989, pp. 135-200) describen: 1) los varios tipos de «diseño» (esquema de investigación), secuencias de observaciones y tratamientos con divisiones de grupos, y 2) las distintas formas de observar y recoger datos, incluyendo algunas más típicamente cualitativas. Seliger y Shohamy proporcionan muchos ejemplos del uso de estos métodos en la investigación en el aula.

1. *La observación y recogida de datos (metodología)*

Las observaciones (ya sean tests, escalas de actitudes de los sujetos observados, comportamientos clasificados y contados, etc.) que se hacen en la investigación más cuantitativa suelen basarse en un esquema o unas categorías ya previamente elaboradas. Además, las observaciones se hacen de manera más planificada, con anticipación, según un orden predeterminado por el diseño que no se puede cambiar; tampoco pueden ajustarse las categorías una vez iniciada la recogida de datos. Aunque las categorías mismas son cualitativas (descriptivas), lo importante son las cantidades y frecuencias de los sucesos observados.

2. *La naturaleza de los datos*

Los datos suelen estar limitados por el tipo de observación que se plantea, y el modo de observación; dependiendo del diseño y los efectos de un «tratamiento», los datos suelen indicar estabilidad o cambios y desarrollo de sucesos, actitudes, capacidades/competencias, conocimientos, destrezas, producciones, etc., con respecto a la lengua y su uso. Se interpretan según el modelo teórico del investigador y no necesariamente según la perspectiva de los sujetos («eticas»).

3. *El uso y desarrollo de la teoría*

El investigador elabora un diseño para demostrar algún aspecto de un marco teórico (formulando hipótesis sobre el objeto de la investigación), y los resultados suelen verificar o desconfirmar las hipótesis. Se reconoce que la subjetividad puede influir en las interpretaciones. Por ello, el diseño, que incluye la manera de seleccionar la «muestra» de sujetos, deberá controlar la generalización de las conclusiones más allá del contexto que se investiga. De esta manera continúa desarrollándose el marco teórico de forma gradual.

ción lingüística aplicada a la educación en las dos tradiciones investigadoras ha sido, esencialmente, alcanzar conocimiento y comprensión de fenómenos del mundo. También en un sentido ético, pragmático, los investigadores están interesados por conseguir, de alguna forma, el bienestar social de los aprendices. En todos los casos, además, podemos observar implicaciones de esta investigación que van más allá del contexto inmediato del aula, que conciernen el aprendizaje autónomo, el cambio de programas escolares, el desarrollo ocupacional, el desarrollo de la familia y la comunidad, y el progreso social general.

En un análisis de ambos enfoques, ejemplificados por la investigación «cualitativa» de la elección y uso de lenguas en el aula y por la investigación «cuantitativa» de la *forma lingüística*, Chaudron (1999) realizó un análisis de las dimensiones de los métodos de recogida de datos y análisis adoptados, y clasificó los temas centrales de 27 estudios realizados durante los últimos quince años. Este esquema analítico aparece en la tabla 5.2, y será empleado para contrastar los dos enfoques. Los estudios que emplean cada una de las dimensiones nombradas aparecen en una lista en la tabla con índices numéricos (las cifras en negrita en una de las columnas representan estudios sobre la *forma lingüística*, mientras que las cifras sin negrita representan estudios sobre elección de lengua).

2.1.2. *Recogida de datos*

La primera dimensión, la «Recogida de datos», está relacionada con el tipo de fuente que se emplea para documentar los hechos que tienen lugar en el aula. Consta de «Grabación o Tomar notas» utilizando grabaciones por audio o vídeo de los individuos, grupos, o de la clase entera, y la codificación en tiempo real de los esquemas de observación, listas de control o notas sueltas acerca de lo acontecido. La tendencia en la investigación de la *forma lingüística* ha sido la de grabar la interacción en audio o vídeo para más tarde documentar la atención a la forma (aunque aquí apenas lo cumplió el 50 % de los estudios incluidos en este análisis), o asumir, en virtud de la naturaleza del contenido «impuesto» o natural de las lecciones y los materiales, que se daba una atención a la forma. Por el contrario, los estudios cualitativos de elección de lengua han utilizado de forma intensiva grabaciones de audio y alguna de vídeo. De modo similar, en los estudios cualitativos se han empleado especialmente esquemas de observación fijos, listas de control o notas libres, mientras que apenas se han empleado éstos en los cuantitativos.

El uso más importante que los estudios sobre la *forma lingüística* han hecho de las intuiciones de los estudiantes, u otras formas de documentar la perspectiva de los participantes, ha sido el de la visión retrospectiva que los estudiantes tienen de su propio aprendizaje, y del suministro por parte de los profesores de su programación de clases. Los estudios cualitativos, por su parte, han realizado un uso frecuente de entrevistas y otros documentos procedentes de estudiantes y profesores, así como del personal de la escuela, de la comunidad y la familia. La investigación sobre la *forma lingüística* en raras ocasiones ha explotado tales recursos, a pesar de la información que pueden proporcionar acerca de las percepciones de los estudiantes y los profesores.

Por último, por lo que se refiere a «Hechos observados», la investigación sobre la *forma lingüística* se ha centrado en clases experimentales y previamente preparadas, más que en una enseñanza totalmente natural; aunque por lo general no con diseños experimentales con sujetos elegidos y distribuidos en grupos al azar (una o dos excepciones incluyen experimentos de enseñanza basados en el trabajo con ordenadores, por ejemplo el de Doughty, 1991; véase también Doughty, en este volumen). Por otro lado, la tendencia general en la investigación sobre la elección de lengua ha sido uniformemente el observar a individuos aislados o a pequeños grupos, en contexto natural de clase. Además, la investigación cualitativa ha hecho algún uso de datos recogidos en situaciones de juego e incluso en contextos familiares o de la comunidad.

2.1.3. *Análisis*

El contraste entre estas dos aproximaciones a la investigación en el aula es más acusado, tal vez, en la naturaleza del «Análisis» que realizan. La investigación sobre la *forma lingüística*, que ocasionalmente ha analizado el estilo de la enseñanza del profesor o las respuestas de los alumnos a través del análisis del discurso, ha utilizado de forma invariable en sus análisis cuestionarios y tests de tipo formal. Ello ha tenido como resultado la recogida de evidencia descriptiva, y a menudo cuantificada, del desarrollo de la L2 de los aprendices, y en ocasiones del uso del lenguaje por parte de los profesores. Esta evidencia ha permitido a los investigadores, en el mejor de los casos, llegar a conclusiones fiables desde el punto de vista estadístico acerca de las relaciones entre los hechos que tienen lugar en clase y las producciones de los alumnos. Partiendo de tales datos, Norris y Ortega (en prensa) pudieron realizar amplias comparaciones entre un buen número de investigaciones de atención a la forma. Por el contrario, la investigación sobre la elección y el uso lingüísticos ha explorado de forma consistente el uso lingüístico en el discurso y el análisis de la conversación, con pocos resúmenes cuantitativos, intentando, en cambio, aplicar marcos interpretativos más globales y en ocasiones un modelo social de interacción, al análisis semántico y pragmático. Estos análisis proporcionan en algunos casos una base para la comprensión de la dinámica de la interacción en clase y las razones de la elección de lengua, aunque frecuentemente carecen de resultados generalizables que puedan aplicarse a casos no muy similares.

2.1.4. *El objeto principal de la investigación*

Dados los límites impuestos para la inclusión en esta comparación, no debe resultar sorprendente que todos los estudios sobre *forma lingüística* se interesen por la producción lingüística de los aprendices, así como por algún tipo de medida del conocimiento que éstos tienen sobre la forma, y, tan sólo de forma ocasional, por el habla de los profesores o los aspectos de la interacción en la enseñanza. Muchos estudios se centran, comprensiblemente, en aspectos del habla y la retroalimentación del

TABLA 5.2. *Dimensiones de la metodología de la investigación en el aula (? = método probable, interpretación según descripción)*

	Estudios sobre atención a la forma	Estudios sobre elección de lengua
I. Recogida de datos		
Grabación o notas		
AUDIO		
Individual	185	112, 152, 257, 258, 259, 280, 321/322
Grupo	32, 64, 99/100, 164, 228, 271, 274, 289, 310	3, 45, 51, 108, 126, 189, 197, 230, 238, 245, 256, 307, 308, 321/322
VÍDEO		
Individual		91, 137, 152, 257, 258, 259
Grupo	163, 252	152, 197, 257, 259, 308
Central	-----	
ESCRITO EN EL ACTO		
Esquema de observación	164, 182?	45?, 46?, 112, 181, 245, 280, 308?
Lista	63?, 127?	152, 181, 196?, 230?, 232?, 257, 259, 308?
Notas libres	63?, 127?, 182?, 271	45, 46, 51, 91, 108?, 112, 126, 137, 152, 181, 196, 197, 221?, 230, 232, 256, 257, 258, 259, 280, 307, 308, 321/322?
Entrevista en el lugar-Entrevistado		
Estudiante	4, 185, 252, 271	51, 91, 126, 152, 196, 221?, 230, 257, 259, 308, 321/322
Profesor	63, 127, 310	3, 46, 51?, 91, 108, 126, 152, 181, 196, 197, 221?, 230, 238, 256, 259, 307, 308?, 321/322
Personal de escuela	-----	3, 46, 126, 181, 197?, 221?, 256
Padres	-----	91, 112, 152, 230, 257, 259, 307?, 308
Comunidades	-----	256, 307?
Documentos de la Escuela o comunidad-Fuente o sujeto		
Planificación de clases	29, 31, 68, 127, 163?, 182, 191, 271, 289?, 300/301?, 302, 318?	51, 126, 181, 196, 197, 221?, 232, 307?
Productos o retrospección de los estudiantes	4, 99/100, 182, 185, 228, 252, 253, 271	51?, 126, 152, 196, 259, 308
Notas o retrospección del profesor	182	3?, 108, 152, 181, 232, 238, 259, 307?, 308
Guías o planes de estudios de la escuela	-----	126?, 181, 196, 197, 221?, 238?, 245
Documentos de la comunidad	-----	108, 181, 189?, 196

Hechos observados

GRUPOS PEQUEÑOS O AULA	
Sólo un estudiante	— — — — —
	45, 91, 126, 137, 181, 196, 221?, 230, 257, 258, 259, 280, 308?, 321/322
Natural	**164, 228, 252, 271**
	3, 45, 46, 51, 91, 108, 112, 126, 137, 152, 181, 189?, 221?, 230, 232, 245, 256, 257, 258, 259, 280, 307, 321/322
Clase preparada	**29?, 63, 64, 99/100, 127, 163, 182, 185?, 191**
	— — — — —
EXPERIMENTAL O LABORATORIO	
Ejercicio oral	**31, 32, 185**
Ejercicio escrito a mano	**4**
Con ordenador	**68, 253**
FUERA DE AULA	
Recreo	— — — — —
	91, 112, 181?, 196, 231, 257, 258, 259, 308
Grupos	— — — — —
	46?, 125, 181, 196, 221?, 230, 257
Casa	— — — — —
	112?, 126?, 181?, 196?, 230
Comunidad	— — — — —
	126?, 181?, 196?, 221, 230, 307

II. Análisis

Cuantitativo

Test o cuestionarios	**4, 29, 31, 32, 63, 64, 68, 99/100, 127, 163, 164, 182, 185, 191, 228, 252, 253, 271, 274, 289, 300/301, 302, 309, 310, 318**
	181, 196, 230, 257

Cualitativo

Análisis del discurso o de la conversación	**64, 99/100, 163, 164, 185, 228, 252, 274**
	3, 45, 51, 91, 108, 112, 126, 137, 152, 189, 196, 221?, 230, 232?, 238, 245, 256, 257, 258, 259, 280, 307, 308, 321/322
Marco interpretativo o teórico	— — — — —
	3, 108, 126, 137, 152, 189, 196, 221, 230, 256?, 258, 259, 307, 308

TABLA 5.2. (Continuación)

Recogida de datos	Estudios sobre atención a la forma	Estudios sobre elección de lengua
III. Objeto de investigación		
Habla del sujeto		
ESTUDIANTE		
Habla interior	**185?**	45, 51, 137?, 230, 257?
Productos lingüísticos	**4, 29, 31, 32, 63, 64, 99/100, 127, 163, 164, 182, 185, 191, 228, 252, 253, 271, 274, 289, 300/301, 302, 309, 310, 318**	45, 51, 137, 256, 257, 308?
PROFESOR/A		
Medidas/funciones de habla	**99/100?, 164, 191?**	81?, 181?, 232?, 238, 256, 307, 308
Explicaciones (gramaticales, temáticas)	**29?, 68, 164, 182?, 302**	51, 126, 197?, 230, 245?, 280?, 307
Interacción		
ESTUDIANTE		
En parejas	- - - - -	3?, 45, 108?, 112, 137, 152, 181, 189?, 196
Con tutor	- - - - -	257, 258, 259?, 308, 321/322
		181
PROFESOR/ESTUDIANTES		
Retroalimentación	**31, 32?, 64, 99/100?, 163, 164, 182?, 252, 274**	108?, 126, 189?, 245?, 307?
Preguntas	**164, 182?, 274**	3?, 108, 189?, 245?, 307?
Elección de lengua	- - - - -	3, 45, 46, 51, 91, 108, 112, 126, 137, 152?, 181, 189, 196, 221, 230, 232, 238, 245, 256, 257, 258, 259, 280, 307, 308, 321/322
Otro	**99/100, 271**	152, 245, 259, 321/322
Cognición/conocimientos		
ADQUISICIÓN DE LA L2		
Forma	**4, 29, 31, 32, 63, 64, 99/100, 127, 164, 182, 185, 191, 228, 252, 253, 271, 274, 289, 300/301, 302, 309, 310, 318**	45, 51, 257, 308

Atención	**4, 64, 99/100, 185, 252, 253, 271**	51, 137, 152, 221, 230, 259
Conocimientos	– – – – –	181, 196?, 197?, 232?, 238, 321/322?
PROFESOR/A		
Planes o creencias	182?	3, 46, 108, 126, 152, 181, 189, 196, 230, 232, 238, 307
RESULTADOS ACADÉMICOS		
Estudiante	– – – – –	126, 196, 230, 257
Currículum	– – – – –	197
Sociopsicológico		
ACTITUDES/IDENTIDAD		
Estudiante	– – – – –	45?, 126, 137, 196, 221, 230, 238?, 256, 257, 280
Profesor/a	– – – – –	3, 46, 91, 108, 126, 181, 189?, 196, 197?, 230, 232, 238, 256, 307, 321/322?
Padres	– – – – –	126?, 196, 221?, 230, 259
Comunidad de la mayoría	– – – – –	3?, 46, 126, 181?, 189, 196, 197?, 230?, 232?
Comunidad de la minoría	– – – – –	46?, 126, 181?, 196, 230?, 232?, 280?, 307?
RELACIONES SOCIALES		
Elecciones de grupo por estudiantes	– – – – –	45, 108?, 137, 258, 260, 222, 126, 181, 196, 230, 280
Control social	– – – – –	137, 221, 258, 259
Sociocultural		
Conocimientos		
Normas y papeles	– – – – –	91, 137, 152, 196, 221, 256, 258, 259, 280, 307, 308
RECONOCIMIENTO/CAMBIO DE ESTATUS		
Estudiante	– – – – –	126, 196, 221, 307
Profesor/a	– – – – –	46?, 126, 221?, 307
Comunidad	– – – – –	46?, 126, 307
Currículo	– – – – –	181, 189?, 196?, 280?
Actitudes públicas	– – – – –	196, 280?, 307
ÉXITO PROFESIONAL	– – – – –	126?, 221

profesor, sus preguntas o la negociación durante la interacción. Algunos se han ocupado de los procesos cognitivos de los aprendices —de su percepción o detección y de la interiorización de formas que están presentes en el *input*—, mientras que tan sólo un estudio (Lyster, 1994) da la impresión de que las creencias o los planes del profesor son un tema de interés para el investigador.

Por otro lado, la investigación sobre elección de lengua se ha centrado frecuentemente en las interacciones de los aprendices con sus compañeros, así como en medidas analíticas funcionales de las elecciones de los aprendices y profesores. Aquí, la conciencia de los aprendices y las creencias y planes del profesor se consideran frecuentemente factores relevantes para la comprensión de la elección de lengua. En esta área la investigación sobre elección de lengua contrasta grandemente con la realizada sobre la *forma lingüística*, ya que utiliza un número considerable de perspectivas de interés para la interpretación de las causas y los efectos de la elección de lengua. La investigación sobre la *forma lingüística* no ha sido diseñada para explorar la variedad de áreas temáticas de las actitudes y comportamientos sociopsicológicos y socioculturales que aparecen en las últimas secciones de la tabla 5.2.

2.1.5. *Resumen de los resultados*

Se observa cierta consistencia en los resultados de los estudios sobre investigación en el aula que se mencionan en este capítulo. Tal y como ha sido ampliamente demostrado en el metaanálisis que Norris y Ortega (en prensa) realizan de la enseñanza centrada en la forma, los aprendices tienden a aumentar su grado de corrección lingüística (más de un punto por encima en la desviación estándar que los sujetos en grupos de comparación y control) cuando se requiere algún tipo de atención formal en la actividad de aprendizaje. Este resultado es todavía más acusado cuando la enseñanza no está estrictamente orientada hacia una secuencia de formas,[3] y se da una intención comunicativa, de significado, de tal modo que la fuerza de atención del aprendiz no está enteramente dirigida sólo a la forma. Estos autores encontraron, además, que un factor independiente importante era el grado en el que la atención a la forma era «explícita» o «implícita», de manera que incluso una enseñanza centrada en las formas resultaba mejor cuando utilizaba tratamientos explícitos. En una serie de estudios en los que se examinó los efectos retardados del aprendizaje después de una experiencia de enseñanza de estas características, la relativa superioridad del tratamiento de atención a la forma tendía a mantenerse, aunque en menor medida, y los otros aprendices de los grupos de control y de los otros tratamientos comenzaban a alcanzar los mismos resultados.

Los resultados de la investigación sobre *elección de lengua*, que presentan gran variabilidad, se encuentran revisados en Chaudron (1998). Como tendencia general, puede considerarse que el uso de *formas lingüísticas* dentro del aula se ve fuertemente afectado por el estatus social y político de las distintas lenguas en uso (véase Auer y Di Luzio, 1984; Bickley, 1988; California State Department of Education, 1986; Dabène y Moore, 1995; Di Luzio, 1984; Eastman, 1992; Eastman y Stein, 1993; Extra y Verhoeven, 1993; Finnan, 1987; Gibson y Ogbu, 1991; Gimbel *et al.*,

1988; Heller, 1992, 1995a, b; Jørgensen et al., 1988; Kwo, 1989; Lambert y Taylor, 1996; Lo, 1988; Macedo, 1994; McKay y Wong, 1988; Milroy y Muyskens, 1995; Minami y Ovando, 1995; Myers-Scotton, 1993a, b; Ogbu, 1987; Ogbu y Matute-Bianchi, 1986; Peirce, 1995; Phillipson, 1992; Rampton, 1991, 1995; Skuttnab-Kangas y Cummins, 1988; Spindler y Spindler, 1987; Van Lier, 1996b; Wald, 1985; Yau, 1989). Es decir, que la lengua de la mayoría dominante en raras ocasiones sufre estigma alguno cuando se utiliza en clase, mientras que sí es posible que esto suceda en el caso de las lenguas minoritarias. Además, las decisiones políticas y educativas que se toman fuera del aula pueden determinar las líneas programáticas sobre la lengua «correcta» a utilizar en el aula.[5] Pero tan sólo cuando la investigación se centra en la elección de lengua de los aprendices y los profesores y en el uso del cambio de código dentro del aula (tema de la mayoría de los estudios aquí mencionados) empieza a entenderse la complejidad de estos fenómenos.

Las funciones conscientes y no tan conscientes de la elección de código por parte de los profesores han demostrado tener, por lo general, o bien una causa pedagogicoestratégica o una causa pragmática sociointeractiva. En ambos casos, tanto la L1 de los aprendices como la lengua meta del aula pueden ser empleadas para alcanzar importantes objetivos pedagógicos o sociales. De modo similar, los aprendices en diferentes circunstancias pueden utilizar su L1 o su L2 para satisfacer sus propias necesidades sociales o académicas. Igualmente, la investigación del uso de la L1 y la L2 en los encuentros que tienen los estudiantes fuera de la escuela ha demostrado que el aprendiz puede obtener beneficios psicológicos tremendamente importantes si es capaz de cambiar de un código a otro (véase Rampton, 1995; Wald, 1985).

3. Puntos fuertes y débiles de las diferentes aproximaciones a la investigación

3.1. Aciertos metodológicos de la investigación de la *forma lingüística*

Además de la tendencia hacia resultados empíricos consistentes, en los estudios sobre la *forma lingüística* destaca sobremanera, desde un punto de vista teórico, el hecho de que, siguiendo el modelo de investigación (experimental) educativa y psicológica, a lo largo de los años se ha desarrollado una serie de temas teóricos muy especializados, empleándose diversos procedimientos y diseños cada vez más refinados para comprobar las predicciones teóricas. También, y como ocurre con cualquier ciencia en vías de desarrollo que se respete a sí misma, el aparato descriptivo para analizar la enseñanza y la interacción en clase ha sido elaborado considerablemente durante el transcurso de tales estudios, y en otras investigaciones sobre adquisición de segundas lenguas (ASL) relacionadas con el tema (véanse los trabajos de Gass y Varonis, 1994; Long, 1985, 1991a, b, 1996; Pica, 1992, 1994 y otros muchos). Con la discriminación de una serie de características del discurso interactivo y de los procedimientos experimentales, los investigadores han podido diferenciar los efectos independientes de los diferentes tipos y dimensiones de las tareas o de la interacción profesor-alumno según orientaciones fundamentadas teórica o empíricamente. Citaremos como ejemplos la tipología de las dimensiones de las tareas de atención a la forma desarrollada por Doughty y Williams (1998: 258), o el modelo descriptivo de retroalimentación propuesto por Lyster y Ranta (1994; compárese con la tentativa previa de un modelo similar en Chaudron, 1977), que proporciona a los investigadores categorías específicas de hechos o factores de la enseñanza que permiten establecer comparaciones entre los diversos estudios. De igual forma, y haciendo uso de un cuidadoso análisis de los procesos psicológicos implicados, DeKeyser y Sokalski (1996) manipularon rasgos fundamentales de la investigación de VanPatten y Cadierno (1993*a*, *b*) en una réplica modificada, con objeto de distinguir los efectos de la práctica del procesamiento del *input* y de la forma gramatical de los de las operaciones de producción en el momento de la tarea.

Como resultado, y pudiendo adoptar descripciones fiables y sistemáticas de la planificación de la enseñanza y los comportamientos en clase, hemos conseguido llegar a una comprensión mucho más completa de la dinámica de la adquisición dentro del aula, puesto que las hipótesis específicas pueden comprobarse, volverse a comprobar o modificarse ligeramente para examinar la influencia de los distintos factores.

3.2. Aciertos metodológicos de la investigación sobre la elección de lengua

El aspecto más favorable de esta metodología es el uso frecuente de múltiples fuentes de datos. Esto está obviamente en consonancia con la metodología cualitativa, aunque algunos estudios pueden considerarse no demasiado cualitativos, pues en su recogida y análisis de datos son bastante cuantitativos (por ejemplo, Polio y Duff, 1994; Ramírez y Merino, 1990). Además, la mayoría de los estudios sobre elección de lengua muestran claramente la intención del investigador de describir con gran detalle los hechos ocurridos en el aula y de descubrir, en especial, lo que significan para los otros participantes en ese contexto, a pesar de que algunos estudios puedan adoptar un enfoque de análisis del discurso relativamente objetivo. Tal aproximación «interpretativa» a veces trae consigo una mayor validez aparente de las observaciones del investigador. Es más, en este tipo de investigación es de gran valor el más amplio registro de intereses que pueden existir. De hecho, los temas que aparecen en la última parte de la tabla 5.2 no se encontraron en ninguno de los estudios sobre atención a la forma (esto se justifica, en parte, por la necesidad de rigor experimental de dichos estudios). Ciertamente, los modelos psicológico-cognitivos de aprendizaje adoptados generalmente por la investigación sobre enseñanza basada en la forma pueden parecer limitados en su consideración de factores que influyen en el comportamiento y el aprendizaje. Por el contrario, la gran cantidad de intereses sociopsicológicos y socioculturales (multiplicados durante los últimos años) que ha guiado a los investigadores de la elección de lengua proporciona una contextualización de la investigación que le otorga una mayor validez «ecológica», o cierto sentido de dimensionalidad, ya que se tienen en cuenta muchas influencias posibles en el comportamiento de aprendices y profesores.

3.3. Debilidades metodológicas de la investigación sobre la *forma lingüística*

A pesar de la fuerza que potencialmente tienen estos estudios, existe un número considerable de debilidades metodológicas en la investigación sobre la *forma lingüística*, algunas de las cuales están relacionadas con la propuesta que aparece resumida en la tabla 5.3, procedente de Chaudron (1991*a*), acerca de los criterios para la observación del uso lingüístico formal en el aula. Esto se refiere primordialmente a la cuestión de la *validez interna de la observación*. Recuérdese de lo anterior que los datos de estos estudios han tendido a limitarse a ciertos análisis de hechos que suceden en el aula o de planificaciones de clases y materiales, y que raramente han intentado examinar en detalle los procesos mentales o las percepciones de los profesores y los alumnos, por medio de un análisis retrospectivo o de un cuidadoso análisis del discurso. De manera que los diversos estudios han podido dejar de considerar algunas de las formas en que podía haberse proporcionado, o no, una atención a la forma. En cada nivel de análisis de la expresión de una atención a la *forma lingüística* expresado en la tabla 5.3, los investigadores podrían establecer procedimientos de recogida de datos más rigurosos para verificar la expresión y los efectos de una atención a la forma en la enseñanza.

Una segunda debilidad metodológica se refiere a la *validez externa* de este tipo de investigación: los resultados todavía carecen de la *generalizabilidad* a la que se aspira en la investigación científica. Es decir, la población más normal de estos estudios ha consistido en estudiantes universitarios o adultos de clases medias acomodadas en Norteamérica o en Europa. Más aún, el número de rasgos estudiados hasta el momento todavía se limita a unas pocas estructuras morfológicas y sintácticas, con muy poca inclusión de otros aspectos del uso lingüístico tales como la fonología o el

Tabla 5.3

I. *Criterios para la evaluación en la observación* (atención a la forma, requisitos para obtener resultados eficaces y válidos)
    A. Exactitud de la descripción de la estructura a aprender
    B. Comparación de la estructura con el nivel de desarrollo del alumno
    C. Frecuencia del comportamiento
    D. Fiabilidad de las observaciones

II. *Tipos de comportamiento o evidencia en la observación* (de la atención a la forma)
    A. Contenido del currículum o de los materiales
    B. Enseñanza explícita y formulación de las reglas gramaticales
    C. Enfoques y referencias del profesor
    D. Corrección por el profesor
    E. Explicación formal del profesor
    F. Seguimiento de la práctica y transferencia de lo aprendido por el profesor
    G. Indagación por el alumno
    H. Esfuerzo activo/visible del alumno
    I. Esfuerzo no visible del alumno

Fuente: Adaptado de Chaudron, 1991*a*.

léxico. Y hasta hace poco la mayoría de los resultados se referían a la adquisición del inglés o del francés como segundas lenguas, aunque afortunadamente se ha dado un incremento reciente de estudios con otras lenguas meta, especialmente español y, ahora, alemán e incluso japonés y hawaiano.

Sin embargo, la fuerza de este tipo de investigación radica en el desarrollo teórico que lo guía, pues hasta el momento hay pocas razones para sospechar que los resultados existentes que favorecen una atención a la *forma lingüística* en la enseñanza de lenguas comunicativa no serán generalizable a otros contextos, poblaciones de aprendices, rasgos lingüísticos y lenguas.

3.4 Debilidades metodológicas de la investigación sobre la elección de lengua

Lo que convierte a algunos de los estudios mencionados en este capítulo en algo menos que totalmente «etnográficos» es a menudo la naturaleza más limitada de su objeto de estudio; esto es, no se centran en una comprensión completa de todo el sistema de reglas de comportamiento de la comunidad en cuestión, no mantienen un compromiso prolongado con los participantes, y ni siquiera hacen uso de las interpretaciones subjetivas que de los hechos tienen los participantes. Esto puede observarse, por ejemplo, en el estudio de Saville-Troike (1984, y véase también para más interpretación su investigación posterior junto a Kleifgen, 1986, 1987), que es por lo demás un estudio ambicioso e informativo, en el que una gran parte del análisis se dedica a interpretar lo que hacían los jóvenes aprendices de L2 en sus clases y con su asimilación de la lengua meta (inglés). Sin embargo, los investigadores no aluden a posibles esfuerzos por obtener la opinión de los niños (o de quienes les pudieran conocer) sobre sus experiencias.

Igualmente, de la misma manera que la investigación experimental sobre atención a la *forma lingüística* ha fracasado en documentar el modo en que se ha dado el foco de la enseñanza, existen en estos estudios «etnográficos» numerosos ejemplos de deficiencias en la manera en que los investigadores informan o documentan la fuente de sus afirmaciones. La evidencia que apoyaría las afirmaciones acerca de las preferencias de los profesores o las elecciones de los estudiantes podría revelarse, por ejemplo, en las palabras emitidas, el listado y cuantificación de los actos de habla, o en otras pruebas concretas. Además de la necesidad del lector de ver los datos reales que constituyen la fuente de la «interpretación» del investigador, para poder juzgar de forma fiable si la interpretación está justificada, con frecuencia se observa el abuso que se hace de afirmaciones «cuantitativas» acerca de los datos de estos estudios; el uso de palabras tales como «más», «una gran cantidad», «escaso», o incluso «significativo», sin una sola indicación de una medición cuantitativa de los fenómenos en cuestión.

Otra carencia desde el punto de vista cuantitativo es que estos estudios cualitativos prácticamente nunca van más allá de una valoración impresionista de la actuación y los logros académicos o lingüísticos de los aprendices (Saville-Troike, 1984, es una excepción notable), así que poco puede concluirse acerca de la *relación* entre el uso del lenguaje y el consiguiente éxito en la lengua meta o en el mantenimiento de la lengua materna.

Un problema especialmente serio, debido a que la mayoría de los estudios son estudios de un único caso aunque puedan ser longitudinales, es que debido a la habilidad limitada del investigador para estar «en todas partes en todo momento», hechos significativos que pueden afectar a la evolución longitudinal de las actitudes de los aprendices o a su perspectiva ante la interacción puedan perderse o no quedar convenientemente documentados. Por ejemplo, en el estudio de Hirklau (1994) —por otra parte fascinante y bien documentado— sobre el aprendizaje del inglés como segunda lengua de estudiantes de secundaria, su habilidad para extraer conclusiones acerca de la *transición* de los estudiantes desde las clases de refuerzo de inglés a las clases normales, tema supuestamente clave en su estudio, está totalmente limitada por la carencia de datos acerca de los contactos iniciales de los aprendices con el ambiente escolar. La investigadora comenzó a observarlos durante su tercer y cuarto año de inglés como segunda lengua y no durante el primer año. También puede señalarse que existe una ausencia clara de análisis crítico en su estudio de las impresiones o perspectivas tanto de los estudiantes de la mayoría lingüística como de los profesores en la escuela en cuestión, lo cual desemboca en una visión sólo unilateral de la complejidad de la experiencia de estos estudiantes de inglés como segunda lengua. Éstos son problemas de validez interna que socavan la capacidad del investigador o del lector para proporcionar interpretaciones adecuadas o explicaciones de los fenómenos en cuestión.

Por otra parte, y como se ha señalado frecuentemente en referencia a la investigación cualitativa en general, aunque los resultados de un estudio determinado parezcan tener un amplio alcance, al ser el número de sujetos examinados en muchos de estos estudios normalmente no más de cuatro o cinco —un grupo-clase a lo sumo— (en comparación con los centenares representados en los estudios sobre atención a la *forma lingüística*), se puede cuestionar la posibilidad de generalizar los resultados de la investigación. Un problema añadido es que, tal y como se señaló en el caso de la investigación experimental, cada uno de estos estudios tiene lugar en un contexto escolar específico, con poca posibilidad de encontrar los factores o características apropiados para comparar los diversos estudios entre sí. Así es que la capacidad de modificar o ampliar los resultados a otras situaciones es muy limitada.

De manera más significativa, también desde una perspectiva teórica cabe realizar una crítica de estos estudios, ya que con frecuencia se han iniciado en un vacío relativo, sin haber revisado los trabajos que sobre elección y cambio de código se han publicado con anterioridad (pues bastante a menudo el punto de partida es un nuevo e independiente problema descriptivo o un problema que se ha generado localmente). Así es que los datos no han sido recogidos o analizados de una forma sistemática para poder ser comparados con resultados anteriores. En contraste con la fiabilidad demostrada de la terminología descriptiva y la evolución teórica acumulativa que se observa en los estudios sobre atención a la forma, la investigación sobre la elección lingüística parece, en cierto modo, estar constantemente «reinventando la rueda». Con la excusa de pretender que su observación resulte siempre fresca, los investigadores en esta línea parecen no querer molestarse en «hacer los deberes» e identificar marcos teóricos y descriptivos que pudieran aplicarse al objeto de su investigación. Es realmente difícil encontrar en ninguno de los estudios aquí citados algún esfuerzo por llegar a una perspectiva teórica más amplia sobre los aspectos que rodean el uso y la elección de lengua en el aula. Existen, sin embargo, algunos estudios que se han beneficiado de la investigación anterior y han empezado a adoptar perspectivas más generales en la investigación (por ejemplo, Martin-Jones, 1995; Pennington, 1995) que les permiten ser comparados, al menos a algún nivel, con investigaciones similares.

Finalmente, merece la pena señalar que, en ocasiones, la investigación cuantitativa a gran escala bien realizada puede conducir a la obtención de resultados relacionados con los efectos de la elección de lengua y factores sociales en el aprendizaje de L2 que son muy similares a los de estudios de caso más limitados, pero que tienen el valor añadido de poder generalizarse a una población mucho mayor. Cabe destacar, por ejemplo, los trabajos de Fazio y Stephens (1994), Hakuta y D'Andrade (1994) y Lambert y Taylor (1996), estudios que encontraron correlaciones directas entre factores que implican a comunidades enteras, y con las que tan sólo se especulaba en estudios de caso más pequeños de aprendices individuales o pequeños grupos dentro del aula.

Conclusión

Aparte de los intereses personales intrínsecos, todos los interesados en el estudio de la investigación en el aula comparten, en el fondo, objetivos similares de comprensión y compromiso con la mejora de las condiciones y el ritmo de desarrollo de los logros del aprendizaje, ya sea en el ambiente confortable de una universidad o en las cada vez más desafiantes condiciones que plantea una sociedad plurilingüe y multicultural en la que muy pocos recursos se destinan para el avance educativo de aquellos que más los necesitan.

Con objeto de ampliar nuestro conocimiento acerca de cómo mejorar las prácticas educativas necesitamos, claro está, una comprensión crítica de la sociedad y una apreciación fundamental de las necesidades personales y la conciencia de cada individuo. Queda también mucho por descubrir acerca de la manera en que los aprendices adquieren conocimientos y destrezas avanzadas en L2 dentro de un contexto institucional. La investigación en el aula, si se conduce con el rigor metodológico y la motivación teórica apropiados, puede aumentar nuestro entendimiento de los procesos de aprendizaje en las escuelas. Y armados con este conocimiento, los profesionales de la enseñanza de lenguas podrán conocer mejor cómo poner en práctica el método más eficaz, y al tiempo más delicado, de mejorar la capacidad de los aprendices de L2 para que éstos puedan salir de su ambiente educativo más cerrado y participar como ciudadanos plurilingües en un mundo enormemente complejo y exigente como es el nuestro.

Referencias bibliográficas citadas

1. Abdesslem, H. (1992): *Foreign Language Lesson Discourse Analysis: The Teaching and Learning of English in Tunisian Schools*, Lewiston, Nueva York, The Edwin Mellen Press.
2. Adamson, H. D. (1993): *Academic Competence: Theory and Classroom Practice: Preparing ESL Students for Content Courses*, Nueva York, Longman.
3. Adendorff, Ralph D. (1996): «The functions of code switching among high school teachers and students in KwaZulu and implications for teacher education», en K. M. Bailey y D. Nunan (eds.), *Voices from the Language Classroom*, Nueva York, Cambridge University Press, pp. 388-406.
4. Alanen, R. (1995): «Input enhancement and rule presentation in second language acquisition», en R. Schmidt (ed.), pp. 259-302.
5. Alatis, J. E. (1993): *Georgetown University Round Table on Languages and Linguistics 1993: Strategic Interaction and Language Acquisition: Theory, Practice, and Research*, Washington, DC, Georgetown University Press.
6. Allwright, D. (1993): «Integrating "research" and "pedagogy": Appropriate criteria and practical possibilities», en J. Edge y K. Richards (eds.), pp. 125-135.
7. Allwright, D. y Bailey, K. M. (1991): *Focus on the Language Classroom: An Introduction to Classroom Research for Language Teachers*, Cambridge, Cambridge University Press.
8. Alton-Lee, A.; Nuthall, G. y Patrick, J. (1993): «Reframing classroom research: A lesson from the private world of children», *Harvard Educational Review*, 63, 1, pp. 50-84.
9. Amastae, J. y Elías Olivares, L. (eds.) (1982): *Spanish in the United States: Sociolinguistic Aspects*, Cambridge, Cambridge University Press.
10. Arias, M. B. y Casanova, U. (eds.) (1993): *Bilingual Education: Politics, Practice, and Research. Ninety-second Yearbook of the National Society for the Study of Education*, parte II, Chicago, Illinois, NSSE.
11. Auer, P. y Luzio, A. di (eds.) (1984): *Interpretive Sociolinguistics: Migrants-Children-Migrant Children*, Tubinga, Gunter Narr Verlag.
12. August, D. L. (1987): Effects of peer tutoring on the second language acquisition of Mexican American children in elementary school, *TESOL Quarterly*, 21, 4, pp. 717-736.
13. Bailey, K. M.; Dale, T. y Squire, B. (1992): «Some reflections on collaborative language teaching», en D. Nunan (ed.), pp. 162-178.
14. Bailey, K. M. y Nunan, D. (eds.) (1996): *Voices from the Language Classroom*, Cambridge, Cambridge University Press.
15. Bardovi-Harlig, K. (1995): «The interaction of pedagogy and natural sequences in the acquisition of tense and aspect», en F. R. Eckman *et al.* (eds.), *Second Language Acquisition Theory and Pedagogy*, Mahwah, NJ, Lawrence Erlbaum Associates, Publishers, pp. 151-168.
16. Benson, M. J. (1989): «The academic listening task: A case study», *TESOL Quarterly*, 23, 3, pp. 421-445.
17. Beretta, A. (1989): «Attention to form or meaning? Error treatment in the Bangalore Project», *TESOL Quarterly*, 23, 2, pp. 283-303.
18. Bickley, V. (ed.) (1988): *Languages in Education in a Bi-lingual or Multi-lingual Setting*, Hong Kong, Institute of Language in Education, Hong Kong Education Department.
19. Brady, S. y Jacobs, S. (1994): *Mindful of Others: Teaching Children to Teach*, Portsmouth, New Hampshire, Heinemann.

20. Branscombe, N. A.; Goswami, D. y Schwartz, J. (eds.) (1992): *Students Teaching, Teachers Learning*, Portsmouth, New Hampshire, Boynton/Cook.
21. Brookes, A. y Grundy, P. (eds.) (1988): *Individualization and Autonomy in Language Learning*, ELT Documents 131, Londres, Modern English Publications.
22. Brumfit, C. y Mitchell, R. (eds.) (1990): *Research in the Language Classroom*, ELT Documents 133, The British Council.
23. Burton, J. y Mickan, P. (1993): «Teachers' classroom research: Rhetoric and reality», en J. Edge y K. Richards (eds.), pp. 113-121.
24. Bygate, M. (1988): «Units of oral expression and language learning in small group interaction», *Applied Linguistics*, 9, 1, pp. 59-82.
25. Byram, M. y Leman, J. (eds.) (1990): *Bilingual and Trilingual Education: The Foyer Model in Brussels*, Clevedon, Multilingual Matters.
26. Cadierno, T. (1995): «Formal instruction from a processing perspective: An investigation into the Spanish past tense», *The Modern Language Journal*, 79, 2, pp. 179-193.
27. California State Department of Education (1986): *Beyond Language: Social and Cultural Factors in Schooling Language Minority Students*, Los Ángeles, Evaluation, Dissemination and Assessment Center.
28. Canagarajah, A. S. (1993): «Critical ethnography of a Sri Lankan classroom: Ambiguities in student opposition to reproduction through ESOL», *TESOL Quarterly*, 27, 4, pp. 601-626.
29. Carr, T. H. y Curran, T. (1994): «Cognitive factors in learning about structured sequences: Applications to syntax», en R. S. Tomlin y M. A. Gernsbacher (eds.), pp. 205-230.
30. Carrasco, R. L.; Vera, A. y Cazden, C. B. (1981): «Aspects of bilingual students' communicative competence in the classroom: A case study», en R. P. Durán (ed.), pp. 237-249.
31. Carroll, S. y Swain, M. (1993): «Explicit and implicit negative feedback», *Studies in Second Language Acquisition*, 15, 3, pp. 357-386.
32. Carroll, S.; Roberge, Y. y Swain, M. (1992): «The role of feedback in adult second language acquisition: Error correction and morphological generalizations», *Applied Psycholinguistics*, 13, 2, pp. 173-198.
33. Cenoz, J. (1997): «L'acquisition de la troisième langue: bilinguisme et plurilinguisme au Pays Basque», *Aile 10, Appropriation des langues en situation de contact*, pp. 159-180.
34. Cenoz, J. y Valencia, J. F. (1994): «Additive trilingualism: Evidence from the Basque Country», *Applied Psycholinguistics*, 15, 2, pp. 195-207.
35. Cerezal Sierra, F. (1997): «El aprendizaje de lenguas a través de tareas», *Encuentro*, 9, pp. 55-78.
36. Chaudron, C. (1977): «A descriptive model of discourse in the corrective treatment of learners' errors», *Language Learning*, 27, pp. 29-46.
37. Chaudron, C. (1983): «Research on metalinguistic judgments: A review of theory, methods, and results», *Language Learning*, 33, pp. 343-377.
38. Chaudron, C. (1984): «The effects of feedback on students' composition revisions», *RELC Journal*, 15, 2, pp. 1-14.
39. Chaudron, C. (1985): «Intake: On models and methods for discovering learners' processing of input», *Studies in Second Language Acquisition*, 7, 1, pp. 1-14.
40. Chaudron C. (1988): *Second Language Classrooms: Research on Teaching and Learning*, Nueva York, Cambridge University Press.

41. Chaudron, C. (1991a): «What counts as formal language instruction? Problems in observation and analysis of classroom teaching», en J. E. Alatis (ed.), *Georgetown University Round Table on Languages and Linguistics 1991*, Washington, DC, Georgetown University Press, pp. 56-64.
42. Chaudron, C. (1991b): «Activities in the classroom: A unit of analysis in classroom interaction for valid observation and analysis», en J. Drury y R. Wijesinha (eds.), *Aspects of teaching and learning English as a second language*, Colombo, Sri Lanka, National Institute of Education, Maharagama, pp. 14-33.
43. Chaudron, C. (1998): «La elección y el uso de idiomas en el aula: perspectivas desde la investigación», en F. Moreno, M. Gil y K. Alonso (eds.), *La enseñanza del español como lengua extranjera: del pasado al futuro, Actas de ASELE (1997)*, Alcalá de Henares, Universidad de Alcalá.
44. Chaudron, C. (1999): «Contrasting approaches to classroom research: Qualitative and quantitative analysis of language use and learning», *Actas del XVI Congreso Nacional de la Asociación Española de Lingüística Aplicada*, Logroño, Universidad de La Rioja.
45. Chesterfield, R.; Chesterfield, K. B.; Hayes-Latimer, K. y Chávez, R. (1983): «The influence of teachers and peers on second language acquisition in bilingual preschool programs», *TESOL Quarterly*, 17, 3, pp. 401-419.
46. Cleghorn, A. y Genesee, F. (1984): «Languages in contact: An ethnographic study of interaction in an immersion school», *TESOL Quarterly*, 18, 4, pp. 595-625.
47. Cochran-Smith, M. y Lytle, S. L. (1993): *Inside/Outside: Teacher Research and Knowledge*, Nueva York, Teachers College Press.
48. Collier, V. P. (1992a): «The Canadian bilingual immersion debate: A synthesis of research findings». *Studies in Second Language Acquisition*, 14, 1, pp. 87-97.
49. Collier, V. P. (1992b): «A synthesis of studies examining long-term language minority student data on academic achievement», *Bilingual Research Journal*, 16, 1 y 2, pp. 187-212.
50. Courchêne, R. J.; Glidden, J. I.; St. John, J y Thérien, C. (eds.) (1992): *Comprehension-Based Second Language Teaching/L'enseignement des langues secondes axé sur la compréhension*, Ottawa, University of Ottawa Press.
51. Courcy, M. de (1993): «Making sense of the Australian French immersion classroom», *Journal of Multilingual and Multicultural Development*, 14, 3, pp. 173-185.
52. Crago, M. B. (1992): «Communicative interaction and second language acquisition: An Inuit example»,*TESOL Quarterly*, 26, 3, pp. 487-505.
53. Crawford, J. (1991): *Bilingual Education: History, Politics, Theory and Practice,* segunda edición, Los Ángeles, Bilingual Educational Services.
54. Crookes, G. (1990): «The utterance, and other basic units for second language discourse analysis», *Applied Linguistics*, 11, 2, pp. 183-199.
55. Crookes, G. (1993): «Action research for second language teachers: Going beyond teacher research», *Applied Linguistics*, 14, 2, pp. 130-144.
56. Crookes, G. y Chaudron, C. (1991): «Principles of classroom language teaching», en M. Celce-Murcia (ed.), *Teaching English as a Second or Foreign Language,* Segunda edición, Nueva York, Newbury House, pp. 46-67.
57. Crookes, G. y Gass, S. M. (1993a): *Tasks in a Pedagogical Context: Integrating Theory and Practice*, Clevedon, Inglaterra, Multilingual Matters.
58. Crookes, G. y Gass, S. M. (1993b): *Tasks in Language Learning: Integrating Theory and Practice*, Clevedon, Inglaterra, Multilingual Matters.

59. Cumming, A. (1994): «Alternatives in TESOL research: Descriptive, interpretive, and ideological orientations», *TESOL Quarterly*, 28, 4, pp. 673-703.
60. Dabène, L. y Moore, D. (1995): «Bilingual speech of migrant people», en L. Milroy y P. Muyskens (eds.), pp. 17-44.
61. Damhuis, R. (1993): «Immigrant children in infant-class interactions: Opportunities for second language acquisition of young multilingual children in Dutch infant classes», *Studies in Second Language Acquisition*, 15, 3, pp. 305-331.
62. Davis, K. y Jasso-Aquilar, R. (eds.) (1997): *The Foreign Language Partnership Project*, Technical Report No. 12. Honolulú, Center for Second Language Research, University of Hawai'i.
63. Day, E. M. y Shapson, S. M. (1991): «Integrating formal and functional approaches to language teaching in French immersion: An experimental study», *Language Learning*, 41, 1, pp. 25-58.
64. DeKeyser, R. M. (1993): «The effect of error correction on L2 grammar knowledge and oral proficiency», *The Modern Language Journal*, 77, 4, pp. 501-514.
65. DeKeyser, R. M. y Sokalski, K. (1996): «The differential role of comprehension and production practice», *Language Learning*, 46, pp. 613-641.
66. Delgado-Gaitan, C. y Trueba, H. (1991): *Crossing Cultural Borders: Education for Immigrant Families in America*, Londres, The Falmer Press.
67. Luzio, A. di (1984): «On the meaning of language choice for the sociocultural identity of bilingual migrant children», en P. Auer y A. di Luzio (eds.), pp. 55-85.
68. Doughty, C. (1991): «Second language instruction does make a difference: Evidence from an empirical study of relativization», *Studies in Second Language Acquisition*, 13, 4, pp. 431-469.
69. Doughty, C. (1993): «Fine-tuning of feedback by competent speakers to language learners», en J. E. Alatis (ed.), pp. 96-108.
70. Doughty, C. y Pica, T. (1986): «"Information gap" tasks: An aid to second language acquisition?», *TESOL Quarterly*, 20, 2, pp. 305-325.
71. Doughty, C. y Williams, J. (1998): *Focus on Form in Classroom Second Language Acquisition*, Nueva York, Cambridge University Press.
72. Duff, P. A. (1995): «An ethnography of communication in immersion classrooms in Hungary», *TESOL Quarterly*, 29, 3, pp. 505-537.
73. Duff, P. A. y Polio, C. G. (1990): «How much foreign language is there in the foreign language classroom?», *The Modern Language Journal*, 74, 2, pp. 154-166.
74. Dunkin, M. y Biddle, B. (1974): *The Study of Teaching*, Nueva York, Holt, Rinehart y Winston.
75. Durán, R. P. (ed.) (1981): *Latino Language and Communicative Behavior*, Norwood, NJ, Ablex.
76. Eastman, C. M. (ed.) (1992): *Codeswitching*, Clevedon, Multilingual Matters.
77. Eastman, C. M. y Stein, R. F. (1993): «Language display: Authenticating claims to social identity», *Journal of Multilingual and Multicultural Development*, 14, 3, pp. 187-202.
78. Eckman, F.; Bell, L. y Nelson, D. (1988): «On the generalization of relative clause instruction in the acquisition of English as a second language», *Applied Linguistics*, 9, 1, pp. 1-20.
79. Edge, J. y Richards, K. (eds.) (1993): *Teachers Develop Teachers Research: Papers on Classroom Research and Teacher Development*, Oxford, Heinemann.
80. Edwards, A. D. y Westgate, D. P. G. (1987): *Investigating Classroom Talk*, Londres, The Falmer Press.

81. Eldridge, J. (1996): «Code-switching in a Turkish secondary school», *ELT Journal*, 50, 4, pp. 303-311.
82. Ellis, N. (ed.) (1994): *Implicit and Explicit Learning of Languages*, Londres, Academic Press.
83. Ellis, R. (1992): «Learning to communicate in the classroom: A study of two language learners' requests», *Studies in Second Language Acquisition*, 14, 1, pp. 1-23.
84. Ellis, R. (1994*a*): «Classroom interaction and second language acquisition», *The Study of Second Language Acquisition*, Oxford, Oxford University Press, pp. 565-610.
85. Ellis, R. (1994*b*): «Formal instruction and second language acquisition», *The Study of Second Language Acquisition*, Oxford, Oxford University Press, pp. 611-663.
86. Ellis, R.; Tanaka, Y. y Yamazaki, A. (1994): «Classroom interaction, comprehension, and the acquisition of L2 word meanings», *Language Learning*, 44, 3, pp. 449-491.
87. Erickson, F. (1992): «Ethnographic microanalysis of interaction», en M. D. LeCompte, W. L. Milroy y J. Preissle (eds.), *The Handbook of Qualitative Research in Education*, Nueva York, Academic Press, pp. 201-225.
88. Ernst, G. (1994): «"Talking circle": Conversation and negotiation in the ESL classroom», *TESOL Quarterly*, 28, 2, pp. 293-322.
89. Escobedo, T. H. (ed.) (1983): *Early Childhood Bilingual Education: A Hispanic Perspective*, Nueva York, Teachers College Press.
90. Extra, G. y Verhoeven, L. (eds.) (1993): *Immigrant Languages in Europe*, Clevedon, Multilingual Matters.
91. Farris, C. S. (1992): «Chinese preschool codeswitching: Mandarin babytalk and the voice of authority», en C. M. Eastman (ed.), pp. 187-213.
92. Fazio, L. L. y Stevens, F. (1994) «Using multiple regression to predict minority children's second language performance», *Applied Linguistics*, 15, 4, pp. 421-441.
93. Fernández de Rota y Monter, J. e Irimia Fernández, M. del P. (1990): «Linguistic correction and semantic skills in the Spanish children», en M. Byram y J. Leman (eds.), pp. 95-114.
94. Finnan, C. R. (1987): «The influence of the ethnic community on the adjustment of Vietnamese refugees», en G. Spindler y L. Spindler (eds.), pp. 313-330.
95. Flanigan, B. O. (1991): «Peer tutoring and second language acquisition in the elementary school», *Applied Linguistics*, 12, 2, pp. 141-158.
96. Flowerdew, J. (1992): «Definitions in science lectures», *Applied Linguistics*, 13, 2, pp. 202-221.
97. Foley, J. A. (1988): «Multilingual settings and the cognitive development of children: Studies from the Singapore-Malaysian context», en V. Bickley (ed.), pp. 108-117.
98. Foster, P. y Skehan, P. (1996): «The influence of planning and task type on second language performance», *Studies in Second Language Acquisition*, 18, 3, pp. 299-323.
99. Fotos, S. S. (1993): «Consciousness-raising and noticing through focus on form: Grammar task performance versus formal instruction», *Applied Linguistics*, 14, 4, pp. 385-407.
100. Fotos, S. S. (1994): «Integrating grammar instruction and communicative language use through grammar consciousness-raising tasks», *TESOL Quarterly*, 28, 2, pp. 323-351.
101. Freed, B. F. (ed.) (1991): *Foreign Language Acquisition Research and the Classroom*, Lexington, Massachusetts, DC Heath and Company.

102. Freeman, D. (1992) «Collaboration: Constructing shared understandings in a second language classroom», en D. Nunan (ed.), (1992*b*).
103. Freeman, R. D. (1996): «Dual-language planning at Oyster Bilingual School: "It's much more than language"», *TESOL Quarterly*, 30, 3, pp. 557-582.
104. García, E. E. y Padilla, R. V. (eds.) (1985): *Advances in Bilingual Education Research*, Tucson, The University of Arizona Press.
105. García, M. (1980): «Linguistic proficiency: How bilingual discourse can show that a child has it», en R. V. Padilla (ed.), pp. 62-74.
106. Garrett, P.; Griffiths, Y.; James, C. y Scholfield, P. (1994): «Use of the mother-tongue in second language classrooms: An experimental investigation of effects on the attitudes and writing performance of bilingual UK children», *Journal of Multilingual and Multicultural Development*, 15, 5, pp. 371-382.
107. Gass, S. M. y Varonis, E. M. (1994): «Input, interaction, and second language production», *Studies in Second Language Acquisition*, 16, 3, pp. 283-302.
108. Gaudart, H. (1996): «Some Malaysian bilingual student teachers: A profile», *Journal of Multilingual and Multicultural Development*, 17, 2-4, pp. 169-189.
109. Genesee, F. (1987): *Learning through Two Languages: Studies of Immersion and Bilingual Education*, Nueva York, Newbury House Publishers.
110. Genesee, F. (ed.) (1994): *Educating Second Language Children: The Whole Child, the Whole Curriculum, the Whole Community*, Nueva York, Cambridge University Press.
111. Genesee, F.; Boivin, I. y Nicoladis, E. (1996): «Talking with strangers: A study of bilingual children's communicative competence», *Applied Psycholinguistics*, 17, 4, pp. 427-442.
112. Genishi, C. (1981): «Codeswitching in Chicano six-year-olds», en R. P. Durán (ed.), pp. 133-152.
113. Gersten, R. y Woodward, J. (1995): «A longitudinal study of transitional and immersion bilingual education programs in one district», *The Elementary School Journal*, 95, 3, pp. 223-239.
114. Gibson, M. A. (1987): «Punjabi immigrants in an American high school», en G. Spindler y L. Spindler (eds.), pp. 281-310.
115. Gibson, M. A. y Ogbu, J. U. (1991): *Minority Status and Schooling: A Comparative Study of Immigrant and Involuntary Minorities*, Nueva York, Garland Publishing.
116. Gimbel, J.; Hansen, E.; Holmen, A. y Jørgensen, N. (eds.) (1988): *Fifth Nordic Conference on Bilingualism, Journal of Multilingual and Multicultural Development*, 9, pp. 1-2.
117. Gitlin, A. (ed.) (1994): *Power y Method: Political Activism and Educational Research*, Nueva York, Routledge.
118. González, A. (1996): «Using two/three languages in Philippine classrooms: Implications for policies, strategies and practices», *Journal of Multilingual and Multicultural Development*, 17, 2-4, pp. 210-219.
119. González, G. y Maez, L. F. (1980): «To switch or not to switch: The role of code-switching in the elementary bilingual classroom», en R. V. Padilla (ed.), pp. 125-135.
120. Goswami, D. y Stillman, P. R. (eds.) (1987): *Reclaiming the Classroom: Teacher Research as an Agency for Change*, Upper Montclair, NJ, Boynton/Cook Publishers.
121. Gregg, K.; Long, M. H.; Jordan, G. y Beretta, A. (1997): «Rationality and its discontents in SLA», *Applied Linguistics*, 18, 4, pp. 538-558.

122. Green, J. L. y Harker, J. O. (eds) (1988): *Multiple Perspective Analyses of Classroom Discourse*, Norwood, NJ, Ablex Publishing Corporation.
123. Guthrie, L. F. (1984): «Contrasts in teachers' language use in a Chinese-English bilingual classroom», en J. Handscombe, R. A. Orem y B. P. Taylor (eds.), *On TESOL '83, The Question of Control*, Washington, DC TESOL, pp. 39-52.
124. Hakuta, K. y D'Andrea, D. (1992): «Some properties of bilingual maintenance and loss in Mexican background high-school students», *Applied Linguistics*, 13, 1, pp. 72-99.
125. Hancock, M. (1997): «Behind classroom code switching: Layering and language choice in L2 learner interaction», *TESOL Quarterly*, 31, 2, pp. 217-235.
126. Harklau, L. (1994) «ESL versus mainstream classes: Contrasting L2 learning environments», *TESOL Quarterly*, 28, 2, pp. 241-272.
127. Harley, B. (1989): «Functional grammar in French immersion: A classroom experiment», *Applied Linguistics*, 10, 3, pp. 331-359.
128. Harley, B. (1993) «Instructional strategies and SLA in early French immersion», *Studies in Second Language Acquisition*, 15, 2, pp. 245-259.
129. Harley, B. (1994): «Appealing to consciousness in the L2 classroom», en J. H. Hulstijn y R. Schmidt (eds.), pp. 57-68.
130. Harley, B.; Allen, P.; Cummins, J. y Swain, M. (eds.) (1990): *The Development of Second Language Proficiency*, Nueva York, Cambridge University Press.
131. Hauptman, P. C.; Wesche, M. B. y Ready, D. (1988): «Second-language acquisition through subject-matter learning: A follow-up study at the University of Ottawa», *Language Learning*, 38, 3, pp. 433-475.
132. Heller, M. (1992): «The politics of codeswitching and language choice», en C. M. Eastman (ed.), pp. 123-142.
133. Heller. M. (1995*a*): «Code-switching and the politics of language», en L. Milroy y P. Muyskens (eds.), pp. 158-174.
134. Heller, M. (1995*b*): «Language choice, social institutions, and symbolic domination», *Language in Society*, 24, 3, pp. 373-405.
135. Herron, C. y Tomasello, M. (1988): «Learning grammatical structures in a foreign language: Modelling versus feedback», *The French Review*, 61, pp. 910-923.
136. Homel, P.; Palij, M. y Aaronson, D. (eds.) (1987): *Childhood Bilingualism: Aspects of Linguistic, Cognitive, and Social Development*, Hillsdale, NJ, Lawrence Erlbaum.
137. Hudelson, S. (1983): «Beto at the sugar table: Code switching in a bilingual classroom», en T. H. Escobedo (ed.), pp. 31-49.
138. Huerta-Macías, A. (1983): «Child bilingualism: To switch or not to switch?», en T. H. Escobedo (ed.), pp. 18-30.
139. Hulstijn, J. H. y Graaff, R. de (1994): «Under what conditions does explicit knowledge of a second language facilitate the acquisition of implicit knowledge? A research proposal», en J. H. Hulstijn y R. Schmidt (eds.), pp. 97-112.
140. Hulstijn, J. H. y Schmidt, R. (eds.) (1994): «Consciousness in Second Language Learning», *Special Issue of AILA Review*».
141. Hurtado, A. y Rodríguez, R. (1989): «Language as a social problem: The repression of Spanish in South Texas», *Journal of Multilingual and Multicultural Development*, 10, 5, pp. 401-419.
142. Igoa, C. (1995): *The Inner World of the Immigrant Child*, Nueva York, St. Martin's Press.
143. Jacob, E.; Rottenberg, L.; Patrick, S. K. y Wheeler, E. (1996): «Cooperative

learning: Context and opportunities for acquiring academic English», *TESOL Quarterly*, 30, 2, pp. 253-280.
144. Jacobson, R. (1990): «Allocating two languages as a key feature of a bilingual methodology», en R. Jacobson y C. Faltis (eds.), pp. 3-17.
145. Jacobson, R. y Faltis, C. (eds.) (1990): *Language Distribution Issues in Bilingual Schooling*, Clevedon, Multilingual Matters.
146. James, C. y Garrett, P. (eds.) (1991): *Language Awareness in the Classroom*, Londres, Longman.
147. Johnson, D. M. (1991): «Some observations on progress in research in second language learning and teaching», en M. E. McGroarty y C. J. Faltis (eds.), pp. 173-190.
148. Johnson, K. E. (1995): *Understanding Communication in Second Language Classrooms*, Cambridge, Cambridge University Press.
149. Jørgensen, J. N.; Hansen, E.; Holmen, A. y Gimbel, J. (eds.) (1988): *Bilingualism in Society and School. Copenhagen Studies in Bilingualism,* vol. 5, Clevedon, Multilingual Matters.
150. Kemmis, S. y McTaggart, R. (eds.) (1988): *The Action Research Reader* (3.ª ed.), Deakin, Australia, Deakin University Press.
151. Kinginger, C. S. y Savignon, S. J. (1991): «Four conversations: Task variation and classroom learner discourse, en M. E. McGroarty y C. J. Faltis (eds.), pp. 85-106.
152. Kleifgen, J. A. (1989): «Communicative inferencing without a common language», en S. Gass, C. Madden, D. Preston, y L. Selinker (eds.), *Variation in Second Language Acquisition,* vol. 1, *Discourse and Pragmatics,* Clevedon, Multilingual Matters, pp. 84-102.
153. Kramsch, C. y McConnell-Ginet (eds.) (1992): *Text and Context: Cross-disciplinary Perspectives on Language Study*, Lexington, MA, DC Heath.
154. Kreeft Peyton, J. y Staton, J. (eds.) (1993): *Dialogue Journals in the Multilingual Classroom: Building Language Fluency and Writing Skills through Written Interaction*, Norwood, NJ, Ablex Publishing.
155. Kumar, K. (1992): «Does class size really make a difference?-Exploring classroom interaction in large and small classes», *RELC Journal*, 23, 1, pp. 29-47.
156. Kwo, O. W. Y. (1989): «Language education in a changing economic and political context: The teaching of Putonghua in Hong Kong schools», *Journal of Multilingual and Multicultural Development*, 10, 4, pp. 297-306.
157. Lambert, W. E. (1991): «Pros, cons, and limits to quantitative approaches in foreign language acquisition research», en B. F. Freed (ed.), pp. 321-337.
158. Lambert, W. E. y Taylor, D. M. (1996): «Language in the lives of ethnic minorities: Cuban American families in Miami», *Applied Linguistics*, 17, 4, pp. 477-500.
159. Landry, R. y Allard, R. (1991): «Can schools promote additive bilingualism in minority group children?», en L. Malavé y G. Duquette (eds.), *Language, Culture and Cognition, A Collection of Studies in First and Second Language Acquisition*, Clevedon, Multilingual Matters, pp. 198-231.
160. Lapkin, S. y Swain, M. (1996): «Vocabulary teaching in a grade 8 French immersion classroom: A descriptive case study», *The Canadian Modern Language Review*, 53, 1, pp. 242-256.
161. Larsen-Freeman, D. y Long, M. H. (1991): *An Introduction to Second Language Acquisition Research*, Londres, Longman.
162. Latomaa, S. (1993): «Parental attitudes towards child bilingualism in the Nordic countries», en G. Extra y L. Verhoeven (eds.), pp. 181-193.

163. Leeman, J.; Arteagoitia, I.; Fridman, B. y Doughty, C. (1995): «Integrating attention to form with meaning: Focus on form in content-based Spanish instruction», en R. Schmidt (ed.), pp. 217-258.
164. Lightbown, P. M. y Spada, N. (1990): «Focus-on-form and corrective feedback in communicative language teaching: Effects on second language learning», *Studies in Second Language Acquisition*, 12, 4, pp. 429-448.
165. Lightbown, P. M.; Spada, N. y White, L. (eds.) (1993): «The Role of Instruction in Second Language Acquisition». Special Issue of *Studies in Second Language Acquisition*, 15, 2 (junio).
166. Lightbown, P. M. y Spada, N. (1994): «An innovative program for primary ESL students in Quebec», *TESOL Quarterly*, 28, 3, pp. 563-579.
167. Lin, A. M. Y. (1988): «Pedagogical and para-pedagogical levels of interaction in the classroom: A social interactional approach to the analysis of the code-switching behaviour of a bilingual teacher in an English language lesson», *Working Papers in Linguistics and Language Teaching*, vol. 11, University of Hong Kong Language Centre.
168. Lo, T. (1988): «Using the mother tongue as the teaching medium in Hong Kong: But whose?», en V. Bickley (ed.), pp. 210-219.
169. Long, M. H. (1985): «A role for instruction in second language acquisition: Task-based language teaching», en K. Hyltenstam y M. Pienemann (eds.), *Modelling and Assessing Second Language Acquisition*, San Diego, College-Hill Press, pp. 77-99.
170. Long, M. H. (1991*a*): «Focus on form: A design feature in language teaching methodology», en K. de Bot, R. Ginsberg, y C. Kramsch (eds.), *Foreign Language Research in Cross-Cultural Perspective*, Filadelfia, John Benjamins, pp. 39-52.
171. Long, M. H. (1991*b*): «The design and psycholinguistic motivation of research on foreign language learning», en B. F. Freed (ed.), pp. 309-320.
172. Long, M. H. (1996): «The role of the linguistic environment in second language acquisition», en W. C. Ritchie y T. K. Bhatia (eds.), *Handbook of Language Acquisition*, vol. 2, *Second Language Acquisition*, Nueva York, Academic Press.
173. Long, M. H. (1997): «Construct validity in SLA research: A response to Firth y Wagner», *The Modern Language Journal*, 81, 3, pp. 318-323.
174. Long, M. H. (en prensa): *Task Based Language Teaching*, Londres, Blackwell.
175. Long, M. H. y Crookes, G. (1991): «Three approaches to task-based syllabus design», *TESOL Quarterly*, 26, 1, pp. 27-55.
176. Long, M. H. y Crookes, G. (1993): «Units of analysis in syllabus design-The case for task», en G. Crookes y S. M. Gass (eds.) (1993*a*), pp. 9-54.
177. Long, M. H. y Robinson, P. (1998): «Focus on form: Theory, research, and practice», en C. Doughty y J. Williams (eds.), pp. 15-41.
178. Loschky, L. (1994): «Comprehensible input and second language acquisition: What is the relationship?», *Studies in Second Language Acquisition*, 16, 3, pp. 303-323.
179. Loschky, L. y Bley-Vroman, R. (1993): «Grammar and task-based methodology», en G. Crookes y S. M. Gass (eds.), (1993*b*), pp. 123-167.
180. Lucas, T. (1993): «Secondary schooling for students becoming bilingual», en M. B. Arias y U. Casanova (eds.), pp. 113-145.
181. Lucas, T. y Katz, A. (1994): «Reframing the debate: The roles of native languages in English-only programs for language minority students», *TESOL Quarterly*, 28, 3, pp. 537-561.
182. Lyster, R. (1994): «The effect of functional-analytic teaching on aspects of French immersion students' sociolinguistic competence», *Applied Linguistics* 15, 3, pp. 263-287.

183. Lyster, R. y Ranta, L. (1997): «Corrective feedback and learner uptake: Negotiation of form in communicative classrooms», *Studies in Second Language Acquisition*, 19, 1, pp. 37-66.
184. Macedo, D. (1994): *Literacies of Power: What Americans are not Allowed to Know*, Boulder, CO, Westview Press.
185. Mangubhai, F. (1991): «The processing behaviors of adult second language learners and their relationship to second language proficiency», *Applied Linguistics*, 12, 3, pp. 268-298.
186. Markee, N. P. (1995): «Teachers' answers to students' questions: Problematizing the issue of making meaning», *Issues in Applied Linguistics*, 6, 2, pp. 63-92.
187. Mar-Molinero, C. (1989): «The teaching of Catalan in Catalonia», *Journal of Multilingual and Multicultural Development*, 10, 4, pp. 307-326.
188. Martí Viaño, M.ª del M. y Garcés Conejos, P. (1996): «Communicative functions of repetition in classroom interaction», *Revista Española de Lingüística Aplicada*, 11, pp. 129-141.
189. Martin, P. W. (1996): «Code-switching in the primary classroom: One response to the planned and the unplanned language environment in Brunei», *Journal of Multilingual and Multicultural Development*, 17, 2-4, pp. 128-144.
190. Martin-Jones, M. (1995): «Code-switching in the classroom: Two decades of research», en L. Milroy y P. Muyskens (eds.), pp. 90-111.
191. Master, P. (1994): «The effect of systematic instruction on learning the English article system», en T. Odlin (ed.), *Perspectives on Pedagogical Grammar*, Cambridge, Cambridge University Press, pp. 229-252.
192. McClure, E. (1981): «Formal and functional aspects of the codeswitched discourse of bilingual children», en R. P. Durán (ed.), pp. 69-94.
193. McGroarty, M. E. y Faltis, C. J. (eds.) (1991): *Languages in School and Society: Policy and Pedagogy*, Berlín, Mouton de Gruyter.
194. McHoul, A. W. (1990): «The organization of repair in classroom talk», *Language in Society*, 19, 3, pp. 349-377.
195. McKay, S. L. y Wong, S. C. (1988): *Language Diversity: Problem or Resource?*, Nueva York, Newbury House Publishers.
196. McKay, S. L. y Wong, S. C. (1996): «Multiple discourses, multiple identities: Investment and agency in second-language learning among Chinese adolescent immigrant students», *Harvard Educational Review*, 66, 3, pp. 577-608.
197. Merritt, M.; Cleghorn, A.; Abagi, J. O. y Bunyi, G. (1992): «Socialising multilingualism: Determinants of codeswitching in Kenyan primary classrooms», en C. Eastman (ed.), pp. 103-121.
198. Milroy, L. y Muyskens, P. (eds.) (1995): *One Speaker, Two Languages: Cross-disciplinary Perspectives on Code-switching*, Cambridge, Cambridge University Press.
199. Milroy, L. y Wei, L. (1995): «A social network approach to code-switching: The example of a bilingual community in Britain», en L. Milroy y P. Muyskens (eds.), pp. 136-157.
200. Minami, M. y Ovando, C. J. (1995): «Language issues in multicultural contexts», en J. A. Banks y C. A. M. Banks (eds.), *Handbook of Research on Multicultural Education*, Nueva York, Macmillan, pp. 427-444.
201. Montero-Sieburth, M. (1993): «The effects of schooling processes and practices on potential at-risk Latino high school students», en R. Rivera y S. Nieto (eds.), pp. 217-239.

202. Montero-Sieburth, M. y Gray, C. A. (1992): «Riding the wave: Collaborative inquiry linking teachers at the university and the urban high school», en C. A. Grant (ed.), *Research and Multicultural Education: From the Margins to the Mainstream*, Washington, DC, Falmer Press, pp. 122-140.
203. Mora, R. (1995): «Silence, interruptions, and discourse domains: The opportunities to speak», *Applied Language Learning*, 6, 1 y 2, pp. 27-39.
204. Morales, F. (1991): «The role of Spanish language varieties in the bilingual classroom», en M. E. McGroarty y C. J. Faltis (eds.), pp. 293-315.
205. Muñoz, C. y Nussbaum, L. (1997): «Les enjeux linguistiques dans l'éducation en Espagne», *Aile 10: Appropriation des langues en situation de contact*, pp. 4-19.
206. Musumeci, D. (1996): «Teacher-learner negotiation in content-based instruction: Communication at cross-purposes?», *Applied Linguistics*, 17, 3, pp. 286-325.
207. Muyskens, P.; Kook, H. y Vedder, P. (1996): «Papamiento/Dutch code-switching in bilingual parent-child reading», *Applied Psycholinguistics*, 17, 4, pp. 485-505.
208. Myers-Scotton, C. (1993*a*): «Common and uncommon ground: Social and structural factors in codeswitching», *Language in Society*, 22, 4, pp. 475-503.
209. Myers-Scotton, C. (1993*b*): *Social Motivations for Codeswitching: Evidence from Africa*, Oxford, Oxford University Press.
210. Newton, J. y Kennedy, G. (1996): «Effects of communication tasks on the grammatical relations marked by second language learners», *System*, 24, 3, pp. 309-322.
211. Norris, J. y Ortega, L. (en prensa): «Effectiveness of L2 instruction: A research synthesis and quantitative meta-analysis», *Language Learning*.
212. Nunan, D. (1988) *The Learner-Centered Curriculum,* Cambridge: Cambridge University Press.
213. Nunan, D. (1989): *Understanding Language Classrooms: A Guide for Teaching-Initiated Action*, Nueva York, Prentice-Hall.
214. Nunan, D. (1990) «The teacher as researcher», en C. Brumfit y R. Mitchell (eds.), pp. 16-32.
215. Nunan, D. (1991): «Methods in second language classroom-oriented research: A critical review», *Studies in Second Language Acquisition*, 13, 2, pp. 249-274.
216. Nunan, D. (1992*a*): «Action research in the language classroom», en J. C. Richards y D. Nunan (eds.), pp. 62-81.
217. Nunan, D. (ed.) (1992*b*): *Collaborative Language Learning and Teaching*, Cambridge, Cambridge University Press.
218. Nunan, D. (1992*c*): *Research Methods in Language Learning*, Cambridge, Cambridge University Press.
219. Nunan, D. (1993) «Action research in language education», en J. Edge y K. Richards (eds.), pp. 39-50.
220. Nunan, D. (1996): «Issues in second language acquisition research: Examining substance and procedure», en W. C. Ritchie y T. K. Bhatia (eds.), *Handbook of Second Language Acquisition*, San Diego, Academic Press, pp. 349-374.
221. Ochs, T. (1993) «"Why can't we speak Tagalog?" The problematic status of multilingualism in the international school», *Journal of Multilingual and Multicultural Development*, 14, 6, pp. 447-462.
222. Ogbu, J. U. (1987): «Variability in minority responses to schooling: Nonimmigrants vs. immigrants», en G. Spindler y L. Spindler (eds.), pp. 255-278.
223. Ogbu, J. U. y Matute-Bianchi, M. E. (1986): «Understanding sociocultural factors: Knowledge, identity, and school adjustment», en California State Department of Education, pp. 73-142.

224. Ortega Álvarez-Ossorio, L. (1995): «Planning and second language oral performance», tesina de Master no publicada en *English as a Second Language*, Department of ESL, University of Hawai'i, Honolulú.
225. Ortega, L. (1999): «Planning and focus on form in L2 oral performance», *Studies in Second Language Acquisition*, 21, pp. 109-148.
226. Padilla, A. M.; Fairchild, H. H. y Valadez, C. M. (eds.) (1990): *Bilingual Education: Issues and Strategies*, Newbury Park, CA, Sage.
227. Padilla, R. V. (ed.) (1980): *Ethnoperspectives in Bilingual Education Research Series*, vol. II: *Theory in Bilingual Education*, Ypsilanti, Michigan,: Bilingual Bicultural Education, Eastern Michigan University.
228. Palmeira, W. K. (1995): «A study of uptake by learners of Hawaiian», en R. Schmidt (ed.), pp. 127-161.
229. Pease-Álvarez, L. (1991): «Home and school contexts for language development: The experience of two Mexican-American preschoolers», en M. E. McGroarty y C. J. Faltis (eds.), pp. 487-509.
230. Pease-Álvarez, L. y Winsler, A. (1994): «Cuando el maestro no habla español: Children's bilingual language practices in the classroom», *TESOL Quarterly*, 28, 3, pp. 507-535.
231. Peirce, B. N. (1995): «Social identity, investment, and language learning», *TESOL Quarterly*, 29, 1, pp. 9-31.
232. Pennington, M. C. (1995): «Pattern and variation in use of two languages in the Hong Kong secondary English class», *RELC Journal*, 26, 2, pp. 80-105.
233. Phillipson, R. (1992): *Linguistic Imperialism*, Oxford, Oxford University Press.
234. Phillipson, R.; Kellerman, E.; Selinker, L.; Sharwood Smith, M. y Swain, M. (eds.), (1991): *Foreign/Second Language Pedagogy Research: A Commemorative Volumen for Claus Færch*, Clevedon, Multilingual Matters.
235. Pica, T. (1992): «The textual outcomes of native speaker-non-native speaker negotiation: What do they reveal about second language learning?», en C. Kramsch y S. McConnell-Ginet (eds.), pp. 198-237.
236. Pica, T. (1994): «Review article: Research on negotiation: What does it reveal about second-language learning conditions, processes, and outcomes?», *Language Learning*, 44, 3, pp. 493-527.
237. Pica, T.; Kanagy, R. y Falodun, J. (1993): «Choosing and using communication tasks for second language instruction and research», en G. Crookes y S. M. Gass (eds.) (1993*b*), pp. 9-34.
238. Polio, C. G. y Duff, P. A. (1994): «Teachers' language use in university foreign language classrooms: A qualitative analysis of English and target language alternation», *The Modern Language Journal*, 78, 3, pp. 313-326.
239. Poole, D. (1992): «Language socialization in the second language classroom», *Language Learning*, 42, 4, pp. 593-616.
240. Ramírez, A. G. (1981): «Language attitudes and the speech of Spanish-English bilingual pupils», en R. P. Durán (ed.), pp. 217-235.
241. Ramírez, A. G. (1985): *Bilingualism through Schooling: Cross Cultural Education for Minority and Majority Students*, Albany, Nueva York, State University of New York Press.
242. Ramírez, A. (1988): «Analyzing speech acts», en J. L. Green y J. O. Harker (eds.), pp. 135-163.
243. Ramírez, A. G. (1991): «Discourse processes in the second language classroom», en M. E. McGroarty y C. J. Faltis (eds.), pp. 191-207.

244. Ramírez, J. D. (1992): «Executive Summary», *Bilingual Research Journal*, 16, 1 y 2, pp. 1-62.
245. Ramírez, J. D. y Merino, B. J. (1990): «Classroom talk in English immersion, early-exit and late-exit transitional bilingual education programs», en R. Jacobson y C. Faltis (eds.), pp. 61-103.
246. Rampton, M. B. H. (1991): «Second language learners in a stratified multilingual setting», *Applied Linguistics*, 12, 3, pp. 229-248.
247. Rampton, B. (1995): *Crossing: Language and Ethnicity among Adolescents*, Londres, Longman.
248. Rees, A. (1993): «Segmenting classroom activities for research purposes», en J. Edge y K. Richards (eds.), pp. 54-64.
249. Ribé, R. (1997): *Tramas creativas y aprendizaje de lenguas: Prototipos de tareas de tercera generación* (con la colaboración de M. L. Celaya, M. Ravera, F. Rodríguez, E. Tragant y N. Vidal), Barcelona, Universitat de Barcelona.
250. Richards, J. C. y Nunan, D. (eds.) (1992): *Second Language Teacher Education*, Cambridge, Cambridge University Press.
251. Rivera, R. y Nieto, S. (1993): *The Education of Latino Students in Massachusetts: Issues, Research, and Policy Implications*, Boston, The Mauricio Gastón Institute for Latino Community Development and Public Policy.
252. Roberts, M. A. (1995): «Awareness and the efficacy of error correction», en R. Schmidt (ed.), pp. 163-182.
253. Robinson, P. (1995): «Aptitude, awareness, and the fundamental similarity of implicit and explicit second language learning», en R. Schmidt (ed.), pp. 303-357.
254. Robinson, P. y Ha, M. A. (1993): «Instance theory and second language rule learning under explicit conditions», *Studies in Second Language Acquisition*, 15, 4, pp. 413-438.
255. Robinson-Stuart, G. y Nocon, H. (1996): «Second culture acquisition: Ethnography in the foreign language classroom», *The Modern Language Journal*, 80, 4, pp. 431-449.
256. Sapiens, A. (1982): «The use of Spanish and English in a high school bilingual civics class», en J. Amastae y L. Elías Olivares (eds.), pp. 386-412.
257. Saville-Troike, M. (1984): «What *really* matters in second language learning for academic achievement?», *TESOL Quarterly*, 18, 2, pp. 199-219.
258. Saville-Troike, M. (1987): «Dilingual discourse: The negotiation of meaning without a common code», *Linguistics*, 25, 1, pp. 81-106.
259. Saville-Troike, M. y Kleifgen, J. A. (1986): «Scripts for school: Cross-cultural communication in elementary classrooms», *Text*, 6, 2, pp. 207-221.
260. Schachter, J. (1991): «Corrective feedback in historical perspective», *Second Language Research*, 7, 2, pp. 89-102.
261. Schecter, S. R. y Ramírez, R. (1992): «A teacher-research group in action», en D. Nunan (ed.), pp. 192-207.
262. Schensul, J. J. y Schensul, S. L. (1992): «Collaborative research: Methods of inquiry for social change», en M. D. LeCompte, W. L. Milroy y J. Preissle (eds.), *The Handbook of Qualitative Research in Education*, Nueva York, Academic Press, pp. 161-200.
263. Schieffelin, B. B. y Ochs, E. (eds.) (1986): *Language Socialization across Cultures*, Cambridge, Cambridge University Press.
264. Schmidt, R. (ed.) (1995): *Attention and Awareness in Foreign Language Learning*, Technical Report, 9, Honolulú, University of Hawai'i, Second Language Teaching and Curriculum Center.

265. Seliger, H. W. y Shohamy, E. (1989): *Second Language Research Methods*, Oxford, Oxford University Press.
266. Sharwood Smith, M. (1991): «Speaking to many minds: On the relevance of different types of language information for the L2 learner», *Second Language Research*, 7, 2, pp. 118-132.
267. Sharwood Smith, M. (1993): «Input enhancement in instructed SLA: Theoretical bases», en P. M. Lightbown, *et al.* (eds.), pp. 165-179.
268. Skehan, P. (1996): «A framework for the implementation of task-based instruction», *Applied Linguistics*, 17, 1, pp. 38-62.
269. Skuttnab-Kangas, T. y Cummins, J. (1988): *Minority Education: From Shame to Struggle*, Clevedon, Multilingual Matters.
270. Slimani, A. (1989): «The role of topicalization in classroom language learning», *System*, 17, 2, pp. 223-234.
271. Slimani (1992): «Evaluation of classroom interaction», en J. C. Alderson y A. Beretta (eds.), *Evaluating Second Language Education*, Cambridge, Cambridge University Press, pp. 197-221.
272. Snow, C. (1993): «Learning from input in L1 and L2», en J. E. Alatis (ed.), pp. 23-35.
273. Spada, N. y Fröhlich, M. (1995): *COLT-Communicative Orientation of Language Teaching Observation Scheme: Coding Conventions and Applications*, Sydney, National Centre for English Language Teaching and Research.
274. Spada, N. y Lightbown, P. M. (1993): «Instruction and the development of questions in L2 classrooms», *Studies in Second Language Acquisition*, 15, 2, pp. 205-224.
275. Spindler, G. y Spindler, L. S. (eds.) (1987): *Interpretive Ethnography of Education: At Home and Abroad*, Hillsdale, NJ, Lawrence Erlbaum.
276. Staton, J. (1993): «Collaborative research on a teacher-generated practice», en J. Kreeft Peyton y J. Staton (eds.), pp. 15-26.
277. Sturman, P. (1992): «Team teaching: A case study from Japan», en D. Nunan (ed.), pp. 141-161.
278. Swain, M. y Lapkin, S. (1989): «Canadian immersion and adult second language teaching: What's the connection?», *The Modern Language Journal*, 73, 2, pp. 150-159.
279. Tarone, E. y Swain, M. (1995): «A sociolinguistic perspective on second language use in immersion classrooms», *The Modern Language Journal*, 79, 2, pp. 166-178.
280. Thompson, L. (1994): «The Cleveland Project: A study of bilingual children in a nursery school», *Journal of Multilingual and Multicultural Development*, 15, 2 y 3, pp. 253-268.
281. Thornbury, S. (1997): «Reformulation and reconstruction: Tasks that promote "noticing"», *ELT Journal*, 51, 4, pp. 326-335.
282. Tomasello, M. y Herron, C. (1988): «Down the garden path: Inducing and correcting overgeneralization errors in the foreign language classroom», *Applied Psycholinguistics*, 9, pp. 237-246.
283. Tomasello, M. y Herron, C. (1989): «Feedback for language transfer errors», *Studies in Second Language Acquisition*, 11, pp. 384-395.
284. Tomlin, R. S. y Vila, V. (1994): «Attention in cognitive science and second language acquisition», en R. S. Tomlin y M. A. Gernsbacher (eds.), pp. 183-203.
285. Tomlin, R. S. y Gernsbacher, M. A. (eds.) (1994): «Cognitive Foundations of Second Language Acquisition», *Special Issue of Studies in Second Language Acquisition*, 16, 2 (junio).
286. Tragant Mestres, E. (1994): «The structuring of language-learning tasks», tesis doctoral no publicada, Universitat de Barcelona.

287. Tragant, E. y Muñoz, C. (en este volumen): «La motivación y su relación con la edad en un contexto escolar de aprendizaje de lengua extranjera».
288. Tragant Mestres, E. y Ribé i Queralt, R. (1997): «Activity beginnings and ends: A case study of three teachers», *Lenguaje y Textos*, 10, 1, pp. 25-41.
289. Trahey, M. y White, L. (1993): «Positive evidence and preemption in the second language classroom», *Studies in Second Language Acquisition*, 15, 2, pp. 181-204.
290. Trueba, H. T. (1989): *Raising Silent Voices: Educating the Linguistic Minorities for the 21st Century*, Nueva York, Newbury House.
291. Trueba H. T. (1991): «Learning needs of minority children: Contributions of ethnography to educational research», en L. Malavé y G. Duquette (eds.), *Language, Culture and Cognition, A Collection of Studies in First and Second Language Acquisition*, Clevedon, Multilingual Matters, pp. 137-158.
292. Trueba, H. T. y Wright, P. G. (1981): «A challenge for ethnographic researchers in bilingual settings: Analyzing Spanish/English classroom interaction», *Journal of Multilingual and Multicultural Development*, 2, 4, pp. 243-268.
293. Ulichny, P. (1996): «Performed conversations in an ESL classroom», *TESOL Quarterly*, 30, 4, pp. 739-764.
294. Ulichny, P. y Schoener, W. (1996): «Teacher-researcher collaboration from two perspectives», *Harvard Educational Review*, 66, 3, pp. 496-524.
295. Valcárcel Pérez, M.ª S. y Verdú Jordá, M. (1995): *Observación y evaluación de la enseñanza comunicativa de lenguas modernas*, Madrid, Ministerio de Educación y Ciencia.
296. Valdés, G. (1995): «The teaching of minority languages as academic subjects: Pedagogical and theoretical challenges», *The Modern Language Journal*, 79, 3, pp. 299-328.
297. Van Lier, L. (1996a): *Interaction in the Language Curriculum: Awareness, Autonomy y Authenticity*, Londres, Longman.
298. Van Lier, L. (1996b): «Conflicting voices: Language, language classrooms, and bilingual education in Puno», en K. M. Bailey y D. Nunan (eds.), pp. 363-387.
299. VanPatten, B. (1996): *Input processing and grammar instruction in second language acquisition*, Norwood, NJ, Ablex Publishing.
300. VanPatten, B. y Cadierno, T. (1993a): «Input processing and second language acquisition: A role for instruction», *The Modern Language Journal*, 77, 1, pp. 45-56.
301. VanPatten, B. y Cadierno, T. (1993b): «Explicit instruction and input processing», *Studies in Second Language Acquisition*, 15, 2, pp. 225-243.
302. VanPatten, B. y Oikkenon, S. (1996): «Explanation versus structured input in processing instruction», *Studies in Second Language Acquisition*, 18, 4, pp. 495-510.
303. Vásquez, O. (1993): «A look at language as a resource: lessons from *La clase mágica*», en M. B. Arias y U. Casanova (eds.), pp. 199-224.
304. Vedder, P.; Kook, H. y Muyskens, P. (1996): «Language choice and functional differentiation of languages in bilingual parent-child reading», *Applied Psycholinguistics*, 17, 4, pp. 461-484.
305. Wald, B. (1985): «Motivation for language choice behavior of elementary Mexican American children», en E. E. García y R. V. Padilla (eds.), pp. 71-95.
306. Watson-Gegeo, K. A. (1988): «Ethnography in ESL: Defining the essentials», *TESOL Quarterly*, 22, 4, pp. 575-592.
307. Watson-Gegeo, K. A. y Gegeo, D. W. (1994): «Keeping culture out of the classroom in rural Solomon Islands schools: A critical analysis», *Educational Foundations*, 8, 2, pp. 27-55.

308. Weber, S. y Tardif, C. (1991): «Culture and meaning in French immersion kindergarten», en L. Malavé y G. Duquette (eds.), *Language, Culture and Cognition, A Collection of Studies in First and Second Language Acquisition*, Clevedon, Multilingual Matters, pp. 93-109.
309. White, L. (1991): «Adverb placement in second language acquisition: Some effects of positive and negative evidence in the classroom», *Second Language Research*, 7, 2, pp. 133-161.
310. White, L.; Spada, N.; Lightbown, P. M. y Ranta, L. (1991): «Input enhancement and L2 question formation», *Applied Linguistics*, 12, 4, pp. 416-432.
311. Willett, J. (1995): «Becoming first graders in an L2: An ethnographic study of L2 socialization», *TESOL Quarterly*, 29, 3, pp. 473-503.
312. Wintergerst, A. C. (1994): *Second-Language Classroom Interaction: Questions and Answers in ESL Classes*, Toronto, University of Toronto Press.
313. Wolcott, H. F. (1987): «On ethnographic intent», en G. Spindler y L. S. Spindler (eds.), pp. 37-57.
314. Wong Fillmore, L. y Valadez, C. (1986): «Teaching bilingual learners», en M. C. Wittrock (ed.), *Handbook of Research on Teaching*, 3.ª ed., Nueva York, Macmillan.
315. Woods, D. (1993): *Processes in ESL Teaching: A Study of the Role of Planning and Interpretive Processes in the Practice of Teaching English as a Second Language*, Carleton Papers in Applied Language Studies, Occasional Papers 3, Ottawa, Carleton University Center for Applied Language Studies.
316. Woods, D. (1996): *Teacher Cognition in Language Teaching: Beliefs, Decision-making and Classroom Practice*, Cambridge, Cambridge University Press.
317. Yau, M. (1989): «The controversy over teaching medium in Hong Kong-An analysis of a language policy», *Journal of Multilingual and Multicultural Development*, 10, 4, pp. 280-295.
318. Yip, V. (1994): «Grammatical consciousness-raising and learnability», en T. Odlin (ed.), *Perspectives on Pedagogical Grammar*, Cambridge, Cambridge University Press, pp. 123-139.
319. Yule, G. (1997): *Referential Communication Tasks*, Mahwah, NJ, Lawrence Erlbaum.
320. Yule, G. y Powers, M. (1994): «Investigating the communicative outcomes of task-based interaction», *System*, 22, 1, pp. 81-91.
321. Zentella, A. C. (1981): *Tá bien,* you could answer me *en cualquier idioma:* Puerto Rican codeswitching in bilingual classrooms», en R. P. Durán (ed.), pp. 109-131.
322. Zentella, A. C. (1982): «Code-switching and interactions among Puerto Rican children», en J. Amastae y L. Elías-Olivares (eds.), pp. 354-385.

Notas

1. Algunas partes de este capítulo fueron preparadas originalmente para sesiones plenarias que tuvieron lugar en la American Association of Applied Linguistics en Orlando (Florida), en 1997, y la Asociación Española de Lingüística Aplicada, en Logroño, en 1998. Me gustaría también agradecer el apoyo proporcionado por una Beca Mellon del National Foreign Language Center, Washington, DC, que en el año 1997 me permitió desarrollar los materiales que aquí aparecen.

2. Un área de importancia vital dentro de la investigación en el aula, que se desarrolló durante los años ochenta y que continúa hasta nuestros días, implica una descripción más elaborada de los procesos lingüísticos y del discurso de profesores y aprendices, como la estructura de las actividades y movimientos conversacionales de los profesores, y varios patrones de participación en el aula, incluyendo la estructura de las tareas (Abdesslem, 1992; Cerezal Sierra, 1997; Chaudron, 1977, 1991*b*; Crookes, 1990; Crookes y Gass, 1993*a* y *b*; Ernst, 1994; Flowerdew, 1992; Kinginger y Savignon, 1991; Martí Viaño y Garcés Conejos, 1996; McHoul, 1990; Musumeci, 1996; Ramírez, 1988, 1991; Rees, 1993; Ribé *et al.*, 1997; Spada y Fröhlich, 1995; Tragant Mestres, 1994; Tragant Mestres y Ribé i Queralt, 1997; Valcárcel y Verdú, 1995; Wintergerst, 1994). Mientras que muchos de estos análisis han aumentado nuestro entendimiento de los procesos del aula, la metodología utilizada en estas investigaciones ha continuado la iniciada en décadas anteriores.

3. Para aquellos que no estén familiarizados con esta línea de investigación y las teorías curriculares y psicológicas subyacentes, los temas de que trata y su base empírica se hallan esbozados muy bien en Doughty y Williams (1998). En particular, el capítulo que ellas mismas firman y el de Long y Robinson (1998) son las mejores presentaciones teóricas de la atención a la forma en enseñanza de lenguas. La fuente general de la teoría de la enseñanza basada en la atención a la forma dentro de la adquisición de segundas lenguas la constituyen teorías psicolingüísticas fundamentadas en la noción de que las representaciones internas que el aprendiz tiene de la lengua meta están influidas en su desarrollo por su percepción del *input*. Se cree que estas percepciones están directamente afectadas, en el más simple de los casos, por lo que sobresale del *input*; pero en casos más complejos se considera que los aprendices están implicados en un proceso activo de obtener significado del *input*, y que sólo detectan de forma implícita o indirecta las formas cuando las formas del *input* o del *output* de algún modo no confirman las expectativas del aprendiz, o cuando el significado no es comprendido por el aprendiz o su interlocutor. Esta posición teórica está estrechamente relacionada con currículos «analíticos», o con prácticas curriculares o docentes de enseñanza de lenguas centradas en el contenido o por tareas, que constituyen tipos de enseñanza basadas en el significado más que en la forma. Sus objetivos de aprendizaje no proceden de una estructuración sintética y una presentación de formas lingüísticas —es decir, las unidades estructurales del análisis fonológico, morfológico, y sintáctico—, sino de las necesidades de la vida real y de otros objetivos de actuación funcionales. La enseñanza centrada en la *forma lingüística* requiere algún tipo de atención a la forma en sí, pero éste debe surgir de un modo natural a partir de las operaciones comunicativas con la lengua meta. El profesor o los materiales didácticos son responsables en este caso de un tratamiento muy delicado y selectivo de las formas de la lengua sólo en la medida en que se muestren absolutamente necesarias para comunicarse, y que los aprendices muestren una *disposición* a tratar de ellas. (Véase más información acerca de la interacción, la retroalimentación y el aprendizaje en Bardovi-Harlig, 1995; Beretta, 1989; Bygate, 1988; Carr y Curran, 1994; Courchêne *et al.*, 1992; Crookes y Chaudron, 1991; Chaudron, 1983, 1984, 1985, 1991a; De-Keyser y Sokalski, 1996; Doughty, 1991, 1993; Doughty y Pica, 1986; Eckman *et al.*, 1988; N. Ellis, 1994; R. Ellis, 1992, 1994a, b; Foster y Skehan, 1996; Gregg *et al.*, 1997; Harley 1993, 1994; Hauptman *et al.*, 1988; Herron y Tomasello, 1988; Hulstijn y DeGraaff, 1994; Hulstijn y Schmidt, 1994; Johnson, 1991; Kinginger y Savignon, 1991; Kumar, 1992; Lambert, 1991; Lapkin y Swain, 1996; Larsen-Freeman y Long, 1991; Lightbown y Spada, 1994; Long 1991a, b, 1997, en prensa; Long y Crookes, 1991, 1993; Loschky, 1994; Loschky y Bley-Vroman, 1993; Musumeci, 1996; Newton y Kennedy, 1996; Ortega Álvarez-Ossorio, 1995, 1999; Pica *et al.*, 1993; Robinson y Ha, 1993; Schachter, 1991; Schmidt, 1995; Sharwood-Smith, 1991, 1993; Skehan, 1996; Slimani, 1989; Snow, 1993; Thornbury, 1997; Tomasello y Herron, 1988, 1989; Tomlin y Vila, 1994; VanPatten, 1996; Yule, 1997; Yule y Powers, 1994.)

4. La investigación «micro»-etnográfica sobre la elección de lengua en el aula proviene de la investigación de inspiración política y social acerca de las variables del contexto. Lo que normalmente se denomina investigación «etnográfica» es el ejemplo paradigmático de investigación cualitativa-interpretativa, aunque en la práctica podamos ver una amplia gama de diferentes aproximaciones al análisis y la interpretación de los procesos del aula. El sentido clásico de «etnografía», no siempre bien ejemplificado en los estudios que se citan más adelante en este capítulo, requiere: 1) un compromiso prolongado con la clase, 2) la recogida de múltiples fuentes de información acerca de los participantes y el contexto y la comunidad que les rodea, y 3) un trabajo constante con las normas y reglas implícitas que los miembros de la comunidad clase emplean para interactuar y para interpretar las conductas de unos y otros. Esta investigación es cualitativa e interpretativa en el sentido de que los hechos concretos sólo se entienden desde un marco desarrollado por el investigador a partir de una descripción muy detallada de las conductas de los participantes y sus explicaciones e interpretaciones personales. En raras ocasiones esta investigación conduce a generalizaciones globales más allá del contexto específico que se investiga, aunque marcos conceptuales más globales pueden confirmarse a través de la extensión persistente de los resultados de estudios individuales. (El debate y los ejemplos ilustrativos de esta investigación se encuentran en Alton-Lee *et al.*, 1993; Benson, 1989; Canagarajah, 1993; Carrasco *et al.*, 1981; Crago, 1992; Duff, 1995; Erickson, 1992; Ernst, 1994; Flanigan, 1991; García, 1980; Garrett *et al.*, 1994; Genesee, 1994; Genesee *et al.*, 1996; Gibson, 1987; Gibson y Ogbu, 1991; Igoa, 1995; Lin, 1988; Markee, 1995; Martin-Jones, 1995; McClure, 1981; Mora, 1995; Muyskens *et al.*, 1996; Poole, 1992; Robinson-Stuart y Nocon, 1996; Schieffelin y Ochs, 1986; Tarone y Swain, 1995; Trueba, 1991; Trueba y Wright, 1981; Ulichny, 1996; Van Lier, 1996a; Vásquez, 1993; Vedder *et al.*, 1996; Willett, 1995 y Wolcott, 1987.)

5. Para resultados acerca de la efectividad de la educación bilingüe véanse los estudios sobre cambio de código identificados numéricamente en la tabla 5.2 (Adendorff, 1995; Chesterfield *et al.*, 1983; Cleghorn y Genesee, 1984; De Courcy, 1993; Farris, 1993; Gaudart, 1986; Genishi, 1981; Harklau, 1994; Hudelson, 1983; Kleifgen, 1989; Lucas y Katz, 1994; Martin, 1996; McKay y Wong, 1996; Merritt *et al.*, 1992; Ochs, 1993; Pease-Álvarez y Winsler, 1994; Pennington, 1995; Polio y Duff, 1994; Ramírez y Merino, 1990; Sapiens, 1982; Saville-Troike, 1984, 1987; Saville-Troike y Kleifgen, 1986; Thompson, 1994; Watson-Gegeo y Gegeo, 1994; Weber y Tardif, 1991; Zentella, 1981, 1982), así como otros estudios sobre la efectividad y el sentido de la educación bilingüe y el cambio de código (Amastae y Elías Olivares, 1982; Arias y Casanova, 1993; Byram y Leman, 1990; Cenoz, 1997; Cenoz y Valencia, 1994; Collier, 1992a, b; Crawford, 1991; Damhuis, 1993; Delgado-Gaitan y Trueba, 1991; Duff y Polio, 1990; Durán, 1981; Eldridge, 1996; Escobedo, 1983; Fernández de Rota y Monter y Irimia Fernández, 1990; Foley, 1988; Freeman, 1996; García y Padilla, 1985; Genesee, 1987; Gersten y Woodward, 1995; González, 1996; González y Maez, 1980; Guthrie, 1984; Hakuta y D'Andrea, 1992; Hancock, 1997; Homel *et al.*, 1987; Huerta-Macías, 1983; Hurtado y Rodríguez, 1989; Jacobson y Faltis, 1990; Jørgensen *et al.*, 1988; Kwo, 1989; Lambert y Taylor, 1996; Landry y Allard, 1991; Latomaa, 1993; Lucas, 1993; Mar-Molinero, 1989; Milroy y Wei, 1995; Montero-Sieburth, 1993; Morales, 1991; Muñoz y Nussbaum, 1997; Tragant y Muñoz, en este volumen; Padilla *et al.*, 1990; Pease-Álvarez, 1991; Ramírez, A. G., 1981, 1985; Ramírez, 1992; Rivera y Nieto, 1992; Swain y Lapkin, 1989; Trueba, 1989; Valdés, 1995; Wong Fillmore y Valadez, 1986).

Capítulo 6

LA NEGOCIACIÓN DEL ENTORNO LINGÜÍSTICO DE LA L2

por Catherine Doughty

1. Introducción

Cada día más, los intereses de profesores de segundas lenguas (L2) e investigadores de la interacción social en la adquisición de segundas lenguas (ASL) coinciden en considerar los procesos implicados en el aprendizaje de la lengua como consecuencia de los tipos de tareas y patrones de participación que los profesores (e investigadores) deciden usar para promover la ASL. Esta concurrencia de intereses empíricos y prácticos está bien representada por una línea de investigación de la ASL en el aula denominada *estudios sobre negociación*. Por un lado, la negociación se usa cada vez más frecuentemente para describir constructos pedagógicos como «el silabus negociado» o «el currículum negociado», en los que la noción de negociación está relacionada con el significado cotidiano de alcanzar (profesores y alumnos) un acuerdo explícito sobre los objetivos del aprendizaje de la lengua (entre otros). Sin embargo, hasta el momento, en la ASL la negociación se ha referido especialmente a la *negociación del significado*, que es un proceso de adquisición incidental en el nivel del discurso que suele darse en el transcurso de las tareas de comunicación de aprendizaje de lenguas. Este capítulo introduce el modelo de negociación y presenta ciertos estudios empíricos con objeto de proporcionar la singular perspectiva que la ASL aporta a la noción de negociación, y confirmar su relevancia para la práctica de la enseñanza de lenguas. Con esta finalidad, sus objetivos son, en primer lugar, presentar la perspectiva interaccionista social de la ASL desde un punto de vista histórico, desde la tendencia inicial de enfatizar la importancia del significado y la comunicación para la ASL hasta su cada vez más sofisticado reconocimiento de que la ASL implica la continua puesta en relación de formas, significados y funciones comunicativas de la L2 por parte de los aprendices. En segundo lugar, realizar una revisión crítica de los estudios sobre negociación cuyo objeto ha sido el establecimiento empírico de una conexión entre la interacción y la ASL. Y en tercer lugar, demostrar cómo la aparición de investigación empírica sobre negociación ha sido de gran importancia para la prometedora línea de investigación de la ASL en el aula conocida como *focus on form*; es decir, atención a la forma (la atención del aprendiz es guiada de forma explícita hacia aspectos formales de la lengua).

La negociación del significado suele tener lugar en el contexto de una interrupción de la comunicación provocada por una combinación de demandas impuestas por la tarea y las limitaciones de la habilidad lingüística de los aprendices de L2. En este sentido, la negociación del significado es un tipo de resolución de problemas lingüísticos, motivado por la presión comunicativa inherente a las tareas del aula.[1] Algunos de los problemas que han de resolver los aprendices son, por ejemplo, «hazte entender incluso si tu interlengua distorsiona determinadas características de la lengua meta o carece de ellas» o «intenta entender, incluso si lo que escuchas parece ser incomprensible». Para solucionar el problema, los interlocutores deben negociar de alguna forma la disparidad entre sus habilidades en la L2 y la lengua meta, para así alcanzar el entendimiento mutuo necesario para completar la tarea.

Al seguir, por ejemplo, las instrucciones para construir réplicas de objetos (ej.: una construcción Lego; Loschky y Bley-Vroman, 1993, o una escena pictórica; Doughty, 1996*a*) se ha demostrado que los interlocutores normalmente negocian el significado clarificando las producciones del interlocutor y las suyas propias y confirmando o comprobando la comprensión. En este proceso de reparación, a veces el hablante menos competente (aprendiz frente a profesor o frente a aprendiz más experto) ha de «estirar» su capacidad de procesar *input* y/o su producción en L2 con métodos que los teóricos de la ASL consideran beneficiosos para la adquisición de la lengua. Así, mientras que desde un punto de vista pedagógico los objetivos de las tareas comunicativas de aprendizaje de lenguas suelen limitarse a facilitar que el alumno hable (en lugar del profesor), asumiendo que cualquier oportunidad adicional de hablar en la L2 es probablemente beneficiosa, la perspectiva adicional que se toma en la ASL es la de examinar las características de la interacción que son cualitativamente diferentes (con respecto a otros tipos de habla del aprendiz), con el objetivo de explicar el modo específico en que la negociación es *psicolingüísticamente* efectiva para el aprendizaje de la lengua.

2. El modelo de negociación

En la tabla 6.1 aparece un modelo de discurso simple de negociación de significado seguido de varios ejemplos. El primer turno de la secuencia de discurso —el desencadenante para la negociación de significado— es cualquier producción o parte de una producción que no haya sido entendida. El interlocutor que experimente alguna dificultad señalará falta de comprensión, y entonces el primer hablante normalmente responderá realizando un intento de reparación. El segundo hablante (señalador) finalizará (o posiblemente extenderá) la reparación reaccionando ante la respuesta.[2]

TABLA 6.1. *Negociación de significado en el contexto de interrupción de la comunicación*

| Desencadenante | → | Señal | → | Respuesta | → | Reacción |

Las señales pueden variar desde una abierta solicitud de clarificación como «*what's that?*» («¿qué es eso?») en el ejemplo 1, donde parece que no se entendió mucho, a una comprobación de confirmación más restringida como la que aparece en el ejemplo 2; aquí el interlocutor al menos comprende algo pero quiere estar seguro, u obtener una comprensión mayor o más precisa del desencadenante, y dice «*that's the control room?*» («¿es ésa la sala de control?»). En los ejemplos (Doughty 1996*b*), el desencadenante está subrayado y en negrita, y la señal aparece en cursiva y subrayada.

1) **Solicitud de información**
   HNN   top is a *[brig arch]*
   HN   brick brick?
   HNN   [brig] arch... [brig] arch and uh worker?
   HN   hmmm? what is? *brick arch? what's that?*
   HNN   [brig] arch- autom uh some a fire place. br- [brig] arch inside the fire box was an arch made of fire [brayk]... fire [bri] uh fire box

2) **Comprobación de la confirmación**
   HNN   and driver... in- uh in the window driver lean the window... in the left side... his left side .uh he watch the uh front side or... *control room*
   HN   uh huh
   HNN   is many kind gaugi or pipe and
   HN   yeah *that's the control room?*
   HNN   yeah
   HN   ok

En ocasiones el desencadenante y la señal para la secuencia de negociación son una misma cosa; por ejemplo, una producción del hablante que él mismo supone que puede ser malentendida. En este caso, el hablante realizará una comprobación de antemano por medio de una entonación ascendente como en el ejemplo 3:

3) **Comprobación de la comprensión (más otra comprobación de la confirmación)**
   HNN   you must have part of a train that... it's kind of teater- theater - *the people stay anything in the chairs and see something?*
          [mediante la entonación ascendente al final del enunciado, el HNN está comprobado la comprensión]
   HN   *they're sitting and they're watching a movie?*
   HNN   mm yeah something like that yes

El ejemplo 3 es especialmente complejo por cuanto la producción del HNN, que es un tipo de señal de comprobación de comprensión, va seguida por una comprobación de confirmación por parte del HN, que también señala un malentendido potencial.

Todos o cualquiera de los componentes de una secuencia de negociación —la señal, la respuesta y la reacción— pueden incluir algún tipo de ajuste lingüístico al desencadenante original que, idealmente, apuntará en la dirección de la lengua meta. Se supone que estos ajustes lingüísticos motivados por la interacción facilitan la adquisición de la lengua. Es decir, la característica esencial de cualquier secuencia de negociación es la oportunidad que se proporciona al aprendiz para procesar producciones en la L2 que se hacen más comprensibles al aprendiz al comprender más, o al interlocutor al acercarse más a la lengua meta. De los ejemplos anteriores se deduce que la causa de la ruptura de la comunicación es el desencadenante, y que este desencadenante puede producirlo tanto un aprendiz como un hablante nativo (en los casos en que, por ejemplo, un profesor o un ayudante nativo esté implicado en la tarea pedagógica). Investigaciones empíricas han demostrado que tales interrupciones ocurren típicamente cuando la tarea a realizar exige un esfuerzo equivalente por parte de los interlocutores, dándose en éstos asimetría en las habilidades lingüísticas, el conocimiento o el estatus social (Pica *et al*., 1991; Zuengler, 1993; Zuengler y Bent, 1991). Este tipo de investigación señala la importancia del diseño de las actividades de clase respecto al modelo de participación y a las tareas, como se considerará más adelante.

Es importante señalar que el interés en la negociación del significado se ha desarrollado tanto pedagógicamente, a través del movimiento de la enseñanza comunicativa de lenguas, como teóricamente, a través de las explicaciones de los procesos de aprendizaje de lenguas que proporciona la ASL. Con el fin de introducir el fundamento teórico del concepto de negociación en la ASL, en la sección siguiente se proporciona una sinopsis de la teoría de la interacción de la adquisición del lenguaje, que es el modelo que impulsa un mayor interés empírico por la negociación del significado. A continuación se trata de la evolución del constructo de negociación en referencia a una segunda lengua, en particular, y se considera la utilidad de la negociación para los aprendices de L2.

3. Teoría interaccionista social de la adquisición del lenguaje

En la actualidad están teniendo lugar intensos debates acerca del peso relativo de la contribución de un supuesto recurso innato específico para el lenguaje que predispone a los humanos a la adquisición del lenguaje, frente a la influencia de los datos lingüísticos que se encuentran disponibles para un cerebro más generalmente computacional («red neurológica») a través de la experiencia de la interacción. Entre los dos extremos —es decir, que la adquisición del lenguaje está guiada exclusivamente por principios innatos, o que el aprendizaje del lenguaje es totalmente computacional, lo cual implica el cómputo de listas de frecuencia y el refuerzo de las conexiones radiales— está la posición interaccionista social. Ésta sostiene que la adquisición del lenguaje es un proceso constantemente integrador, que implica una interacción entre una predisposición humana a manejar los datos del lenguaje de un modo particular, y los datos que el aprendiz encuentra en la experiencia cotidiana. En otras palabras, un principio esencial de la teoría interaccionista social es que la estructura de los datos lingüísticos es inútil para el aprendiz si esa estructura no tiene una función relevante para sus necesidades comunicativas inmediatas. Así, los interaccionistas sociales consideran el aprendizaje del lenguaje según un modelo de comprobación de hipótesis, que implica la confirmación o el rechazo de las hipótesis a través de la interacción con los datos lingüísticos durante la comunicación significativa. De esta forma, se afirma que las funciones del lenguaje en la interacción social conforman los procesos detallados de adquisición del lenguaje proporcionando un contexto interpretable, en el que los aprendices pueden analizar los elementos estructurales de sus hipótesis lingüísticas en comparación con los datos que tienen disponibles a través de la experiencia lingüística.

Asumiendo estos principios básicos, los interaccionistas sociales van más allá en sus propuestas acerca de los procesos de adquisición del lenguaje. En primer lugar, el aprendiz centra su atención adquisitiva en aquellos componentes que son necesarios para la comunicación y/o más evidentes para la percepción (por ejemplo, elementos destacados o dislocados). Además, el estado del sistema lingüístico en desarrollo del aprendiz conforma la interacción con los datos externos de forma importante. Por ejemplo, los interlocutores tienden a modificar su lenguaje acercándose al nivel del aprendiz; con frecuencia proporcionan ejemplos que destacan en relieve de los datos lingüísticos que en ese momento precisa el aprendiz; conectan el lenguaje con aquellos objetos y acciones en que el aprendiz está centrando su atención (esto sucede especialmente en el caso de la adquisición infantil), y adecuan sus respuestas a los aprendices de modo que dirigen la atención de éstos hacia estructuras de su interlengua que no pertenecen a la lengua meta. A lo largo de este capítulo, estas importantes consideraciones de la teoría interaccionista social proporcionarán la base para la discusión del papel de la negociación del significado en el aula de segundas lenguas. La posición teórica de término medio que ofrece la teoría interaccionista social de adquisición del lenguaje tiene un gran atractivo al incorporar tanto la fascinante capacidad del lenguaje innata del ser humano como la fuerza impulsora y determinante del propósito comunicativo en la adquisición del lenguaje.

4. La negociación del significado

El concepto de negociación en L2 surge tras casi dos décadas de investigación teórica y práctica en la adquisición de primeras y segundas lenguas. Dado que una discusión detallada de este *corpus* teórico y de investigación sobrepasaría los límites de este capítulo, será nuestro propósito trazar la argumentación y experimentación que llevó a los investigadores de la adquisición desde la consideración del *input*, hasta las investigaciones sobre la interacción, y el modelo de negociación del significado y, finalmente, más allá de éste. Una analogía con la adquisición infantil será bastante útil a la hora de trazar el desarrollo de la noción de negociación en L2. La investigación sobre el entorno lingüístico del niño ha demostrado esencialmente que el habla que se dirige al niño es cualitativamente diferente de la que se dirige a otros adultos (Snow y Ferguson, 1977). Más concretamente, aunque el lenguaje que se dirige a los niños está bien construido en general, el *input* tiende a ser más simple y a estar más ajustado a las necesidades lingüísticas y comunicativas del niño, tanto en lo sintáctico como en lo fonológico y lo semántico. Investigadores del lenguaje infantil han defendido que tales diferencias en el habla dirigida a los niños pueden contribuir al desarrollo del lenguaje. En otras palabras, un *input* adecuadamente ajustado favorece los procesos de adquisición del lenguaje (Galloway y Richards, 1994). La propuesta de la ASL es que, de la misma manera, los usuarios lingüísticos competentes (profesores u otros hablantes nativos, por ejemplo) participan en la experiencia lingüística del aprendiz de lenguas de una forma más o menos beneficiosa (Doughty, 1994*b*). El objetivo de los interaccionistas sociales de la ASL es explicar los beneficios de dicha interacción en el contexto de una teoría general de la ASL. Gracias a los resultados arrojados por los descubrimientos sobre el discurso dirigido a niños, los investigadores de la ASL comenzaron, lógicamente, a dirigir su interés hacia una serie de cuestiones referentes al contexto en que se desenvuelve el aprendiz de una segunda lengua. ¿En qué se diferencia el discurso dirigido a este aprendiz del que se usa en conversaciones entre hablantes nativos? Si tales diferencias existen, ¿favorecen la comprensión o la adquisición del aprendiz? Si éstas afectan a la ASL de algún modo, ¿son necesarias y/o suficientes para la ASL? En otras palabras, ¿puede la influencia del entorno lingüístico ayudar a explicar la ASL?

En estudios sobre hablantes nativos en situaciones de interacción con no nativos, las características que se observaron más frecuentemente en el habla dirigida a los aprendices del aula, así como a los hablantes de L2 fuera de clase, resultaron ser muy similares a las observadas en el discurso que se dirige a los niños (véase el capítulo 5 de Larsen-Freeman y Long, 1991). Así, en un principio, lo que hicieron los investigadores interaccionistas sociales de la ASL, básicamente, fue incorporar las afirmaciones hechas para la L1 acerca de la importancia del entorno lingüístico en la teoría de la ASL, sin contar con evidencia. La primera reivindicación importante de la ASL fue que el *input* comprensible (es decir, el *input* que se ajusta ligeramente «por encima» a las habilidades del aprendiz) es necesario y suficiente para la ASL (Krashen, 1977). Esta «hipótesis del *input* comprensible» intentaba explicar la relación entre la comprobación de hipótesis del aprendiz descrita por los interaccionistas sociales y los datos del *input* disponibles a través de la experiencia lingüística (Krashen, 1982, 1985).[3]

En la actualidad se rechaza totalmente esta afirmación. Aunque muchos teóricos de la ASL coinciden con la propuesta original de Krashen en que la comprensión del *input* es importante en la ASL, la afirmación de que sólo el *input* comprensible es necesario y suficiente para la ASL ha sido duramente criticada en muchos sentidos (Gregg, 1984; Lightbown y Pienemann, 1994; White, 1987). Más aún, desde el momento en que los investigadores de L1 demostraron que, además de los ajustes en el *input* que realizan los adultos cuando se dirigen a los niños, todo el discurso de la interacción entre el niño y su cuidador también difiere del discurso habitual entre adultos, los investigadores de ASL comenzaron a investigar la interacción discursiva entre aprendices y entre aprendices y nativos. Así, la investigación de ASL pasó de interesarse exclusivamente por el habla dirigida al aprendiz no nativo (esto es, el *input*), a examinar el discurso en el que participaba el aprendiz (esto es, la interacción). Este cambio de orientación se debe principalmente a Hatch (1978), quien incorporó las primeras afirmaciones de la investigación de primera lengua en su propio modelo conversacional de ASL. A partir de un proceso que tiene lugar en el contexto de la L1 que se denomina *andamiaje*, en el cual el adulto ayuda al niño a transmitir un mensaje que éste no podría comunicar por sí solo (Bruner, 1978; Scollon, 1976),

Hatch propuso de forma general que, más que construir un repertorio de estructuras y aprender finalmente cómo incorporarlas al discurso, quizá los aprendices de L2 aprenden primero cómo «hacer conversación» a través de la interacción (Hatch, Flaschner, y Hunt, 1986).[4]

Siguiendo el enfoque conversacional, de análisis de discurso de Hatch, la investigación de la interacción en la ASL mantenía la predicción de que más que configurar la habilidad lingüística como combinaciones de estructuras a partir de estructuras aisladas, para finalmente utilizarlas en el discurso conectado, el proceso opuesto de aprendizaje sería más adecuado para caracterizar la ASL. En otras palabras, a través de la participación en conversaciones pueden incorporarse estructuras sintácticas específicas en el sistema lingüístico, según sean necesarias. Long (1980) aplicó la metodología de Hatch en el examen de conversaciones entre hablantes nativos y no nativos en comparación con las conversaciones entre hablantes nativos. Estos tests empíricos de la hipótesis del *input* de Krashen y del modelo conversacional de Hatch mostraron que los hablantes nativos se hacen entender por los no nativos no sólo por medio de modificaciones del *input*, sino también, y de *forma predominante*, por medio de modificaciones de la estructura interaccional de sus conversaciones, tales como la comprobación de la comprensión, la comprobación de la confirmación y las solicitudes de clarificación que se ilustran en los ejemplos 1 a 3 anteriores. Basándose en estos descubrimientos, Long (1985) coincidió con Krashen con respecto a la necesidad de *input* comprensible, pero cuestionó que éste fuera suficiente para explicar la adquisición. Long procedió a defender en su «hipótesis de la interacción» que las modificaciones de la estructura interaccional de la conversación constituyen la manera más importante y frecuente de hacer que el *input* sea comprensible. Tal y como observa Pica (1994, p. 494), «a lo largo de los años [desde las hipótesis del *input* y la interacción] se ha desarrollado una línea de investigación muy fructífera y a menudo controvertida, centrada en gran parte en un tipo de interacción específica, que se ha dado en llamar *negociación*».

4.1. Estudios empíricos de la negociación del significado

Los principales objetivos de la investigación empírica sobre el tema han sido documentar las características especiales de la negociación del significado y relacionarlas con los procesos de aprendizaje y las producciones de los aprendices (para una revisión, véase Pica, 1994). Tal y como se señala anteriormente, el estímulo para que se dé una modificación en la interacción es la interrupción de la comunicación en conversaciones en las que los interlocutores persiguen un entendimiento mutuo, a menudo con la intención de completar una tarea. Así, los estudios sobre negociación ampliaron la importancia de la influencia de la experiencia lingüística en la adquisición del lenguaje, desde la consideración simplista del *input* comprensible hasta incluir las modificaciones de la interacción hechas por todos los interlocutores de la tarea: el aprendiz, el profesor e incluso otros aprendices. Al principio, la eficacia de las modificaciones relativas a la interacción que ocurren durante la negociación de significado fue asumida sólo desde un punto de vista teórico, y el objetivo principal de los estudios empíricos fue el describir los tipos de negociación que tienen lugar en las tareas propias del aula.⁵ De hecho, las primeras investigaciones consiguieron determinar qué tipo de tareas pueden fomentar más la negociación. Por ejemplo, con la intención inicial de validar empíricamente el uso generalizado del trabajo en pequeños grupos (comparado con el trabajo dirigido por el profesor) como método para potenciar la negociación dentro de la clase de inglés como segunda lengua, Pica y Doughty (1985) demostraron que el tipo de tarea es, principalmente, una variable importante en la negociación. En el transcurso de una tarea de intercambio de opiniones, y en contra de lo que se había predicho, se observó poca negociación independientemente del modelo de participación del aula, bien fuera una clase dirigida por el profesor, o bien organizada en pequeños grupos.⁶ Si no se ponen restricciones a la tarea, un interlocutor (el profesor, un miembro dominante del grupo o el que tiene más conocimientos lingüísticos) normalmente toma la palabra y soluciona el problema sin ayuda.

Este sorprendente hallazgo originó un segundo estudio, en el que se compararon diferentes tareas (intercambio de opiniones frente a vacíos de información), así como diferentes modelos de participación (clase dirigida por el profesor, en grupos o en parejas) con respecto a su capacidad de crear oportunidades de negociación de significado (Doughty y Pica, 1986).⁷ Se observó que las tareas de vacío de información estimulaban más la interacción negociadora que las de intercambio de opiniones, y que la mayor cantidad de interacción negociada se generaba en las tareas de vacío de información en el modelo de participación en pequeños grupos. Las características más importantes de estas tareas son que requieren un intercambio de información equivalente entre los distintos interlocutores y que los participantes disponen de soluciones sobre las que trabajan y a las que se debe contribuir para que se pueda concluir la tarea (Doughty y Pica, 1986; Long, 1989; Pica, Kanagy y Falodun, 1993). El resultado de este primer trabajo descriptivo fue esencialmente el refinamiento de una metodología de investigación que captura la interacción negociada y proporciona indicaciones sobre el tipo de condiciones del aula que pueden conducir a la negociación. Si la negociación es el propósito de la tarea, ésta debe diseñarse de modo que pueda ser llevada a cabo en pequeños grupos y debe, en primer lugar, incorporar un requisito de intercambio de información tal que ningún participante pueda evitar la interacción y, en segundo lugar, tener un objetivo convergente que todos los participantes puedan reconocer cuando se alcance. De esta manera, los aprendices de todos los niveles contribuirán a la interacción hasta completar la tarea, y muy probablemente se producirán interrupciones en la comunicación.

El objetivo de la investigación empírica sobre negociación a partir de estos estudios descriptivos ha sido intentar establecer una conexión entre la negociación y la adquisición de segundas lenguas. Aunque se habían desarrollado algunas tareas que podían documentar la existencia de interacción con negociación del significado, no se había establecido todavía una relación directa entre tal interacción y los procesos de adquisición identificables. Con este fin, Pica, Young y Doughty (1987) investigaron la comprensión del *input* en el marco de la negociación, comprobando la afirmación de que la negociación entre aprendices e interlocutores facilita la comprensión. Esto era importante porque se había argumentado teóricamente la aceptabilidad de una prueba indirecta de la relación entre la negociación de significado y la ASL, en ausencia de pruebas directas. Es decir, Long (1985, p. 378) proponía una demostración indirecta, en tres pasos, de las «relaciones entre características del entorno y desarrollo de la interlengua»:

Paso 1: Demostrar que *a*) los ajustes lingüísticos/conversacionales[8] favorecen *b*) la comprensión del *input*.
Paso 2: Demostrar que *b*) el *input* comprensible favorece *c*) la adquisición.
Paso 3: Deducir que *a*) los ajustes lingüísticos/conversacionales favorecen *c*) la adquisición.

Como en aquel tiempo los teóricos estaban más o menos convencidos de la relación $b \rightarrow c$ (Krashen, 1982; Long, 1983), los investigadores estaban interesados en demostrar la relación $a \rightarrow b$ que permitiría el establecimiento de la relación indirecta entre la negociación y la ASL (mostrada en el paso 3). Como se observa en la tabla 6.2, Pica y sus colegas examinaron la comprensión de hablantes no nativos bajo dos condiciones: *input* premodificado (especialmente simplificado) sin posibilidad de negociación, frente a *input* sin modificar (producido por hablantes nativos) con negociación espontánea (Pica, Doughty y Young, 1986; Pica, Young y Doughty, 1987).

En comparación con el texto de instrucciones que había sido previamente modificado por los investigadores, las instrucciones espontáneas negociadas por los sujetos contenían un número significativamente mayor de repeticiones y paráfrasis de los desencadenantes de las interrupciones de comunicación. Además, la comprensión del grupo de negociación fue significativamente mejor, y se descubrió que tres cuartas partes de las instrucciones que se comprendían mejor cuando habían sido modificadas a través de la interacción contenían una negociación considerable. Estos descubrimientos reforzaban la afirmación de que la negociación facilita la comprensión de la L2 de forma más efectiva que la modificación del *input*, y que, al menos por una vez, podía afirmarse que la negociación estaba relacionada, bien que indirectamente, con la ASL.[9]

4.2. La negociación del significado y la adquisición

Aunque la comprensión es, sin duda, *uno* de los procesos importantes en la adquisición, los investigadores no se sintieron totalmente satisfechos con este acercamiento indirecto a la hora de establecer una conexión clara entre negociación y adquisición por medio de la comprensión. Prefirieron, por ello, buscar más pruebas directas de que la negociación en la interacción conduce a la ASL. A continuación

Tabla 6.2. *Promoción de la comprensión del* input

Grupos	Condiciones
Input modificado	+ modificación del *input*; – interacción
Negociación	– modificación del *input*; + interacción

formularon la hipótesis de que con la negociación, además de un incremento de la comprensión, los aprendices también obtienen información específica acerca de cómo reestructurar[10] las gramáticas de su interlengua, a través de las comparaciones cognitivas que surgen en la solución de las interrupciones de comunicación en la lengua meta. Más concretamente, a medida que los aprendices emiten mensajes en la lengua meta, esta comunicación implica la retroalimentación necesaria para facilitar la comprensión y la producción. Y esta retroalimentación es lo que proporciona al aprendiz información acerca de la distancia de su interlengua a la lengua meta (Pica *et al.*, 1989). En su «hipótesis del *output* comprensible», Swain (1985) afirmó que las oportunidades de producir *output comprensible* como respuesta a una retroalimentación acerca de enunciados inicialmente incomprensibles (denominado *pushed output*», «producción empujada») son tan importantes para el desarrollo de la interlengua del aprendiz como las oportunidades de comprender el *input*. En el mismo sentido, White (1989), en su propuesta de una «hipótesis del *input* incomprensible», insistió en que lo que finalmente conduce al desarrollo de la interlengua es lo que hacen los aprendices para resolver su falta de comprensión.

El primer paso para establecer una conexión más directa entre negociación y ASL consistió en documentar la existencia de oportunidades para que se den comparaciones cognitivas cuando los hablantes nativos o no nativos modifican su discurso en beneficio de su interlocutor, así como cuando la producción comprensible revela que los aprendices modifican su propia producción en la dirección de la lengua meta gracias a la ayuda de la retroalimentación que proporcionan sus interlocutores. Pica y sus colaboradores (1989) han descrito en profundidad la reestructuración de la interlengua y la lengua meta por parte del aprendiz y del interlocutor, descubriendo que tanto los hablantes nativos como los aprendices son capaces de modificar su discurso para hacerlo más comprensible. Esta modificación puede realizarse semánticamente, por medio de la repetición, la paráfrasis u otros movimientos de elaboración, y/o sintácticamente, mediante la segmentación de las unidades de su interlengua por medio de un énfasis especial, de un movimiento o de un aislamiento. A través de tales modificaciones, el *input* se transforma en datos que son perceptibles para los procesos de adquisición de la lengua y los aprendices reciben una retroalimentación que les ayuda a modificar sus propios intentos de producción de la interlengua.

A partir de la hipótesis que defiende que la comprensión y la producción durante la negociación (y la reestructuración de la interlengua que éstas implican) son procesos de adquisición de gran importancia, el objetivo de la investigación de la interacción consistió en avanzar desde la descripción detallada de secuencias de negociación hacia la documentación de la conexión directa, ya no la inferida de forma lógica, entre dichos procesos. Dos tipos de estudios han sugerido, hasta el momento, que la negociación puede contribuir al desarrollo de la interlengua. Por ejemplo, en un estudio sobre la adquisición de vocabulario y locativos de doble sustantivo producidos por aprendices de japonés como L2 (Loschky, 1994) se investigó sobre los efectos de la negociación tanto en la comprensión como en la adquisición (operacionalizados como las mejoras que se observan en los postests). Los aprendices realizaron tareas de completar vacíos de información durante cinco días en unas condiciones diseñadas tanto para exponerles a *input* sin modificar como a *input* modificado (sin interacción en ambos casos), así como a la interacción negociada (la combinación de *input* sin modificar e interacción) (véase la tabla 6.3).

La adquisición se midió a partir de los avances observados en el reconocimiento de 32 elementos léxicos —considerándose este reconocimiento «de forma general como la primera etapa en la adquisición de vocabulario» (Teichroew, 1982, citado en Loschky, 1994, p. 308)— y en la verificación de los locativos en la oración, ya que la verificación «ha venido siendo usada para medir el procesamiento gramatical receptivo» (Fraser, Bellugi, y Brown, 1963, citados en Loschky, 1994, p. 308). Loschky afirmó que sin el factor de producción, fuente potencial de confusión, el reconocimiento y la verificación son medidas claras y directas de la relación entre la comprensión y la adquisición. Los resultados de este estudio replicaban el hallazgo anterior de que la negociación facilita la comprensión inmediata mejor que aquellas condiciones que no implican interacción (Pica, Young y Doughty, 1987). Loschky demostró también que el *input* previamente modificado no facilitaba la comprensión más que la condición sin modificación que servía de control, confirmando las observaciones de Pica y sus colaboradores de que la mera simplificación del *input* previa a la interacción no es beneficiosa.[11] Sin embargo, en contra de lo que predecía la hipótesis de la interacción, este estudio no pudo demostrar que la comprensión inmediata conduzca directamente a la adquisición, ya que los tres grupos realizaron idéntico progreso en su adquisición de vocabulario y de los locativos. Una explicación posible para ello es que el reconocimiento y la verificación no eran medidas de adquisición suficientemente estrictas para separar los efectos de la exposición (condición control), la modificación del *input* y la negociación.

La segunda línea de estudio se proponía establecer la conexión directa entre la negociación y la ASL utilizando una metodología diferente: buscando ejemplos de lenguaje negociado con anterioridad en producciones posteriores. En otras palabras, los efectos de la negociación en la ASL se examinaron comparando las modificaciones inmediatas en la negociación y la posterior producción tras la negociación; esto es, en la siguiente oportunidad de producir el mismo elemento que había sido negociado. En un análisis inicial y simple del discurso de la negociación durante una tarea comunicativa, Gass y Varonis (1989) descubrieron que algunos casos de negociación, que tenían lugar pronto en la conversación y tenían como resultado la modificación de la producción por parte del aprendiz en la dirección de la lengua meta, volvían a aparecer después de unos veinte turnos en la misma conversación, cuando se daba otro contexto para el uso del mismo elemento. Pero estos resultados no fueron plenamente confirmados por Doughty (1992) en su análisis del discurso recogido tras un año de estudio de la interacción en la clase, y en especial de las oportunidades

TABLA 6.3. *Efectos de la negociación en la comprensión y la adquisición*

Grupos	Condiciones
Control	− modificación del *input*; − interacción
Input modificado	+ modificación del *input*; − interacción
Negociación	− modificación del *input*; + interacción

subsiguientes para emplear formas previamente modificadas durante la negociación. Éstas revelaron que los aprendices usaban tanto la forma original de su interlengua como la forma modificada, lo cual pone en duda si un caso de negociación puede afectar de forma permanente a la interlengua en proceso de desarrollo, y plantea la pregunta de cuánta negociación se necesita para que se produzca la adquisición.

Como ninguno de estos estudios de análisis del discurso empleaba una metodología que pudiera considerarse siquiera cuasi experimental, sus resultados no pueden considerarse concluyentes. En otro estudio, Gass y Varonis (1994) introdujeron dos innovaciones fundamentales al diseño de la investigación que intenta medir los efectos de la negociación en la adquisición, uno de ellos relacionado con la naturaleza del *input* modificado y el otro con una medición más precisa de la ASL. Con este complejo diseño compararon los efectos de la modificación del *input* y de la negociación en la comprensión, para luego intentar aislar los efectos de la negociación en las producciones del aprendiz. Para ello se emparejaron hablantes nativos y no nativos, y se les asignó a situaciones distintas en cuanto al *input* y a la interacción, a lo largo de dos pruebas (véase la tabla 6.4).

En la primera prueba, los hablantes nativos proporcionaron las instrucciones, y los no nativos realizaron una tarea que implicaba la colocación de objetos en un escenario. La mitad de los hablantes nativos leyeron las instrucciones previamente modificadas, y la otra mitad sin modificar. En cada una de esas dos condiciones del *input* se asignó a las parejas las condiciones de + interacción o – interacción.

En la segunda prueba se intercambiaron los roles, los hablantes no nativos dieron las instrucciones, mientras que los nativos realizaron la tarea. Una vez más se dividieron los grupos en + interacción o – interacción para poder apreciar los efectos en la prueba 2 de la interacción previa, así como los de la modificación del *input* en la prueba 1.

Los resultados revelaron que tanto la modificación del *input* como la negociación tuvieron un efecto en la realización inmediata de la tarea. Cuando el hablante nativo era el que proporcionaba las instrucciones (prueba 1), ambas condiciones conducían a una mayor comprensión por parte del no nativo, según pudo medirse

TABLA 6.4. *Efectos de la modificación del* input *y la negociación en la comprensión*

Prueba	Condiciones
1	– modificación del *input*; – interacción (A)
	– modificación del *input*; + interacción (B)
	+ modificación del *input*; – interacción (C)
	+ modificación del *input*; + interacción (D)
2	(A) – interacción
	(A) + interacción
	(B) – interacción
	(B) + interacción
	(C) – interacción
	(C) + interacción
	(D) – interacción
	(D) + interacción

por el grado de éxito en la realización de la tarea. La oportunidad previa de interactuar, a su vez, permitió a los hablantes no nativos proporcionar mejor las instrucciones en la prueba 2 subsiguiente, como también mostró el grado de éxito de los hablantes nativos en la prueba. No obstante, y sorprendentemente, la condición + interacción de la prueba 2 no favoreció *por sí misma* a los aprendices de ese grupo, un hallazgo inconsistente con los resultados de los efectos de la prueba 1, y con investigaciones anteriores. Por lo que se refiere a la modificación del *input*, cuando las instrucciones iniciales incluían *input* modificado el hablante no nativo era capaz de comprenderlas mejor, pero seguidamente estaba menos preparado que el no nativo que había oído *input* sin modificación alguna para ofrecer instrucciones precisas. Así, el *input* modificado puede ayudar a la comprensión a corto plazo por parte del hablante no nativo, pero puede constituir un impedimento para la producción lingüística posterior. Finalmente, aunque el estudio estaba específicamente diseñado para demostrar que el lenguaje negociado es, efectivamente, adquirido, no se encontraron ejemplos de lenguaje negociado durante la prueba 1 ni en la prueba 2.

Para resumir lo dicho hasta el momento, algunos estudios han replicado de forma consistente el descubrimiento de que el *input* modificado por medio de la interacción favorece en mayor medida la comprensión del aprendiz que el procesamiento del *input* modificado sin interacción, tal y como afirmaron originalmente Pica, Young y Doughty (1987). Por ahora, éste parece ser un resultado bastante claro ya que, mientras que en el estudio de Pica, Young y Doughty (1987) el *input* había sido modificado previamente por los investigadores, el estudio de Gass y Varonis (1994) ofrecía la mejora metodológica de que el *input* previamente modificado había sido grabado durante la interacción natural entre los hablantes nativos y no nativos. Este avance en la investigación explica probablemente por qué la modificación del *input* en la prueba 1 facilitaba, al menos a corto plazo, la comprensión. No obstante, aunque Gass y Varonis proporcionaron oportunidades para la negociación (prueba 1) y contextos para la producción posterior (prueba 2), no se encontraron casos de adquisición, dejando sin establecer de forma definitiva la existencia de una relación directa entre negociación y adquisición.

Es importante señalar que las oportunidades para la negociación no tienen por qué constituir automáticamente interacción negociada, ya que los aprendices no necesariamente aprovechan la oportunidad brindada por las condiciones de la investigación. En otras palabras, quizá se tenga que hacer algo más que asignar sujetos a las condiciones de +/- interacción, y examinar el número de oportunidades de negociación disponibles en el discurso y contabilizar el número de secuencias de negociación que se producen. La tarea empleada en la prueba 2 en Gass y Varonis era diferente de la de la prueba 1, así que es posible que no se dieran contextos naturales en los que utilizar el lenguaje adquirido.[12] Una explicación alternativa, si se había producido negociación pero no adquisición en el estudio de Gass y Varonis, es que las modificaciones producidas en la interacción no sean efectivas de forma instantánea y, por tanto, necesiten tiempo para aparecer como formas adquiridas, tal y como sugieren los propios investigadores.

El hecho de que los hablantes nativos no tuvieran una mejor comprensión como resultado de la condición de interacción en la prueba 2 de Gass y Varonis no dejaba de ser sorprendente, y tenía que ser verificado. Para resolver las dificultades de encontrar la relación directa entre la negociación y la ASL, Dougthy (1996a) replicó parte del estudio de Gass y Varonis, pero dando más importancia a la parte del diseño del estudio relacionada con el examen de los efectos de la modificación interaccional en la adquisición de lenguas. Para ello aumentó el número de pruebas de dos a tres, realizó el esfuerzo de emparejar las tareas,[13] y midió las oportunidades reales de negociación. El objetivo era poder corroborar los beneficios de la interacción para la comprensión en L2 que se habían observado anteriormente. Por último, con objeto de proporcionar un contexto apropiado para la aparición posterior de elementos de la L2 modificados por la interacción (en caso de que se necesite tiempo para su asimilación), se añadió una tercera prueba al experimento que se realizó una semana después de la segunda (véase la tabla 6.5).

Con el objetivo de comprobar directamente si superar los fallos de la comunicación por medio de la negociación beneficia la ASL, el análisis de los datos se centró precisamente en la valoración de la relación entre las oportunidades para la negociación, las secuencias de negociación reales, y la aparición posterior de elementos de lenguaje negociado en el transcurso de la misma prueba o en pruebas posteriores. En otras palabras, era muy importante asegurarse de que el éxito de los sujetos en la tarea estaba de alguna forma relacionado con su experiencia en la interacción durante dicha tarea,[14] más que al mero éxito en la realización de la prueba en sí. Los resultados de este estudio muestran una clara ventaja del grupo de negociación en las tres tareas cuando el sistema de puntuación tomó en cuenta aquellos componentes de la tarea que habían sido descritos por los hablantes no nativos, solucionando quizá el misterio de la ausencia de efecto de la interacción durante la prueba 2 del estudio de Gass y Varonis. Posteriormente se realizó otro estudio para replicar el anterior (Polio y Gass, 1998), que empleó procedimientos de medición más refinados y confirmó los descubrimientos anteriores de que la interacción sí tiene un efecto en la comprensión de la L2.

A fin de abordar la cuestión más importante, si la condición + interacción favorecía las secuencias de negociación que a su vez conducían a la adquisición (en oposición al simple suministro de oportunidades para la negociación), Doughty (1996a) examinó tanto la cantidad como la calidad de la interacción producida durante las tareas. Los resultados son sorprendentes. Aunque los aprendices en el grupo de negociación alcanzaron una mayor comprensión, como demostraba un grado de éxito superior en la consecución de la tarea, se produjo poca modificación interaccional en el

TABLA 6.5. *Modificación de Gass y Varonis (1994)*

Prueba	Condiciones
1	– modificación del *input*; – interacción (A)
	– modificación del *input*; + interacción (B)
2	(A) – interacción
	(B) + interacción
3	(A) – interacción
	(B) + interacción

discurso general (entre menos del 1 % para muchos sujetos, a un máximo del 17 % en una tarea de un sujeto concreto). Tales resultados señalan la importancia de documentar, más que asumir, que efectivamente se ha producido negociación de significado. A pesar de la pequeña cantidad de discurso modificado a través de la interacción es posible que, allí donde ocurrieran, las modificaciones de la interacción fueran suficientes para orientar la producción del hablante no nativo hacia la lengua meta. Así, para determinar si algún elemento de ese lenguaje negociado afectaba a las producciones siguientes de los hablantes no nativos, cada uno de los desencadenantes constituyó la base de una búsqueda (de tipo *Boolean*) de apariciones posteriores de un elemento modificado por la interacción o de la primera versión no modificada. Esta búsqueda se llevó a cabo en el resto de transcripciones de las pruebas en las que se había dado modificación, así como en todas las transcripciones de las pruebas posteriores. Una vez más, los resultados son sorprendentes. De la ya pequeña cantidad de rasgos del lenguaje modificados a través de la interacción, menos de la mitad presentaba algún tipo de cambio, pero —lo que es más importante— sólo una parte de ellos aparecía modificada por los hablantes no nativos o los nativos *en la dirección* de la lengua meta. Con mayor frecuencia, los hablantes no nativos modificaban la producción de los nativos alejándola de la lengua meta, o los nativos simplemente aceptaban las producciones de los no nativos sin modificarlas. Finalmente, aunque este estudio demuestra, un vez más, que la negociación es útil a la hora de promover la comprensión, sólo una pequeñísima parte de los rasgos del lenguaje que se modificaron acercándose a la L2 se usan después *sólo* de manera modificada durante el resto de la tarea, o aparecen así una sola vez en pruebas posteriores.

Resumiendo, aunque Doughty (1996*a*) centró su atención en el discurso para descubrir los posibles efectos de la negociación en la reestructuración lingüística manifiesta en contextos posteriores, encontró pocos elementos lingüísticos previamente negociados. Tres son las posibles explicaciones. En primer lugar, a pesar del cuidado que se empleó en la elaboración de las tareas, éstas pueden haber supuesto algún obstáculo para las modificaciones que implican ajustes lingüísticos. Es más, quizá deba producirse una cierta concentración de modificaciones por interacción antes de que se puedan observar sus efectos. Por otro lado, si las tareas eran apropiadas, quizá se necesitaba un período de tiempo de modificaciones más extenso para que se observaran cambios más duraderos en la interlengua de los sujetos. De hecho, Mackey (1995, 1999) encontró un efecto positivo de la negociación en la adquisición de preguntas en inglés como L2 cuando las tareas tenían como objetivo las características de la interrogación, y los aprendices se hallaban preparados evolutivamente para la adquisición de la interrogación. De todos modos, sólo un estudio longitudinal puede descubrir si tales efectos son duraderos. Finalmente, pudiera ser que la modificación por interacción resulte *sólo* directamente beneficiosa para la comprensión de la L2 y que el modelo conversacional de adquisición de lenguas sea demasiado potente. En otras palabras, es posible que exista una relación más sutil, compleja, y aún no descrita, entre la comprensión, la negociación y la adquisición.

5. La negociación de la forma

La conclusión provisional de bastantes investigadores es que la negociación de significado, aunque de alguna forma beneficiosa para la adquisición del lenguaje (especialmente en lo que se refiere a la comprensión de la L2), no es el único proceso implicado en la ASL. Es decir, con respecto a la reestructuración de la interlengua hacia la lengua meta, la negociación del significado puede no ser suficiente para proporcionar una explicación completa. Lightbown (1992) afirma que los estudiantes de clases comunicativas (donde presumiblemente tiene lugar mucha interacción) tienen problemas para obtener suficiente «*input* de calidad», y sugiere que esta dificultad se debe a que los aprendices no pueden filtrar el diverso *input* disponible en el aula separando lo que es *input* de calidad de lo que no lo es.

Algunos estudios recientes han comenzado a proponer que incluso en los contextos más ricos para el aprendizaje de lenguas, como los programas de inmersión o los que están basados en el contenido, los aprendices no adquieren totalmente una habilidad «de nativo». Por ejemplo, estudios sobre programas de inmersión en francés en Canadá han puesto al descubierto lo que se ha dado en llamar un «registro de aula» o un «*pidgin* de aula» (Swain y Lapkin, 1989). Es cierto que tras un período de inmersión virtual en la segunda lengua de siete a diez años (durante la educación primaria y secundaria), los hablantes anglófonos hablan francés mucho más fluidamente que alumnos que han estudiado francés de una forma más tradicional. Sin embargo, algunas características de su discurso aún distan de la lengua meta y parecen haberse estabilizado en su forma «de aula». Un buen ejemplo es el del género nominal: quizá porque no existe la suficiente presión comunicativa para marcar el género de los nombres con el determinante apropiado, los estudiantes de inmersión no se molestan en hacerlo (Harley y Swain, 1984). Estos resultados y propuestas nos llevan al problema que ocupa actualmente el interés de muchos investigadores de la interacción social en la ASL: aunque el enfoque comunicativo ha supuesto un claro avance para la enseñanza de lenguas, el hecho de centrarse exclusivamente en facilitar la negociación del significado no permite a los aprendices de segunda lengua alcanzar niveles de nativo, incluso después de largos períodos de inmersión en la segunda lengua. Se da una cierta carencia en lo que respecta a las características formales del lenguaje, particularmente aquellas que no son obligatorias para la comunicación. Así, el modelo de negociación del aprendizaje incidental de la forma, ya sea a través del *input* comprensible o del *output* comprensible, no es suficientemente explicativo. Con respecto a las consideraciones prácticas del lenguaje del aula, parece interesante descubrir cómo se puede conseguir que los aprendices adquieran formas lingüísticas que posiblemente pasan desapercibidas en el contexto de la interacción comunicativa y que pueden parecer innecesarias (al menos desde el punto de vista del aprendiz). Esto sería particularmente importante en contextos de aprendizaje avanzado donde el alcanzar una competencia de nativo se considera un objetivo importante.

Un avance reciente en el modelo de negociación es el énfasis que se pone en los beneficios de la producción durante el discurso en colaboración (Swain, 1995). Para Swain, la producción no es simplemente una medida de la ASL, sino que cumple diversas funciones que forman parte del proceso de ASL (Swain, 1995). Swain propone que en una situación de falta de comprensión los aprendices tienen tres posibilidades:

1) Los aprendices pueden detectar o notar la existencia de un vacío entre lo que quieren y lo que pueden decir, y esto les lleva a darse cuenta de lo que no saben, o de lo que sólo saben en parte (la importante función de la producción «empujada» o inducida).

2) La producción puede ayudar a comprobar una hipótesis que puede llevar a los aprendices a «re-procesar» (función de comprobación de hipótesis) (1995, p. 126).

3) A medida que los aprendices reflexionan acerca del uso que ellos mismos hacen del lenguaje, su producción cumple una función metalingüística, lo cual les permite controlar e interiorizar el conocimiento lingüístico (la función de reflexión consciente).

Así, además de favorecer la fluidez, la producción tiene tres funciones adicionales con las que ayuda a los aprendices a acercarse cada vez más a la forma correcta en la L2. Un estudio en el que Swain y Lapkin (1995) emplearon un análisis del tipo «pensar en voz alta» sobre los procesos de redacción en L2 proporciona pruebas que demuestran que los aprendices son efectivamente capaces de detectar estos vacíos y formular hipótesis acerca de cómo llenarlos. Swain y Lapkin afirman que estos procesos cognitivos de detección y comprobación generan un nuevo conocimiento lingüístico al tiempo que consolidan el conocimiento preexistente (véase también Ortega, en este volumen). Estas afirmaciones, claro está, deben aún ser comprobadas empíricamente. La tercera función de la producción es lo que Swain y otros autores en ocasiones denominan «negociación acerca de la forma» (Lyster, 1998; Swain, 1995). En este tipo de negociación, los aprendices reflexionan conscientemente sobre el lenguaje. Para investigar esta función metalingüística de la producción, Swain y sus colegas emplearon una tarea de dictoglosia en combinación con la técnica de recogida de datos por medio del análisis «de pensar en voz alta». La dictoglosia funciona así:

> La profesora prepara un texto corto y denso que trata de un tema que habían visto previamente en clase y que incluye características de la gramática que ella había repasado recientemente. El texto se lee a los estudiantes, en voz alta, dos veces a velocidad normal. Mientras se está leyendo, los estudiantes anotan palabras y frases conocidas. A continuación los estudiantes trabajan en parejas para reconstruir el texto a partir de sus notas. Se espera que reconstruyan el texto lo más correctamente posible, tanto con respecto al contenido como a la gramática (Swain, 1995, p. 133).

El esfuerzo de colaboración de los estudiantes para reconstruir el texto aporta los datos para investigar la función metalingüística del *output*. A partir del trabajo de un estudiante graduado (LaPierre, recogido en Swain, 1995), Swain observa los primeros indicios de que la negociación de la *forma lingüística* pueda dar como resultado el aprendizaje de lenguas. Tal interpretación es posible gracias a la innovación en el diseño que introduce LaPierre, consistente en la elaboración de postests específicos para cada pareja a partir de las transcripciones de la interacción de la dictoglosia. LaPierre predijo que cuando se diera con la solución correcta durante la negociación de la forma en la dictoglosia, ello se reflejaría en una mayor corrección en el postest específico. En consecuencia, cuando la negociación de la forma condujera a una solución incorrecta del problema lingüístico sería más probable que los aprendices retuvieran esta información incorrecta acerca de la lengua meta. Aunque no pueden hacerse afirmaciones rotundas, puesto que el diseño de la investigación no incluía un pretest del conocimiento lingüístico negociado metalingüísticamente, los resultados indicaron que, de las 140 negociaciones que llevaban a las soluciones acertadas, el 80 % volvía a ser correcto en el postest, y que, de las 21 negociaciones que condujeron a una solución errónea, el 70 % volvían a ser incorrectas en los postests (Swain, 1995, p. 140). Se desprenden claras implicaciones pedagógicas de la negociación de la forma, si la corrección se considera objetivo pedagógico. Esto puede resultar particularmente útil, ya que cuando los aprendices se centran por completo en los objetivos de la tarea pueden lograr el nivel adecuado de comprensión sin alcanzar necesariamente el 100 % de corrección en la lengua meta.

6. La atención a la forma

Aunque existe un acuerdo general en afirmar que a veces la corrección es un objetivo importante para la adquisición de lenguas dentro del aula, no está tan claro *de qué manera* las técnicas de clase y las tareas puedan ayudar a los aprendices a aproximarse a la lengua meta, sin recurrir a listas de reglas gramaticales y/ o paradigmas descriptivos de las estructuras lingüísticas. Long (1991) ofrece la siguiente definición de «atención a la forma» *(focus-on-form)*, que distingue este tipo de atención a la *forma lingüística* en el contexto de la comunicación significativa del aislamiento de formas tan característico de la enseñanza tradicional basada en la gramática:

> ... mientras el contenido de las lecciones centradas en las *formas* es las *formas* mismas, un programa centrado en la *forma* enseña algo más —biología, matemáticas, práctica en talleres, reparación de automóviles, la geografía de un país donde se habla la lengua extranjera, las culturas de sus hablantes, etcétera— y dirige abiertamente la atención de los estudiantes a elementos lingüísticos según éstos aparecen incidentalmente en lecciones centradas en el significado o la comunicación (Long, 1991, pp. 44-45).

En la enseñanza de lenguas se puede prestar atención a la *forma lingüística* por medio de una gran variedad de intervenciones pedagógicas, que van desde la explicación más explícita de reglas metalingüísticas hasta el relieve más implícito del *input* visual. Los argumentos en contra de los procedimientos más explícitos se centran en el miedo de que desaparezca la fluidez (que ha sido la aportación más importante de los enfoques comunicativos a la adquisición de lenguas en el aula), puesto que en tales procedimientos la lengua se convierte en el objeto más que en medio de discusión. Así, las técnicas implícitas de atraer la atención a la *forma lingüística* son, en principio, más viables porque su objetivo es *añadir* atención a la forma en una tarea primordialmente comunicativa (Long, 1991; Long y Robinson, 1998), en lugar de *alejarse de* un objetivo comunicativo para discutir una característica lingüística. Pero ¿cómo se puede atraer la atención del aprendiz hacia la *forma lingüística* durante la comunicación?

Una cierta idea la proporcionan recientes estudios de adquisición del lenguaje infantil que concluyen que la atención es importante para la adquisición del lenguaje: «el único material lingüístico que puede figurar en la construcción del lenguaje [esto es, en su desarrollo] son fragmentos de habla que atraen la atención del niño suficientemente para ser advertidos y retenidos en la memoria» (Slobin, 1985). Hasta el momento, un gran número de estudios sobre adquisición infantil han mostrado que aquello que los niños adquieren pronto son las características más perceptibles del lenguaje, como los principios y finales de palabras o los elementos producidos con más énfasis (Slobin, 1985, 1992). Los hallazgos de estos estudios han llevado a los investigadores de la ASL a proponer que cierto tipo de atención a la forma (o *noticing*) es necesario para el aprendizaje de la L2 (Schmidt, 1990, 1992; en prensa). Si esto es así, es importante determinar empíricamente cuándo y cómo la atención a la *forma lingüística* puede beneficiar a los aprendices de una lengua en el aula.

Existe un considerable número de investigaciones que abordan la cuestión de cómo puede dirigirse la atención del estudiante hacia la forma (véase, para una revisión, Doughty y Williams, 1998*a* y *b*). A continuación se presentan dos ejemplos más de procedimientos de atención a la *forma lingüística* que han evolucionado a partir del concepto de negociación del significado, a fin de proporcionar una idea real de cómo esa atención a la forma puede ser incorporada a la interacción negociada para conseguir un efecto mayor en la adquisición. No olvidemos que todas las técnicas de atención a la *forma lingüística*, incluidas estas dos, tienen en común el importante objetivo de conseguir que los aprendices adviertan ciertos rasgos de la lengua meta y vacíos en su interlengua. Consideramos ahora las técnicas de relieve de la interacción y reformulación.

Aunque se advierte claramente en la recomendación de Long el intento de constructo teórico del concepto de atención a la forma, los procedimientos y las tareas están todavía por especificar y comprobar empíricamente. Tres criterios específicos para la elaboración de una tarea que atraiga la atención de los aprendices a la forma pueden extraerse de la recomendación de Long:

— El objeto de atención debe surgir de forma casual durante una clase centrada, por lo demás, en el contenido.

— El objetivo principal («predominante», en términos de Long) debe continuar siendo el significado o la comunicación.

— El profesor debe dirigir la atención de los estudiantes hacia la *forma lingüística* antes de arriesgarse a que éstos se fijen en ella sin ayuda pedagógica.

El relieve de la interacción es una técnica moderadamente implícita de atención a la forma diseñada para ser integrada en una enseñanza comunicativa (Muranoi, 1996, en preparación). Se desarrolló a partir de la interacción estratégica que tiene lugar en escenas de interacción de resolución de problemas que crean contextos que llevan a los aprendices a utilizar la lengua meta en un discurso real (DiPietro, 1987). El relieve de la interacción acentúa la negociación del significado prestando cierta atención a la corrección gramatical. Al igual que la interacción estratégica, tiene tres fases: una fase de prueba, una de interpretación y una de evaluación posterior. Durante la fase de prueba, el profesor proporciona a la clase una escena que les plantea un problema que ha de resolverse por medio de la interacción (cada escena contiene varios contextos obligatorios para la aparición de una *forma lingüística* determinada). Los estudiantes forman parejas y se preparan para su intervención. Durante la segunda fase, un estudiante y el profesor representan la escena. El uso de una díada estudiante-profesor como pareja interpretativa distingue el relieve de la interacción con respecto a la interacción estratégica original en la que los roles sólo son interpretados por parejas de estudiantes. Esto constituye una ventaja para el relieve de la interacción porque el profesor necesita manipular la retroalimentación intencionadamente.

A la fase de interpretación le sigue la de evaluación posterior en la cual el profesor y los estudiantes (los que han intervenido y todos los demás) evalúan cómo se llevó a cabo la interacción. En la interacción estratégica de DiPietro, el centro de la evaluación posterior es el significado. Es decir, el grado de éxito en transmitir el significado es prioritario. Sin embargo, el relieve de la interacción añade la atención a la forma en esta fase de evaluación posterior. De esta manera, el relieve de la interacción supone una mejora respecto a la interacción estratégica y a la negociación de significado, puesto que el profesor dirige la atención de los estudiantes hacia una *forma lingüística* particular en el contexto de la interacción estratégica comunicativa. En otras palabras, el relieve de la interacción es una intervención pedagógica en la cual el profesor fuerza la producción de los aprendices y les proporciona modificaciones por interacción muy precisas, para llevarles a notar una falta de correspondencia entre la gramática de su interlengua y la gramática de la lengua meta, y a modificar las incorrecciones de su producción dentro del marco de la interacción estratégica.

En un estudio sobre la eficacia del relieve de la interacción, Muranoi (1996) solicitó repeticiones cada vez que un estudiante, que representaba situaciones de quejas sobre un alquiler, producía errores de sobregeneralización del artículo indefinido, elemento que constituía el objeto del estudio. Según Muranoi, la petición de repeticiones tiene una doble función: señalar una forma incorrecta (relieve del *input*) y llevar al aprendiz a producir formas modificadas (relieve de la producción). Cada vez que el aprendiz no modificaba su producción tras recibir dos peticiones de repetición, el profesor proporcionaba una reformulación que presentaba la forma gramatical modificando lo que había producido el aprendiz (relieve de la interacción). En este estudio se asignó a los estudiantes diferentes tipos de evaluación posterior también, desde la más explícita discusión orientada a la *forma lingüística*, hasta la centrada en el significado. Los resultados de este estudio del relieve de la interacción son muy prometedores, ya que demostraron que la negociación dirigida puede resultar muy efectiva en la reestructuración de la interlengua. En primer lugar se descubrió que el relieve de la interacción, en el que los profesores de L2 proporcionaban retroalimentación formal dentro de una enseñanza interactiva basada en tareas, tenía un efecto positivo en la reestructuración del sistema del artículo en la interlengua de los aprendices de L2 (evaluada según su utilización de los artículos en nuevos contextos proporcionados por tareas de descripción de imágenes).[15] En segundo lugar, los resultados indicaron que el impacto del relieve de la interacción depende del tipo de evaluación posterior que sigue a la interacción estratégica: el relieve de la interacción unido a la atención a la forma durante la evaluación posterior tuvo un efecto mayor que el relieve de la interacción unido a la evaluación posterior centrado en el significado. También son interesantes el tercer y cuarto descubrimientos: el efecto positivo del relieve de la interacción en el aprendizaje del artículo indefinido tuvo repercusiones en el aprendizaje del artículo definido, menos marcado en el discurso; y el relieve de la interacción, realizado de forma oral, tuvo un efecto positivo no sólo en la producción oral de los aprendices, sino también en su producción escrita. Por último —y de gran interés para contextos de inglés como lengua extranjera, en los que lo normal es encontrar clases numerosas—, todos lo estudiantes, tanto los que participaron en el relieve de la interacción como los que sólo fueron observadores, mejoraron su dominio del sistema del artículo inglés (véase, sin embargo, Mackey, 1995, cuyos resultados fueron menos prometedores a este respecto).

Otra técnica centrada en la interacción —la reformulación durante actividades comunicativas— se beneficia de descubrimientos recientes del estudio de la interacción entre padres y niños en las que se da «evidencia negativa» (esto es, datos de la experiencia lingüística acerca de lo que *no* es posible en el lenguaje adulto), así como de observaciones de la aparición espontánea de tal evidencia en el aprendizaje de segundas lenguas y en el aula (véase Liceras y Díaz, en este volumen, para una visión diferente). Como es bien sabido, en debates entre investigadores del lenguaje infantil no hay consenso a la hora de delimitar con exactitud en qué consiste esta evidencia negativa que proporciona a los aprendices información acerca de la proximidad (o no) de sus propias hipótesis lingüísticas en relación a la lengua meta. Las primeras definiciones limitaban esta evidencia a prohibiciones o correcciones explícitas del lenguaje infantil, y, así definidas, no existía apoyo posible para el papel de la evidencia negativa en la adquisición del lenguaje infantil (Brown y Hanlon, 1970). Sin embargo, más recientemente se observa un esfuerzo común por parte de los investigadores del lenguaje infantil para reconceptualizar esta evidencia negativa de modo que sea consistente con la naturaleza del discurso dirigido a los niños, y para investigar cualquier correlación entre la evidencia negativa y la adquisición de lenguaje posterior. Aquí sólo podemos resumir brevemente los descubrimientos de la adquisición infantil con respecto al suministro de evidencia negativa por parte de los adultos, pero han constituido una fuente importante de motivación para los estudios de adquisición de la ASL que se presentan más adelante. Tres descubrimientos estadísticamente importantes en la investigación de la reformulación son:

— Es más probable que los adultos realicen una reformulación o soliciten una aclaración de las producciones mal construidas de los niños que de las bien construidas (Demetras, Post y Snow, 1987).

— Es más probable que reformulen producciones mal construidas que tienen sólo un error que aquellas que tienen muchos (Bohannon y Stanowitz, 1988).

— Es más probable que los adultos proporcionen «evidencia contrastiva específica» proporcionando (en sus reformulaciones) ejemplos de la forma sintáctica correcta o de pronunciación inmediatamente después de que se haya producido el error infantil (Bohannon y Stanowitz, 1988).

Estos resultados sugieren que los padres proporcionan información *sistemática* a los niños reformulando sus errores de un modo muy dirigido (por ejemplo, acerca de un solo error y proporcionando el modelo correcto). Por supuesto, puede aducirse que la mera documentación de suministro de evidencia negativa no es suficiente para probar su utilidad para la adquisición del lenguaje. En respuesta a este argumento, se ha demostrado que los niños *detectan* la información lingüística sobre la cual llaman su atención los adultos, y la *utilizan*, como demuestran los siguientes descubrimientos:

— Los niños demuestran su sensibilidad a la retroalimentación que les proporcionan sus padres al repetir con más frecuencia reformulaciones que repeticiones de los adultos[16] (Bohannon y Stanowitz, 1988; Farrar, 1992).
— Los niños imitan los morfemas gramaticales que aparecen en estas reformulaciones correctoras pero no imitan la información idéntica contenida en otras categorías de discurso (siendo todo ello evidencia positiva) (Farrar, 1992).
— Se ha demostrado que la retroalimentación de los padres está relacionada con la adquisición de morfemas específicos por parte del niño (Farrar, 1990).

Todos estos descubrimientos con respecto a la L1 sugieren que no sólo los adultos *proporcionan* evidencia negativa a los niños, sino que los niños *detectan* esta información y *hacen uso de ella* en su proceso de adquisición. Es más, el examen del discurso que se dirige a los niños demuestra claramente que el suministro de evidencia negativa a través de reformulaciones no interrumpe la comunicación entre los padres y el niño, sino que más bien se trata de algo secundario.

Dado que la reformulación es frecuente en la adquisición del lenguaje, y que los descubrimientos preliminares de los estudios sobre lenguaje infantil indican que dicha reformulación produce un efecto en el subsiguiente desarrollo de determinados rasgos reformulados por el adulto para el niño, tanto estudios experimentales como de adquisición de segunda lengua dentro del aula han comenzado a examinar la eficacia de la reformulación para la ASL por parte de niños y adultos. Se ha demostrado, por ejemplo, que no sólo la reformulación es una característica frecuente (entre otras) del discurso de tareas entre hablantes nativos y niños no nativos (25 % en total), sino que los niños no nativos pueden utilizar en sus subsiguientes producciones la información proporcionada por las reformulaciones (en aproximadamente un 35 % de las ocasiones, Oliver, 1995). Además, en las aulas de L2 se ha observado que entre un cuarto y un tercio de toda la retroalimentación que proporciona el profesor a los alumnos adultos es correctiva, independientemente del tipo de tarea que se realice, y que los profesores con frecuencia prefieren utilizar dos tipos concretos de respuesta: la corrección de producciones con un solo error y la continuación del mismo tema tras las producciones sin errores del aprendiz (Doughty, 1994*a*).

Las reformulaciones son interesantes como técnicas de atención a la forma, especialmente porque satisfacen el requerimiento propuesto por Long de no obstrucción de la intervención pedagógica en la actividad comunicativa. Asimismo, esta línea de investigación resulta bastante prometedora, ya que son coincidentes tanto los resultados de estudios experimentales como de estudios dentro del aula. Para ejemplificar esta perspectiva de investigación complementaria presentaremos en detalle tres estudios representativos. El primero de ellos es un estudio experimental comparando los efectos de la reformulación con los del suministro de modelos, el segundo es un estudio dentro del aula que compara los efectos de la reformulación con los de un tratamiento de control, y el tercero es otro estudio experimental sobre una cuestión que queda sin respuesta en el estudio del aula. La pregunta general es básicamente la misma en los tres estudios: ¿son capaces los estudiantes de percibir y utilizar la retroalimentación negativa implícita (es decir, las reformulaciones) durante la comunicación basada en tareas? Aunque, como se dijo con anterioridad, se ha demostrado que los niños detectan y emplean tales reformulaciones, se ha afirmado con frecuencia que los aprendices no reconocen las diferencias entre los diversos tipos de movimientos en el discurso del profesor (Allen *et al.*, 1990; Lyster, 1998). Esto puede deberse a que, en comparación con las reformulaciones realizadas por los padres, los profesores responden mucho más a menudo a las producciones del aprendiz (por lo general, interviniendo uno de cada dos turnos de la interacción dentro del aula; esto es, el 50 % del tiempo total), y muy a menudo no ajustan sus respuestas a enunciados con un único error, como hacen los padres. Así, no es sorprendente que los investigadores de la ASL hayan sido precavidos con respecto a la eficacia de la retroalimentación de los profesores. En consecuencia, estudios recientes han buscado maneras de permitir a los aprendices detectar la intención de la retroalimentación del profesor sin recurrir al comentario metalingüístico. La forma en que esto se produce en los tres estudios presentados implica la restricción de la retroalimentación a uno o dos problemas de aprendizaje, y que ésta se dé sólo cuando surgen estos problemas durante actividades comunicativas.

El primer estudio experimental que demuestra la efectividad de tales reformulaciones es el reciente trabajo de Ortega y Long (1997), quienes han demostrado que las reformulaciones son superiores a los modelos a la hora de favorecer la adquisición de la posición del adverbio en español como lengua extranjera (al menos a corto plazo) (véase también Ortega, en este volumen). Los sujetos del estudio tenían que desarrollar una actividad en la cual dirigían al investigador a describir objetos en una escena, a partir de unos mensajes grabados que los sujetos oían por medio de unos auriculares y repetían. En el ejemplo siguiente se muestra un modelo frente a una reformulación:

4) **Modelo:**
   Mensaje: Elena toma a veces café
   HNN: (repite) Elena toma a veces café
   HN: (respuesta no verbal: asiente)

   Reformulación:
   Mensaje: a veces
   HNN: (repite) Elena toma café a veces
   HN: Elena toma a veces café, ¿sí? Mhmm

Los resultados de este estudio no revelaron ningún tipo de aprendizaje por parte del grupo control y mostraron que los estudiantes que habían escuchado reformulaciones de producciones que contenían posición de adverbios obtenían puntuaciones en los postests de posición de adverbios significativamente superiores a las de los que recibieron modelos. Más de la mitad de los sujetos que presentaron un avance fueron capaces de colocar nuevos adverbios correctamente en el postest.[17] Por otra parte, en una entrevista sobre el tema, cuando se les preguntaba si habían aprendido algo nuevo, la mitad de los estudiantes de este grupo podían formular y explicar correctamente y de forma explícita la regla sobre el orden de posición de los adverbios en español.

Aunque los resultados del estudio de reformulación experimental son realmente alentadores existen dos problemas en esta investigación: no se realizaron postests retardados, y el tratamiento se realizó bajo un alto control sujeto por sujeto, reduciéndose con esto la validez ecológica de los resultados. Sin embargo, los resultados han sido corroborados independientemente por el estudio de un grupo control no equivalente, que utilizaba dentro del aula los mismos principios de centrarse en uno o dos rasgos de la L2 y de proporcionar reformulaciones para casi todos los errores de los aprendices (Doughty y Varela, 1998). Más concretamente, con objeto de investigar si la atención incidental a la *forma lingüística* en una tarea natural sería o no factible y efectiva en el contexto de una clase centrada en el contenido (y, por lo tanto, esencialmente centrada en el significado), Doughty y Varela formaron un equipo de profesora-investigadora e intentaron implementar este enfoque en una clase de ciencias impartida en inglés como segunda lengua. Se trataba de un contexto ideal para la puesta en práctica de una técnica implícita de atención a la forma, puesto que el objetivo principal de estas clases era la enseñanza del programa de ciencias.

Con el fin de diseñar los materiales y procedimientos para este estudio, la profesora observó su propia clase durante un período de dos semanas con dos objetivos. En primer lugar, tomar nota del estado de la interlengua de sus estudiantes durante un cierto período de tiempo para poder identificar un rasgo del inglés de cuya producción más correcta pudiera potencialmente beneficiarse la mayoría de los estudiantes. En segundo lugar, recomendar una tarea que proporcionara un contexto natural y esencial para el uso de esa forma (Loschky y Bley-Vroman, 1993). En consecuencia, la atención a la forma se operacionalizó en este estudio como reformulaciones frecuentes, teniendo como objetivo la referencia al tiempo pasado en los informes orales y escritos de los experimentos de ciencias. Cada vez que los estudiantes cometían un error en la forma en cuestión, la profesora (Varela) podía, bien repetir el error, con entonación ascendente para llamar la atención sobre el problema, y proporcionar una reformulación (véase ejemplo 5), o bien simplemente reformular (véase ejemplo 6). En ningún caso la profesora hizo otros comentarios ni interrumpió el trabajo de ciencias que llevaban a cabo los estudiantes.[18]

    5) Reformulación con corrección
        E: *I think the worm will go under the tissue*
        Creo que el gusano se meterá bajo el tejido
        P: *You think the worm will go under the tissue?*

¿Crees que el gusano se meterá bajo el tejido?
E: no hay respuesta
P: *You thought the worm would go under the tissue*
Creías que el gusano se metería bajo el tejido

6) Simple reformulación
E: *I think the worm will go under the tissue*
Creo que el gusano se meterá bajo el tejido
P: *Oh, you thought the worm would go under the tissue*
¡Ah!, creías que el gusano se metería bajo el tejido

Siempre se proporcionaba algún tipo de retroalimentación, ya estuvieran los estudiantes trabajando de forma individual, en grupo, o con el resto de la clase. En todos los trabajos escritos se proporcionaba una retroalimentación paralela en la que el profesor marcaba el error con un círculo y proporcionaba la reformulación escrita. Otros comentarios de los informes del laboratorio se referían exclusivamente al contenido científico, y se pedía a los estudiantes que revisaran los informes basándose en todos los comentarios de la profesora. Durante las cinco semanas del estudio no se corrigieron más errores.

La comparación de las puntuaciones en los pretests y los postests de los informes de ciencias escritos y orales mostraron una ventaja significativa en tres de las medidas orales y tres de las escritas para el grupo de atención a la forma con respecto al grupo de control, que había seguido el programa de ciencias habitual sin ningún tipo de intervención pedagógica con respecto a su expresión del tiempo pasado. Los resultados de un postest que se administró dos meses después revelaron que los resultados se mantenían en cinco de las seis medidas. Parece, por tanto, que en el contexto de un programa de ciencias centrado en el significado la reformulación servía para promover la corrección e incrementar los intentos de referencia al tiempo pasado. Como en la reformulación de los enunciados infantiles, los aprendices de inglés como L2 que estaban concentrados en la realización de los experimentos de ciencias y los informes correspondientes fueron igualmente capaces de estar al tanto, detectar e incorporar la atención a la forma, como demuestra su cada vez mayor habilidad para expresar el pasado.

Sin embargo, dados los dos tipos de reformulación, simple y con corrección, que Varela empleó en la clase de ciencias centrada en el contenido, quedó abierta la cuestión de la procedencia de los efectos observados en el experimento: una de las técnicas de atención a la forma lingüística, la otra, o la combinación de ambas. Para separar los posibles beneficios de la reformulación simple y de la reformulación con corrección, Doughty y sus colegas (1999) utilizaron una versión modificada del diseño experimental del estudio de Ortega y Long (1997), pero añadieron una cuarta condición inspirada por el trabajo de Doughty y Varela (1998), así como un postest posterior.[19] Concretamente, el estudio comparó los efectos de modelos, reformulaciones, y reformulaciones dirigidas a un término dado (equivalentes a reformulaciones con corrección) en la adquisición del orden de palabras en español como segunda lengua. Se distribuyeron al azar 53 estudiantes de español de nivel intermedio en cuatro condiciones: control, modelo, reformulación, o reformulación dirigida, tal y como se muestra a continuación con ejemplos del orden de posición del adverbio. El estudio también consideró la topicalización, como hicieran Ortega y Long (1997).

7) **Control**
Recibieron un tratamiento placebo no centrado en el orden de palabras objeto de estudio: la discusión de las condiciones laborales de las mujeres latinoamericanas.

8) **Modelo**
Mensaje en la cinta: Juan bebe la leche los sábados
HNN: Juan bebe la leche los sábados
Investigador: Mm hmm

9) **Reformulación**
Mensaje en la cinta: los sábados
HNN: Juan bebe la leche los sábados
Investigador: Juan bebe los sábados la leche, ¿sí? Mm hmm

10) **Reformulación dirigida**
Mensaje en la cinta: los sábados
HNN: Juan bebe la leche los sábados
Investigador: ¿Bebe la leche los sábados?
Juan bebe los sábados la leche, ¿sí? Mm hmm

La comparación de los ejemplos anteriores, 5) y 6), con 9) y 10), muestra que las condiciones de reformulación y de reformulación dirigida operacionalizaron independientemente los dos tipos de reformulación que, de una forma natural, fueron empleados al mismo tiempo por Varela en el estudio del aula. Los resultados de este estudio pueden interpretarse de tres maneras: en cuanto a una mejora entre el pretest y el postest, en cuanto a si se mantienen las mejoras en el postest retardado, y en cuanto a si se observan efectos retardados (es decir, ninguna mejora inmediata en el postest, pero una mejora del pretest al postest retardado). Así, para cada grupo existen ocho medidas de mejora potencial (dos tipos de orden de palabras: posición del adverbio y topicalización; dos medidas para cada tipo de orden de palabras —producción y juicio de gramaticalidad—, y dos momentos diferentes de evaluación —el postest y el postest retardado—). Los grupos de reformulación y de reformulación dirigida fueron claramente superiores a los grupos de modelo y control, mostrando una mejora significativa en seis y cinco de las ocho pruebas, respectivamente, en comparación con sólo dos en el grupo de modelo y ninguna en el de control. El grupo de reformulación dirigida parece funcionar un poco mejor que el de reformulación simple, y análisis posteriores revelaron una mayor influencia de las reformulaciones dirigidas en el orden de palabras más difícil, el de la topicalización (para más detalles, véase Doughty *et al.*, 1999).

En resumen, las reformulaciones, que aparecen de manera natural en muchos contextos de negociación de significado, ya han demostrado que son efectivas como intervención pedagógica del tipo de atención a la forma (véase Long, 1999, para una revisión). Además, considerados en conjunto, los resultados de la tarea de reflexión metalingüística (dictoglosia), el relieve de la interacción y, especialmente, los resultados coincidentes de los estudios de reformulación experimental y reformulación en el aula sugieren claramente que, cuando los aprendices están ocupados en la negociación de significado, la atención a la forma es una manera efectiva de conseguir la reestructuración de la interlengua, la cual no se produce cuando los estudiantes están absortos en la realización de tareas y no se les impulsa a la producción correcta. De hecho, esta comparación ha sido reforzada explícitamente por otra reciente comparación experimental de los beneficios de la simple negociación con los de la negociación con reformulación intensiva (Mackey y Philp, 1998). Esta última demostró ser más efectiva a la hora de influenciar el desarrollo de la formación de preguntas que la simple negociación de significado.

Conclusión

En este capítulo hemos considerado la evolución de la negociación en la L2 desde sus precursores en la investigación del *input* y la interacción, pasando por un análisis detallado de la negociación del significado, por un análisis crítico de la inadecuación de la negociación no asistida con respecto a la corrección de la lengua del aprendiz, y finalmente a la efectividad de las diversas técnicas que ejemplifican la intervención pedagógica suplementaria conocida como atención a la forma. Hemos visto de forma bien documentada que los hablantes no nativos solventan las interrupciones de la comunicación negociando el significado con sus interlocutores, y que el resultado probado de sus esfuerzos es una mayor comprensión del *input* del hablante nativo o de otro aprendiz y una mayor comprensibilidad de su propio *input*. No queda claro, de la investigación realizada hasta la fecha, si la comprensión o la comprensibilidad durante la negociación de significado no asistida conduce siempre a una ASL satisfactoria, pero no parece muy probable. Por otro lado, las intervenciones pedagógicas dirigidas, como el relieve de la interacción y la reformulación, han demostrado ser beneficiosas para la ASL. Sin embargo, es importante señalar que un componente esencial de estas técnicas de atención a la forma es que los aprendices deben estar ocupados en la negociación del significado en el momento de la intervención pedagógica. De esta manera, la dirección de la atención del aprendiz hacia formas lingüísticas problemáticas parece superar el modo irreflexivo en que los aprendices y sus interlocutores resuelven los problemas lingüísticos.

Bibliografía

Allen, P.; Swain, M., Harley, B. y Cummins, J. (1990): «Aspects of classroom treatment: Toward a more comprehensive view of second language education», en B. Harley, P. Allen, J. Cummins, y M. Swain (eds.), *The Development of Second Language Proficiency*, Nueva York, Cambridge University Press, pp. 57-81.
Biesty, S. (1992): *Incredible Cross Sections*, Nueva York, Alfred A. Knopf.
Bohannon, J. y Stanowitz, L. (1988): «The issue of negative evidence: Adult responses to children's language errors», *Developmental Psychology,* 34 (5), pp. 684-689.
Brown, R. y Hanlon, C. (1970): «Derivational complexity and order of acquisition in child

speech», en J. Hayes (ed.), *Cognition and the development of language*, Nueva York, Wiley and Sons.

Bruner, J. (1978): «Acquiring the use of language», *Canadian Journal of Psychology*, 32 (4), pp. 204-218.

— (1995): «The autobiographical process», *Current Sociology*, 43, 2/30, pp. 161-178.

Demetras, M.; Post, K. y Snow, C. (1987): «Feedback to first language learners: the role of repetitions and clarification requests», *Journal of Child Language*, 13 (2), pp. 275-292.

DiPietro, R. (1987): *Strategic interaction: Language learning through scenarios*, Cambridge, Cambridge University Press.

Doughty, C. (1992): «Does negotiation contribute to language acquisition? Michigan State University», comunicación presentada en *Second Language Research Forum*.

— (1994*a*): *Finetuning as Focus on Form. Paper presented at the Symposium, Focus on Form - What is It? (C. Doughty, convenor)*, Montreal, McGill and Concordia Universities.

— (1994*b*): «Finetuning of feedback by competent speakers to language learners», en J. Alatis (ed.), *GURT 1993: Strategic Interaction*, Washington, D.C., Georgetown University Press, pp. 96-108.

— (1996*a*): *SLA through conversational discourse*, comunicación presentada en Annual Conference of the American Association of Applied Linguistics, Chicago.

— (1996*b*): Transcripciones no publicadas, Georgetown University.

Doughty, C. y Pica, T. (1986): «Information-gap tasks: Do they facilitate SLA?», *TESOL Quarterly*, 20 (2).

Doughty, C. y Varela, E. (1998): «Communicative focus on form», en C. Doughty y J. Williams (eds.), *Focus on form in classroom second language acquisition*, Cambridge, Cambridge University Press.

Doughty, C. y Williams, J. (eds.) (1998*a*): *Focus on form in classroom second language acquisition*, Cambridge, Cambridge University Press.

— (1998*b*): «Pedagogical choices in focus on form», en C. Doughty y J. Williams (eds.), *Focus on form in Classroom SLA*, Cambridge, Cambridge University Press, pp. 197-262.

Doughty, C.; Izumi, S.; Maciukaite, S. y Zapata, G. (1999): «Recasts, focused recasts, and models: Effects on L2 Spanish word order», comunicación presentada en Second Language Research Forum, University of Minnesota, septiembre de 1999.

Farrar, M. (1990): «Discourse and the acquisition of grammatical morphemes», *Journal of Child Language*, 17 (3), pp. 607-624.

— (1992): «Negative evidence and grammatical morpheme acquisition», *Developmental Psychology*, 25 (1), pp. 62-75.

Fraser, C.; Bellugi, U. y Brown, R. (1963): «Control of grammar in imitation, comprehension and production», *Journal of Verbal Learning and Verbal Behavior*, 2, pp. 125-135.

Galloway, L. y Richards, P. (1994): *Input and language acquisition*, Cambridge, Cambridge University Press.

Gass, S. y Varonis, E. (1989): «Incorporated repairs in NNS discourse», en M. Eisenstein (ed.), *The Dynamic Interlanguage*, Nueva York, Plenum, pp. 71-86.

— (1994): «Input, interaction and second language production», *Studies in Second Language Acquisition*, 16 (3), pp. 283-302.

Gregg, K. (1984): «Krashen's monitor and Occam's razor», *Applied Linguistics*, 5, pp. 79-100.

Harley, B. y Swain, M. (1984): «The interlanguage of immersion students and its implications for second language teaching», en A. Davies, C. Criper, y A. Howatt (eds.), *Interlanguage*, Edimburgo, Edinbourgh, University Press, pp. 291-311.

Hatch, E. (1978): «Discourse analysis and second language acquisition», en E. Hatch (ed.), *Second language acquisition: A book of readings*, Rowley, MA, Newbury House, pp. 401-75.

Hatch, E.; Flaschner, V. y Hunt, L. (1986): «The experience model and language teaching», en R. Day (ed.), *Talking to Learn*, Rowley, MA, Newbury Hourse, pp. 5-22.

Krashen, S. (1977): «The monitor model for adult second language performance», en M. Burt, H. Dulay y M. Finocchiaro (eds.), *Viewpoints on English as a Second Language*, Nueva York, Regents.

— (1982): *Principles and practice in second language acquisition*, Oxford, Pergammon.

— (1985): *The input hypothesis: Issues and implications*, Londres, Longman.

Larsen-Freeman, D. y Long, M. (1991): *An introduction to second language acquisition theory and research*, Londres, Longman.

Lightbown, P. (1992): «Getting quality input in the second and foreign language classroom», en C. Kramsch y S. McConnell-Ginet (eds.), *Text and context: Cross-disciplinary and cross-cultural perspectives on language study*, Lexington, MA, DC Heath.

Lightbown, P. y Pienemann, M. (1993): «Comments on Stephen D. Krashen's "Teaching issues: formal grammar instruction"», *TESOL Quarterly*, 27 (4), pp. 717-722.

Long, M. (1980): «Input, interaction and second language acquisition», tesis doctoral no publicada, UCLA.

— (1983): «Linguistic and conversational adjustments to non-native speakers», *Studies in Second Language Acquisition*, 4 (2), pp. 177-193.

— (1985): «Input and second language acquisition theory», en S. Gass y C. Madden (eds.), *Input in second language acquisition*, Rowley, MA, Newbury House.

— (1989): «Task, group and task-group interactions», *University of Hawai'i Working Papers*, 8, pp. 1-26.

— (1991): «Focus on form: a design feature in language teaching methodology», en K. D. Bot; C. Kramsch y R. Ginsberg (eds.), *Foreign languager-Research in crosscultural perspective*, Amsterdam, John Benjamins, pp. 39-52.

Long, M. H. (1999): «Recasts: The story so far», comunicación presentada en el congreso AILA, Tokio, agosto. Aparecerá en Long, M. H., *Problems in SLA*, Mahwah, NJ, Lawrence Erlbaum Associates, 2000.

Long, M. y Robinson, P. (1998): «Focus on form: Theory, research, and practice», en C. Doughty y J. Williams (eds.), *Focus on form in classroom second language acquisition*, Cambridge, Cambridge University Press, pp. 15-41.

Loschky, L. (1994): «Comprehensible input and second language acquisition», *Studies in Second Language Acquisition*, 16 (3), pp. 303-323.

Loschky, L. y Bley-Vroman (1993): «Grammar and task-based methodology», en S. Gass y G. Crookes (eds.), *Tasks and Language Learning*, vol. 1, pp. 123-167, Clevedon, Multilingual Matters.

Lyster, R. (1998): «Recasts, repetition and ambiguity in L2 classroom discourse», *Studies in Second Language Acquisition*, 20, 1, pp. 51-81.

Mackey, A. (1995): «Stepping up the pace: Input, interaction and interlanguage development. An empirical study of questions in ESL», tesis doctoral no publicada, Linguistics Department, University of Sydney.

— (1999): «Input, interaction and second language development», *Studies in Second Language Acquisition*, 21, 4, pp. 557-587.

Mackey, A. y Philp, J. (1998): «Conversational interaction and second language development: Recasts, responses, and red herrings?», *Modern Language Journal*, 82, 3, pp. 338-356.

Muranoi, H. (1996): «Effects of interaction enhancement on restructuring of interlanguage grammar: a cognitive approach to foreign language instruction», tesis doctoral no publicada, Georgetown University.

— (en preparación): «Focus on form through interaction enhancement: Integrating formal instruction into a communicative task in EFL classrooms» (aparecerá en *Language Learning*, 50, 4).

Oliver, R. (1995): «Negative feedback in child NS-NNS conversation», *Studies in Second Language Acquisition*, 17 (4), pp. 459-482.

Ortega, L. y Long, M. H. (1997): «The effects of models and recasts on object topicalization and adverb placement in L2 Spanish», *Spanish Applied Linguistics*, 1, 1, pp. 65-86.

Pica, T. (1991): «Classroom interaction, participation and comprehension: Redefining relationships», *System*, 19, pp. 437-452.

— (1994): «Research on negotiation: What does it reveal about second language acquisition?», *Language Learning*, 44 (3), p. 493.

Pica, T. y Doughty, C. (1985): «Input and interaction in the communicative language classroom: a comparison of teacher-fronted and group activities», en S. Gass y C. Madden (eds.), *Input in second language acquisition*, Rowley, MA, Newbury House, pp. 115-135.

Pica, T.; Doughty, C. y Young, R. (1986): «The impact of interaction on comprehension: do interactional modifications help?», *International Review of Applied Linguistics*, 72, pp. 1-25.

Pica, T.; Holliday, L.; Lewis, N.; Berducci, D. y Newman, J. (1991): «Language learning through interaction: What role does gender play?», *Studies in Second Language Acquisition*, 13 (3), pp. 343-377.

Pica, T.; Holliday, L.; Lewis, N. y Morgenthaler, L. (1989): «Comprehensible input as an outcome of linguistic demands on the learner», *Studies in Second Language Acquisition*, 11 (1), pp. 63-90.

Pica, T.; Kanagy, R. y Falodun, J. (1993): «Choosing and using communication tasks for second language research and instruction», en G. Crookes y S. Gass (eds.), *Task-based learning in a second language*, Clevedon, Avon, Multilingual Matters, pp. 9-34.

Pica, T.; Young, R. y Doughty, C. (1987): «The impact of interaction on comprehension», *TESOL Quarterly*, 21, pp. 737-758.

Polio, C. y Gass, S. (1998): «The role of interaction in native speaker comprehension of non-native speaker speech», *Modern Language Journal*, 82, 3, pp. 308-319.

Schmidt, R. (1990): «The role of consciousness in second language learning», *Applied Linguistics*, 11 (2), pp. 17-46.

— (1992): «Psychological mechanisms underlying second language fluency», *Studies in Second Language Acquisition*, 14, pp. 357-385.

— (en prensa): «The centrality of attention in SLA», en P. Robinson (ed.), *Cognition and second language instruction*, Cambrige, Cambridge University Press.

Scollon, R. (1976): *Conversations with a one year old*, Honolulú, University of Hawai'i Press.

Slobin, D. (ed.) (1985): *The crosslinguistic study of language acquisition*, vol. 1, Hillsdale, NJ, Lawrence Erlbaum.

— (ed.) (1992): *The crosslinguistic study of language acquisition*, vol. 3, Hillsdale, NJ, Lawrence Erlbaum.
Snow, C. y Ferguson, C. (1977): *Talking to children*, Cambridge, Cambridge University Press.
Swain, M. (1985): «Communicative competence: some roles of comprehensible input and comprehensible output in its development», en S. Gass y C. Madden (eds.), *Input in second language acquisition*, Rowley, MA, Newbury House, pp. 235-253.
— (1995): «Three functions of output in second language learning», en G. Cook y B. Seidlhoffer (eds.), *Principle and Practice in Applied Linguistics*, Oxford, Oxford University Press, pp. 125-144.
Swain, M. y Lapkin, S. (1989): «Canadian immersion and adult second language teaching: what's the connection?», *Modern Language Journal*, 73 (2), pp. 150-159.
— (1995): «Problems in output and the cognitive processes they generate», *Applied Linguistics*, 16 (4), pp. 370-391.
Teichroew, R. (1982): «Receptive vs. productive vocabulary: a survey», *Interlanguage Studies Bulletin*, 6 (2), pp. 3-33.
Vygotsky, L. (1962): *Thought and Language*, Cambridge, Cambridge MIT Press.
White, L. (1987): «Against comprehensible input», *Applied Linguistics*, 8 (2), pp. 95-110.
Zuengler, J. (1993): «Encouraging learners' conversational participation: the effect of content knowledge», *Language Learning*, 43 (3), pp. 403-432.
Zuengler, J. y Bent, B. (1991): «Relative knowledge of content domain: an influence on native-non-native conversations», *Applied Linguistics*, 12 (4), pp. 397-415.

Notas

1. Cabe señalar que aunque la negociación del significado ciertamente tiene lugar *fuera* del aula, nuestro interés aquí se centrará en la ASL en el contexto del aula.
2. Pueden darse secuencias de negociación insertadas unas dentro de otras, así como secuencias laterales que dependen de la extensión de la interrupción de la comunicación.
3. Krashen afirmaba que una persona que adquiere una L2 avanza en su interlengua de la etapa *i* a la etapa *i* + 1 por medio de la comprensión de *input* que contiene estructuras *i* + 1, y que esta comprensión se produce a partir del contexto y la información extralingüística.
4. Más recientemente se ha iniciado un debate sobre el concepto de andamiaje en el seno del enfoque vigotskiano a la adquisición del lenguaje. Bruner (1995) se reconoce en deuda con el concepto de Vygotsky (1962) de zona de desarrollo próximo en el que el adulto ayuda al niño en todos los sentidos, no sólo en el lingüístico, a realizar cosas que no podría hacer por sí mismo.
5. Éste parece un enfoque un tanto irregular *a posteriori*; sin embargo, en su momento los argumentos teóricos recibieron una buena acogida en el campo.
6. Las tareas empleadas aquí eran típicas de los materiales de inglés L2 en voga en aquel momento: *«Who gets the Heart?»* (¿Quién debe recibir el [trasplante de] corazón?) a partir de una lista de posibles receptores y *«Who adopts the baby?»* (¿Quién adopta al niño?) basado en una lista similar de familias candidatas.
7. La tarea de vacío de información era una tarea de rompecabezas de «plantación de un jardín» en la que los interlocutores recibían una cantidad equivalente pero diferente de información necesaria para completar la tarea.
8. Los ajustes lingüísticos son modificaciones en el *input* y los ajustes conversacionales son modificaciones de la interacción; ambos tipos son observables en las secuencias de negociación.
9. Como las tareas con interacción espontánea resultaban más largas, parecía posible que la comprensión surgiera no de la interacción negociada, sino de la mayor cantidad de interacción. Esta posibilidad se descartó en un estudio posterior en el que el factor tiempo fue controlado variando la cantidad del *input* premodificado y haciéndolo tan largo como la interacción modificada previa (Pica, 1991). Loschky (1994) añadió además que, al tratarse de una característica inherente a la negociación en comparación con la interacción no negociada, son insostenibles las objeciones referidas a cualquier ventaja de tipo temporal.
10. La reestructuración es un proceso psicolingüístico por el cual la representación mental de la interlengua se encuentra en proceso de cambio, aunque no en cada estadio, de acuerdo con la lengua meta.
11. Obsérvese que Pica, Young y Doughty (1987) no podían realizar esta afirmación técnicamente, ya que su estudio no había incluido un grupo de control, mientras que el estudio de Loschky demostraba la inexistencia de una ventaja para el grupo del *input* previamente modificado en comparación con el grupo de control.

12. La tarea de la primera prueba era montar una escena de granja, mientras que en la segunda se trataba de componer una escena de playa.

13. Las tareas de este estudio requerían el montaje de «Incredible Cross-Sections» (Biesty, 1992). Se utilizaron un avión y un tren de pasajeros (este último en dos versiones), ya que contenían escenas similares en las que aparece el mismo tipo de personajes (tripulación y pasajeros) y actividades (comer, dormir, ver películas, etc.).

14. Dado el carácter espontáneo de las pruebas 2 y 3 (como en el estudio de Loschky, y el de Gass y Varonis), parecía importante destacar qué elementos describía el HNN al HN que realizaba la tarea. Más aún, parecía que a veces los sujetos que realizaban la tarea seleccionaban un elemento y lo colocaban en un lugar determinado, sin haber oído instrucción alguna que se refiriera a dicho elemento.

15. El efecto del relieve de la interacción se prolongó al menos durante cinco semanas.

16. También se ha observado que los adultos repiten las producciones bien construidas de los niños, pero no las que no están bien construidas (Demetras, Post y Snow, 1987).

17. De hecho, este estudio era bastante más complejo. El interés se centraba en dos rasgos concretos, pero sólo uno de ellos fue adquirido. El otro —el orden de palabras de la topicalización— era probablemente demasiado avanzado para los sujetos que participaban en el estudio. Para más información véase Ortega y Long (1997).

18. En el caso del ejemplo 5) debe observarse que la reformulación con corrección es un poco más explícita que en el experimento de Ortega y Long (1997).

19. Otras modificaciones eran el alargamiento de las medidas de evaluación, el uso de elementos de vocabulario conocidos, y una contextualización mayor en la tarea del juicio de gramaticalidad.

TERCERA PARTE

LAS COMPETENCIAS, OBJETO DE APRENDIZAJE

CAPÍTULO 7

EL DESARROLLO DE LA COMPETENCIA GRAMATICAL ORAL EN UNA SEGUNDA LENGUA A TRAVÉS DE LA ACTUACIÓN LINGÜÍSTICA: APROXIMACIONES INTERACCIONISTAS Y COGNITIVAS

por LOURDES ORTEGA

1. Introducción

El presente capítulo tiene como objetivo esbozar una panorámica de las teorías y hallazgos más importantes en varias ramas de la lingüística aplicada que se han mostrado relevantes para la caracterización del desarrollo de la competencia oral en contextos de instrucción, y en la medida de lo posible ilustrar las líneas de investigación presentadas con ejemplos de estudios del español como lengua segunda o extranjera.

Las propuestas teóricas y empíricas que se discuten en este capítulo comparten un rasgo común: todas ellas consideran que la base del desarrollo de la competencia oral se encuentra en la actuación lingüística. La discusión se centrará primero en las diversas teorías empiricistas que han sido propuestas para explicar cómo la actuación puede constituir la base de la adquisición de la competencia oral en una segunda lengua, con especial énfasis en el papel que la práctica oral juega en el desarrollo de la segunda lengua. Seguidamente se ofrece una panorámica de la investigación del desarrollo de la competencia gramatical oral, incluyendo hallazgos de interlengua y propuestas interaccionistas para la manipulación sistemática de tareas con el fin de facilitar la adquisición. Finalmente se discuten dos recientes modelos cognitivos de la manipulación de tareas (Robinson, en prensa-*b*; y Skehan, 1998). La importancia de estos dos modelos estriba en haber impulsado una nueva orientación en la investigación de la producción oral en la segunda lengua hacia el análisis de los productos de la actuación (esto es, la fluidez, la corrección formal y la complejidad de la interlengua), en busca de evidencia de un eslabón que conecte de manera psicológicamente plausible y psicolingüísticamente relevante ciertas alteraciones en las operaciones cognitivas involucradas en la actuación lingüística con procesos de desarrollo y adquisición en una segunda lengua.

Desde el establecimiento del enfoque comunicativo a mediados de la década de los ochenta, es lugar común tanto en la enseñanza como en la investigación de segundas lenguas el asumir que el desarrollo de la competencia comunicativa es el objetivo primordial del aprendizaje de idiomas (p. ej., Duquette, 1995; Johnson, 1995; Kramsch, 1986; Lee y VanPatten, 1995). Por esta razón, antes de embarcarnos en la caracterización de la actuación lingüística como plataforma del desarrollo de la competencia oral es conveniente describir, aunque sea de manera breve, la competencia comunicativa y los contenidos y habilidades incluidos en ella que supuestamente se adquieren al desarrollar la competencia oral.

2. La adquisición de la competencia oral: ¿qué se adquiere?

2.1. LA COMPETENCIA COMUNICATIVA Y SUS NIVELES DE DESCRIPCIÓN

La competencia comunicativa, término acuñado por Hymes (1967, 1972) en relación con el uso de la lengua materna y desarrollado por Canale y Swain (1980) y Canale (1983*a, b*) en el marco del uso de lenguas segundas, puede ser brevemente definida como la capacidad de usar la lengua con éxito y propiedad, esto es, llevando a buen término las intenciones del hablante que subyacen al acto de comunicación, al tiempo que los requerimientos del contexto son reflejados en la verbalización del mensaje.

La competencia comunicativa incluye cuatro tipos de conocimientos abstractos que el usuario de la lengua posee, junto con la habilidad de utilizar tales conocimientos durante la comunicación. La *competencia gramatical* es el conocimiento morfosintáctico y léxico de la lengua meta que permite al hablante comprender y producir enunciados y reconocer no sólo lo que es posible en la gramática meta sino también lo que no es posible o es agramatical. La *competencia sociolingüística* reside en el conocimiento de las reglas socioculturales de uso en una comunidad de habla; éstas incluyen normas de cortesía, relevancia y propiedad en distintos repertorios y contextos. La *competencia discursiva*, a su vez, se refiere al conocimiento necesario para comprender y producir enunciados más allá del nivel de la oración; es decir, enunciados que forman textos (orales y escritos) dotados de coherencia y cohesión. Finalmente, la *competencia estratégica* abarca el conocimiento y habilidad necesarios para resolver problemas que surgen durante la comunicación. Tales problemas pueden tener su origen en limitaciones en el conocimiento gramatical, sociolingüístico o discursivo del hablante, como suele ser el caso en el uso de una segunda lengua, o pueden ser consecuencia de factores de la actuación, tales como estrés comunicativo (Givón, 1979), falta de atención, etc., que son típicos de situaciones de uso tanto en la lengua materna como en una segunda lengua.

La competencia gramatical oral a través de la actuación lingüística será el centro de la discusión desarrollada en este capítulo. El lector encontrará tratamientos extensos de varios aspectos del desarrollo de la competencia sociolingüística por Kasper y DuFon, y de la competencia discursiva por Alcoy, en este volumen. La competencia estratégica, a su vez, será brevemente considerada en la exposición presente.

Es importante señalar que la competencia comunicativa es, por definición y simultáneamente, *conocimiento abstracto* de reglas y regularidades formales, funcionales y discursivas (de ahí el término «competencia», que retiene el sentido chomskiano), y destreza o *conocimiento procedimental* que subyace a tal conocimiento y que puede ser accesible y movilizada durante situaciones de uso, o sea, durante la actuación. Hymes (1972) propuso el término «habilidad para el uso» (*«ability for use»*) para referirse a esta dimensión de conocimiento procedimental de la competencia comunicativa. En años recientes, la habilidad para el uso ha cobrado una importancia central en investigaciones de lingüística aplicada, especialmente en influyentes modelos teóricos de evaluación del uso de segundas lenguas (p. ej., Bachman y Palmer, 1996), los cuales se basan en la actuación del usuario como indicación de su competencia comunicativa (véase discusión en McNamara, 1996, especialmente en el capítulo 3).

En general, y como se verá en este capítulo, teorías de la adquisición de segundas lenguas de tipo tanto interaccionista como cognitivo también favorecen una visión de la competencia comunicativa como la coalición de conocimientos, por un lado, y habilidades procedimentales, por otro. De hecho, tales modelos asumen que el desarrollo de la competencia lingüística evoluciona precisamente a través de fuerzas de desarrollo que son propiciadas durante la actuación lingüística (véase, por ejemplo, Long, 1996; y la discusión de Chapelle, 1998, sobre interaccionalismo *[sic]* en teorías de la adquisición y la evaluación de una segunda lengua). Si se acepta que el modelo de la competencia comunicativa ofrece una descripción útil de los conocimientos y habilidades a adquirir a través de la instrucción sistemática de la lengua, la cuestión es entonces: ¿hasta qué punto pueden ser tales competencias aprendidas en el aula, y cómo puede ser organizada la instrucción formal de una segunda lengua en el aula de manera que el desarrollo de estas competencias sea propiciado de la manera más eficaz posible? Las teorías empiricistas de la adquisición de segundas lenguas buscan en la actuación lingüística posibles respuestas a esta pregunta.[1]

2.2. LA INEVITABLE INTERDEPENDENCIA DE NIVELES EN EL DESARROLLO DE LA COMPETENCIA ORAL

Aunque este capítulo se centrará en aspectos cognitivos del desarrollo de la habilidad gramatical oral, es importante reconocer que la habilidad de participar en situaciones de comunicación oral en una segunda lengua no puede desarrollarse a menos que los diferentes niveles de la competencia comunicativa se entretejan en la instrucción formal en el aula de idiomas.

Por ejemplo, el desarrollo gramatical de formas como el condicional y los pronombres personales de cortesía (*tú* frente a *usted*) impacta y se ve impactado por la habilidad de interpretar claves y normas del contexto para elegir niveles de cortesía apropiados en registros formales e informales, un aspecto de la competencia sociolingüística. El tema ha sido estudiado con considerable profundidad, tanto a nivel descriptivo como experimental, en los programas de inmersión francesa en las escuelas de Canadá (p. ej., Lyster, 1994, 1996; Swain y Lapkin, 1990). Estos estudios han demostrado que la falta de modelos en el *input* que el profesor proporciona en el aula y la formación de una variedad funcional de comunicación entre estudiantes inhibe el desarrollo de un repertorio de uso adecuado en el francés, por otra parte casi nativo en niveles de comprensión, de estos aprendices. En este sentido, el desarrollo gramatical y el sociolingüístico se ven impedidos por la falta de contextos relevantes para el uso de niveles de cortesía en el aula.

Un ejemplo de la interdependencia entre la competencia gramatical y la competencia discursiva se puede encontrar en el área pujante de la investigación del desarrollo de la habilidad narrativa oral en aprendices de alemán (Dechert, 1983), árabe marroquí (Fakhri, 1984), e inglés (Rintell, 1989).[2] En el español como lengua extranjera, concretamente, Liskin-Gasparro (1996) encontró que la habilidad narrativa del aprendiz se desarrolla y se vuelve más compleja a la par que la competencia gramatical va alcanzando niveles avanzados de complejidad sintáctica y léxica.

Asimismo, aunque el estudio de la competencia comunicativa en una segunda lengua se sustenta casi siempre en una visión del individuo como *locus* de la actuación lingüística, no debe olvidarse el carácter social de la actuación lingüística que motivó el concepto de competencia comunicativa en su formulación original (Hymes, 1972). De hecho, ciertos autores han propuesto un modelo de competencia comunicativa profundamente enraizado en la actuación social a través de la cual se desarrolla la lengua.

Por ejemplo, Gee (1990) sostiene que la adquisición de la competencia comunicativa en una segunda lengua incluye no sólo el aprendizaje y dominio de repertorios lingüísticos aceptables según las normas sociolingüísticas de la comunidad, sino también la apropiación por parte del aprendiz de conductas y valores socioculturales de dicha comunidad. Según Gee, lo crucial es que el aprendiz adquiera la capacidad de entretejer habla y acción de manera que su actuación lingüística sea reconocida como aceptable por los miembros de la comunidad de hablantes. Esta interpretación sociocultural del concepto de competencia comunicativa caracteriza, por ejemplo, el trabajo sociolingüístico de Gumperz (1990) y, en Europa, de Rampton (1995; Leung, Harris, y Rampton, 1997), y tiene consecuencias políticas en tanto en cuanto los autores problematizan cuestiones relacionadas con las relaciones de poder entre los hablantes de la lengua mayoritaria y los de las lenguas minoritarias en una sociedad o comunidad determinadas.[3]

La cuestión de cómo el desarrollo de la competencia oral y comunicativa afecta la identidad social del aprendiz y determina en parte el grado de aceptación y éxito del aprendiz en la sociedad meta es de crucial interés en situaciones de plurilingüismo social, como es el caso de Estados Unidos. Así, por ejemplo, Valdés y Geoffrion-Vinci (1998) estudiaron la adquisición del discurso académico en estudiantes bilingües hispanos en una universidad norteamericana y de estudiantes monolingües hablantes nativos de español en una universidad mexicana. Los resultados del estudio llevaron a los autores a concluir que el proceso de socialización de estos estudiantes en las culturas académicas de sus respectivas universidades era gradual y difícil tanto para los hablantes nativos como para los bilingües. No obstante, el desarrollo de la competencia comunicativa en el nuevo contexto social presentaba características y problemas específicos para los hablantes de español como segunda lengua debido a que este desarrollo dependía en gran parte de las percepciones de valores e identidad social que el propio aprendiz y otros participantes sostenían en el contexto social de uso del aula universitaria, y del grado de desarrollo de la competencia gramatical, que en los estudiantes bilingües no era totalmente equilibrada por haberse desarrollado en registros privados e íntimos, y sólo mínimamente en registros públicos.

Parece claro, pues, que la competencia no sólo comunicativa sino también estrictamente gramatical que se desarrolla a través de la actuación y participación del aprendiz en la comunicación está inextricablemente unida a complejos conceptos de identidad social e iniciación en valores socioculturales de las comunidades meta de hablantes a las que el aprendiz decide voluntaria o involuntariamente adscribirse (véase Ogbu, 1987 y Valdés, 1995, para una lúcida discusión de las consecuencias del bilingüismo voluntario *versus* circunstancial).

2.3. La capacidad de procesamiento en la segunda lengua y la actuación estratégica

En el estudio de la adquisición de la competencia oral, una opción poco explorada pero que parece ser prometedora es volverse hacia explicaciones neurocognitivas y buscar descripciones del uso de la segunda lengua en modelos psicolingüísticos de producción del lenguaje por adultos (para una excelente introducción en castellano a la psicolingüística, véase Valle Arroyo, 1992; para una visión panorámica de la producción oral por adultos en lengua materna española, véase Igoa, 1996). En efecto, parece evidente que el procesamiento automático no atendido que caracteriza la producción del lenguaje en adultos es la excepción, más que la regla, en la producción de una segunda lengua. Cabe preguntarse si las diferencias observadas en la actuación lingüística nativa y no nativa pueden ser atribuidas a diferencias de calidad o de cantidad en los procesos de producción o a la naturaleza diferente de las representaciones mentales subyacentes. Contestando a esta pregunta, De Bot (1992, 1996) aboga por un modelo muy similar al del procesamiento de la lengua nativa; su propuesta representa el primer intento sistemático de adaptar el modelo más conocido de producción en lengua materna adulta (Levelt, 1989) a un modelo que pueda explicar el procesamiento en la producción en una segunda lengua, en casos de aprendizaje adulto parcial, así como en casos de bilingüismo equilibrado.

En general, sin embargo, es abundante la evidencia de que los procesos de producción en segunda lengua son a menudo conscientes y atendidos, producidos con esfuerzo cognitivo desmesurado (si se compara con el esfuerzo necesario en la producción de la lengua primera), y con resultados frecuentemente llenos de «ruido» (por ejemplo, correcciones, interrupciones, signos de falta de fluidez frecuentes). Ello ha hecho florecer en la lingüística aplicada el estudio de estrategias conscientes motivadas en problemas de producción oral y de comunicación, que el usuario de la segunda lengua parece ser especialmente adepto a desarrollar (véase la temprana línea de investigación del «buen aprendiz» en Naiman, Fröhlich, Stern y Todesco, 1978; y Rubin, 1981).

La competencia estratégica en segunda lengua puede ser estudiada desde puntos de vista considerablemente distintos. Así, por ejemplo, los inventarios de estrategias en O'Malley y Chamot (1990) se basan en explicaciones provenientes de la teoría del procesamiento de la información, mientras que Oxford (1990) ofrece una perspectiva de la competencia estratégica como comportamientos de estudio que pueden enseñarse al aprendiz de lenguas, y Cohen (1998) destaca el uso de esas mismas estrategias para el aprendizaje a través de la actuación lingüística. Por el contrario, autores tales como Tarone (1980), Tarone y Yule (1989) y Wong-Fillmore (1979) se centran en la actuación estratégica como fenómeno social. Finalmente, Bachman y Palmer (1996), quizá en acuerdo tácito con las tempranas consideraciones de Skehan (1989), han redefinido la competencia estratégica como habilidad cognitiva de autorregulación de la actuación lingüística, en consonancia con las intenciones del aprendiz, y moderada por las capacidades cognitivas individuales que se han de movilizar para el uso.

A pesar de esta variedad de propuestas, probablemente la línea de investigación de estrategias más conocida para el lector sea el estudio del uso de estrategias de comunicación, o estrategias de compensación de problemas durante la producción oral (Bialystok, 1990; Poulisse, 1990). Desde este punto de vista, las estrategias son procesos conscientes y atendidos (es decir, no automáticos) que se ponen en marcha ante problemas de comunicación, y que pueden ser casi siempre documentados a través de manifestaciones en el producto lingüístico de la actuación oral. Las estrategias de comunicación surgen, ya sea porque el hablante de una segunda lengua, quizá debido a señales emitidas por el interlocutor, percibe el peligro inminente de un fallo en la comunicación, ya sea porque el hablante es capaz de revisar (antes o durante la articulación) el enunciado una vez éste ha sido planeado y codificado y decide modificar su contenido o su forma (lo que se ha llamado *monitoring*; véase Crookes, 1988, 1991). Otras estrategias conscientes de comunicación surgen cuando el aprendiz se da cuenta de que sus recursos lingüísticos son insuficientes para formular un enunciado en la segunda lengua, y entonces recurre a la estrategia de simplificar el mensaje o incluso evitar su conceptualización y abandonarlo, o sustituye una forma léxica por otra que se aproxime a ella, usa una perífrasis léxica, etc. (para una propuesta temprana de un modelo estratégico de este tipo, véase Faerch y Kasper, 1986; para una visión panorámica reciente, Dörnyei y Scott, 1997; y Kasper y Kellerman, 1998).

En situaciones de instrucción, lo interesante del comportamiento estratégico durante la comunicación oral en una segunda lengua es que abre la posibilidad de que tales estrategias sean susceptibles de ser manipuladas. De esta manera, pueden ignorarse estrategias que son importantes para la resolución urgente de problemas de producción pero no para el aprendizaje eficiente a largo plazo, a la vez que, a través de la instrucción en el aula (véase Cohen, Weaver y Li, 1996, para uno de los escasos estudios empíricos de esta propuesta en el desarrollo de la destreza oral), se impulsan aquellas estrategias que para el aprendiz son candidatos importantes para la facilitación de la adquisición en base a teorías de adquisición concretas. En propuestas pedagógicas y psicolingüísticas que se centran en la actuación lingüística, el estudio de la competencia estratégica constituye un área prometedora, si bien difícil de investigar rigurosamente por lo escurridizo de las definiciones y operacionalizaciones de los constructos objeto de estudio (Dörnyei y Kormos, 1998).

3. **La actuación del aprendiz como base para el desarrollo de la competencia oral: ¿cuál es el valor de la práctica en el aula?**

A diferencia de las propuestas de tipo nativista o innatista de la adquisición de segundas lenguas (véase Liceras y Díaz, en este volumen), en las que la actuación carece de estatus teórico en el proceso de adquisición,[1] en modelos teóricos empiricistas (interaccionistas y cognitivos), la actuación lingüística constituye una fuerza desencadenante en el proceso del desarrollo hacia la competencia lingüística y comunicativa en la lengua y es, por lo tanto, el objeto de estudio empírico. Se puede afirmar, en resumen, que tanto el conocimiento como la habilidad forman la fibra de la competencia oral (o escrita) del aprendiz de una segunda lengua en teorías empiricistas de la adquisición de segunda lengua.

Sin embargo, incluso dentro de teorías de la adquisición y de enseñanza que se enmarcan en la tradición empiricista, no existe un acuerdo general sobre la contribución precisa de la producción, o la práctica oral, en el desarrollo de la competencia oral. En realidad, la cuestión es sumamente familiar para profesores de segundas lenguas y lingüistas aplicados, y tiene implicaciones directas en el aula de idiomas: ¿cuál es el papel que se le debe conceder a la práctica oral en el currículum de una segunda lengua?, ¿es verdad que la práctica nos hace perfectos, como la mayoría de los aprendices (y muchos profesores) de lenguas no dudarían en afirmar?, ¿es realmente necesario «no tener más remedio que usar la lengua» para poder aprenderla, como oímos frecuentemente afirmar triunfantemente a estudiantes de idiomas después de su primera experiencia de inmersión en la lengua meta?

Las respuestas que se han dado a estas preguntas varían según las posturas teóricas desde las que se contestan. Así, la posición interaccionista desarrollada por investigadores tales como Long (1996), Swain (1995) y Pica (1994) sostiene que la producción oral juega un papel crucial en el desarrollo de la competencia comunicativa. La predicción es que la sintaxis se desarrolla por medio de la conversación, y no al revés (Hatch, 1978; véanse los estudios ya clásicos en Day, 1986; y el estudio longitudinal de Sato, 1990). En otras palabras, la habilidad para el uso se desarrolla a través del uso. Aunque tal axioma puede chocar al lector como excesivamente radical, la propuesta actual interaccionista ha sido modificada (véase la discusión en la sección 4.3) y admite que la producción es facilitadora, pero no necesaria ni suficiente, para el desarrollo óptimo de la segunda lengua. Asimismo, los interaccionistas reconocen que el uso comunicativo de la segunda lengua no conduce necesariamente a niveles de adquisición finales cercanos a la competencia nativa (véase el caso de los programas de inmersión francesa y de inglés intensivo en las escuelas canadienses en Harley, 1993; Lightbown y Spada, 1997). Ello explica que ciertas manipulaciones externas (es decir, pedagógicas) sean juzgadas necesarias para garantizar que los aprendices presten atención a las características formales del *input* y desarrollen en su gramática interna conexiones entre forma y función hasta llegar a representaciones lingüísticas coincidentes con las de la gramática meta (véase la línea de investigación sobre «atención-a-la-forma» presentada en este volumen por Doughty).

Mención especial en los trabajos de perspectiva interaccionista merece la hipótesis de la producción (o la producción «empujada»), esbozada por Swain (1985, 1995). Swain sostiene que la producción lingüística es necesaria para la adquisición óptima de una segunda lengua (es decir, la adquisición a un ritmo eficiente y llegando a niveles últimos de aprendizaje nativos o casi nativos). El argumento es que durante la producción oral el sistema subyacente de competencia lingüística se ve necesariamente implicado y «empujado» a operar en la codificación de enunciados: en la producción de la lengua es difícil no usar algún tipo de gramática, por muy elemental que sea, para codificar el mensaje lingüísticamente, mientras que en el proceso de comprensión siempre se puede recurrir a estrategias de inferencia y conocimiento general e ignorar el contenido codificado gramaticalmente (Bley-Vroman, 1991).

En franco desacuerdo con la posición interaccionista y las diferentes propuestas derivadas de ella están dos teorías cognitivas del aprendizaje de lenguas: la teoría de la adquisición de la lengua como destreza, representada sobre todo en el trabajo teórico y empírico de DeKeyser (1993, 1995, 1997, 1998); y la teoría del procesamiento del *input* formulada por VanPatten (1983, 1996).

Según los partidarios de la teoría de la adquisición de la lengua como destreza (véase McLaughlin, 1990; McLaughlin y Heredia, 1996), el aprendizaje de una segunda lengua no es diferente del proceso de aprendizaje que se da en el desarrollo de habilidades complejas tales como jugar al tenis o al ajedrez. Como corolario natural a esta premisa teórica, DeKeyser (1997, 1998) ofrece una serie de predicciones sobre el papel de la práctica en la adquisición de la segunda lengua. En primer lugar, la competencia lingüística en una segunda lengua se compone de *a*) el conocimiento declarativo o conocimiento sobre la lengua, que es conocimiento no específicamente lingüístico, sino de carácter cognitivo general, y *b*) el conocimiento procedimental o las habilidades que hacen posible acceder y aplicar tales conocimientos durante la comunicación; ambos sistemas coexisten separadamente, pero el aprendizaje y los conocimientos generados en uno de los sistemas pueden eventualmente influir en el otro (la llamada hipótesis de la interfaz del conocimiento explícito e implícito; véase R. Ellis, 1993; y la respuesta de Robinson, 1994). Por lo tanto, antes de poder «practicar» el uso de la lengua, el aprendiz necesita conocimiento declarativo de las regularidades abstractas de la lengua. En segundo lugar, la provisión de reglas debe ser inmediatamente seguida por la práctica, ya que ésta es necesaria como única forma de automatizar los procesos psicolingüísticos de acceso y aplicación del conocimiento adquirido en la segunda lengua. Finalmente, las destrezas que se practican son las que se automatizan: de ello se deriva que si el aprendiz practica la producción oral se pueden esperar resultados positivos en su competencia oral productiva, pero habilidades en la comprensión oral o la producción de escritura, por ejemplo, no serán afectadas por tal práctica. En conclusión, en este modelo del aprendizaje de la segunda lengua la práctica cumple una función necesaria en la adquisición de la competencia lingüística, y por ende comunicativa, pero una función limitada a la automatización de la destreza practicada.

El lugar que la producción oral ocupa en la teoría de la adquisición propuesta por VanPatten (1996) es todavía más limitado. Para VanPatten, la producción oral produce el desarrollo de la fluidez, un atributo de la actuación lingüística que puede ser deseable como objetivo de aprendizaje en ciertos contextos (p. ej., para el uso académico o profesional de la lengua), pero que no contribuye de ninguna manera sustantiva al desarrollo de la competencia lingüística; es decir, a la adquisición de la segunda lengua. Siguiendo la máxima de Krashen (1985) de que la adquisición se basa crucialmente en la comprensión del *input*, VanPatten defiende que las experiencias en el procesamiento del *input* son las que determinan qué acaba adquiriendo el aprendiz. En concreto, VanPatten sostiene que el procesamiento del *input* puede ser manipulado externamente durante la comprensión (pero no durante la producción). Tal manipulación tiene por objeto alterar las estrategias naturales de procesamiento que el aprendiz usa (principalmente transferidas de las estrategias automáticas de procesamiento de la lengua materna) y llevarle a usar estrategias que estimulen la reorganización del sistema, o de subsistemas, y que afecten las representaciones gramaticales subyacentes. En oposición a la predicción de DeKeyser (1997) de que solamente las destrezas que se practican pueden desarrollarse, Van Patten y sus colaboradores sostienen haber demostrado empíricamente que los efectos positivos de la instrucción del procesamiento del *input* durante la comprensión se transfieren naturalmente a la producción, mientras que lo aprendido durante la práctica oral tradicional no parece transferirse al terreno de la comprensión (Cadierno, 1995; Cheng, 1995; Pletsch de García, 1996; Van Patten y Cadierno, 1993*a*, *b*; Van Patten y Oikkenon, 1996; VanPatten y Sanz, 1995).

Aunque la polémica teórica continúa (véase Salaberry, 1997; y las réplicas de Sanz y Van Patten, 1998, y Salaberry, 1998; también Van Patten, 1998) y los resultados de la instrucción del procesamiento del *input* no parecen siempre replicables (DeKeyser y Sokalski, 1996; Salaberry, 1997; pero véase también Van Patten y Oikkenon, 1996), el resultado positivo de tales desacuerdos teóricos es que se ha empezado a investigar empíricamente la contribución específica de la práctica de producción en el proceso de aprendizaje de la lengua (DeKeyser, 1997; Ellis y Schmidt, 1997). Un avance en este debate es también el reconocer que la práctica puede tener efectos muy diferentes según las estructuras y habilidades lingüísticas que se practiquen (DeKeyser y Sokalski, 1996) y, asimismo, que la intensidad de la práctica debe ser considerada cuando se evalúan sus efectos a largo plazo (Leow, 1998).

4. El desarrollo de la competencia gramatical a través de la producción oral en una segunda lengua

4.1. El estudio de la interlengua

Durante la década de los setenta y ochenta, la investigación de interlenguas (Selinker, 1972) propició estudios centrados en la tarea de describir el proceso de desarrollo de la competencia de segundas lenguas a menudo estrictamente gramatical, a veces abordando descripciones de competencia discursiva y comunicativa

(Schmidt, 1983; Schmidt y Frota, 1986), pero siempre en base a la descripción de la actuación del aprendiz de una segunda lengua a través de datos de producción oral (véase el resumen en Larsen-Freeman y Long, 1991). Inicialmente, el énfasis en la producción oral simplemente fue una consecuencia azarosa de que tales estudios siguieran en metodología y espíritu las investigaciones de la adquisición del lenguaje infantil (Brown, 1973; véase la panorámica histórica de Lightbown y White, 1987). De hecho, los dos objetivos fundamentales que impulsaron esta línea de investigación fueron demostrar que la adquisición de una segunda lengua por niños, jóvenes o adultos era fundamentalmente similar a la adquisición de la lengua materna que tiene lugar en los primeros años de vida del niño, y demostrar que las interlenguas constituían gramáticas sistemáticas, como cualquier otra variedad del lenguaje natural. Sin embargo, la conclusión que surgió de esta oleada inicial en el estudio de interlenguas fue que la actuación en una segunda lengua es altamente variable, y que factores del contexto afectan la variabilidad de la actuación de manera a veces predecible y sistemática.

Ciertos hallazgos ya clásicos sobre el desarrollo de la interlengua provienen de esta etapa histórica de la lingüística aplicada: la constatación de un orden predeterminado en el dominio del uso de morfemas en el aprendizaje del inglés como segunda lengua (Bailey, Madden y Krashen, 1974; Dulay y Burt, 1974); el descubrimiento de que muchos de los errores de producción en una segunda lengua tienen sus causas en procesos universales del desarrollo lingüístico, tales como la sobregeneralización (Richards, 1974); y el reconocimiento incipiente de las limitaciones del análisis de errores de interlengua, con el inicio de nuevas direcciones metodológicas que más tarde producirían hallazgos relacionados con distintos momentos o fases del desarrollo (las secuencias del desarrollo, Meisel, Clahsen, y Pienemann, 1981) y con la influencia compleja de la primera lengua en la adquisición de la segunda (Kellerman, 1978; Sharwood Smith, 1983; véase Kellerman en este volumen).

De esta época datan dos estudios de interlengua en el ámbito del español como lengua extranjera en Estados Unidos. El primer estudio, basado en una tesis doctoral, fue llevado a cabo y publicado en inglés por Van Naerssen (1980; véase también Van Naerssen, 1986, para una discusión más amplia y en español). Los sujetos eran 15 universitarios de lengua materna inglesa matriculados en un curso de primer año de español. La producción oral de estos aprendices, obtenida durante una prueba final de curso por medio de cinco preguntas en una entrevista oral, fue analizada en términos de porcentaje de provisión correcta de morfemas libres y ligados en contextos obligatorios. Aunque los hallazgos son de valor limitado debido al tamaño modesto del *corpus* y, sobre todo, al descrédito del marco teórico del orden de producción correcta de morfemas (véase Gass y Selinker, 1994, pp. 79-87; y Long y Sato, 1984), varios hechos se pueden destacar aquí. Primero, respecto a la concordancia en español entre sustantivo y adjetivo, parece ser que los aprendices (de lengua nativa inglesa, al menos) tienen más problemas en producir correctamente el género que el número, y sobregeneralizan el masculino. Segundo, aunque la cópula española no suele ser omitida en la producción oral, la distinción semántica entre las cópulas *ser* y *estar* causa problemas persistentes durante el primer año. Finalmente, Van Naerssen descubrió que en la producción de estos 15 aprendices la alternancia de formas verbales de presente e infinitivo persistía durante algún tiempo, pero el uso de infinitivos como forma base en contextos ilícitos desaparecía una vez que las formas de pasado habían surgido en la producción. A su vez, cuando las formas de pasado se diversificaban y el imperfecto y el pretérito aparecían, el pretérito parecía ser utilizado en exceso y sobregeneralizado a contextos de imperfecto, mientras que en los contextos obligatorios de imperfecto aparecían tanto pretéritos como imperfectos, y hasta infinitivos ocasionalmente.

El segundo estudio de la competencia gramatical del aprendiz adulto de español enmarcado en el análisis de errores es Friedenberg (1991). Este *corpus* de la producción oral, como el de Van Naerssen (1980) obtenido a través de una entrevista oral, pero esta vez estructurada a través de dibujos en vez de preguntas, abarcaba 110 hablantes de español y estaba compuesto por un grupo de aprendices con un mínimo de tres años y un máximo de cinco años de instrucción, y otro grupo de aprendices sin instrucción en Puerto Rico, ambas muestras a dos niveles de edad: niños y adultos. Los resultados, derivados de un análisis de errores estrictamente guiado por la provisión de formas en contextos obligatorios, coinciden con los de Van Naerssen (1980), pero parecen arrojar poca luz nueva sobre el desarrollo de la competencia gramatical en la producción oral de aprendices de español. Por el contrario, la descripción del desarrollo de interlengua avanzada por Van Naerssen (1980) y resumida en el párrafo anterior, aunque puramente morfológica y basada en la forma y el análisis de errores, preparaba el camino hacia la descripción del desarrollo de interlengua entendido como un proceso de avances parciales de formas y funciones que desencadenan otros avances parciales, en un aprendizaje gradual y discontinuo, constreñido en cada momento por el grado de desarrollo gramatical ya alcanzado (p. ej., la colección ya clásica editada por Davies, Criper y Howatt, 1984).

En efecto, hoy en día el proceso de adquisición gramatical de una segunda lengua desde el punto de vista del desarrollo se basa en la idea de que los aprendizajes parciales y discontinuos se producen debido a la reestructuración de subsistemas y a la influencia que tales cambios graduales tiene en otros subsistemas subyacentes. Varios son los principales factores lingüísticos y cognitivos que afectan el desarrollo gramatical en una segunda lengua. Entre ellos, cualquier descripción y explicación del desarrollo de la interlengua deberá considerar al menos: el grado de complejidad cognitiva involucrado en la conceptualización y formulación de enunciados (p. ej., Givón, 1985); el grado de desarrollo gramatical ya adquirido por el aprendiz (p. ej., Pienemann, 1984, 1998); el grado de complejidad morfosintáctica de la construcción a adquirir (p. ej., Hulstijn, 1995; Hulstijn y De Graaff, 1994); y la frecuencia de uso ambiental en combinación con el grado de relieve perceptivo de las formas en cuestión (Andersen, 1990; Bardovi-Harlig, 1987).

En el campo de los estudios de interlengua, el desarrollo de varios subsistemas del español como segunda lengua ha sido investigado bajo premisas teóricas tales como: la adquisición de tiempo y aspecto (Andersen, 1986; Hasbún, 1995; Ramsay, 1990; Jourdenais *et al.*, 1995); el desarrollo del modo subjuntivo y la subordinación en la producción oral de aprendices (Collentine, 1995, 1997*a*, *b*; Lubers-Quesada, 1998; Pereira, 1996; Terrell, Baycroft y Perrone, 1987), y la adquisición de clíticos y de verbos reflexivos (Elliott, 1995; Van Patten, 1987). Asimismo, Johnston (1995) ha propuesto siete etapas de desarrollo secuencial para el español como segunda lengua, basadas en el análisis de la producción oral, y teóricamente afines a las secuencias de desarrollo para el alemán y el inglés inicialmente propuestas por Meisel, Clahsen, y Pienemann (1981), Pienemann, Johnston y Brindley (1988), y Pienemann (1998). Las secuencias de Johnston, que aguardan confirmación en futuros estudios, están relacionadas con la paulatina adición de operaciones de procesamiento en la segunda lengua que constriñen el desarrollo de la morfología verbal de persona, la aparición de grupos de clíticos, y la habilidad de explotar el orden flexible de palabras en español de manera pragmática y sintácticamente apropiada (véase también Ocampo, 1990).

4.2. Contexto y variación: la comunicación en tareas como impulso de desarrollo en la competencia oral

Dejando de lado los estudios de interlengua española, y volviendo a la contribución del estudio de la interlengua a una descripción útil de la competencia oral, otros dos hallazgos generales sobre la actuación lingüística se deben destacar, y ambos indirectamente derivados de los estudios de interlengua: la constatación de que entre la habilidad para el uso y el conocimiento sobre la lengua había un vacío difícil de caracterizar a niveles de explicación teórica (Bialystok, 1979; Seliger, 1979; véanse los recientes estudios de Green y Hecht, 1992; y Han y Ellis, 1998), y el reconocimiento de que variables del contexto afectaban la producción oral del aprendiz de forma más dramática de lo que cabía en principio esperar (p. ej., Tarone y Parrish, 1988).

Una vez constatada la tremenda variabilidad en la actuación lingüística de aprendices de segundas lenguas, y gracias a la influencia de métodos y teorías sociolingüísticos (especialmente el trabajo de Labov, 1966; Bailey, 1973; y Bickerton, 1975) en la investigación de la adquisición de segundas lenguas, el estudio del contexto como causa de la variación sincrónica pronto adquirió importancia. Este nuevo impulso al estudio de la actuación en una segunda lengua suponía la novedad de que, por primera vez, sistematicidad, variación y cambio eran tres constructos que podían ser relacionados en una teoría de la adquisición de la competencia en una segunda lengua, una teoría de la adquisición basada en la actuación (véanse, sobre todo, las teorías de Ellis, 1985; y Tarone 1988; y también, entre otras, las críticas de Preston, 1989; y la colección de estudios en los dos volúmenes de Gass *et al.*, 1989).

También en la década de los ochenta, y ante la conclusión ineludible de que el *input* comprensible (Krashen, 1985), aun siendo necesario, no era suficiente para garantizar la adquisición de una segunda lengua, las teorías empiricistas se reorientaron hacia la consideración del papel que la interacción y la producción oral juegan en el proceso de adquisición de la segunda lengua. La hipótesis de la interacción en su forma original (Long, 1980) proponía que los movimientos interactivos en la producción, los cuales se producen debido a la necesidad de negociar el mensaje y resolver problemas en la comunicación, facilitan la adquisición de la segunda lengua, precisamente porque proporcionan la fuente de datos lingüísticos para la adquisición (de *input* comprensible, en la terminología de Krashen) más relevante para el aprendiz. La relevancia viene del hecho de que estos movimientos son dirigidos al aprendiz o producidos por el aprendiz en una situación concreta de uso, durante la cual la negociación del mensaje es local, motivada por el deseo de comunicar, y dependiente del contexto y los interlocutores.

El interés en la variación causada por factores del contexto, por un lado, y la línea de investigación interaccionista, por otro, ocasionaron numerosos estudios de la calidad y cantidad de la interacción oral que se produce entre aprendices, y entre aprendices y hablantes nativos, cuando éstos llevan a cabo diferentes tareas (véanse, por ejemplo, los dos famosos volúmenes editados por Crookes y Gass, 1993).[4]

El estudio de la actuación lingüística durante tareas interactivas puso de manifiesto que la variación en la producción oral en la segunda lengua podía ser manipulada externamente de manera que se incrementaran las conductas de interacción supuestamente facilitadoras de la adquisición (véanse los resúmenes en Crookes, 1986; Long, 1996; Pica, 1994; Pica, Kanagy y Falodun, 1993). Varias condiciones óptimas de actuación en tareas que fueron identificadas en estos estudios pueden ser brevemente enumeradas aquí. Primero, se pudo confirmar empíricamente que la comunicación en grupos favorece la negociación del mensaje en mayor grado que las interacciones dominadas por el profesor (Gaies, 1983; Long *et al.*, 1976; Pica y Doughty, 1985; Doughty y Pica, 1986) y que los interlocutores no nativos no son tan capaces de dirigir la negociación con otros aprendices como lo son los interlocutores que son hablantes nativos (Porter 1986; Varonis y Gass, 1985). Sin embargo, es interesante destacar que más tarde se propuso que la interacción en parejas es óptima para la adquisición si el interlocutor menos avezado lingüísticamente retiene la información necesaria para completar la tarea, ya que así el interlocutor nativo o más proficiente asume un papel de menor control sobre la información, pero a la vez ejerce mayor presión para negociar el mensaje hasta obtener la información pertinente (Yule y Macdonald, 1990; Yule, Power y Macdonald, 1992). En cuanto a los rasgos de tareas, parece que es preferible que los interlocutores compartan el mínimo estrictamente necesario de información contextual (Crookes y Rulon, 1988; Shortreed, 1993) en tareas que requieran comunicación bidireccional (Long, 1981; Gass y Varonis, 1985), transferencia obligatoria de información (Doughty y Pica, 1986; Pica, 1987) y tareas de consenso (Duff, 1986), y con una única solución posible (Long, 1989).

Esta última ventaja hipotética de las tareas de solución única o cerradas sobre las tareas de solución múltiple o abiertas ha sido investigada en el español por Manheimer (1993). La predicción es que tareas que obligan a los aprendices a encontrar la única solución correcta a un problema (en vez de alcanzar un consenso que depende de la buena voluntad de ambos interlocutores a negociar y llegar a un acuerdo) generalmente producen más negociación del mensaje y la utilización de formas más complejas. Manheimer encontró evidencia de ello al comparar la producción oral de 10 parejas de aprendices de español de tercer año en una universidad norteamericana bajo dos condiciones de actuación. En la tarea abierta, cada pareja tenía que ponerse de acuerdo sobre quién merecía recibir el único paracaídas disponible durante un accidente de avión, y varias soluciones al problema eran defendibles; en la tarea cerrada el objetivo era descubrir al autor de un crimen de entre una lista de sospechosos con sus coartadas y móviles, y por lo tanto el problema tenía una única solución correcta. Tras analizar la complejidad y corrección de la producción oral de las 10 parejas, Manheimer concluyó que el discurso producido en la tarea cerrada era más complejo (e igual de correcto) que el discurso producido en la tarea abierta.

Una nota de precaución es necesaria antes de concluir este apartado: la mayoría de estos estudios interaccionistas iniciales pudieron establecer una conexión entre condiciones de la actuación, evidencia de la cantidad y calidad de la negociación del mensaje, y (en los mejores casos) facilitación de la comprensión (Gass y Varonis, 1994; Pica, Young y Doughty, 1987). Sin embargo, la relación directa entre negociación del mensaje y la facilitación de procesos de adquisición quedaba asumida en virtud de la hipótesis de la interacción, pero empíricamente sin investigar.[5] Tal programa de investigación ha sido iniciado posteriormente en estudios como los de Iwashita (1999), Loschky (1994) y Mackey (1995) (véase también Doughty, en este volumen).

4.3. ¿Por qué es la práctica interactiva importante para la adquisición de la segunda lengua?

Modificaciones más recientes de la hipótesis de la interacción han extendido el papel de la actuación oral considerablemente (véase Long, 1996). Durante la interacción en una segunda lengua surgen numerosas ocasiones en que el aprendiz puede *notar* o detectar ciertos problemas en la producción oral y expandir o reorganizar el sistema gramatical interno en base a tales experiencias (Schmidt, 1993, 1997). Así, por ejemplo, los aprendices adultos durante la interacción pueden notar diferencias entre una forma utilizada en la emisión propia y (supuestamente) la misma forma en la emisión del interlocutor (*noticing gaps*, según Schmidt y Frota, 1986), o lagunas en la propia competencia comunicativa (*noticing holes*, según Swain, 1998) cuando mensajes que se quería expresar deben abandonarse o modificarse debido a limitaciones de los recursos lingüísticos disponibles (Faerch y Kasper, 1983). Asimismo, tales experiencias de atención a la forma durante la interacción pueden conducir a iniciativas por parte del aprendiz tales como pedir la forma deseada al interlocutor e incorporarla, aun cuando sea momentáneamente, en el propio repertorio productivo (Lightbown, 1992; Pica *et al.*, 1989). Notar diferencias y lagunas puede también empujar a soluciones comunicativas a través de las cuales el aprendiz puede probar hipótesis sobre la lengua meta y confirmarlas o descartarlas, dependiendo de si el interlocutor indica problemas de comprensión o inicia una corrección que muestra al aprendiz que una emisión concreta no es lícita en la gramática de la lengua meta.

La provisión de información lingüística durante la interacción a través de retroalimentación negativa ocupa un lugar especial en la teoría interaccionista del desarrollo de la competencia oral.[6] Información negativa sobre lo que no es posible en la gramática meta es proporcionada cuando el interlocutor corrige directa o indirectamente al aprendiz (véase Long, 1996). Aunque en el aula las correcciones directas y explícitas son la norma entre profesor y alumno (Chaudron, 1977, 1988), entre iguales (en el aula y, sobre todo, en contactos fuera del aula) es mucho más frecuente la provisión de correcciones formales implícitas durante la interacción, sin interrumpir el hilo de la comunicación (Day *et al.*, 1984).

Un tipo particular de corrección implícita que ha recibido considerable atención muy recientemente es la reformulación, documentada en niños aprendices de segunda lengua en situaciones de instrucción en el aula (Lyster y Ranta, 1997) y de interacción y juegos (Oliver, 1995), al igual que en la interacción en lengua materna entre el niño y el interlocutor adulto (Farrar, 1992; López-Ornat, 1994). Las reformulaciones surgen en ocasiones especiales durante la interacción (Nelson, 1981), cuando el interlocutor responde a un enunciado que no es gramatical con la versión gramatical del mismo enunciado, de manera que la forma de la emisión en la gramática meta queda expuesta al tiempo que el contenido de la emisión permanece intacto.

Ortega y Long (1997; Long, Inagaki y Ortega, 1998) encontraron evidencia de que la provisión de reformulaciones inmediatamente después de que el aprendiz produzca un enunciado que no es gramatical puede ser una forma eficaz de dirigir la atención del aprendiz hacia formas nuevas todavía no adquiridas y acelerar así su adquisición. En este estudio, 12 aprendices de español de segundo año en una universidad norteamericana recibieron reformulaciones de una estructura nueva para ellos, la posición del adverbio entre el verbo y su objeto, que no es gramatical en inglés. Otros 12 aprendices recibieron la misma forma a través de un modelo, antes de que intentaran producir el mensaje en cuestión, pero en el marco del mismo juego comunicativo que el grupo de reformulaciones, y se analizó el impacto de los dos tratamientos en la comparación con un grupo control en una prueba oral inmediatamente después de la instrucción. En la condición de reformulaciones, 8 de los 12 aprendices demostraron ser capaces de producir la nueva forma, incluso en contextos nuevos, en una prueba de producción oral administrada inmediatamente después del tratamiento. En la condición de modelos, sólo 2 aprendices produjeron la nueva forma en la prueba posterior a la intervención, y sólo en contextos aprendidos durante la intervención. Una vez concluido el experimento se les pidió a todos los sujetos que dijeran si habían aprendido algo nuevo durante el juego en español. Precisamente (y solamente) los 8 aprendices que mostraron poder utilizar la nueva forma en la prueba después de la intervención fueron capaces de formular una versión intuitiva de la regla supuestamente «mostrada» a ellos a través de la reformulación (recuérdese que el otro grupo de aprendices recibió evidencia positiva de la misma estructura y en el contexto del mismo juego comunicativo, pero a través de modelos). Estos resultados parecen proporcionar evidencia en favor de la hipótesis de Schmidt (1993, 1994, 1997) de que cuanto más se nota o detecta durante el uso genuino de la segunda lengua, más se aprende (en favor de esta hipótesis, véanse también los resultados en Alanen, 1995; y Leow, 1997).

5. Los productos de la competencia oral: fluidez, corrección y complejidad

La mayor parte de la investigación de la producción oral basada en tareas está apoyada en argumentos relacionados con las condiciones del contexto comunicativo (p. ej., Pica, Kanagy, y Falodun, 1993). Sin embargo, y quizá debido a la orientación marcadamente cognitiva y psicolingüística de modelos de adquisición de la competencia oral de la década de los noventa (p. ej., de Bot, 1992, 1996; N. Ellis, 1996; Hulstijn y de Graaff, 1994; Poulisse y Van Lieshout, 1997), la investigación más reciente sobre tareas parece haberse polarizado hacia aspectos cognitivos relacionados con procesos de atención y memoria (p. ej., Robinson, en prensa-*a*), y hacia la relación entre la competencia que subyace a la actuación, por un lado, y tres rasgos o atributos observables en los productos de la actuación oral: la fluidez, la corrección formal y la complejidad de la producción del hablante (véase el trabajo empírico de Lennon, 1990, 1995; y los modelos cognitivos de tareas de Robinson, en prensa-*b*; y Skehan, 1998).

La *fluidez* es el grado de naturalidad y normalidad en la producción de enunciados orales e incluye características de duración tales como la rapidez al hablar y la longitud, frecuencia y distribución de pausas, así como manifestaciones de problemas de procesamiento, tales como repeticiones, correcciones y abandono o interrupción de enunciados (véase Griffiths, 1991; Lennon, 1990; Riggenbach, 1991; Schmidt, 1992). La *corrección formal* se refiere al grado de conformidad de la producción en una segunda lengua con la producción del mismo mensaje por un hablante nativo de la lengua meta; es decir, con la producción ideal generada por una gramática mental nativa. Finalmente, la *complejidad*, que puede ser sintáctica o léxica, es un atributo del producto lingüístico relacionado con el grado de variedad y sofisticación de las estructuras gramaticales y el vocabulario utilizados en la producción oral. Desde luego, no es infrecuente el constatar, ya sea como profesor de lenguas segundas o como investigador de la adquisición, que los rasgos de fluidez, corrección y complejidad de la producción oral parecen entrar en conflicto durante el proceso de aprendizaje, ya que estos tres atributos de la producción pueden desarrollarse en el aprendiz de una segunda lengua de manera no lineal ni armoniosa, sino todo lo contrario, con uno de ellos a la zaga de los otros durante largos períodos en el proceso de aprendizaje, e incluso con graves desequilibrios en el grado final de competencia adquirido en la segunda lengua.

5.1. Perfiles de producción y su relación con la adquisición de una segunda lengua

Precisamente en un intento de explicar tales paradojas y desequilibrios de la actuación lingüística no nativa, Krashen (1978; Krashen y Pon, 1975; véase también Cohen y Robbins, 1976) propuso hace ya casi un cuarto de siglo su pronto influyente teoría del monitor. Según Krashen (1985), dependiendo de diferencias individuales de naturaleza cognitiva y afectiva, del contexto en que se adquiere la lengua, y de cómo se hayan aprendido los varios subsistemas de la gramática meta (esto es, incidental o explícitamente), los aprendices de una segunda lengua tienden a desarrollar una habilidad de producción extremadamente fluida, y lo hacen a expensas de la corrección gramatical, que incluso llega aparentemente a fosilizarse (los «que usan el monitor parcamente») o, por el contrario, se caracterizan por una producción en la segunda lengua extremadamente correcta pero trabajosa e imperfecta desde el punto de vista de la fluidez, hasta el punto de dar la impresión de una actuación no lingüística sino «aprendida» (los «que usan el monitor excesivamente»).

Sin duda, estas últimas estrategias de procesamiento no automático y metalingüístico y de atención explícita e intencional a la forma del mensaje constituyen el polo opuesto de las estrategias de procesamiento que los hablantes adultos utilizan para procesar su lengua materna, ya que se sabe que el procesamiento del lenguaje es automático y no atendido, tanto en la comprensión como en la producción (Levelt, 1989). En ese sentido, la distinción entre un sistema adquirido (incidentalmente) y otro aprendido (conscientemente) es una solución aparentemente válida. El problema con la teoría del monitor de Krashen era que asumía que las diferencias observadas en los rasgos de producción en una segunda lengua con respecto a la actuación del hablante nativo eran manifestación y consecuencia directa de dos tipos de procesamiento de la lengua no sólo mutuamente exclusivos sino, también, ineludiblemente dados por el modo en que la lengua era adquirida (casi siempre en situaciones de inmersión natural en el entorno) o aprendida (casi siempre cuando se trataba de situaciones de instrucción). Las teorías de Krashen, aunque extremadamente populares debido a su validez aparente desde el punto de vista de la intuición y el sentido común, fueron descartadas como explicaciones plausibles de la competencia en segunda lengua debido principalmente a la falta de fundamento en teorías psicológicas y psicolingüísticas, pero también a causa de la circularidad de las propuestas, que resultaban imposibles de confirmar, rechazar o modificar empíricamente (véase Gregg, 1984; McLaughlin, 1990).

Sin embargo, la observación de que la competencia oral adquirida en una segunda lengua a menudo sufre de falta de fluidez o de falta de corrección sigue siendo relevante veinte años después de las teorías de Krashen. Dos propuestas recientes son de interés aquí, debido a que ambas abogan por la manipulación de la actuación basada en tareas con el fin de alterar las condiciones cognitivas de la producción y facilitar la progresión equilibrada durante la adquisición de la segunda lengua: el modelo de tareas de Robinson (en prensa-*b*) y el de Skehan (1998).

5.2. Dos modelos cognitivos para la manipulación de la actuación oral

Basándose en la teoría psicolingüística del procesamiento de la información, Skehan (1994, 1998) ha propuesto un modelo del desarrollo de la competencia en segunda lengua motivado por el objetivo pedagógico de facilitar un difícil equilibrio que favorezca la adquisición y prevenga la fosilización: el tipo de práctica oral ideal, de acuerdo con Skehan, es aquel que produce un discurso en segunda lengua caracterizado por una fluidez y corrección satisfactorios (esto es, cercanos a niveles nativos), al tiempo que el aprendiz toma riesgos razonables durante la producción y tiende a hacer el código lingüístico cada vez más complejo.

Según Skehan, los aprendices de una segunda lengua tienden a procesar exclusivamente el contenido del mensaje, en detrimento de la forma. Esto se explica porque los recursos de atención son limitados y el procesamiento simultáneo de contenido y forma en una segunda lengua es demasiado costoso desde el punto de vista cognitivo (VanPatten, 1990). En general, Skehan se une a propuestas, procedentes de la psicología cognitiva, de un sistema dual que subyace a la representación y el procesamiento del lenguaje: uno de los sistemas se compone de representaciones jerárquicas de reglas (esto es, una gramática mental en el sentido chomskiano), mientras que el otro sistema se basa en representaciones de memoria asociativa (Skehan cita aquí el trabajo de Pawley y Syder, 1983; y Sinclair, 1991). Como consecuencia, en unos casos, el hablante de una segunda lengua codifica el mensaje en base al procesamiento gramatical, utilizando estrategias sintácticas para la generación de enunciados; en otros casos (la opción preferida en una segunda lengua, según Skehan), el hablante genera mensajes de una manera léxica, produciendo enunciados a través del acceso a unidades no analizadas y almacenadas en memoria, e ignorando el procesamiento gramatical. Si el aprendiz encuentra múltiples oportunidades de producir mensajes usando procesos léxicos, su fluidez se desarrollará. Al mismo tiempo, sin embargo, el sistema de representaciones gramaticales subyacente a la actuación no necesitará ser modificado o refinado, porque no se ve involucrado en la actuación lingüística, y por lo tanto la corrección formal de la producción sufrirá, y el sistema de interlengua corre el peligro de estabilizarse o fosilizarse.

Por lo tanto, y según Skehan, la función primordial del currículum de idiomas es el organizar y secuenciar oportunidades de producción en las que el aprendiz se vea impulsado a utilizar el procesamiento gramatical, ya que sólo así el sistema gramatical subyacente se ve involucrado y son posibles reestructuraciones parciales del sistema. El lector interesado encontrará una exposición de las propuestas pedagógicas que se derivan de este modelo en Skehan (1998) y una aplicación del modelo al diseño de prototipos de tareas para la evaluación de una segunda lengua en Norris *et al.* (1998).

El modelo de tareas propuesto por Robinson (1995*a*, *b*, en prensa-*b*), aunque similar en lo general, mantiene ciertas diferencias fundamentales con el modelo de Skehan. Para Robinson, como para Skehan, la complejidad cognitiva involucrada en tareas puede ser manipulada externamente de manera relevante hasta alterar el sistema de representaciones subyacente; sin embargo, Robinson considera que la reorganización parcial y el desarrollo gradual del sistema se ven impulsados por la necesidad funcional de expresar contenidos y mensajes cada vez más complejos (Givón, 1985), no por la capacidad externamente orquestada de procesar gramaticalmente lo que de otra manera sería procesado léxicamente, como Skehan sostiene. Robinson predice que cuanto más complejos sean los mensajes a comunicar, más se ve el sistema del aprendiz involucrado en buscar soluciones lingüísticas, a la vez que el conjunto de los recursos de atención se ve movilizado hacia la generación de enunciados. Ello, a su vez, hace que la generación de enunciados complejos conduzca a una mayor profundidad del procesamiento, lo cual aumenta las posibilidades de que soluciones improvisadas durante la producción sean eventualmente almacenadas en la memoria a largo plazo. La integración de estas formas nuevas en el sistema de representaciones subyacente, a su vez, tiende a motivar reanálisis y modificaciones de la información integrada y, en los mejores casos, reorganizaciones de la gramática interna, contribuyendo así al desarrollo de la propia competencia oral. Como mínimo, según Robinson (1995*a*), una mayor profundidad del procesamiento facilita el procesamiento repetido en la memoria a corto plazo y promueve procesos atendidos que pueden inclinar al aprendiz a «notar» las formas (Schmidt, 1997).

5.3. La planificación y la repetición de tareas: efectos en la complejidad y la corrección

Es difícil juzgar las propuestas de Robinson (en prensa-*b*) y Skehan (1998) a la luz de la evidencia empírica, ya que esta línea de investigación sobre tareas está todavía en sus inicios y los pocos estudios sobre la manipulación de requerimientos cognitivos de la actuación presentan resultados contradictorios o no concluyentes (véase Rahimpour, 1997; Robinson, 1995*b*; Foster y Skehan, 1996). La cuestión fundamental para ambos modelos es, sin embargo, la misma: ¿cómo se pueden manipular las tareas y los procesos cognitivos requeridos por ellas de manera que el desarrollo de la competencia subyacente a la actuación se vea impulsado?

Un área donde la manipulación de tareas ha probado ser fértil es en la provisión de tiempo para preparar antes de la producción oral, o la oportunidad de planificar la producción (para estudios de planificación de tareas en inglés como segunda lengua véase, sobre todo, Crookes, 1989; Ellis, 1987; Foster y Skehan, 1996; Skehan y Foster, 1997; en alemán, Mehnert, 1998; y en mandarín, Ting, 1996). En dos estudios sobre este tema (Ortega, 1995, 1999), estudiantes de español como lengua extranjera en una universidad estadounidense relataron varias narrativas (basadas en dibujos y una versión oral oída en la lengua materna) a un compañero de clase que a su vez necesitaba la información para completar otra tarea. En una de las narrativas, todos los estudiantes tuvieron 10 minutos para preparar la historia, mientras que la producción del resto de las narrativas fue inmediata, sin oportunidad de planificar. Por primera vez en el estudio de la planificación de tareas en una segunda lengua fue posible recoger información sobre el uso de estrategias y la utilización del tiempo de planificación, gracias a que todos los aprendices fueron entrevistados inmediatamente después de producir cada narración.

Los resultados del análisis de interlengua, consistentes tanto en la producción de los 14 estudiantes de nivel intermedio (Ortega, 1995) como en la de los 32 estudiantes de nivel avanzado (Ortega, 1999), muestran que la oportunidad de planificar antes de llevar a cabo una tarea que requiere producción oral conduce a niveles de complejidad sintáctica y fluidez mayores que en la producción oral espontánea sin preparar, y ello sin que haya cambios sustanciales en la corrección formal de la producción oral del aprendiz. El análisis de las entrevistas retrospectivas mostró que los aprendices emplearon el tiempo de planificación en la resolución de problemas de codificación del mensaje, dirigiendo su atención conscientemente a las estructuras y formas que cada aprendiz juzgó necesarias para completar con éxito la tarea, e incluso frecuentemente atendiendo a formas que se anticipaban problemáticas de acuerdo con percepciones personales de las lagunas y limitaciones en el aprendizaje de la lengua meta. La documentación de estas ocasiones de atención dirigida a la forma es tanto más iluminadora si se considera que corresponde con una ventaja mostrada en la complejidad de la producción oral planificada. Ello indicaría que la oportunidad de planear lo que se va a decir es beneficiosa para la adquisición de la competencia oral en dos sentidos: primero, porque brinda al aprendiz el margen necesario para involucrar los límites más avanzados de su sistema interno en la actuación durante la producción oral planificada, y segundo, porque el aprendiz tiene la oportunidad de atender conscientemente a lagunas y problemas de forma durante el tiempo de planificación estratégica antes de la producción. En definitiva, la oportunidad de planificar tareas, si se incorpora en la práctica oral en el aula, podría ser a largo plazo una forma eficiente de instigar reorganizaciones del sistema e incorporación de formas nuevas que se encuentran más tarde en el *input*.

La oportunidad de repetir y ensayar la producción oral es otra área en la manipulación de tareas y sus requerimientos cognitivos que ha sido investigada recientemente en el contexto del español como lengua extranjera. Gass y otros (1999), siguiendo a Bygate (1996, 1999), investigaron la siguiente hipótesis: la repetición de la misma tarea durante un cierto período de tiempo puede llegar a ser más beneficiosa para el aprendiz que el llevar a cabo tareas nuevas en el mismo período de tiempo. La lógica del razonamiento es que cuando el aprendiz repite la misma tarea varias veces, los recursos de atención que en principio estaban ocupados en procesar el contenido nuevo llegan a liberarse (puesto que el contenido se vuelve familiar gracias a la repetición) y quedan entonces disponibles para ser dirigidos a la forma. Si esto es así, entonces existe la posibilidad de que ante una nueva tarea el aprendiz sea capaz de movilizar lo aprendido y practicado gracias a la repetición de la tarea antigua.

En consecuencia, Gass y sus colaboradores analizaron la corrección de la producción oral de dos grupos de universitarios aprendices de español a lo largo de aproximadamente cuatro semanas: un grupo de 32 aprendices vio una historia corta en vídeo tres veces, simultáneamente, narrando la historia oralmente en cada ocasión; otro grupo de 33 aprendices llevó a cabo el mismo procedimiento de práctica oral, pero en cada ocasión la historia de vídeo fue diferente. Al final del estudio, ambos grupos produjeron una cuarta narrativa oral elicitada por un vídeo (diferente a las historias experimentales), y su producción fue comparada a la de un grupo control de 38 aprendices que solamente participó en la prueba oral narrativa del principio y final del estudio. Los resultados no apoyaron la hipótesis inicial: aunque los aprendices que practicaron la misma tarea fueron mejorando en la corrección de las narrativas producidas con sucesivas repeticiones, en el momento en que la tarea cambió de contenido (es decir, en la cuarta narrativa) esta mejora desapareció, sugiriendo que lo que se aprende durante la práctica repetida no se transfiere necesariamente a situaciones nuevas.

Es prematuro, sin embargo, abandonar ésta u otras hipótesis sobre la manipulación de tareas y su efecto en operaciones cognitivas y de atención, por un lado, y en productos de la actuación en la segunda lengua, por el otro. La clave, tal vez, esté en basar estudios futuros en métodos de investigación apropiados para juzgar no sólo la naturaleza de la producción oral (a través de análisis rigurosos de los rasgos de producción de la interlengua), sino también los procesos cognitivos que se proponen como conexión causal entre la actuación lingüística y los procesos de adquisición. Esto último se puede hacer a través de la introspección, por un lado, y del uso de tareas que requieren comportamientos basados en el conocimiento implícito, por el otro (véase Norris y Ortega, en preparación).

Conclusión

El objetivo de este capítulo ha sido informar al lector de las varias líneas de investigación en el campo de la adquisición de segundas lenguas que abordan la cuestión de cómo cambios en la actuación y cambios en la competencia que subyace a tal actuación pueden entretejerse en el proceso de desarrollo de la segunda lengua, y cómo algunos de estos principios teóricos pueden informar el diseño de la práctica oral en el aula. Sin duda, el desarrollo de la competencia oral en el aula necesita del diseño de métodos pedagógicos que estén sólidamente motivados en las mejores (es decir, más plausibles) explicaciones a nuestro alcance de cómo la actuación contribuye al desarrollo de la competencia en una segunda lengua. Por ello será necesario en los años venideros de la investigación de la adquisición de segundas lenguas desarrollar un programa de trabajo coherente y acumulativo en el cual se examinen empíricamente las diversas teorías discutidas en este capítulo. El objetivo de tales investigaciones futuras será explicar cómo la actuación oral avanza desde grados iniciales de mínima fluidez, corrección formal y complejidad, hasta grados de producción que pueda ser caracterizada como cercana a la calidad de la actuación nativa o casi nativa. Para ello, sin duda, será necesario recurrir a la documentación de los procesos cognitivos, tanto automáticos como atendidos, que marcan el desarrollo de la competencia oral.

Bibliografía

Alanen, R. (1995): «Input enhancement and rule presentation in second language acquisition», en R. Schmidt (ed.), «Attention and awareness in foreign language learning and teaching» (*Technical Report* No. 9) Honolulú, HI, University of Hawai'i, Second Language Teaching and Curriculum Center, pp. 259-302.

Andersen, R. (1986): «El desarrollo de la morfología verbal en el español como segundo idioma», en J. M. Meisel (ed.), *Adquisición del lenguaje / Adquisicão da linguagem*, Frankfurt, Vervuert, pp. 115-137.

— (1990): «Models, processes, principles and strategies: Second language acquisition inside and outside of the classroom», en B. VanPatten y J. Lee (eds.), *Second language acquisition: Foreign language learning*, Clevedon, Reino Unido, Multilingual Matters, pp. 45-68.

Aston, G. (1986): «Trouble-shooting in interaction with learners; the more the merrier?», *Applied Linguistics*, 7, pp. 128-143.

Bachman, L. F. y Palmer, A. S. (1996): *Language testing in practice: Designing and developing useful language tests*, Oxford, Oxford University Press.

Bailey, C. J. (1973): *Variation and linguistic theory*, Arlington, VA, Center for Applied Linguistics.

Bailey, N.; Madden, C. y Krashen, S. (1974): «Is there a "natural sequence" in adult second language learning?», *Language Learning*, 24, pp. 235-243.

Bardovi-Harlig, K. (1987): «Markedness and salience in second language acquisition», *Language Learning*, 27, pp. 385-407.
Berman, R. A. y Slobin, D. I. (eds.) (1994): *Relating events in narrative: A crosslinguistic developmental study*, Hillsdale, NJ, Lawrence Erlbaum.
Bialystok, E. (1979): «Explicit and implicit judgements of L2 grammaticality», *Language Learning*, 29, pp. 81-103.
— (1990): *Communication strategies: A psychological analysis of second-language use*, Cambridge, MA, Basil Blackwell.
Bickerton, D. (1975): *Dynamics of a creole continuum*, Nueva York, Cambridge University Press.
Bley-Vroman, R. (1991): «Processing, constraints on acquisition, and the parsing of ungrammatical sentences», en L. Eubank (ed.), *Point counterpoint: Universal Grammar in the second language*, Amsterdam, John Benjamins, pp. 191-197.
Bot, K. de (1992): «A bilingual production model: Levelt's "speaking" model adapted», *Applied Linguistics*, 13, pp. 1-24.
Brown, R. (1973): *A first language: The early stages*, Cambridge, MA, Harvard University Press.
Bygate, M. (1996): «Effects of task repetition: appraising the developing language of learners», en D. Willis y J. Willis (eds.), *Challenge and change in language teaching*, Londres, Heinemann.
— (1999): «Task as a context for the framing, reframing and unframing of language», *System*, 27, pp. 33-48.
Cadierno, T. (1995): «Formal instruction from a processing perspective: An investigation into the Spanish past tense», *The Modern Language Journal*, 79, pp. 179-193.
Canale, M. (1983a): «From communicative competence to communicative language pedagogy», en J. C. Richards y R. W. Schmidt (eds.), *Language and communication*, Londres, Longman, pp. 2-27.
— (1983b): «On some dimensions of language proficiency», en J. W. Oller (ed.), *Issues in language testing research*, Rowley, MA, Newbury House, pp. 333-342.
Canale, M. y Swain, M. (1980): «Theoretical bases of communicative approaches to second language teaching and testing», *Applied Linguistics*, 1, pp. 1-47.
Cohen, A. D. (1998): *Strategies in learning and using a second language*, Nueva York, Addision Wesley Longman.
Cohen, A. D. y Robbins, M. (1976): «Toward assessing interlanguage performance: The relationship between selected errors, learners' characteristics, and learners' explanation», *Language Learning*, 26, pp. 45-66.
Cohen, A. D.; Weaver, S. J. y Li, T.-Y. (1996): *The impact of strategies-based instruction on speaking a foreign language* (Research Report), Minneapolis, University of Minnesota, Center for Advanced Research on Language Acquisition (CARLA).
Collentine, J. (1995): «The development of complex syntax and mood-selection abilities by intermediate-level learners of Spanish», *Hispania*, 78, pp. 122-135.
— (1997a): «The effects of irregular stems on the detection of verbs in the subjunctive», *Spanish Applied Linguistics*, 1, pp. 3-23.
— (1997b): «Pragmatics and the generation of syntactically complex utterances by foreign language learners of Spanish», en W. R. Glass y A. Pérez-Leroux (eds.), *Contemporary perspectives on the acquisition of Spanish*, vol. 2, Sommerville, MA: Cascadilla Press, pp. 41-56.
Crookes, G. (1986a): *Task classifications: a cross-diciplinary review* (*Technical Report*, 4), Honolulú, HI, University of Hawai'i, Center for Second Language Classroom Research.

— (1988*b*): «Planning, monitoring, and second language development: A review», *Technical Report*, 6, Honolulú, HI, University of Hawai'i, Center for Second Language Classroom.
— (1989): «Planning and interlanguage variation», *Studies in Second Language Acquisition*, 11, pp. 367-383.
— (1991): «Second language speech production research», *Studies in Second Language Acquisition*, 13, pp. 113-132.
Crookes, G. y Gass, S. (eds.) (1993): *Tasks in a pedagogical context: Integrating theory and practice*, Clevedon, Multilingual Matters.
Crookes, G. y Rulon, K. (1988): «Topic and feedback in native-speaker/non-native speaker conversation», *TESOL Quarterly*, 22, pp. 675-681.
Chapelle, C. A. (1998): «Construct definition and validity inquiry in SLA research», en L. F. Bachman y A. D. Cohen (eds.), *Interfaces between second language acquisition and language testing research*, Cambridge, Cambridge University Press, pp. 32-70.
Chaudron, C. (1977): «A descriptive model of discourse in the corrective treatment of learners errors», *Language Learning*, 27, pp. 29-46.
— (1988): *Second language classrooms: Research on teaching and learning*, Cambridge, Cambridge University Press.
Cheng, A. (1995): «*Grammar instruction and input processing: The acquisition of Spanish ser and estar*», tesis doctoral no publicada, University of Illinois at Urbana-Champaign.
Davies, A.; Criper, C. y Howatt, P. R. (eds.) (1984): *Interlanguage*, Edimburgo, Edinburgh University Press.
Day, R. (ed.) (1986): *Conversation in second language acquisition: Talking to learn*, Rowley, MA, Newbury House.
Day, R.; Chenoweth, N. A.; Chun, A. y Luppescu, S. (1984): «Corrective feedback in native-nonnative discourse», *Language Learning*, 34, pp. 19-46.
— (1996): «The psycholinguistics of the output hypothesis», *Language Learning*, 46, pp. 529-555.
Dechert, H. (1983): «How a story is done in a second language», en C. Faerch y G. Kasper (eds.), *Strategies in interlanguage communication*, Nueva York, Longman, pp. 175-195.
DeKeyser, R. (1993): «The role of practice in second language learning: A perspective from cognitive psychology», comunicación presentada en AILA Conference, Amsterdam, agosto 8-13.
— (1997): «Beyond explicit rule learning: Automatizing second language morphosyntax», *Studies in Second Language Acquisition*, 19, pp. 195-221.
— (1998): «Beyond focus on form: Cognitive perspectives on learning and practicing second language grammar», en C. Doughty y J. Williams (eds.), *Focus on form in classroom second language acquisition*, Cambridge, Cambridge University Press, pp. 42-63.
DeKeyser, R. M. (1995): «Learning second language grammar rules: An experiment with a miniature linguistic system», *Studies in Second Language Acquisition*, 17, pp. 379-410.
DeKeyser, R. M. y Sokalski, K. J. (1996): «The differential role of comprehension and production practice», *Language Learning*, 46, pp. 613-642.
Dörnyei, Z. y Kormos, J. (1998): «Problem-solving mechanisms in L2 communication: A psycholinguistic perspective», *Studies in Second Language Acquisition*, 20, pp. 349-385.
Dörnyei, Z. y Scott, M. L. (1997): «Communication strategies in a second language: Definitions and taxonomies», *Language Learning*, 47, pp. 173-210.

Doughty, C. y Pica, T. (1986): «Information Gap Tasks: Do they facilitate second language acquisition?», *TESOL Quarterly*, 20, pp. 305-325.

Duff, P. A. (1986): «Another look at interlanguage talk: Taking task to task», en R. Day (ed.), *Talking to Learn: Conversation in Second Language Acquisition*, Rowley, MA, Newbury House.

Dulay, H. y Burt, M. (1974): «Natural sequences in child second language acquisition», *Language Learning*, 24, pp. 37-53.

Duquette, G. (ed.) (1995): *Second language practice: Classroom strategies for developing communicative competence*, Clevendon, Multilingual Matters.

Elliott, O. P. (1995): *«A glance at the syntactic and semantic principles underlying the Spanish clitic "se". A study in second language acquisition»*, tesis doctoral no publicada, University of Arizona.

Ellis, N. y Schmidt, R. (1997): «Morphology and longer-distance dependencies: Laboratory research illuminating the A in SLA», *Studies in Second Language Acquisition*, 19, pp. 145-171.

Ellis, N. C. (1996): «Phonological memory, chunking, and points of order», *Studies in Second Language Acquisition*, 18, pp. 91-126.

Ellis, R. (1985): «A variable competence model of second language acquisition», *IRAL*, 23, pp. 47-59.

— (1987): «Interlanguage variability in narrative discourse: Style shifting in the use of the past tense», *Studies in Second Language Acquisition*, 9, pp. 1-20.

— (1993): «The structural syllabus and second language acquisition», *TESOL Quarterly*, 27, pp. 91-113.

Faerch, C. y Kasper, G. (1983): «Plans and strategies in foreign language communication», en C. Faerch y G. Kasper (eds.), *Strategies in interlanguage communication*, Nueva York, Longman, pp. 20-60.

— (1986): «Strategic competence in foreign language teaching», en G. Kasper (ed.), *Learning, teaching and communication in the foreign language classroom*, Aarhus, Aarhus University Press, pp. 179-193.

Fakhri, A. (1984): «The use of communicative strategies in narrative discourse: A case study of a learner of Moroccan Arabic as a second language», *Language Learning*, 34, pp. 15-37.

Farrar, M. J. (1992): «Negative evidence and grammatical morpheme acquisition», *Developmental Psychology*, 28, pp. 90-98.

Foster, P. (1998): «A classroom perspective on the negotiation of meaning», *Applied Linguistics*, 19, pp. 1-23.

Foster, P. y Skehan, P. (1996): «The influence of planning and task type on second language performance», *Studies in Second Language Acquisition*, 18, pp. 299-323.

Friedenberg, J. E. (1991): «The acquisition of spanish as first and second language: Learner errors and strategies», en L. M. Malave y G. Duquette (eds.), *Language, Culture and Cognition*, Clevendon, Multilingual Matters, pp. 55-80.

Gaies, S. J. (1983): «Learner Feedback: An exploratory study of its role in the second language classroom», en H. Seliger y M. Long (eds.), *Classroom Oriented Research in Second Language Acquisition*, Rowley, MA, Newbury House, pp. 146-168.

Gass, S.; Mackey, A.; Álvarez-Torres, M. J. y Fernández, M. (1999): «The effects of task repetition on linguistic output», *Language Learning*, 49, pp. 549-580.

Gass, S.; Madden, C.; Preston, D. y Selinker, L. (eds.) (1989): *Variation in second language acquisition*, Clevendon: Multilingual Matters.

Gass, S. M. y Selinker, L. (1994): *Second language acquisition: An introductory course*, Hillsdale, NJ, Erlbaum.

Gass, S. y Varonis, E. (1985): «Task variation and non-native/non-native negotiation of meaning», en S. Gass y C. Madden (eds.), *Input in Second Language Acquisition*, Rowley, MA, Newbury House, pp. 149-161.

Gass, S. M. y Varonis, E. M. (1994): «Input, interaction, and second language production», *Studies in Second Language Acquisition*, 16, pp. 283-302.

Gee, P. (1990): *Social linguistics and literacies: Ideology and discourses*, Londres, The Falmer Press.

Givón, T. (1979): «From discourse to syntax: Grammar as a processing strategy», en T. Givón (ed.), *Discourse and syntax, Syntax and semantics*, Nueva York, Academic Press, pp. 81-109.

— (1985): «Function, structure and language acquisition», en D. Slobin (ed.), *The cross-linguistic study of language acquisition*, Hillsdale, NJ, Erlbaum, pp. 1005-1028.

Green, P. y Hecht, K. (1992): «Implicit and explicit grammar: An empirical study», *Applied Linguistics*, 13, pp. 385-407.

Gregg, K. (1984): «Krashen's monitor and Occam's razor», *Applied Linguistics*, 5, pp. 79-100.

Gregg, K. R. (1996): «The logical and developmental problems of second language acquisition», en W. Ritchie y T. Bhatia (eds.), *Handbook of second language acquisition*, Nueva York, Academic Press, pp. 49-81.

Griffiths, R. (1991): «Pausological research in an L2 context: A rationale, and review of selected studies», *Applied Linguistics*, 12, pp. 345-364.

Gumperz, J. (1990): «The conversational analysis of metaethnic communication», en R. Scarcella, E. Andersen y S. Krashen (eds.), *Developing communicative competence in a second language*, Rowley, MA, Newbury House, pp. 223-238.

Han, Y. y Ellis, R. (1998): «Implicit knowledge, explicit knowledge and general language proficiency», *Language Teaching Research*, 2, pp. 1-23.

Harley, B. (1993): «Instructional strategies and SLA in early French immersion», *Studies in Second Language Acquisition*, 15, pp. 245-260.

Hasbún, L. (1995): «The role of lexical aspect in the acquisition of the tense/aspect system in Spanish», tesis doctoral no publicada, Indiana University.

Hatch, E. (1978): «Discourse analysis and second language acquisition», en E. Hatch (ed.), *Second language acquisition: A book of readings*, Rowley, MA, Newbury House, pp. 401-435.

Hawkins, B. (1985): «Is "an appropriate response" always so appropriate?», en S. Gass y C. Madden (eds.), *Input in Second Language Acquisition*, Rowley, MA, Newbury House, pp. 168-178.

Hinkel, E. (1999): *Culture in second language teaching and learning*, Cambridge, Cambridge University Press.

Hulstijn, J. (1995): «Not all grammar rules are equal: giving grammar instruction its proper place in foreign language teaching», en R. Schmidt (ed.), *Attention and awareness in foreign language learning (Technical Report*, 9), Honolulú, HI, University of Hawai'i, Second Language Teaching and Curriculum Center, pp. 359-386.

Hulstijn, J. H. y Graaff, R. de (1994): «Under what conditions does explicit knowledge of a second language facilitate the acquisition of implicit knowledge? A research proposal», *AILA Review*, 11, pp. 97-112.

Hymes, D. (1967): «Models of the interaction of language and social setting», *Journal of Social Issues*, 23, pp. 8-28.

Hymes, D. H. (1972): «On communicative competence», en J. B. Price y J. Holmes (eds.), *Sociolinguistics*, Baltimore, Penguin Books, pp. 269-293.

Igoa, J. M. (1996): «The relationship between conceptualization and formulation processes in sentence production: Some evidence from Spanish», en M. Carreiras, J. E. García-Albea y N. Sebastián-Gallés (eds.), *Language processing in Spanish*, Mahwah, NJ, Lawrence Elrbaum, pp. 305-351.

Iwashita, N. (1999): «The role of tast-based conversation in the acquisition of Japanese grammar and vocabulary», tesis doctoral no publicada, University of Melbourne.

Johnson, K. E. (1995): *Understanding communication in second language classrooms*, Nueva York, Cambridge University Press.

Johnston, M. (1995): *Stages of acquisition of Spanish as a second language*, Sydney: NLLIA/LARC, University of Sydney, Macarthur.

Jourdenais, R.; Ota, M.; Stauffer, S.; Boyson, B. y Doughty, C. (1995): «Does textual enhancement promote noticing? A think-aloud protocol analysis», en R. Schmidt (ed.), *Attention and awareness in foreign language learning*, (Technical Report, 9), Honolulú, HI, University of Hawai'i, Second Language Teaching and Curriculum Center, pp. 183-216.

Kasper, G. y Kellerman, E. (eds.) (1998): *Advances in communication strategy research*, Londres, Longman.

Kellerman, E. (1978): «Transfer and non-transfer: Where we are now», *Studies in Second Language Acquisition*, 2, pp. 37-57.

Kramsch, C. J. (1986): «From language proficiency to interactional competence», *The Modern Language Journal*, 70, pp. 366-372.

Krashen, S. (1978): «Individual variation in the use of the Monitor», en W. Ritchie (ed.), *Second language acquisition research: Issues and implications*, Nueva York, Academic Press, pp. 175-183.

— (1985): *The input hypothesis*, Londres, Longman.

Krashen, S. y Pon, P. (1975): «An error analysis in an advanced ESL learner: The importance of the Monitor», *Working Papers on Bilingualism*, 7, pp. 125-129.

Labov, W. (1966): *The social stratification of English in Nueva York*, Washington, DC, Center for Applied Linguistics.

— (1972): «Language in the inner city: Studies in the Black English Vernacular», Filadelfia, PA, University of Pennsylvania Press.

Larsen-Freeman, D. (1991): «Second language acquisition research: Staking out the territory», *TESOL Quarterly*, 25, pp. 315-350.

Larsen-Freeman, D. y Long, M. (1991): *An introduction to second language acquisition research*, Londres y Nueva York, Longman.

Lee, J. F. y VanPatten, B. (1995): *Making communicative language teaching happen*, Nueva York, McGraw-Hill.

Lennon, P. (1990): «Investigating fluency in EFL: A quantitative approach», *Language Learning*, 40, pp. 387-417.

— (1995): «Assessing short-term change in advanced oral proficiency: Problems of reliability and validity in four case studies», *I.T.L. Review of Applied Linguistics*, 109-110, pp. 75-109.

Leow, R. P. (1997): «Attention, awareness, and foreign language behavior», *Language Learning*, 47, pp. 467-506.

— (1998): «The effects of amount and type of exposure on adult learners L2 development in SLA», *The Modern Language Journal*, 82, pp. 49-68.

Leung, C.; Harris, R. y Rampton, B. (1997): «The idealised native speaker, reified ethnicities, and classroom realities», *TESOL Quarterly*, 31, pp. 543-560.

Levelt, W. J. M. (1989): *Speaking: From intention to articulation*, Cambridge, MA, The MIT Press.
Lightbown, P. (1992): «Getting quality input in the second/foreign language classroom», en C. Kramsch y S. McConnell-Ginet (eds.), *Text and Context*, Lexington, MA, DC Heath, pp. 187-197.
Lightbown, P. y Spada, N. (1997): «Learning English as a Second Language in a special school in Quebec», *Canadian Modern Language Review*, 53, pp. 315-355.
Lightbown, P. y White, L. (1987): «The influence of linguistic theories on language acquisition research: Description and explanation», *Language Learning*, 37, pp. 483-510.
Liskin-Gasparro, J. E. (1996): «Narrative strategies: A case study of developing storytelling skills by a learner of Spanish», *The Modern Language Journal*, 80, pp. 271-286.
Long, M. H. (1980): «*Input, interaction and second language acquisition*», tesis doctoral no publicada, Los Ángeles, University of California.
— (1981): «Input, interaction, and second language acquisition», *Annals of the Nueva York Academy of Sciences*, 379, pp. 259-278.
— (1989): «Task, group, and task-group interaction», *University of Hawai'i Working Papers in ESL*, 8 (2), pp. 1-26.
— (1996): «The role of the linguistic environment in second language acquisition», en W. Ritchie y T. Bhatia (eds.), *Handbook of second language acquisition*, Nueva York, Academic Press, pp. 413-468.
Long, M. H.; Adams, L.; McLean, M. y Castaños, F. (1976): «Doing things with words: verbal interaction in lockstep and small group classroom situations», en J. F. Fanselow y R. Crymes (eds.), *On TESOL '76*, Washington, DC, TESOL, pp. 137-153.
Long, M. H. y Crookes, G. (1992): «Three approaches to task-based syllabus design», *TESOL Quarterly*, 26, pp. 27-56.
— (1993): «Units of analysis in syllabus design-The case for task», en G. Crookes y S. M. Gass (eds.), *Tasks in a pedagogical context: Integrating theory and practice*, Clevedon, Reino Unido, Multilingual Matters, pp. 9-54.
Long, M. H.; Inagaki, S. y Ortega, L. (1998): «The role of implicit negative feedback in SLA: Models and recasts in Japanese and Spanish», *The Modern Language Journal*, 82, pp. 357-371.
Long, M. H. y Sato, C. J. (1984): «Methodological issues in interlanguage studies: An interactionist perspective», en A. Davies, C. Criper y A. Howatt (eds.), *Interlanguage*, Edimburgo, Edinburgh University Press, pp. 253-279.
López Ornat, S. (1994): *La adquisición de la lengua española*, Madrid, Siglo XXI Editores.
Loschky, L. (1994): «Comprehensible input and second language acquisition: What is the relationship?», *Studies in Second Language Acquisition*, 16, pp. 303-323.
Lubers-Quesada, M. (1998): «L2 acquisition of the Spanish subjunctive mood and prototype schema development», *Spanish Applied Linguistics*, 2, pp. 1-23.
Lyster, R. (1994): «The effect of functional-analytic teaching on aspects of French immersion students' sociolinguistic competence», *Applied Linguistics*, 15, pp. 263-287.
— (1996): «Question forms, conditionals, and second-person pronouns used by adolescents native speakers across two levels of formality in written and spoken French», *The Modern Language Journal*, 80, pp. 165-182.
Lyster, R. y Ranta, L. (1997): «Corrective feedback and learner uptake», *Studies in Second Language Acquisition*, 19, pp. 37-66.

Mackey, A. (1995): «*Stepping up the pace: Input, interaction, and interlanguage development-An empirical study of questions in ESL*», tesis doctoral no publicada, University of Sydney.

Manheimer, R. D. (1993): «Close the task, improve the discourse», *Estudios de Lingüística Aplicada*, 17, pp. 18-40.

McLaughlin, B. (1990a): «"Conscious" versus "unconscious" learning», *TESOL Quarterly*, 24, pp. 617-631.

— (1990b): «Restructuring», *Applied Linguistics*, 11, pp. 1-16.

McLaughlin, B. y Heredia, R. (1996): «Information-processing approaches to research on second language acquisition and use», en W. C. Ritchie y T. K. Bhatia (eds.), *Handbook of second language acquisition*, Nueva York, Academic Press, pp. 213-228.

McNamara, T. (1996): *Measuring second language performance*, Nueva York, Longman.

Mehnert, U. (1998): «The effects of different lengths of time for planning on second language performance», *Studies in Second Language Acquisition*, 20, pp. 83-108.

Meisel, J.; Clahsen, H. y Pienemann, M. (1981): «On determining developmental stages in natural second language acquisition», *Studies in Second Language Acquisition*, 3, pp. 109-135.

Naiman, N.; Frohlich, M.; Stern, H. y Todesco, A. (1978): *The good language learner*, Toronto, The Ontario Institute for Studies in Education.

Nelson, K. E. (1981): «Toward a rare event cognitive comparison theory of syntax acquisition», en P. Dale y D. Ingram (eds.), *Child language: An interactional perspective*, Baltimore, University Park Press, pp. 375-402.

Norris, J. M.; Brown, J. D.; Hudson, T. y Yoshioka, J. (1998): «Designing second language performance assessments» (*Technical Report*, 18), Honolulú, HI, University of Hawai'i, Second Language Teaching and Curriculum Center.

Norris, J. M. y Ortega, L. (en preparación): «Defining and measuring SLA», en C. Doughty y M. H. Long (eds.), *Handbook of second language acquisition*, Londres, Blackwell.

Ocampo, F. (1990): «The acquisition of the pragmatics of word order variation in spoken Spanish by native speakers of English», en H. Burmeister y P. Rounds (eds.), *Variability in second language acquisition. Proceedings of the tenth meeting of the Second Language Research Forum*, vol. II, Oregón, University of Oregon, Department of Linguistics, American English Institute, pp. 523-539.

Ogbu, J. (1987): «Variability in minority response to schooling: Nonimmigrants vs. immigrants», en G. Spindler y L. Spindler (eds.), *Interpretive ethnography of education: At home and abroad*, Hillsdale, NJ, Lawrence Erlbaum, pp. 55-278.

Oliver, R. (1995): «Negative feedback in child NS/NNS conversation», *Studies in Second Language Acquisition*, 17, pp. 459-481.

O'Malley, J. M. y Chamot, A. U. (1990): *Learning strategies in second language acquisition*, Cambridge, Nueva York, Cambridge University Press.

Ortega, L. (1995): «The effect of planning in L2 Spanish narratives» (*Research Note* no. 15), Honolulú, HI, University of Hawai'i, Second Language Teaching and Curriculum Center.

— (1999): «Planning and focus on form in L2 oral performance», *Studies in Second Language Acquisition*, 21, pp. 109-148.

Ortega, L. y Long, M. H. (1997): «The effects of models and recasts on the acquisition of object topicalization and adverb placement by adult learners of Spanish», *Spanish Applied Linguistics*, 1, pp. 65-86.

Oxford, R. (1990): *Language learning strategies: What every teacher should know*, Nueva York, Newbury House/Harper Collins.

Pawley, A. y Syder, F. (1983): «Two puzzles for linguistic theory: Nativelike selection and nativelike fluency», en J. C. Richards y R. Schmidt (eds.), *Language and communication*, Londres, Longman.

Pereira, I. (1996): «Markedness and instructed SLA: An experiment in teaching the Spanish subjunctive», tesis doctoral no publicada, Urbana-Champaign, University of Illinois.

Pica, T. (1987): «Second language acquisition, social interaction, and the classroom», *Applied Linguistics*, 8, pp. 1-25.

— (1994): «Research on negotiation: What does it reveal about second-language learning conditions, processes, and outcomes?», *Language Learning*, 44, pp. 493-527.

Pica, T. y Doughty, C. (1985): «Input and interaction in the communicative language classroom: A comparison of teacher-fronted and group activities», en S. M. Gass y C. G. Madden (eds.), *Input in second language acquisition*, Rowley, MA, Newbury House, pp. 115-132.

Pica, T.; Holliday, L.; Lewis, N. y Morgenthaler, L. (1989): «Comprehensible input as an outcome of linguistic demands on the learner», *Studies in Second Language Acquisition*, 11, pp. 63-90.

Pica, T.; Kanagy, R. y Falodun, J. (1993): «Choosing and Using Communication Tasks for Second Language Instruction and Research», en G. Crookes y S. Gass (eds.), *Tasks and language learning: integrating theory and practice*, Clevedon, Multilingual Matters, pp. 9-34.

Pica, T.; Young, R. y Doughty, C. (1987): «The impact of interaction on comprehension», *TESOL Quarterly*, 21, pp. 737-758.

Pienemann, M. (1984): «Psychological constraints on the teachability of languages», *Studies in Second Language Acquisition,* 6, pp. 186-214.

— (1998): *Processability theory in second language acquisition*, Amsterdam, John Benjamins.

Pienemann, M.; Johnston, M. y Brindley, G. (1988): «Constructing an acquisition-based procedure for second language assessment», *Studies in Second Language Acquisition*, 10, pp. 217-243.

Pinker, S. (1989): *Learnability and cognition: The acquisition of argument structure*, Cambridge, MA, The MIT Press.

Pletsch de García, K. R. (1996): «Explicit grammar instruction: Input versus output», tesis doctoral no publicada, Purdue University.

Polanyi, L. (1985): *Telling the American story: A structural and cultural analysis of conversational storytelling*, Norwood, NJ, Ablex.

Porter, P. A. (1986): «How learners talk to each other: Input and interaction in task-centered discussions», en R. Day (ed.), *Talking to learn: conversation in second language acquisition*, Rowley, MA, Newbury House, pp. 201-222.

Poulisse, N. (1990): *The use of compensatory strategies by Dutch learners of English*, Dordrecht, Foris.

Poulisse, N. y Van Lieshout, A. (1997): «Second language acquisition: Some evidence from L2 learners' slips of the tongue», *Communication and Cognition*, 30, pp. 55-74.

Preston, D. R. (1989): *Sociolinguistics and second language acquisition*, Nueva York, Basil Blackwell.

Rahimpour, M. (1997): «*Task condition, task complexity and variation in oral L2 discourse*», tesis doctoral no publicada, University of Queensland, Brisbane, Australia.

Rampton, B. (1995): «Politics and change in research in applied linguistics», *Applied Linguistics*, 16, pp. 233-256.

Ramsay, V. (1990): «*Developmental stages in the acquisition of the perfective and imperfective aspects by classroom L2 learners of Spanish*», tesis doctoral no publicada, University of Oregon.

Richards, J. (ed.) (1974): *Error analysis perspectives on second language acquisition*, Nueva York, Longman.

Riggenbach, H. (1991): «Towards an understanding of fluency: A microanalysis of nonnative speaker conversations», *Discourse Processes*, 12, pp. 423-441.

Rintell, E. (1989): «That reminds me of a story: The use of language to express emotion by second-language learners and native speakers», en M. Eisenstein (ed.), *The dynamic interlanguage*, Nueva York, Plenum, pp. 237-257.

Robinson, P. (1994): «Implicit knowledge, second language learning and syllabus construction», *TESOL Quarterly*, 28, pp. 160-166.

— (1995a): «Attention, memory, and the "noticing" hypothesis», *Language Learning*, 45, pp. 283-331.

— (1995b): «Task complexity and second language narrative discourse», *Language Learning*, 45, pp. 99-140.

— (ed.) (en prensa a): *Cognition and second language instruction*, Cambridge, Cambridge University Press.

— (en prensa b): «Task complexity, cognition and second language syllabus design: A triadic framework for examining task influences on SLA», en P. Robinson (ed.), *Cognition and second language instruction*, Cambridge, Cambridge University Press.

Rubin, J. (1981): «Study of cognitive processes in second language learning», *Applied Linguistics*, 11, pp. 117-131.

Salaberry, M. R. (1997): «The role of input and output practice in second language acquisition», *The Canadian Modern Language Review*, 53, pp. 422-451.

— (1998): «On input processing, true language competence, and pedagogical band wagons: A reply to Sanz and VanPatten», *The Canadian Modern Language Review*, 54, pp. 274-285.

Sanz, C. y VanPatten, B. (1998): «On input processing, processing instruction, and the nature of replication tasks: A response to Salaberry», *The Canadian Modern Language Review*, 54, pp. 263-273.

Sato, C. (1990): *The syntax of conversation in interlanguage development*, Tubinga, Gunter Narr.

Schmidt, R. (1983): «Interaction, acculturation, and the acquisition of communicative competence», en N. Wolfson y E. Judd (eds.), *Sociolinguistics and language acquisition*, Rowley, MA, Newbury House, pp. 137-174.

— (1992): «Psychological mechanisms underlying second language fluency», *Studies in Second Language Acquisition*, 14, pp. 357-385.

— (1993): «Awareness and second language acquisition», *Annual Review of Applied Linguistics*, 13, pp. 206-226.

— (1994): «Deconstructing consciousness in search of useful definitions for applied linguistics», *AILA Review*, 11, pp. 11-26.

— (1997): «There is no learning without attention», ponencia presentada en el *XVII, Second Language Research Forum*, East Lansing, MI.

Schmidt, R. y Frota, S. (1986): «Developing basic conversational ability in a second language: A case study of an adult learner of Portuguese», en R. Day (ed.), *Talking to learn: Conversation in second language acquisition*, Rowley, MA, Newbury House, pp. 237-322.

Schwartz, B. D. (1986): «The epistemological status of second language acquisition», *Second Language Research*, 2, pp. 120-159.

— (1993): «On explicit and negative data effecting and affecting competence and linguistic behaviour», *Studies in Second Language Acquisition*, 15, pp. 147-163.
Schwartz, B. D. y Gubala-Ryzak, M. (1992): «Learnability and grammar reorganization in L2A: Against negative evidence causing the unlearning of verb movement», *Second Language Research*, 8, pp. 1-38.
Seliger, H. W. (1979): «On the nature and function of language rules in language teaching», *TESOL Quarterly*, 13, pp. 359-367.
Selinker, L. (1972): «Interlanguage», *IRAL*, 10, pp. 219-231.
Sharwood Smith, M. (1983): «Cross-linguistic aspects of second language acquisition», *Applied Linguistics*, 4, pp. 192-199.
Shortreed, I. M. (1993): «Variation in foreigner talk input: The effects of task and proficiency», en G. Crookes y S. M. Gass (eds.), *Tasks and language learning: Integrating theory and practice*, Clevedon, Reino Unido, Multilingual Matters, pp. 96-122.
Silva-Corvalán, C. (1983): «Tense and aspect in oral Spanish narrative: Context and meaning», *Language*, 59, pp. 760-780.
Sinclair, J. M. (1991): *Corpus, concordance, collocation*, Oxford, Oxford University Press.
Skehan, P. (1989): *Individual differences in second language learning*, Londres, Arnold.
— (1994): «Second language acquisition strategies, interlanguage development and task-based learning», en M. Bygate, A. Tonkyn y E. Williams (eds.), *Grammar and the language teacher*, Nueva York, Prentice Hall, pp. 175-199.
— (1998): *A cognitive approach to language learning*, Oxford, Oxford University Press.
Sorace, A. (1996): «The use of acceptability judgments in L2 acquisition research», en W. Ritchie y T. Bhatia (eds.), *Handbook of second language acquisition*, San Diego, Academic Press, pp. 375-409.
Swain, M. (1985): «Communicative competence: Some roles of comprehensible input and comprehensible output in its development», en S. M. Gass y C. G. Madden (eds.), *Input in second language acquisition*, Rowley, MA, Newbury House, pp. 235-253.
— (1995): «Three functions of output in second language learning», en G. Cook y B. Seidhofer (eds.), *Principles and practice in the study of language*, Oxford, Oxford University Press, pp. 125-144.
— (1998): «Focus on form through conscious reflection», en C. Doughty y J. Williams (eds.), *Focus on form in classroom second language acquisition*, Cambridge, Cambridge University Press, pp. 64-81.
Swain, M. y Lapkin, S. (1990): «Aspects of the sociolinguistic performance of early and late French immersion students», en R. Scarcella, E. Andersen y S. Krashen (eds.), *Developing communicative competence in a second language*, Nueva York, Newbury House, pp. 41-54.
Tarone, E. E. (1980): «Communication strategies, foreigner talk and repair in interlanguage», *Language Learning*, 30, pp. 417-431.
— (1988): *Variation in interlanguage*, Londres, Edward Arnold.
Tarone, E. E. y Parrish, B. (1988): «Task-related variation in interlanguage: The case of articles», *Language Learning*, 38, pp. 21-44.
Tarone, E. E. y Yule, G. (1989): *Focus on the language learner*, Oxford, Oxford University Press.
Terrell, T.; Baycroft, B. y Perrone, C. (1987): «The subjunctive in Spanish interlanguage: Accuracy and comprehensibility», en T. R. Dvorak; J. F. Lee y B. VanPatten (eds.), *Foreign language learning: A research perspective*, Nueva York, Newbury House, pp. 33-51.

Ting, S. C. (1996): «Planning time, modality and second language task performance: accuracy and fluency in the acquisition of Chinese as a second language», *The University of Queensland Working Papers in Language and Linguistics*, 1, pp. 31-64.

Valdés, G. (1995): «The teaching of minority languages as academic subjects: Pedagogical and theoretical challenges», *The Modern Language Journal*, 79, pp. 299-328.

Valdés, G. y Geoffrion-Vinci, M. (1998): «Chicano Spanish: The problem of the "underdeveloped" code in bilingual repertoires», *The Modern Language Journal*, 82, pp. 473-501.

Valle Arroyo, F. (1992): *Psicolingüística* (2.ª ed.), Madrid, Morata.

Van Naerssen, M. (1980): «How similar are Spanish as a first and foreign language?», en R. Scarcella y S. Krashen (eds.), *Research in second language acquisition*, Rowley, MA, Newbury House, pp. 146-154.

— (1986): «Hipótesis sobre la adquisición de una segunda lengua, consideraciones inter-lenguaje: Comprobación en el español», en J. Meisel (ed.), *Adquisición del lenguaje / Aquisição da linguagem*, Frankfurt, Vervuert, pp. 139-155.

Van Patten, B. (1983): «*Processing strategies in second language acquisition*», tesis doctoral no publicada, Austin, University of Texas.

— (1987): «Classroom and naturalistic language acquisition: A comparison of two case studies in the acquisition of clitic pronouns in Spanish», en T. A. Morgan, J. F. Lee y B. Van Patten (eds.), *Language and language use. Studies in Spanish*, Lanham, MD, University Press of America, pp. 241-262.

— (1990): «Attending to form and content in the input: An experiment in consciousness», *Studies in Second Language Acquisition*, 12, pp. 287-301.

— (1996): *Input processing and grammar instruction*, Norwood, NJ, Ablex.

— (1998): «Input processing and grammar instruction: An update», ponencia presentada en el *XVIII, Second Language Research Forum*, 15-18 de octubre, Honolulú.

Van Patten, B. y Cadierno, T. (1993a): «Explicit instruction and input processing», *Studies in Second Language Acquisition*, 15, pp. 225-241.

— (1993b): «Input processing and second language acquisition: a role for instruction», *The Modern Language Journal*, 77, pp. 45-57.

Van Patten, B. y Oikkenon, S. (1996): «Explanation versus structured input in processing instruction», *Studies in Second Language Acquisition*, 18, pp. 495-510.

Van Patten, B. y Sanz, C. (1995): «From input to output: processing instruction and communicative tasks», en F. Eckman, D. Highland, P. Lee, J. Mileham y R. Weber (eds.), *Second language acquisition theory and pedagogy*, Hillsdale, NJ, Lawrence Erlbaum, pp. 169-185.

Varonis, E. y Gass, S. (1985): «Non-native/non-native conversations: A model for negotiation of meaning», *Applied Linguistics*, 6, pp. 71-90.

White, L. (1991): «Adverb placement in second language acquisition: Some effects of positive and negative evidence in the classroom», *Second Language Research*, 7, pp. 133-161.

Wong-Fillmore, L. (1979): «Individual differences in second language acquisition», en C. Fillmore, D. Kempler y W. Wang (eds.), *Individual differences in language behavior*, Nueva York, Academic Press, pp. 203-228.

Yule, G. y Macdonald, D. (1990): «Resolving referential conflicts in L2 interaction: The effect of proficiency and interactive role», *Language Learning*, 40, pp. 539-556.

Yule, G.; Powers, M. y Macdonald, D. (1992): «The variable effects of some task-based learning procedures on L2 communicative effectiveness», *Language Learning*, 42, pp. 449-477.

Notas

1. En este sentido, es importante reconocer la distancia epistemológica entre estas propuestas empiricistas o ambientales de la adquisición de la lengua segunda o extranjera y las propuestas de tipo nativista o innatista (véase Larsen-Freeman, 1991). En teorías nativistas de la adquisición del lenguaje, la actuación carece de estatus teórico en el proceso de adquisición, y el objeto de estudio es el despliegue de la competencia estrictamente lingüística, o más exactamente del conocimiento tácito e implícito de la sintaxis de una lengua, manifestado en la habilidad de producir juicios intuitivos de gramaticalidad (véase Sorace, 1996). Para una discusión de la epistemología del nativismo lingüístico en relación a teorías de adquisición de segunda lengua, véanse Gregg (1996) y Schwarz (1986).

2. Estos estudios siguen la metodología y el marco teórico de los estudios del desarrollo de la habilidad narrativa en la lengua nativa (véanse, por ejemplo, Berman y Slobin, 1994, para la investigación con niños en varias lenguas primeras; Labov, 1972; Polanyi, 1985; y Silva-Corvalán, 1983, entre otros, para la habilidad narrativa de adultos).

3. Una versión menos crítica de la posición sociocultural se halla presente en el intento de integrar lengua y cultura en la enseñanza de idiomas en la educación secundaria y postsecundaria estadounidense (p. ej., Hinkel, 1999; y el movimiento de los estándares iniciado por el ACTFL [Consejo Americano de Profesores de Lenguas Extranjeras], en años recientes).

4. Las tareas, que pueden ser de muchos tipos (por ejemplo, narraciones, discusiones, juegos de construcción, interpretación de gráficos, etc.), se definen por ser actividades orientadas a la consecución de metas y productos no lingüísticos, y se diferencian (al menos en teoría) de las actividades tradicionales del aula de idiomas en que estas últimas 1) funcionan típicamente como pretextos destinados a fomentar la producción de la lengua *per se* y practicar determinadas estructuras de la lengua meta; 2) no están diseñadas específicamente con el propósito de modelar los actos de comunicación que tienen lugar en el mundo real fuera del aula, y 3) no se basan en un análisis riguroso de las necesidades del alumno, sino más bien en las intuiciones de los autores de materiales didácticos (Long y Crookes, 1992, 1993).

5. El lector encontrará otras críticas de los estudios de tareas generados por la hipótesis de la interacción en Aston (1986), Hawkins (1985) y Foster (1998).

6. Es importante señalar que, como en todos los argumentos a favor de la eficacia de la corrección, es necesario demostrar empíricamente que tal información negativa, además de ser proporcionada por el interlocutor, es asimismo notada y atendida por el aprendiz, y es usable a largo plazo de una forma que afecta el proceso de la adquisición (Pinker, 1989). El problema, lejos de estar solucionado en una dirección u otra, sigue siendo objeto de intenso debate teórico y empírico. Desde el punto de vista de la teoría lingüística, la provisión de evidencia negativa se percibe como literalmente inútil porque el sistema cognitivo de aprendizaje, que se asume modular y capaz de operar en base sólo al conocimiento lingüístico, no puede utilizar información declarativa no lingüística para el aprendizaje. Ésta es la posición articulada por investigadores de segunda lengua tales como Schwartz (1986, 1993). Incluso, aunque la provisión de evidencia negativa sea lógicamente necesaria para la retractación de hipótesis de sobregeneralización que son atestiguadas en el proceso de aprendizaje de la segunda lengua (White, 1991), desde el punto de vista de la teoría lingüística parece imposible justificar que tal evidencia sea usable o útil para los aprendices (Schwartz y Gubala-Ryzak, 1992). Desde el punto de vista interaccionista y cognitivo, no obstante, la provisión de información negativa a través de la corrección explícita o implícita de errores es fundamental en la activación de mecanismos tales como «notar» (Schmidt, 1993) diferencias y lagunas en la producción, y formular y comprobar hipótesis provisionales concernientes a las representaciones de la gramática meta.

Capítulo 8

LA PRAGMÁTICA DE LA INTERLENGUA DESDE UNA PERSPECTIVA EVOLUTIVA[1]

por Gabriele Kasper y Margaret A. DuFon[2]

1. Introducción

La pragmática es el estudio del uso de la lengua desde el punto de vista de los hablantes, especialmente de las restricciones que encuentran cuando usan la lengua en sus interacciones sociales, las elecciones que hacen (primero para decir algo o no, y después para seleccionar las palabras, expresiones o estrategias para decirlo), y los efectos de sus elecciones en los otros participantes en el acto de comunicación (Crystal, 1997, p. 301). En la pragmática se suelen distinguir dos dimensiones: la sociopragmática y la pragmalingüística. «La sociopragmática está relacionada con las restricciones sociales y culturales en el uso de la lengua en su contexto» (Blum-Kulka, 1996, p. 156), mientras que la pragmalingüística se refiere a la relación entre la lengua y la pragmática, o sea «al modo en que las diferentes formas de la lengua —gramaticales y léxicas— son utilizadas por hablantes nativos para indicar un significado pragmático» (Blum-Kulka, 1996, p. 160). La forma que elige un hablante para decir algo (la dimensión pragmalingüística) está influida por su relación con el oyente, con respecto a sus posiciones sociales, su familiaridad, así como la gravedad de la imposición expresada por el acto de habla (la dimensión sociopragmática). La interlengua se refiere al sistema de la segunda lengua que se desarrolla en la mente de alguien cuando está aprendiendo una segunda lengua y las dos lenguas se encuentran en la mente (Blum-Kulka, 1996). Por consiguiente, la pragmática de la interlengua se refiere al desarrollo y el uso de las estrategias de la acción lingüística por los hablantes no nativos según su relación con el interlocutor y la gravedad de la imposición.

Existe en la actualidad un gran número de estudios sobre la pragmática de la interlengua (véase Ellis, 1994; Kasper, 1998, para ver un análisis), pero la mayor parte trata del uso, y no del desarrollo, de la pragmática en una segunda lengua. Los temas investigados son: 1) la percepción y comprensión de los hablantes no nativos de la fuerza ilocutiva y la cortesía; 2) su producción de la acción lingüística; 3) el efecto de las variables contextuales en las elecciones de estrategias, así como en las formas lingüísticas que se usan para realizar estas elecciones estratégicas; 4) la secuencia del discurso y la gestión de la conversación; 5) los éxitos y fracasos pragmáticos, y 6) la cooperación al negociar las metas ilocutivas, referenciales y relacionales tanto en los encuentros interpersonales como en los marcos institucionales. Estos temas proceden de los estudios de la acción lingüística y las interacciones de los hablantes nativos, y principalmente de la tradición de la pragmática empírica (especialmente la investigación de los actos de habla), la pragmática intercultural y la sociolingüística interaccional, no estando ninguno de estos campos conectado directamente con el estudio de la adquisición de segundas lenguas. El único tema propio de la adquisición de segundas lenguas que se ha investigado consistentemente en el estudio de la pragmática de la interlengua es la transferencia pragmática.

El estudio de la pragmática de la interlengua se ha orientado más hacia la sociolingüística que hacia la psicolingüística, lo cual explica la poca atención prestada a los temas relacionados con el procesamiento. El tema que se ha examinado más frecuentemente desde la perspectiva del procesamiento es la comprensión de la pragmática, donde la teoría y la metodología se han inspirado en obras psicolingüísticas más que en las de la pragmática descriptiva (véase Takahashi y Roitblat, 1994, para ver un estudio clave). Muy poco se sabe sobre los procesos de planificación y control usados por los hablantes no nativos en la producción de la acción lingüística. Un examen de los pocos estudios existentes aparece en Cohen (1996).

En este trabajo presentaremos los estudios de la pragmática de la interlengua que, en un sentido amplio, tratan del aprendizaje de la lengua. Además de los estudios que explícitamente se centran en el desarrollo, consideramos también los que investigan los efectos del grado de dominio de la lengua meta como variable independiente en la actuación pragmática, puesto que un gran número de los estudios existentes pertenecen a esta última categoría. En primer lugar se presentan estos estudios agrupados según el diseño de la investigación: transversal o longitudinal. A continuación consideramos la relación entre la transferencia y el desarrollo pragmáticos, y finalmente el aprendizaje de la pragmática de la segunda lengua en un contexto formal o de instrucción.

2. Estudios transversales

Un resumen de los estudios transversales en los que se ha investigado el desarrollo de la pragmática de los estudiantes de una segunda lengua aparece en la tabla 8.1.

En la gran mayoría de los estudios transversales se ha investigado el uso, no la evolución, de las estrategias para realizar los actos de habla por parte de los estudiantes de diferentes niveles de conocimiento de la lengua meta. Una excepción la constituye el estudio de Olshtain y Blum-Kulka (1985), en el que las autoras compararon la capacidad que varios grupos de estudiantes (la mayoría adultos) tenían de aproximarse a las normas de los hablantes nativos, según el tiempo que habían vivido en Israel. En otra investigación, Rose (en prensa) comparó las estrategias usadas por niños de 7, 9 y 11 años de edad cuando realizaban actos de habla.

Tabla 8.1. *Estudios transversales de la pragmática de la interlengua*

Estudio	Foco	L1/L2	Sujetos (N)	Datos
Scarcella, 1979	Invitación; peticiones	Árabe/inglés	Principiantes (10) Avanzados (10) HN Inglés (6)	Juegos de rol
Olshtain y Blum-Kulka, 1985	Conveniencia de las estrategias de petición y disculpa	Varios/hebreo	Duración de la estancia < 2 años (36) 2-10 años (44) > 10 años (44) HN hebreo (160)	Escala graduada
Blum-Kulka y Olshtain, 1986	Peticiones	Inglés/hebreo	Intermedios, inferiores (80) Intermedios avanzados (80) Avanzados. (80) HN hebreo (172)	Pruebas de completar el discurso (*Discourse Completion Test* = DCT)
Takahashi y Beebe, 1987	Rechazos	Japonés/inglés	No Licenciados (20) Licenciados (20) HN Japonés (20) HN Inglés (20)	DCT
Trosborg, 1987	Disculpas	Danés/inglés	Principiantes avanzados (No hay datos = ND) Intermedios (ND) Avanzados (ND) HN danés (ND) HN inglés (ND)	Juegos de rol
Takahashi y DuFon, 1989	Peticiones	Japonés/inglés	Intermedios (8) Avanzados (8)	Juegos de rol
Omar, 1991	Saludos	Inglés/kiswahili	Principiantes (16) Intermedios-avanzados (16)	DCT
Svanes, 1992	Peticiones	Varios/noruego	Principiantes Intermedios Avanzados	DCT
Kerekes, 1992	Valoración de la asertividad	Varios/inglés	Inferior (28) Intermedio (59) Superior (19) HN Inglés (34)	Escala graduada
Robinson, 1992	Rechazos	Japonés/inglés	Intermedio (6) Avanzados (6)	DCT Protoco verbal
Trosborg, 1995	Disculpas; peticiones y quejas	Danés/inglés	Principiantes avanzados (No está recogido = NR) Intermedios (NR) Avanzados (NR) HN danés (NR) HN inglés (NR)	Juegos de rol
Houck y Gass, 1996	Rechazos	Japonés/inglés	Inferiores (4) Superiores (4)	Juegos de rol

TABLA 8.1. *(Continuación)*

Estudio	Foco	L1/L2	Sujetos (N)	Datos
Koike, 1996	Comprensión de la fuerza ilocutiva	Inglés/español	Primer año (46) Segundo año (34) Avanzado (34)	Respuesta apuntada por vídeo Escala graduada
Maeshiba et al., 1996	Disculpas	Japonés/inglés	Intermedio (30) Avanzado (30) HN japonés (30) HN inglés (30)	DCT Escala graduada
Takahashi, 1996	Tranferibilidad de las estrategias de petición	Japonés/inglés	Inferior (65) Superior (77)	Escala graduada
Hill, 1997	Peticiones	Japonés/inglés	Inferior (20) Intermedio (20) Avanzado (20) HN inglés (20)	DCT
Hassall, 1997	Peticiones	Inglés/indonesio	Inferior (6) Mediano (15) Avanzado (2) HN indonesio (18)	Juegos de rol Escala graduada
Bardovi-Harlig y Dörnyei, 1998	Conciencia de la pragmática *vs.* de la gramática	Diverso (15 lenguas)/ESL (173) Húngaro/EFL (370) Italiano/EFL (112) Húngaro Profesores de EFL (25) HN inglés americano. Profesores de ESL (28)	Intermedios inferiores Avanzados inferiores Principiantes Avanzados-intermedios Casi nativo	Tarea de juzgar
Rose (en preparación)	Peticiones, disculpas y respuestas a cumplidos	Cantonés/inglés	P2 (20) P4 (14) P6 (19) HN cantonés (15 por curso)	Tarea de producción oral usando historietas

HN: Hablantes nativos.
ND: No hay datos.
NR: No está recogido.
ESL = *(English as a Second Language)* = Inglés como Segunda Lengua.
EFL = *(English as a Foreing Language)* = Inglés como Lengua Extranjera.

Normalmente, en los estudios transversales se investiga sólo uno o varios actos de habla, utilizando la técnica de incitación (elicitación). Aunque la mayoría de estudios han tratado de la producción de actos de habla según el nivel de conocimiento de la lengua meta, existen algunos trabajos que han tratado de la comprensión y la valoración metapragmática de los actos de habla. Uno de los primeros estudios que investigó las valoraciones de la adecuación pragmática de los estudiantes de una segunda lengua desde la perspectiva evolutiva fue el de Olshtain y Blum-Kulka (1985), quienes investigaron las peticiones y las disculpas en hebreo por medio de una escala graduada. Los resultados indicaron que cuanto más tiempo habían estado los estudiantes en Israel, mayor era su aceptación de las normas pragmáticas de la segunda lengua. Al principio, los estudiantes basaban sus valoraciones en su primera lengua, pero cuanto más tiempo pasaban en Israel, tanto más tolerantes de las normas israelíes se mostraban, utilizando las estrategias de cortesía positiva (Brown y Levinson, 1978, 1987); es decir, los actos de habla directos y la cortesía de solidaridad.

En otro estudio (Kerekes, 1992), los estudiantes de inglés como segunda lengua tenían que escuchar una grabación en la que hablantes nativos participaban en un diálogo en que una persona le contaba a alguien sus penas, y tenían que valorar a estos hablantes según su asertividad y su capacidad de apoyar al otro. Este estudio se centró en la percepción de cualificadores (v. gr., *yo creo, un poco*, etc.), y mostró la existencia de una interacción entre el dominio de la lengua y el sexo del estudiante. Como grupo, la percepción de las mujeres se aproximó a la de los nativos más que la de los hombres.

Koike (1996) comparó un grupo de angloparlantes que estudiaban español con un grupo de chicanos que eran bilingües (español-inglés). Los sujetos escucharon y vieron un vídeo con siete escenas en las que hablantes nativos de diferentes dialectos del español iniciaban un diálogo. Después de ver cada escena los sujetos tenían que 1) escribir una respuesta a la producción del hablante nativo; 2) identificar el acto ilocutivo y escribir la última elocución, que correspondía al acto de habla que se investigaba, y 3) con una escala graduada de cinco puntos debían valorar al hablante según varias características personales. No se encontró ninguna diferencia estadística entre los estudiantes de primer curso y los de segundo curso con respecto a la comprensión o a las respuestas, pero entre ellos y los estudiantes avanzados había una gran diferencia; la comprensión y las respuestas del grupo avanzado fueron mucho mejores que las de los otros grupos de estudiantes. Los estudiantes avanzados emplearon la estrategia de hacer caso a las fórmulas verbales (v. gr., *¿por qué no?*), en las que reconocieron alguna indicación de fuerza ilocutiva, y por eso realizaron la tarea más satisfactoriamente. Sorprendentemente, por lo general los estudiantes de primer curso tuvieron más éxito que los de segundo curso; desafortunadamente, este resultado no es comentado por el autor del trabajo. También los estudiantes avanzados valoraron a los nativos de forma diferente a como lo hicieron los estudiantes de nivel inferior. Koike conjeturó que esto tal vez se debiera al hecho de que los estudiantes habían modificado sus opiniones hacia los hablantes después de entender el propósito lingüístico de su mensaje.

Bardovi-Harlig y Dörnyei (1998) también utilizaron escenarios grabados en videocasete en su investigación de las conciencias gramatical y pragmática de varios grupos: estudiantes avanzados de inglés como lengua extranjera (EFL) de Hungría; estudiantes intermedios y avanzados de inglés como segunda lengua (ESL) de distintas lenguas maternas; profesores de inglés como lengua extranjera de Hungría; maestros italianos, que enseñaban en escuelas primarias; y profesores de inglés como segunda lengua, que eran hablantes nativos de inglés, en Estados Unidos. En todas las escenas grabadas había un hombre y una mujer que se comunicaban en interacciones típicas del ambiente universitario. Estas interacciones se terminaban con una petición, una sugerencia, una disculpa o un rechazo. Dado que se investigaba la capacidad para distinguir entre elocuciones apropiadas y no apropiadas, y correctas y no correctas, los estudiantes húngaros en esas escenas poseían un nivel ya muy avanzado de la lengua inglesa. En cada escena la última elocución —la elocución que era la meta— era la segunda parte de un par adyacente, estaba marcada en la pantalla y aparecía en la hoja para respuestas. La tarea de los participantes era determinar si la última elocución de cada escena era correcta o incorrecta, y apropiada o no. Si la valoración era negativa tenían que determinar la gravedad del problema comunicativo. Los resultados difirieron según el contexto de aprendizaje (EFL o ESL), el dominio de la lengua, y el estatus social del participante, bien fuera estudiante o profesor. Los estudiantes de inglés como segunda lengua reconocieron la adecuación pragmática en mayor medida que los dos grupos de estudiantes de inglés como lengua extranjera; es decir, los estudiantes húngaros y los maestros italianos. Por el contrario, los grupos que estudiaban inglés como lengua extranjera acertaron lo que era correcto e incorrecto acerca de la gramaticalmente en mayor medida que el grupo de estudiantes para los que el inglés era una segunda lengua. Comparado con el grupo de inglés como lengua extranjera de nivel más avanzado, el grupo de nivel inferior dio valoraciones más bajas tanto a los errores gramaticales como a los pragmáticos; sin embargo, el grupo avanzado mostró un aumento mayor de conciencia gramatical que de conciencia pragmática. Para el grupo de inglés como lengua extranjera, cuanto mayor dominio de la lengua meta mayor conciencia pragmática, pero no así en el caso de la conciencia gramatical: a mayor dominio de la lengua meta menor conciencia gramatical. Los enseñantes, tanto los de inglés como lengua extranjera como los de inglés como segunda lengua, reconocieron mejor los errores gramaticales que los pragmáticos. En realidad, todos los enseñantes de inglés como lengua extranjera que hablaban inglés como segunda lengua reconocieron el 100 % de los errores, mientras que los enseñantes de inglés como segunda lengua, que eran hablantes nativos del inglés, no reconocieron el 2,4 % de los errores; pero estos mismos enseñantes (así como sus estudiantes) valoraron los errores pragmáticos como más graves. Parece claro, por tanto, que la relación entre la pragmalingüística y la conciencia gramatical, su desarrollo, y el efecto del contexto de aprendizaje en ambas debe recibir más atención. El estudio de Bardovi-Harlig y Dörnyei (1998) abre un nuevo camino y nos sirve como modelo para estimular otras investigaciones acerca de estos importantes temas.

En gran parte de los estudios transversales se ha investigado la producción de los actos de habla de los estudiantes. Un resultado constante de estos estudios ha sido que los estudiantes llegan a disponer de la misma gama de estrategias que los hablantes nativos, independientemente de su grado de dominio de la lengua meta. Por otro lado, los estudiantes difiere de los nativos en su realización de las estrategias lingüísticas, en cómo elige las convenciones de formas, y escogen estrategias y formas según el contexto social y de discurso. Por eso, en los estudios de las disculpas producidas por estudiantes de inglés en Dinamarca (Trosborg, 1987, 1995) y Hong Kong (Rose, en prensa), y estudiantes de inglés en Estados Unidos procedentes de Japón (Maeshiba Yoshinaga, Kasper y Ross, 1996) se descubrió que los estudiantes de todos los niveles de proficiencia podían usar toda la gama de estrategias de disculpa: decir algo que indicaba la fuerza ilocutiva, utilizar una fórmula para disculparse (*I'm sorry* [Lo siento]), asumir la responsabilidad por la ofensa (*I deleted your file* [Yo borré tu fichero]), minimizar la responsabilidad (*There must be a virus in your software* [Debe haber un virus en tu programa]) o la gravedad de la ofensa (*Fortunately you have a hard copy* [Afortunadamente tienes una copia en papel]), ofrecer una reparación del problema (*I'll ask Tom to retrieve it for you* [Le pediré a Tom que te lo recupere]) y expresar otras formas de desagravio, como preocupación por la persona ofendida (*I hope that file wasn't important* [Espero que ese fichero no fuese importante]), hacer esfuerzos para apaciguarla (*I'll install your new software for you* [Te instalaré el nuevo programa]), y prometer tener más cuidado (*I'll be more careful the next time* [Tendré más cuidado la próxima vez]) (véase en Blum-Kulka, House y Kasper [1989] su taxonomía de estrategias de disculpa). De forma semejante, hablantes no nativos de todos los niveles de proficiencia usaron todas las superestrategias para peticiones: directa (*Check your e-mail* [Mira tu correo electrónico]), indirecta convencional (*Could you check your e-mail?* [¿Podrías mirar tu correo electrónico?]), indirecta no convencional (*Did you get the e-mail I sent you?* [¿Has recibido el mensaje electrónico que te mandé?]), así como la mayoría de las subestrategias de estas categorías (véase en Blum-Kulka, House y Kasper [1989] su taxonomía de estrategias de petición).

Estos mismos resultados se observaron en estudios sobre la realización de peticiones de estudiantes japoneses de inglés como segunda lengua (Takahashi y DuFon, 1989) y como lengua extranjera (Takahashi, 1996; Hill, 1997), estudiantes de noruego como segunda lengua de diferentes lenguas maternas (Svanes, 1992), estudiantes daneses de inglés como lengua extranjera (Trosborg, 1995), angloparlantes australianos que aprenden indonesio como lengua extranjera (Hassall, 1997) y estudiantes cantoneses de inglés como lengua extranjera de Hong Kong (Rose, en prensa). También los estudiantes japoneses que aprenden inglés llegan a disponer de los mismos tipos de estrategias de rechazo (Takahashi y Beebe, 1987; Robinson, 1992; Houck y Gass, 1996),[3] y los chinos de Hong Kong ofrecen los mismos tipos de respuestas a cumplidos que los angloparlantes nativos, independientemente de su nivel de proficiencia (Rose, en prensa). El resultado de que un estudiante de una segunda lengua puede utilizar la gama completa de estrategias, independientemente de su dominio de la lengua, su origen etnolingüístico, o el contexto de aprendizaje, se ha obtenido en estudios transversales y también en muchos estudios en los que se ha investigado el uso (no el desarrollo) de la pragmática. (En los estudios del uso se investiga solamente un nivel de dominio de la lengua meta, mientras que en los estudios transversales del desarrollo pragmático se investigan dos niveles por lo menos.) En estos estudios del uso se ha demostrado que las estrategias realizativas de los actos de habla que se han investigado hasta ahora son constantes entre estudiantes así como entre diferentes poblaciones de hablantes nativos (Kasper y Schmidt, 1996; Kasper, 1998). En este capítulo no nos es posible tratar extensamente de la universalidad de las estrategias de los actos de habla, pero propondremos la hipótesis siguiente: las propiedades conceptuales («reglas», «condiciones») de los actos de habla[4] (v. gr., Searle, 1969; Leech, 1983) son los recursos sociocognitivos más importantes que los hablantes pueden usar para las estrategias realizativas. Por consiguiente, los hablantes que realizan la misma acción comunicativa usarán las mismas estrategias para realizar esa acción.[5] Los estudiantes de una segunda lengua, tanto adultos como niños, tienen un conocimiento pragmático universal que usarán en su segunda lengua si su proficiencia lingüística se lo permite. Aparentemente, los estudiantes que sirvieron como participantes en las investigaciones transversales ya habían pasado el umbral de conocimientos gramaticales necesario en la segunda lengua para implementar toda la gama de estrategias realizativas de actos de habla. Hay dos hechos que sugieren que ése es el caso. En primer lugar, en gran parte de los estudios transversales se han comparado estudiantes de nivel intermedio con estudiantes de nivel avanzado, pero no con principiantes. En segundo lugar, al usarse la técnica de elicitación, incluso los participantes de nivel más bajo tenían que ser suficientemente hábiles para completar las tareas, que incluían pruebas de completar el discurso *(Discourse Completion Tests)*, escalas graduadas y juegos de rol. Por eso, si los estudiantes no usaron estrategias realizativas de los actos de habla porque todavía estaban por debajo del umbral requerido con respecto a la competencia lingüística, no era posible apreciar este efecto de la proficiencia con los métodos que se estaban empleando en las investigaciones transversales.

En contraste con las estrategias, las convenciones de formas que usaban los estudiantes de diferentes niveles de dominio de la lengua para implementar las estrategias y para elegir las diferentes estrategias en diferentes contextos eran diferentes tanto cualitativamente como cuantativamente. Scarcella (1979) diseñó tres situaciones de juegos de rol para investigar las estrategias de cortesía que usaban estudiantes de inglés como segunda lengua de los niveles principiante y avanzado, y las comparó con las de hablantes nativos del inglés. Se observó que los participantes aprendían las formas de cortesía antes que las reglas de uso apropiado. Trosborg (1987) usó juegos de rol para comparar las disculpas de hablantes nativos del inglés, hablantes nativos del danés, y tres grupos de daneses que estudiaban el inglés como lengua extranjera. En este estudio se encontró que el uso de varias marcas de modalidad (como atenuadores [*downtoners*], delimitadores [*hedges*], e intensificadores) mejoraba con la proficiencia hasta aproximarse al uso de hablantes nativos. Otro resultado interesante fue que el uso de marcas de modalidad de los hablantes nativos daneses doblaba el de los hablantes nativos de inglés, lo cual indica que no seguían un patrón guiado por la transferencia pragmática, sino un patrón propio del desarrollo de la interlengua. Tanto Scarcella (1979) como Trosborg (1987) constataron que el repertorio de rutinas pragmáticas y de otros medios lingüísticos utilizados para realizar los actos de habla se ampliaba con el aumento de proficiencia. Sin embargo, no está claro si la mayor variedad de material lingüístico que los estudiantes producían en estos estudios era un resultado solamente del aumento de su vocabulario y sintaxis, o bien del hecho que los más avanzados entendían el potencial pragmático de los recursos léxicos y sintácticos. Desafortunadamente, no existen muchos análisis detallados de las relaciones forma-función y función-forma que puedan arrojar luz sobre la pragmática de la interlengua.

Takahashi y DuFon (1989) observaron que los estudiantes japoneses de inglés como segunda lengua cambiaban sus preferencias para realizar peticiones, de las estrategias más indirectas a las estrategias más directas; es decir, que se aproximaban a la norma nativa conforme aumentaba su conocimiento de la L2. Una evolución semejante también la describe Olshtain y Blum-Kulka (1985), quienes investigaron la percepción que los estudiantes de hebreo tenían del uso de las formas directas e indirectas del habla, así como de las fórmulas de cortesía. Pero en este estudio la aproximación a la norma nativa con respecto a la percepción de los actos directos y las estrategias de cortesía positiva estaba relacionada más con la duración de la estancia en Israel que con su dominio de la L2. En otra investigación, Blum-Kulka y Olshtain (1986) usaron cuestionarios de producción y observaron que el desarrollo con respecto al uso de movimientos secundarios de peticiones seguía una curva de aprendizaje en forma de campana; es decir, que se empezó con un patrón de subutilización, seguido por uno de sobreextensión, y se finalizó con una aproximación a la distribución de los hablantes nativos. Este patrón reflejaba aumentos del dominio de la lengua.

En un estudio que empleaba los juegos de rol, y basado en los datos de su estudio de disculpas mencionado anteriormente, Trosborg (1995) investigó las peticiones, quejas, y disculpas de tres grupos de estudiantes daneses que aprendían inglés: un grupo de noveno curso de la escuela secundaria, un grupo de alumnos de instituto y de la escuela de comercio, y un grupo de la universidad. No se administraron pruebas de inglés a los estudiantes, pues se asumió que los tres niveles educativos representaban también distintos niveles de conocimiento de la lengua. Los resultados indicaron que cuanta más proficiencia tenían los estudiantes, más sus estrategias se asemejaban a las utilizadas por los nativos. Esto incluía frecuencias más altas de adjuntos a las estrategias principales (por ejemplo, aumentos [*upgraders*], disminuciones [*downgraders*], y movimientos secundarios). Comparando los grupos con respecto a las estrategias principales utilizadas para expresar quejas y disculpas, las diferencias eran pequeñas, observándose no obstante que los grupos de nivel más bajo preferían la opción de no decir nada con más frecuencia.

Recientemente se han llevado a cabo algunos estudios que han seguido el proceso de desarrollo de las estrategias, que se acercan a las normas de los hablantes nativos, o bien se resisten a evolucionar hacia esas normas. Hill (1997) investigó las estrategias de petición usadas por estudiantes japoneses de inglés de tres niveles de dominio de la lengua meta, y descubrió que los estudiantes de los tres niveles utilizaban los actos directos en exceso y subutilizaban los actos no convencionalmente indirectos, o sea las indirectas. Se daba una relación inversa entre el dominio de la lengua y el uso del acto de habla directo; es decir, a mayor dominio menor uso de actos directos, principalmente el uso de imperativos. Por el contrario, la frecuencia de los actos de habla convencionalmente indirectos aumentaba con el dominio de la lengua hasta casi el nivel de los nativos, y los actos no convencionalmente indirectos cambiaba poco. No obstante, aunque por lo general se observó que los estudiantes se aproximaban a los nativos en la frecuencia de las estrategias convencionalmente indirectas, un estudio detallado reveló que algunas microestrategias no se aproximaba a las normas de los nativos. Las estrategias de «querer» (*I want to* [yo quiero] y *I would like to* [me gustaría]), que eran raramente usadas por los angloparlantes nativos de Inglaterra, fueron utilizadas al principio en exceso, y su frecuencia aumentó al mejorar el dominio de la lengua conforme aumentaba la proficiencia. Las estrategias de habilidad (*can/could* [puede/podría]) aumentaron entre los niveles principiantes y los niveles intermedios, pero su aumento no prosiguió hasta el nivel avanzado. Las estrategias de permiso (*may I...?* [¿me permite...?]), si bien aumentaron un poco, no avanzaron mucho, quedando su uso por debajo de la frecuencia propia de los nativos. Las estrategias de consentimiento (*would you*, v. gr. en *'would you buy me a bicycle...?'* [¿Me comprarías una bicicleta?]) no aumentaron mucho entre los niveles principiantes e intermedios, pero aumentaron repentinamente en el nivel avanzado. Por ello, la aproximación a las normas de los nativos de las peticiones convencionalmente indirectas se debió a la sobreutilización de las estrategias de «querer» y de consentimiento al aumentar el dominio de la lengua de los estudiantes. Una lección importante que se desprende de esta investigación de Hill es que recogiendo todas las estrategias de un tipo y colocándolas en una macrocategoría nos puede llevar a engaño, a menos que la evolución mostrada al macronivel reproduzca la evolución de las subestrategias.

Hassall (1997) investigó, por medio de juegos de rol, las peticiones de angloparlantes de Australia que estudiaban indonesio como lengua extranjera. Aunque el primer objetivo del estudio era la comparación de los nativos y los estudiantes de indonesio, una comparación de estudiantes de varios niveles permitió algunas observaciones acerca del desarrollo de la pragmática. Como Hill (1997), Hassall también descubrió que aunque el patrón de las macroestrategias de los estudiantes se acercó al de los nativos, se daban variaciones importantes en las microestrategias. Por ejemplo, una forma que aparecía con frecuencia en las peticiones directas de los nativos era el imperativo elíptico (*menu makanannya itu* [la carta]), pero esta estrategia la usaron solamente los estudiantes avanzados. Hassall sospechó que podía haber una curva de aprendizaje en forma de U, debido a que la simplicidad de la estructura sintáctica del imperativo elíptico permitía a los estudiantes principiantes su utilización (como demostró Ellis, 1992; véase más adelante), aunque no había datos como éstos en el estudio de Hassall. En consonancia con algunos estudios anteriores (Trosborg, 1995) pero no con otros (Hill, 1997), Hassall descubrió que las declaraciones de «querer» (*saya mau* [yo quiero]) aparecían al principio del aprendizaje y disminuían con el aumento de la proficiencia, siguiendo el uso nativo. Este mismo patrón también apareció con respecto a las indirectas expresadas por medio de frases enunciativas (*Saya tidak ada pena* [No tengo ningún bolígrafo]), lo cual sugiere que los estudiantes de nivel inferior eligen las formas no convencionalmente indirectas no porque prefieran los actos indirectos, sino porque no disponen de las rutinas que se han convencionalizado para realizar las peticiones. Hassall concluyó que los resultados generales de su estudio —que los estudiantes pueden acceder a las mismas estrategias de petición que los hablantes nativos, pero que las implementan y distribuyen diferentemente— apoyan el modelo de dos dimensiones de Bialystok (1993). Según este modelo de aprendizaje pragmático, los adultos que estudian una segunda lengua pueden depender de las representaciones pragmáticas que ya poseen, pero necesitan obtener control sobre la relación entre las formas y sus funciones en la segunda lengua. Hassall también propuso que la adquisición del conocimiento pragmático es una tarea compleja para los estudiantes de una segunda lengua. Ésta comprende, como en el caso de su estudio, la distribución contextual apropiada para las diversas estrategias de peticiones, las formas principales de modificación interna en la segunda lengua, y la selección de los movimientos introductorios antes de las preguntas directas.

Con respecto a los métodos para elicitar los datos, los participantes en el estudio de Hill (1997) realizaron una prueba escrita, mientras que los de Hassall (1997) participaron en juegos de rol. Un método que mezcla elementos de los dos fue usado por Rose (en prensa), quien elicitó un discurso que era oral pero no interactivo. Rose investigó la evolución de las peticiones, disculpas y respuestas a cumplidos de hablantes de cantonés, estudiantes de tres cursos de la escuela primaria, usando historietas para una tarea de producción oral. Para determinar qué efectos eran causados por la maduración y qué efectos por el desarrollo pragmático se dio a la mitad de los estudiantes de cada clase el trabajo en chino (su primera lengua) y a la otra mitad, en inglés (su segunda lengua). Se observaron varios cambios: 1) los estudiantes progresaron de las estrategias directas a las convencionalmente indirectas; 2) la frecuencia con que se optó por no decir nada disminuyó, y 3) las frecuencias de movimientos secundarios, adjuntos de disculpas y adjuntos de respuestas a cumplidos, aumentaron en el grupo de mayor edad (6.º curso). Sin embargo, los estudiantes no variaron mucho las formas elegidas según la situación, lo cual sugiere que en la producción de actos de habla el control sobre los aspectos pragmalingüísticos es superior al control sobre los sociopragmáticos.

Si comparamos los estudios iniciales con los realizados posteriormente, es evidente que la metodología ha mejorado mucho. Los instrumentos de los estudios de los últimos años se basan en estudios preliminares, a fin de elegir los contextos pertinentes, controlar y variar las variables contextuales, y elegir el material lingüístico en los casos de los estudios de comprensión y valoración (véase un ejemplo en Takahashi, 1995). Aunque todavía es necesario mejorar los métodos de investigación de la pragmática de la interlengua para hacerlos más válidos y fiables, el avance hacia métodos más perfeccionados nos promete un futuro mejor con respecto a los estudios transversales que están basados en las técnicas de elicitación.

3. Estudios longitudinales

Los estudios longitudinales de la pragmática de la interlengua cubren un espectro mucho más amplio que los estudios transversales. En primer lugar, los rasgos pragmáticos que se han examinado comprenden no sólo los actos de habla sino también las rutinas pragmáticas, los marcadores de discurso, la fluidez pragmática, y la capacidad de conversar, rasgos que requieren el estudio de un contexto de discurso completo. En segundo lugar, la mayoría de los estudios longitudinales investigan estudiantes en las primeras etapas. En tercer lugar, se incluye el aula en donde se enseña la segunda lengua entre los lugares en que se recogen los datos; de hecho, en la actualidad existen más estudios en los que los datos se han recogido dentro del aula que fuera. En cuarto lugar, muchos estudios investigan hoy en día el efecto de la enseñanza en la adquisición de la pragmática. Desde el punto de vista de la metodología, todo esto ha desembocado en una variedad mayor de procedimientos de investigación y de tipos de datos que en el caso de los estudios transversales. En esta sección se presentan las investigaciones que se han realizado sobre el desarrollo de la pragmática tanto dentro como fuera del aula, tal como se resumen en la tabla 8.2. En la siguiente sección se presentan los trabajos que han investigado el efecto de la enseñanza.

TABLA 8.2. *Estudios longitudinales de la pragmática de la interlengua*

Estudio	Foco	L1/L2 (n)	Proficiencia	Datos
Schmidt, 1983	Peticiones	Japonés/ESL (1)	Principiantes	Discurso auténtico
Schmidt y Frota, 1986	Habilidad conversacional	Inglés/portugués (1)	Principiantes	Diario; conversaciones
Bouton, 1992, 1994	Comprensión de la implicatura	Varios/ESL (30)	Avanzados	Elección múltiple
Ellis, 1992, 1997	Peticiones	Portugués (1) Punjabi (1)/ESL	Principiantes	Discurso auténtico del aula
Sawyer, 1992	Partícula pragmática *ne*	Varios/JSL (11)	Principiantes	Entrevista sociolingüística
Bardovi-Harlig y Hartford, 1993	Sugerencias y rechazos	Varios/ESL (16)	Avanzados	Discurso auténtico
Siegal, 1994	Competencia comunicativa	Inglés (3) Húngaro (1)/JSL	Intermedios-avanzados	Múltiple
Iino, 1996	*Input*	JSL	Intermedios-avanzados altos	Múltiple
Kanagy e Igarashi (1997)	Rutinas	Inglés americano/ JLE (19)	Principiantes	Discurso auténtico del aula
Cohen, 1997	Competencia pragmática	Inglés americano/ JLE (1)	Principiantes	Diario
DuFon, 1997, 1998	Saludos pronombres y términos de tratamiento	Indonesio	Principiantes-intermedios	Múltiple

HN: Hablantes nativos.
ESL: *(English as a Second Language)* = Inglés como Segunda Lengua.
JLE: Japonés como Lengua Extranjera.
JSL: Japonés como Segunda Lengua.

Uno de los primeros estudios longitudinales de la evolución de la pragmática en una segunda lengua fue el de Schmidt (1983), centrado en un solo estudiante de nombre Wes. Éste era un japonés que vivía en Hawai, donde aprendía inglés, y cuyo desarrollo fue seguido durante tres años. Uno de los rasgos investigados fue el uso de los actos de habla directivos. Al principio, Wes dependía de una gama reducida de fórmulas no analizadas y usaba marcadores de peticiones como *please* [por favor] con gran frecuencia. Wes también asoció la forma verbal *ing* con peticiones; por ejemplo, decía *sitting* [sentando] en lugar de *let's sit* [sentémonos], aunque en realidad la forma *ing* es un indicador de aspecto progresivo, no de peticiones. Muchos de sus errores eran aparentemente el resultado de la transferencia de normas pragmalingüísticas y sociopragmáticas del japonés. Al final de estos tres años de observación, Wes había analizado algunas de las fórmulas de peticiones y podía usarlas productivamente. También utilizaba los imperativos con una frecuencia más alta y sus peticiones eran más complicadas. Sin embargo, quedaban varios rasgos no nativos, como la sobreextensión de *can I* [Puedo yo] en *Can I brought cigarettes?* [¿Puedo yo trajo cigarrillos?] en vez de *Can you bring me cigarettes?* [¿Puedes traerme cigarrillos?].

En otra investigación, Schmidt y Frota (1986) investigaron la adquisición del portugués brasileño de Schmidt durante los cinco meses que vivió en Brasil. Se recogieron los datos por medio de un diario escrito por Schmidt acerca de sus experiencias en relación con su adquisición de la lengua portuguesa y se realizaron cuatro grabaciones de sus conversaciones con Frota, un hablante nativo del portugués, grabadas aproximadamente una vez al mes. El estudio se centró en los efectos de la enseñanza, la interacción y la corrección en la adquisición de una segunda lengua, y se estudió especialmente la adquisición de los morfemas gramaticales. Sin embargo, también se incluían algunas reflexiones acerca de la capacidad de Schmidt de conversar, lo cual es ya dominio de la pragmática. Schmidt realizó algún avance, ya que sus repeticiones disminuyeron, pero no mejoró en la capacidad de contestar a las preguntas en afirmativo. Esto se debía en parte al hecho de que en portugués no es apropiado contestar con la palabra *sim* [sí], sino con el verbo, lo cual requiere que el verbo se marque correctamente con respecto al número y la persona, una tarea compleja para un angloparlante. Estos dos estudios de Wes y Schmidt sugieren que hay una interacción entre la pragmática y la morfosintaxis en las primeras etapas del desarrollo de la L2, un tema que requiere mucha más investigación.

Ellis (1992, 1997) estudió las peticiones de dos niños (10 y 11 años de edad) que aprendían inglés como segunda lengua en el aula durante dos años. En base a este estudio, Ellis propuso tres etapas con respecto al desarrollo de las peticiones hechas por estudiantes de una segunda lengua. Al principio, las peticiones se expresaban muy simplemente y dependían mucho del contexto para su comprensión. Cuando los niños querían pedir algo expresaban el nombre de lo que deseaban y la ilocución, pero no expresaban las metas relacionales ni sociales (p. ej., *me no blue* [mí no azul] en lugar de '*I don't have a blue crayon*' [Yo no tengo ningún lápiz azul]), o expresaban peticiones con fórmulas directas (p. ej., *leave it* [déjalo] y *give me* [dame]). En la segunda etapa usaron fórmulas no analizadas (p. ej., *Can I have...?* [¿Me das?, literalmente: ¿Puedo yo tener...?] o *Have you got...?* [¿Tienes...?]) e indicaban la fuerza ilocutiva por medio de marcadores léxicos como *please* [por favor] y *maybe* [tal vez]. En la tercera etapa, al final del período de observación, empezaron a analizar las rutinas poco a poco, y a utilizarlas más productivamente. Por ejemplo, con las preguntas de habilidad como peticiones, los estudiantes adquirían más flexibilidad y eran capaces de cambiar de la perspectiva del hablante (*Can I take the book with me?* [¿Puedo llevarme este libro?) a la del oyente (*Can you pass me my pencil?* [¿Puedes pasarme el lápiz?]). Las metas relacionales —es decir, la cortesía— se empezaban a marcar, aunque con una gama limitada de estrategias; por ejemplo, modificando la petición externamente dando razones, o internamente con la disminución léxica *please*. Estas tres etapas hipotéticas identificadas por Ellis son congruentes con las primeras etapas del desarrollo gramatical, y nos indican la importante función de las fórmulas en la interlengua de los estudiantes principiantes (compárese con Ellis, 1994). Con el tiempo, el uso de peticiones directas disminuyó, y el uso de peticiones no convencionalmente indirectas aumentó; un patrón que también se encuentra en la evolución de la pragmática de la primera lengua y en las investigaciones transversales de la pragmática de la interlengua (Hassall, 1997; Hill, 1997; Rose, en prensa). Ellis también comentó que al final del período de observación, la gama de las estrategias de petición todavía era mucho más reducida que la de los angloparlantes nativos adultos, lo cual sugiere, entre otras razones, que las oportunidades para recibir *input* en el aula son más limitadas.

Un estudio longitudinal en que se investigaron los estudiantes avanzados en vez de los principiantes fue el de Bardovi-Harlig y Hartford (1993). Estas autoras investigaron la evolución de las sugerencias y los rechazos expresados por dieciséis adultos que hablaban inglés como segunda lengua durante las reuniones con sus consejeros académicos. Aunque estos estudiantes aumentaron la capacidad de negociar con sus consejeros en este contexto, no aprendieron a mitigar sus sugerencias y rechazos apropiadamente. En ciertos aspectos, sus habilidades pragmalingüísticas y sociopragmáticas mejoraron, en otros no. Estas diferencias estaban relacionadas con las oportunidades que tenían de recibir retroalimentación e *input*. Los consejeros les proporcionaron retroalimentación con respecto a la adecuación de sus actos de habla, pero no con respecto a las estrategias realizativas y las formas (Bardovi-Harlig y Hartford, 1993). En otra investigación de este fenómeno, Bardovi-Harlig y Hartford (1996) propusieron que la persistencia de estos problemas con las convenciones de formas se debía a la falta de *input* por parte de otros estudiantes con el mismo rol en la institución.

Hasta ahora solamente Bouton (1992, 1994) ha investigado la comprensión, en vez de la producción, de la pragmática por medio de una investigación longitudinal. En sus estudios Bouton investigó las habilidades que estudiantes avanzados de inglés como segunda lengua tenían para comprender las implicaturas. Treinta estudiantes de una investigación anterior que contaba 46 (Bouton, 1988) volvieron a realizar una prueba después de cuatro años y medio, en la que tuvieron que demostrar su comprensión del significado de algunas implicaturas. Las respuestas correctas eran significativamente más altas de lo que habían sido la primera vez. Aunque este estudio nos muestra que la habilidad para comprender las implicaturas puede evolucionar, no nos descubre nada respecto al proceso evolutivo, ni era ésa la intención.

En la actualidad se cuenta con un número creciente de trabajos sobre la evolución de la pragmática en la lengua japonesa, como segunda lengua o lengua extranjera, estando la mayoría de ellos centrados en los estudiantes principiantes. El primer estudio fue el de Sawyer (1992), un estudio de un año en el que se investigó la adquisición de la partícula afectiva *ne* por adultos que aprendían el japonés como segunda lengua (JSL). Sawyer descubrió que la partícula *ne* aparecía con posterioridad a las partículas gramaticales, y que los estudiantes empezaban a usarla en fórmulas que aparecían con gran frecuencia y con preeminencia (v. gr., *so desu ne*) y progresaban hacia un uso más productivo.

En otra investigación de partículas japonesas (Ohta, 1994) los resultados demostraron que los profesores de japonés como lengua extranjera usaban menos tipos de partículas afectivas y con menor frecuencia que los hablantes de japonés nativos que conversaban fuera del aula. Si los profesores de japonés como segunda lengua en el estudio de Sawyer también limitaron el uso de la partícula *ne* sería posible que la aparición más tardía de la partícula *ne* se debiera a la falta de *input* en el aula.

Kanagy e Igarashi (1997) investigaron la adquisición de rutinas pragmáticas en japonés por niños que hablaban el inglés como primera lengua, estudiantes de un programa de inmersión en una escuela de párvulos. En la cuarta semana, las producciones de los niños todavía eran rutinas incitadas, pero pasadas once semanas sus producciones eran más espontáneas y originales. Estos resultados son semejantes a los de investigaciones anteriores de la evolución de la pragmática en estudiantes de inglés como segunda lengua (Schmidt, 1983; Ellis, 1992, 1997).

Un estudio muy diferente de japonés como segunda lengua fue presentado por Cohen (1997), el cual escribió un diario de su participación en un curso acelerado de japonés durante un semestre. Aunque Cohen aprendió las habilidades para realizar actos de habla como peticiones, agradecimientos y disculpas, hacia el final del curso estas habilidades estaban atrasadas respecto a las expectativas de Cohen y sus experiencias anteriores de aprendizaje de otras lenguas extranjeras. Varios factores impidieron este desarrollo, y entre ellos su resistencia ante varias prácticas sociolingüísticas en la lengua que estaba aprendiendo. Por ejemplo, Cohen se resistía a usar los honoríficos cuando hablaba acerca de una persona cuyo estatus social era superior, o con un interlocutor cuyo estatus era igual o inferior. Otro factor era el enfoque de enseñanza usado por la profesora, que era de aprendizaje memorístico centrado en la estructura de la lengua. Además, las oportunidades para practicar la lengua fuera del aula eran muy limitadas. Por todo ello no es sorprendente que, aunque Cohen realizó con éxito las tareas específicas del programa de la clase de japonés, sólo consiguió una habilidad precaria para usar la lengua meta comunicativamente. Aparentemente el *input* y la práctica que recibía en su clase no eran suficientes para lograr una competencia prágmatica.

Por el contrario, Iino (1996) concluyó que el *input* de las interacciones con hablantes nativos en contextos naturales no es suficiente, y por ello la instrucción de idiomas en el aula también es necesaria. En un estudio etnográfico, Iino investigó las interacciones entre estudiantes americanos que estudiaban el japonés como segunda lengua en Japón y sus familias anfitrionas japonesas durante la cena familiar. Iino descubrió que el *input* proporcionado por los nativos adolecía de ciertas deficiencias. En primer lugar, el *input* que recibían los estudiantes era diferente del habla entre japoneses con respecto a la pragmática. Por ejemplo, el pronombre de segunda persona *anata* era sobreutilizado por los japoneses con los estudiantes y algunas partículas eran subutilizadas, mientras que otras eran sobreutilizadas. En segundo lugar, los estudiantes no disponían de modelos con quien poder identificarse y de quien poder discernir el comportamiento y el habla apropiados. En tercer lugar, por razones de cortesía, los nativos estaban poco dispuestos a corregir los errores pragmáticos de los estudiantes. En cuarto lugar, los contextos de interacción eran limitados; por ejemplo, el *keigo*, un registro muy cortés en japonés, era poco utilizado en el contexto de la cena con la familia. Por ello, con el tiempo algunos estudiantes llegaron a la falsa conclusión que el *keigo* no era importante y se le había dado demasiado énfasis en sus clases de japonés. Es decir que desde el punto de vista del desarrollo pragmático, su percepción sobre la cortesía cambió como resultado de sus interacciones con hablantes nativos. Desafortunadamente, esta percepción no varió en dirección a la de los hablantes nativos de la lengua meta, sino en sentido opuesto. Iino, como Bardovi-Harlig y Hartford (1996), concluyó que los estudiantes no reciben suficiente *input* en sus interacciones con los nativos y, por eso, la instrucción de idiomas en el aula también es necesaria. Comparando este estudio de Iino con el de Cohen es evidente que ni la instrucción del aula ni la interacción en contextos naturales son por sí solas suficientes para lograr la competencia pragmática en la segunda lengua.

Otro estudio etnográfico con estudiantes extranjeros en Japón es el de Siegal (1994, 1996). En la investigación más completa del desarrollo pragmático y sociolingüístico en japonés como segunda lengua realizado hasta la fecha, esta autora investigó la evolución de cuatro mujeres —blancas, occidentales, de clase media alta, de edades entre los 21 y los 45 años, cuyo nivel de conocimiento de japonés iba del nivel intermedio al avanzado. Se recogieron varios tipos de datos cualitativos: diarios en que se escribían las experiencias relacionadas con el aprendizaje del japonés, entrevistas con las estudiantes, y grabaciones de sus interacciones con los japoneses en contextos naturales. Estos datos fueron analizados por medio de la teoría de la subjetividad. Y uno de los resultados más significativos de esta investigación fueron las influencias mutuas entre las actitudes hacia la lengua y su dominio. Como Cohen (1997), Siegal encontró resistencia a usar la lengua como los hablantes nativos. Una vez que las estudiantes hubieron alcanzado el nivel de japonés necesario para comprender y usar el estilo normativo de la mujer japonesa eligieron conscientemente resistirse a lo que para ellas representaba una imagen de sí mismas que no era aceptable. Los extensos datos y la descripción detallada de Siegal nos proporcionan claves importantes acerca de la función de la subjetividad del estudiante en el desarrollo pragmático, pero aún son necesarias muchas más investigaciones para aumentar nuestra comprensión de esta dimensión importante de la adquisición de la pragmática en la segunda lengua.

DuFon (1997) también encontró resistencia a hablar como los nativos en su investigación etnográfica de seis estudiantes —tres de nivel principiante y tres de nivel intermedio— de Japón y Estados Unidos que aprendían indonesio como segunda lengua en Indonesia durante una estancia de cuatro meses en Java oriental, pero esta resistencia era esperada y estimulada por los hablantes nativos de indonesio. Los estudiantes preferían usar los saludos del tipo *'selamat...'* (p. ej., *selamat pagi* [buenos días], *selamat malam* [buenas noches], etc.), aunque ya se habían dado cuenta de que los nativos de Indonesia raramente usaban estos saludos entre ellos, y preferían usar otras formas para saludarse. (Normalmente la forma *'selamat...'* la usan los nativos solamente en situaciones formales como el aula o una reunión, y también la usan con los extranjeros.) Los nativos de Indonesia reservaban ciertas formas para uso exclusivo entre sí, que nunca usaban con los extranjeros porque estas formas indicaban que los interlocutores eran miembros de un grupo étnico o una religión determinados. Los estudiantes eran conscientes de esa función de los saludos y evitaban los que no eran apropiados para ellos. Así, se adaptaron a lo que se esperaba de ellos: que no hablaran de la misma manera que los nativos de Indonesia. Por otro lado, había otras formas que, aunque apropiadas, también evitaban los estudiantes. Eran formas problemáticas porque se parecían a preguntas que en inglés se hacen después de saludar a alguien, o bien aparecen en contextos específicos. En esta categoría se incluían saludos como *Apa kabar?* [¿Qué pasa?], *Mau ke mana?* [¿Adónde vas?], y *Dari mana?* [¿De dónde vienes?], *Sudah mandi?* [¿Te has duchado?], etc. Aunque los estudiantes eran conscientes de que estas formas eran usadas por los nativos de Indonesia como saludos, percibían que estos saludos no contaban realmente como saludos; es decir, que cuando se saludaba así parecía como si se hubiera saltado el saludo. Por eso se resistían al uso de formas de saludos, aparte de *'selamat...'*, aunque eran conscientes de las diferencias entre sus producciones y las de los nativos. Sin embargo, mientras que los estudiantes preferían la forma *'selamat...'* desde el principio hasta el final del estudio, el uso de otras formas como *'Mau ke mana?'* y *'Apa kabar?'* aumentó durante ese tiempo. De la misma manera, los estudiantes, que al principio no se sentían muy cómodos con las referencias a las cuestiones personales que sirven como saludos en indonesio, fueron adaptándose hasta que este tipo de saludos dejaron de molestarles.

En otro trabajo, DuFon (1998) examinó el desarrollo del uso de los pronombres de segunda persona y los términos de tratamiento. Los estudiantes demostraron diferentes niveles de éxito, que no podían explicarse totalmente a partir de las diferencias de nivel de conocimiento de la segunda lengua. Se constató que los estudiantes que tuvieron más éxito eran los que habían prestado mayor atención a sus propias producciones y a las de los nativos, y también a las diferencias entre unas y otras. Además eran conscientes de las restricciones contextuales en el uso de estas formas y sabían en qué situaciones no era apropiado imitar a los nativos para respetar las diferencias en sus posiciones sociales. En caso de duda, preferían evitar el uso del pronombre o rebasar los límites de la cortesía. Los estudiantes que tuvieron menos éxito o bien no habían prestado atención a las diferencias entre el uso que de estos términos hacían ellos mismos y los nativos, o bien, si habían prestado atención a esta diferencia, habían fracasado al cambiar su uso. Estos estudiantes preferían usar con todo el mundo el pronombre *anda*, que es el pronombre más neutro, aunque todavía no completamente neutro, y no es apropiado en todas las situaciones. Pero desde una perspectiva cognitiva el esfuerzo es menor si se usa un solo pronombre con todo el mundo, lo cual es, por tanto, más fácil. DuFon concluyó que la motivación era importante, ya que para los estudiantes que tuvieron más éxito, el respeto hacia el otro era más importante que sentirse cómodo.

Dado que muchos estudios longitudinales están basados en datos recogidos en lugares auténticos fuera del aula, éstos pueden aportarnos información con respecto a la relación entre los contextos sociales e institucionales y el desarrollo pragmático. Muchos de los estudios presentados aquí han adoptado esa perspectiva. Mientras que la interacción entre la adquisición pragmática y la gramatical se puede examinar por medio de varios métodos de investigación, los estudios longitudinales que presentan datos auténticos recogidos en situaciones sociales nos permiten un acceso privilegiado a la interacción entre los contextos sociales y la adquisición de la pragmática en la segunda lengua.

4. La transferencia y el desarrollo pragmático

La transferencia pragmática se ha observado en muchos de los estudios del uso (en contraste con los estudios evolutivos) de la pragmática, en que se compararon los datos de la pragmática de la interlengua con los de la primera y la segunda lenguas (véase Maeshiba *et al*., 1996; Takahashi, 1996 para ver un análisis). En esta sección se considerarán estudios en que se ha investigado la relación entre la transferencia y el desarrollo de la pragmática. Takahashi y Beebe (1987) propusieron la hipótesis de que el dominio de la segunda lengua está relacionado positivamente con la transferencia pragmática, aunque la hipótesis no se confirmó en su propio estudio sobre los rechazos producidos por hablantes de japonés, con dos niveles distintos de proficiencia, que aprendían inglés. En otros estudios, sin embargo, sí que se descubrió que el conocimiento limitado de los estudiantes impedía la transferencia de las estrategias y las formas complejas de la primera lengua (Blum-Kulka, 1982, 1991; Olshtain y Cohen, 1989).

Cohen (1997) observó que su intención había sido seguir las normas norteamericanas con respecto a las máximas de cantidad y manera, lo cual hubiera dado como resultado una mayor cantidad de palabras expresadas y una manera de hablar más específica de lo que es apropiado en japonés. Pero al ser su conocimiento y control del japonés muy limitados, Cohen no pudo implementar su plan, y sin querer adaptó las normas conversacionales de los japoneses. Ninguno de estos estudios examinó estudiantes de diferentes niveles y, por consiguiente, todavía no se dispone de confirmación definitiva que respalde la hipótesis de la correlación positiva.

Maeshiba *et al*. (1996) se propusieron investigar específicamente la hipótesis de la correlación positiva usando dos grupos de japoneses que aprendían el inglés como segunda lengua, y descubrieron que los de nivel intermedio transfirieron más estrategias de disculpa del japonés al inglés que los de nivel más avanzado. Por el contrario, Hill (1997) encontró evidencia de que se daba transferencia pragmalingüística negativa de la estrategia de usar la frase sintácticamente compleja *'I would like you to VP'* [Me gustaría que tú + frase verbal] en los grupos de nivel avanzado pero no en los grupos de nivel más bajo. Una explicación posible de los resultados de Maeshiba *et al*. (1996) y Hill (1997), aparentemente contradictorios, es que las estrategias de disculpa en japonés varían menos con respecto a la complejidad sintáctica que las estrategias de petición. Hasta el momento no se ha investigado todavía la interrelación entre la complejidad gramatical de las estrategias de los actos de habla en la primera y la segunda lenguas y la transferencia pragmalingüística, con respecto al desarrollo pragmático.

Mientras que el fenómeno de la transferencia pragmática está bien documentado, las condiciones para que se dé la transferencia y, especialmente, sus interacciones con otros factores todavía no se comprenden bien. De modo similar a como Kellerman (1983) investigó la transferencia del léxico, Olshtain (1983) y Robinson (1992) investigaron la de la pragmática, y ambos sugieren que los estudiantes son más propensos a transferir su conocimiento de la primera lengua si tienen una perspectiva universalista que si tienen una perspectiva relativista con respecto a las normas pragmáticas. Hasta la actualidad sólo se ha realizado una investigación de la pragmática de la interlengua que se haya centrado explícitamente en la transferibilidad; es decir, las percepciones de los estudiantes acerca de la equivalencia entre las estrategias y las convenciones de formas en la primera y en la segunda lengua. Takahashi (1995, 1996) observó que estudiantes japoneses de inglés encontraron diferencias en la transferibilidad de algunas estrategias de petición indirectas, y que sus percepciones con respecto a la transferibilidad se relacionaban con el grado de imposición implicado por la finalidad de la petición. Mientras que Takahashi encontró un efecto producido por el dominio de la lengua en su investigación de 1993 de estudiantes de inglés como segunda lengua en Honolulú, y en la investigación de 1996 en estudiantes de inglés como lengua extranjera en Japón no encontró tal efecto. Ello sugiere que el aula de lengua extranjera no proporciona a los estudiantes suficientes oportunidades para desarrollar la conciencia pragmática.

Algunos estudios demostraron que la transferencia pragmática (negativa) disminuía, no por causa del dominio de la lengua sino porque aumentaba la duración del tiempo de residencia en un país donde se habla la lengua meta (Oshtain y Blum-Kulka, 1985; Blum-Kulka y Olshtain, 1986). Los estudiantes que aprendían en un contexto de inmersión produjeron más rechazos semejantes a los de los nativos (Takahashi y Beebe, 1987) y valoraron la cortesía de las estrategias de petición más como los jueces nativos (Kitao, 1990) que los estudiantes en un contexto de aprendizaje de lengua extranjera. Kondo (1997), sin embargo, examinó la producción de disculpas por parte de estudiantes japoneses antes y después de vivir un año con familias en Estados Unidos, y encontró una situación más compleja. Aunque los estudiantes se aproximaron a los nativos de Estados Unidos y, a veces, los pasaron, con respecto al uso de estrategias de disculpa (como la falta de intención, la explicación, y el ofrecimiento de reparación), también aumentaron el uso de la admisión del hecho y la preocupación por el oyente, siguiendo y aun pasando la norma nativa del japonés. Kondo explicó este resultado de aumento de la transferencia negativa mediante la hipótesis de la correlación positiva.

5. El aprendizaje de la pragmática de la segunda lengua en el aula

Existen algunos estudios que han investigado las oportunidades que se proporciona a los estudiantes para aprender la pragmática en el aula, en términos del *input* que reciben y de la interacción. Cuando se ha comparado el lenguaje fuera del aula, con el lenguaje dentro del aula se ha demostrado que, dentro de las aulas en las que el profesor tenía un papel dominante, las oportunidades para recibir *input* y participar en la interacción estaban limitadas de distintas formas: 1) la gama de actos de habla que se usaban era más limitada (Long, Adams, McLean y Castaños, 1976); 2) no se usaban los marcadores de cortesía (Lörscher y Schulze, 1988); 3) las aperturas y los cierres eran más cortos y menos complejos (Lörscher, 1986; Kasper, 1989), 4) los profesores monopolizaban la organización y la gestión del discurso (Lörscher, 1986; Ellis, 1990), razón por la cual, 5) la gama de los marcadores del discurso era limitada (Kasper, 1989), y 6) el uso de las partículas afectivas era también bajo (Ohta, 1994). Por el contrario, en las aulas en las que la organización estaba más centrada en los estudiantes, las oportunidades para recibir *input* y participar en la interacción eran más numerosas; por ejemplo, los estudiantes producían más tipos de actos de habla (Long *et al.*, 1976), aunque con frecuencia las convenciones de formas y las estrategias que producían todavía no eran adecuadas. Porter (1986) observó que las interacciones entre no nativos en grupos pequeños no proporcionaban el *input* pertinente con respecto a la expresión apropiada de opiniones y desacuerdos. Este resultado indica que el valor de la enseñanza por tareas para desarrollar la proficiencia pragmática es limitado. Por otro lado, Poole (1992) y Lim (1996), siguiendo la perspectiva de la socialización del lenguaje, demostraron que la información cultural se comunica de manera implícita por medio de la interacción entre el profesor y los estudiantes en las aulas de idiomas, tanto en las aulas de segundas lenguas como en las de lenguas extranjeras.

Un tema que despierta cada día más interés es la posibilidad de que se enseñe la información pragmática, y se encuentren los procedimientos más efectivos para enseñar la pragmática de la L2. Hasta el momento se ha investigado una variedad de cuestiones relacionadas con los objetivos del aprendizaje de la pragmática, entre las que se encuentran: 1) la comprensión de tipos diferentes de implicaturas por estudiantes avanzados de inglés como segunda lengua (Bouton, 1994) y estudiantes de nivel intermedio alto de inglés como lengua extranjera (Kubota, 1995); 2) la producción de cumplidos y respuestas a cumplidos por los estudiantes de nivel intermedio y avanzado de inglés como lengua segunda y extranjera (Billmyer, 1990); 3) la producción de disculpas por los estudiantes avanzados de inglés como lengua extranjera (Olshtain y Cohen, 1990); 4) la gestión del discurso, así como la producción de una variedad de actos de habla y sus respuestas por estudiantes de nivel intermedio superior de inglés como lengua extranjera (House y Kasper, 1981); 5) la fluidez pragmática de estudiantes de nivel avanzado (House, 1996); 6) el uso de rutinas o fórmulas y la gestión de la conversación por los estudiantes de nivel intermedio de inglés como lengua extranjera (Wildner-Bassett, 1984) y los principiantes de alemán como segunda lengua (Wildner-Bassett, 1994); 7) la producción de quejas y rechazos por los estudiantes de nivel avanzado de inglés como segunda lengua (Morrow, 1996), y 8) la producción de rutinas pragmáticas por los principiantes de japonés como lengua extranjera (Tateyama, Kasper, Mui, Tay y Thananart, 1997). Los resultados de estas investigaciones son alentadores porque sugieren que los rasgos pragmáticos sí que se pueden enseñar.

También la enseñanza de la pragmática ayuda, por lo general, y es necesaria cuando el *input* es escaso o poco preeminente; por ejemplo, en el caso de algunos tipos de implicatura (Bouton, 1994). La enseñanza explícita produce mejores resultados que la enseñanza implícita; sin embargo, mientras que la explícita es mejor para aumentar la conciencia, no es seguro que sea tan efectiva en otros aspectos del desarrollo de las habilidades pragmáticas (véase también Alcón, en este volumen). House (1996) encontró que de los componentes de la fluidez pragmática, solamente las respuestas conversacionales no mejoraron ni con el aumento de la conciencia ni con la práctica de la conversación. Esta limitación se puede explicar por medio del concepto del procesamiento controlado (Bialystok, 1993). Las respuestas conversacionales fluidas y apropiadas requieren un grado muy alto de control sobre el procesamiento para comprender y producir una elocución, y es muy posible que tal control no se pueda desarrollar en el aula dadas las oportunidades limitadas que ofrece para practicar la lengua.

Conclusión

Tanto la enseñanza en el aula como las interacciones fuera de ésta contribuyen al desarrollo pragmático, pero ni la enseñanza ni la interacción, por sí solas, son suficientes para aproximarse al grado de dominio de la lengua meta del hablante nativo. Dentro del aula, incluso en un aula centrada en los estudiantes, las oportunidades para practicar toda la gama de actos de habla y representar distintos roles son limitadas. Tampoco el *input* pragmático de los otros estudiantes se ha revelado adecuado. Pero fuera del aula también se dan problemas, dado que el *input* que se proporciona presenta diversas carencias: 1) sólo se recibe retroalimentación y corrección con respecto a algunos aspectos del lenguaje (por ejemplo, la conveniencia de los actos del habla) pero no con respecto a otros (por ejemplo, las estrategias y las convenciones de formas), 2) cuando hablan con los aprendices, los hablantes nativos usan formas y estrategias que no serían corteses si se usaran con otros hablantes nativos, y 3) con frecuencia los estudiantes carecen de modelos apropiados a imitar. Teniendo todo esto en cuenta, debemos concluir que tanto la enseñanza dentro del aula como la interacción fuera del aula son necesarias para alcanzar un desarrollo pragmático óptimo.

Para ayudar mejor a los estudiantes con respecto a la pragmática dentro del aula se necesitan más investigaciones sobre el desarrollo de la pragmática en dos aspectos concretos: 1) el lingüístico-cognitivo, y 2) y el sociocultural. Con respecto a las investigaciones lingüístico-cognitivas, primero se tiene que investigar la relación entre el desarrollo gramatical y el pragmático, especialmente la cuestión de cómo los estudiantes aprenden los significados pragmáticos a partir del material gramatical y léxico. Para ello se necesitan análisis lingüísticos y pragmalingüísticos más detallados que los que normalmente se llevan a cabo en los estudios de la pragmática de la interlengua. En segundo lugar, para entender la función de los procesamientos cognitivos e interactivos en el desarrollo pragmático se tiene que examinar cómo los principios del aprendizaje y la enseñanza de segundas lenguas se aplican a la pragmática. Por ejemplo, mientras el requisito de «notar» *(noticing)* (p. ej., Schmidt, 1993, 1995) se puede aplicar directamente porque se refiere a una actividad cognitiva neutra con respecto al objeto al que se presta atención, y el concepto de «atención a la forma» *(focus on form)* (Doughty y Williams, 1998; Doughty, en este volumen) se puede extender para incluir las convenciones de formas y las estrategias pragmáticas, no está claro cómo este concepto de «atención a la forma» y las técnicas pedagógicas como las reformulaciones puedan adaptarse para incluir la función sociopragmática (véase sobre este punto Kasper, en prensa).

También se necesitan estudios con un enfoque sociocultural que investiguen la relación entre los valores culturales, la subjetividad del estudiante y el aprendizaje pragmático. En la actualidad sabemos ya que la divergencia de la norma nativa se produce no sólo por la falta de conocimientos lingüísticos o pragmáticos, sino también porque o bien el estudiante opta por no seguir la norma, o bien porque la norma para los nativos no es apropiada para los forasteros ni desde la perspectiva de los nativos ni desde la de los estudiantes. La interacción entre las diferencias individuales y el desarrollo pragmático ha sido apenas explorada, con la excepción del primer estudio de Schmidt (1983) en esta área y los más recientes de Peirce (1995), Siegal (1996) y DuFon (1997, 1998). Se trata de un área muy amplia que puede investigarse con respecto a cuestiones más tradicionales, como las actitudes y la motivación, o teorías más recientes como la identidad y la subjetividad, o incluso la propuesta reciente de Schumann (1997) sobre la neurobiología del sentimiento y su relación con la adquisición de una segunda lengua. Para evitar las generalizaciones simplistas de las «actitudes» independientes del contexto y el desarrollo pragmático es importante que empecemos nuestros estudios dando por sentado que las acciones comunicativas de los estudiantes, como las de todos, están fijadas en contextos locales, y que la voluntad de los estudiantes para converger o diverger de las normas de los nativos se puede cambiar través de los contextos de interacción. Un asunto muy interesante lo constituye el cambio en la aculturación y la desidentificación con el paso del tiempo: en qué tipos de encuentros se dan, las variables que contribuyen a uno y otro fenómeno, y cómo ambos procesos interactúan en el desarrollo pragmático.

Bibliografía

Bardovi-Harlig, K. y Dörnyei, Z. (1998): «Do language learners recognize pragmatic violations? Pragmatic vs. grammatical awareness in instructed L2 learning», *TESOL Quarterly*, 32, pp. 233-259.
Bardovi-Harlig, K. y Hartford, B. S. (1993): «Learning the rules of academic talk: A longitudinal study of pragmatic development», *Studies in Second Language Acquisition*, 15, pp. 279-304.
Bardovi-Harlig, K. y Hartford, B.S. (1996): «Input in an institutional setting», *Studies in Second Language Acquisition*, 18, pp. 171-188.
Bialystok, E. (1993): «Symbolic representation and attentional control in pragmatic competence», en G. Kasper y S. Blum-Kulka (eds.), *Interlanguage pragmatics*, Nueva York, Oxford University Press, pp. 43-59.
Billmyer, K. (1990): «"I really like your lifestyle": ESL learners learning how to compliment», *Penn Working Papers in Educational Linguistics*, 6.2, pp. 31-48.
Blum-Kulka, S. (1982): «Learning to say what you mean in a second language», *Applied Linguistics*, 3, pp. 29-59.
— (1991): «Interlanguage pragmatics: The case of requests», en R. Phillipson, E. Kellerman, L. Selinker, M. Sharwood Smith y M. Swain (eds.), *Foreign/second language pedagogy research*, Clevedon, Multilingual Matters, pp. 255-272.
— (1996): «Introducción a la pragmática del interlenguaje», en Cenoz y J. F. Valencia (eds.), *La competencia pragmática: Elementos lingüísticos y psicosociales*, Bilbao, Servicio Editorial de la Universidad del País Vasco, pp. 155-175.
Blum-Kulka, S.; House, H. y Kasper, G. (eds.) (1989): *Cross-cultural pragmatics: Requests and apologies*, Norwood, NJ, Ablex.
Blum-Kulka, S. y Olshtain, E. (1986): «Too many words: Length of utterance and pragmatic failure», *Studies in Second Language Acquisition*, 8, pp. 47-61.

Bouton, L. F. (1988): «A cross-cultural study of ability to interpret implicatures in English», *World Englishes*, 17, pp. 183-196.
— (1992): «Culture, pragmatics and implicature», *AFinLa Yearbook 1992*, pp. 35-61.
— (1994): «Conversational implicature in the second language: Learned slowly when not deliberately taught», *Journal of Pragmatics*, 22, pp. 157-167.
— (ed.) (1997): *Pragmatics and language learning monograph series*, vol. 8, Urbana, IL, University of Illinois at Urbana-Champaign.
Cohen, A. D. (1996): «Developing the ability to perform speech acts», *Studies in Second Language Acquisition*, 18, pp. 253-267.
— (1997): «Developing pragmatic ability: Insights from the accelerated study of Japanese», en H. M. Cook, K. Hijirida y M. Tahara (eds.), *New trends and issues in teaching Japanese language and culture* (*Technical Report*, 15), Honolulú, University of Hawai'i, Second Language Teaching and Curriculum Center, pp. 133-159.
Crystal, D. (1997): *The dictionary of linguistics and phonetics*, 4.ª ed., Oxford, Blackwell.
Doughty, C. y Williams, J. (ed.) (1998): *Focus on form*, Cambridge, Cambridge University Press.
DuFon M. A. (1997): *Foreign Language Learners Learning Linguistic Politenessin Indonesian through Naturalistic Interactions*, Paper presented at the RELC Seminar, abril 1997, Singapur.
— (1998): *Learning to be Polite in a Second Language: The Acquisition of Second Person Pronouns and Terms of Address*, Paper presented at the Annual Meeting of the American Association of Applied Linguistics, marzo 1998, Seattle, WA.
Ellis, R. (1990): *Instructed second language acquisition*, Oxford, Blackwell.
— (1992): «Learning to communicate in the classroom», *Studies in Second Language Acquisition*, 14, pp. 1-23.
— (1994): *The study of second language acquisition*, Oxford, Oxford University Press.
— (1997): *SLA research and language teaching*, Oxford, Oxford University Press.
Gass, S. M. y Neu, J. (eds.) (1996): *Speech acts across cultures*, Berlín, Mouton de Gruyter.
Hassall, T. J. (1997): «Requests by Australian learners of Indonesian», tesis doctoral no publicada, Australian National University.
Hill, T. (1997): «The development of pragmatic competence in an EFL context», tesis doctoral no publicada, Temple University Japan.
Houck, N. y Gass, S. M. (1996): «Non-native refusal: A methodological perspective», en S. M. Gass y J. Neu (eds.), *Speech acts across cultures*, Berlín, Mouton de Gruyter, pp. 45-64.
House, J. (1996): «Developing pragmatic fluency in English as a foreign language: Routines and metapragmatic awareness», *Studies in Second Language Acquisition*, 18, pp. 225-252.
House, J. y Kasper, G. (1981): «Zur Rolle der Kognition in Kommunikationskursen», *Die Neueren Sprachen*, 80, pp. 42-55.
Iino, M. (1996): «"Excellent Foreigner!": Gaijinization of Japanese language and culture in contact situations — an ethnographic study of dinner table conversations between Japanese host families and American students», tesis doctoral no publicada, University of Pennsylvania (UMI No. 9627938).
Kanagy, R. e Igarashi, K. (1997): «Acquisition of pragmatics competence in a Japanese immersion kindergarten», en L. Bouton (ed.), *Pragmatics and language learning*, vol. 8, Urbana, IL, University of Illinois at Urbana-Champaign, pp. 243-265.
Kasper, G. (1989): «Interactive procedures in interlanguage discourse», en W. Oleksy (ed.), *Contrastive pragmatics*, Amsterdam, John Benjamins, pp. 189-229.
— (ed.) (1996): «The development of pragmatic competence» [*Studies in Second Language Acquisition*, 18, p. 2].

— (1998): «Interlanguage pragmatics», en H. Byrnes (ed.), *Learning foreign and second languages*, Modern Language Association, pp. 183-208.
— (en prensa): «Learning pragmatics in the L2 classroom», en L. F. Bouton (ed.), *Pragmatics and language learning monograph series*, vol. 10. Urbana, IL, University of Illinois at Urbana-Champaign.
Kasper, G. y Blum-Kulka. S. (eds.) (1993): *Interlanguage pragmatics*, Nueva York, Oxford University Press.
Kasper, G. y Rose, K. (1999): «Pragmatics and SLA», *Annual Review of Applied Linguistics*, 19, pp. 81-104.
Kasper, G. y R. Schmidt (1996): «Developmental issues in interlanguage pragmatics», *Studies in Second Language Acquisition*, 18, pp. 149-169.
Kellerman, E. (1983): «Now you see it, now you don't», en S. M. Gass y L. Selinker (eds.), *Language transfer in language learning*, Rowley, MA, Newbury House, pp. 112-134.
Kerekes, J. (1992): *Development in nonnative speakers' use and perception of assertiveness and supportiveness in mixed-sex conversations (Occasional Paper*, 21), Honolulú, HI, University of Hawai'i at Manoa, Department of English as a Second Language.
Kitao, K. (1990): «A study of Japanese and American perceptions of politeness in requests», *Doshida Studies in English*, 50, pp. 178-210.
Koike, D. A. (1996): «Transfer of pragmatic competence and suggestions in Spanish foreign language learning», en S. M. Gass y J. Neu (eds.), *Speech acts across cultures*, Berlín, Mouton de Gruyter, pp. 257-281.
Kondo, S. (1997): «The development of pragmatic competence by Japanese learners of English: Longitudinal study of interlanguage apologies», *Sophia Linguistica*, **41, pp. 265-284.**
Kubota, M. (1995): «Teachability of conversational implicature to Japanese EFL learners», *IRLT Bulletin*, 9, Tokio, Institute for Research in Language Teaching, pp. 35-67.
Leech, G. (1983): *Principles of pragmatics*, Londres, Longman.
Lim, D. S. J. (1996): «Cross-cultural instruction and classroom discourse: A study of the foreign language classroom culture», tesis de Master no publicada, Department of East Asian Languages and Literatures, University of Hawai'i at Manoa.
Long, M. H. (1996): «The role of the linguistic environment in second language acquisition», en W. C. Ritchie y T. K. Bhatia (eds.), *Handbook of second language acquisition*, San Diego, Academic Press, pp. 413-468.
Long, M. H.; Adams, L.; McLean, M. y Castaños, F. (1976): «Doing things with words: Verbal interaction in lockstep and small group classroom situations», en H. D. Brown, C. A. Yorio y R. H. Crymes (eds.), *Teaching and learning English as a second language: Trends in research and practice*, Washington, DC, TESOL, pp. 137-153.
Lörscher, W. (1986): « Conversational structures in the foreign language classroom», en G. Kasper (ed.), *Learning, teaching and communication in the foreign language classroom*, Århus, Aarhus University Press, pp. 11-22.
Lörscher, W. y Schulze, R. (1988): «On polite speaking and foreign language classroom discourse», *International Review of Applied Linguistics in Language Teaching*, 26, pp. 183-199.
Maeshiba, N.; Yoshinaga, N.; Kasper, G. y Ross, S. (1996): «Transfer and proficiency in interlanguage apologizing», en S. M. Gass y J. Neu (eds.), *Speech acts across cultures*, Berlín, Mouton de Gruyter, pp. 155-187.
Morrow, C. K. (1996): *The pragmatic effects of instruction on ESL learners' production of*

complaint and refusal speech acts, tesis doctoral no publicada, Buffalo, State University of New York.

Ohta, A. S. (1994): «Socializing the expression of affect: An overview of affective particle use in the Japanese as a foreign language classroom», *Issues in Applied Linguistics*, 5, pp. 303-326.

Olshtain, E. (1983): «Sociocultural competence and language transfer: The case of apology», en S. Gass y L. Selinker (eds.), *Language transfer in language learning*, Rowley, MA, Newbury House, pp. 232-249.

Olshtain, E., y Blum-Kulka, S. (1985): «Degree of approximation: Nonnative reactions to native speech act behavior», en S. Gass y C. Madden (eds.), *Input in second language acquisition*, Rowley, MA, Newbury House, pp. 303-325.

Olshtain, E. y Cohen, A. D. (1989): «Speech act behavior across languages», en H. Dechert y M. Raupach (eds.), *Transfer in language production*, Norwood, NJ, Ablex, pp. 53-67.

— (1990): «The learning of complex speech act behavior», *TESL Canada Journal*, 7, pp. 45-65.

Peirce, B. N. (1995): «Social identity, investment, and language learning», *TESOL Quarterly*, 29, pp. 9-31.

Poole, D. (1992): «Language socialization in the second language classroom», *Language Learning*, 42, pp. 593-616.

Porter, P. A. (1986): «How learners talk to each other: Input and interaction in task-centered discussions», en R. R. Day (ed.), *Talking to learn: Conversation in second language acquisition*, Rowley, MA, Newbury House, pp. 200-222.

Robinson, M. A. (1992): «Introspective methodology in interlanguage pragmatics research», en G. Kasper (ed.), *Pragmatics of Japanese as native and target language* **(***Technical Report***, 3), Honolulú, HI, Manoa, University of Hawai'i, Second Language Teaching and Curriculum Center, pp. 27-82.**

Rose, K. R. (en preparación): «An exploratory cross-sectional study of interlanguage pragmatic development».

Sawyer, M. (1992): «The development of pragmatics in Japanese as a second language: The sentence-final particle *ne*», en G. Kasper (ed.), *Pragmatics of Japanese as a native and foreign language*, (*Technical Report*, 3), Honolulú, HI, Manoa, University of Hawai'i, Second Language Teaching and Curriculum Center, pp. 83-125.

Scarcella, R. (1979): «On speaking politely in a second language», en C. A. Yorio, K. Perkins y J. Schachter (eds.), *On TESOL '79*, Washington, DC, TESOL, pp. 275-287.

Schmidt, R. (1983): «Interaction, acculturation and the acquisition of communicative competence», en N. Wolfson y E. Judd (eds), *Sociolinguistics and second language acquisition*, Rowley, MA, Newbury House, pp. 137-174.

Schmidt, R. (1993): «Consciousness, learning and Interlanguage pragmatics», en G. Kasper y S. Blum-Kulka (eds.), *Interlanguage pragmatics*, Nueva York, Oxford University Press, pp. 21-42.

Schmidt, R. (1995): «Consciousness and foreign language learning: A tutorial on the role of attention and awareness in learning», en R. Schmidt (ed.), *Attention and awareness in foreign language learning* (*Technical Report*, 9), Honolulú, University of Hawai'i, Second Language Teaching and Curriculum Center, pp. 1-63.

Schmidt, R. y Frota, S. N. (1986): «Developing basic conversational ability in a second language: A case study of an adult learner of Portuguese», en R. Day (ed.), *Talking to learn*, Rowley, MA, Newbury House, pp. 237-326.

Schumann, J. H. (1997): *The neurobiology of affect in language*, Language Learning Monograph Series, Malden, MA, Blackwell.

Searle, J. R. (1969): *Speech acts*, Cambridge, Cambridge University Press.
Siegal, M. (1994): «Looking East: Identity construction and white women learning Japanese», tesis doctoral no publicada, Berkeley, University of California.
— (1996): «The role of learner subjectivity in second language sociolinguistic competency: Western women learning Japanese», *Applied Linguistics*, 17, pp. 356-382.
Svanes, B. (1992): «Utviklingen av realisasjonsmønsteret for språkhandlingen 'å be noen om å gjøre noe' hos utenlandske studenter I løpet av 3 år i Norge», *Norsk lingvistisk tidsskift*, 1, pp. 1-50.
Takahashi, S. (1995): «Pragmatic transferability of L1 indirect request strategies perceived by Japanese learners of English», tesis doctoral no publicada, Manoa, University of Hawai'i.
— (1996): «Pragmatic transferability», *Studies in Second Language Acquisition*, 18, pp. 189-223.
Takahashi, T. y Beebe, L. M. (1987): «The development of pragmatic competence by Japanese learners of English», *JALT Journal*, 8, pp. 131-155.
— (1993): «Cross-linguistic influence in the speech act of correction», en G. Kasper y S. Blum-Kulka (eds.), *Interlanguage pragmatics*, Nueva York, Oxford University Press, pp. 138-157.
Takahashi, S. y DuFon, M. A. (1989): *Cross-linguistic influence in indirectness: The case of English directives performed by native Japanese speakers* (ERIC Document Reproduction Service No. ED 370 439).
Takahashi, S. y Roitblat, H. (1994): «Comprehension of nonliteral utterances by nonnative speakers», *Applied Psycholinguistics*, 15, pp. 475-506.
Tateyama, Y.; Kasper, G.; Mui, L.; Tay, H. M. y Thananart, O. (1997): «Explicit and implicit teaching of pragmatic routines», en L. Bouton (ed.), *Pragmatics and language learning*, vol. 8, Urbana, IL, University of Illinois at Urbana-Champaign, pp. 163-177.
Tomlin, R. (1990): «Functionalism in second language acquisition», *Studies in Second Language Acquisition*, 12, pp. 155-177.
Trosborg, A. (1987): «Apology strategies in natives/non-natives», *Journal of Pragmatics*, 11, pp. 147-167.
— (1995): *Interlanguage pragmatics*, Berlín, Mouton de Gruyter.
Wildner-Bassett, M. (1984): *Improving pragmatic aspects of learners' interlanguage*, Tubinga, Narr.
— (1994): «Intercultural pragmatics and proficiency: "Polite" noises for cultural appropriateness», *International Review of Applied Linguistics*, 32, pp. 3-17.

Notas

1. Este capítulo contiene información recogida también en el artículo «Pragmatics and SLA» de Kasper y Rose (1999).
2. Queremos agradecer a Marta González-Lloret su ayuda en la revisión de una versión anterior de este capítulo.
3. Houck y Gass (1996, p. 53) apuntan que, además de las estrategias de rechazo que aparecen normalmente en otros trabajos, los estudiantes de su investigación también usaban las siguientes estrategias: confirmación, peticiones de clarificación/información y acuerdos. Las dos primeras son estrategias de reparación independientes del acto de habla y son bien conocidas en los estudios de la adquisición de segundas lenguas que han analizado la modificación interactiva. La tercera estrategia no es, por definición, un rechazo. Se puede afirmar, por tanto, que Houck y Gass no proporcionan evidencia de nuevas estrategias de rechazo que sean específicas de aprendices de una segunda lengua no conocidas ya anteriormente.
4. La categoría del acto de habla en sí misma es cuestionada por los expertos (una crítica aparece, por ejemplo, en Levinson, 1983). Es obvio que éste no es el lugar apropiado para entrar en una discusión sobre este asunto funda-

mental de la teoría pragmática, y que es suficiente con señalar el hecho lingüístico de que todas las lenguas conocidas tienen verbos o expresiones ilocutivas que indican categorías de acción comunicativa. Por consiguiente, y como mínimo, las prácticas metapragmáticas de las comunidades de habla definen una cuestión que la teoría pragmática tiene que resolver.

5. Es importante distinguir, por un lado, las estrategias abstractas de la acción comunicativa, restringidas sociocognitivamente y, por otro lado, su implementación (lingüística o no lingüística), los derechos y las obligaciones de los interlocutores de uso de las estrategias, así como de llevar a cabo la acción comunicativa misma, los contextos en los que las estrategias son apropiadas, y los significados culturales atribuidos a la acción comunicativa y las estrategias realizativas usadas por los miembros de la comunidad. Estos últimos temas son etnolingüísticamente específicos, pero no así el primero.

CAPÍTULO 9

DESARROLLO DE LA COMPETENCIA DISCURSIVA ORAL EN EL AULA DE LENGUAS EXTRANJERAS: PERSPECTIVAS METODOLÓGICAS Y DE INVESTIGACIÓN

por Eva Alcón Soler

1. Introducción

El análisis de la conversación ha sido objeto de estudio desde disciplinas como la sociolingüística (Goffman, 1981; Gumperz, 1982; Tannen, 1984; Schiffrin, 1994), el análisis del discurso (Sinclair y Coulthard, 1975), la etnografía de la communicación (Hymes, 1971, 1972; Saville-Troike, 1989, 1996) o la pragmática (Leech, 1983; Levinson, 1983). Aunque, como señala Erickson (1996), es difícil establecer distinciones absolutas sobre el objeto de estudio de estas disciplinas, los distintos enfoques adoptados para el análisis de la conversación coinciden en señalar el carácter dinámico e interactivo de la misma. En primer lugar, en la comunicación oral se observan unos rasgos generales, que a su vez se ven modificados atendiendo a diversas variantes: número de participantes, presencia real o presencia virtual de éstos, las relaciones de poder entre los participantes, etc. En relación a estos rasgos podemos afirmar que, en toda conversación, se da una interacción entre el/los emisores, receptores y el contexto, así como la utilización de modos no verbales de comunicación. Además, se constata el uso de vacilaciones, reformulaciones, evaluaciones y comprobaciones del discurso construido conjuntamente por el emisor y receptor, como muestras de que la planificación y la información se construyen a medida que se desarrolla la comunicación.

En segundo lugar, los aspectos abordados dentro de la conversación oral (el turno, los pares adyacentes, las respuestas preferentes, aperturas y cierres conversacionales, el significado pragmático, o la cortesía) tienen por objeto describir la estructura conversacional y el comportamiento de los participantes en la interacción. Así, si prestamos atención al desarrollo de una conversación, fácilmente observamos que los interlocutores inician, responden o cierran los intercambios conversacionales. Ahora bien, en su intervención, o toma de turnos, también observamos simultaneidad parcial y diversidad de mecanismos empleados en su participación (Sacks *et al.*,

1974) y la complejidad de la estructura conversacional: las presecuencias y su función de evitar una respuesta no preferente, las secuencias insertadas, relacionando información adicional a la solicitada en el primer turno, o las presecuencias de cierre, indicando la complejidad en la finalización conversacional.

La contribución de los participantes en la construcción del discurso oral también se ha tenido en cuenta en el análisis de la interacción dentro del aula. En dicho contexto la participación en la interacción se ha estudiado a nivel descriptivo (Allwright, 1980; Gardner, 1994; Sinclair y Coulthard, 1975; Van Lier, 1988), intentando comparar la interacción en el contexto académico con el discurso natural (Llobera, 1990; McCarthy, 1991; McCarthy y Carter, 1994; Lynch, 1996) o con la finalidad de establecer la relación existente entre la interacción y la adquisición de la lengua (Long, 1983, 1985, 1996; Pica, 1994; Swain, 1995). A nivel descriptivo se ha analizado la participación en el discurso académico (Alcón, 1994b; McHoul, 1978), señalando la relación asimétrica de poder en el aula (Pica, 1987). Por lo que respecta al análisis del discurso oral de hablantes nativos y su comparación con el de los hablantes no nativos, tanto en contexto natural como en contexto académico, diversos estudios nos han proporcionado información acerca del tipo de *input* y material de trabajo al que son expuestos nuestros estudiantes (Scotton y Bernstein, 1988; McCarthy y Carter, 1994). Igualmente, poseemos información de la dificultad que los aprendices de una segunda lengua tienen en el desarrollo de la competencia pragmática (Cenoz y Valencia, 1996; Cohen y Olshtain, 1993; Blum-Kulka, 1990; Kasper y Schmidt, 1996; Takahashi, 1996; Tyler y Davies, 1990; véase Kasper y Du Fon, en este volumen). Sin embargo, y pese a la importancia que se le ha concedido en los últimos años a las posibles aportaciones del análisis del discurso oral a la enseñanza de lenguas (Alcón y Usó, 1998; Alcón y Guzman, en prensa; Burns y Joyce, 1997; Burns y Gardner, 1997; Carter y McCarthy, 1995, 1997; Gardner, en prensa; McCarthy, 1998 y McCarthy y Carter 1994), se constata la necesidad de trabajos en los que se examine la adquisición de los aspectos pragmático-discursivos en el contexto del aula (Cohen, 1996, House, 1996 y Kasper y Schmidt, 1996). En ese sentido, el presente trabajo analiza la comunicación oral en el aula de inglés como lengua extranjera como marco para la enseñanza y la adquisición de la competencia discursiva oral. Para ello, partiendo del concepto de competencia discursiva, examinaremos si la interacción oral en el aula de inglés como lengua extranjera ofrece las condiciones que teóricamente facilitan la adquisición de una lengua y, en concreto, la enseñanza y la adquisición de la competencia discursiva oral.

2. El concepto de competencia discursiva oral

Al referirnos al concepto de competencia discursiva se hace necesario acudir al concepto de competencia comunicativa y a los modelos de competencia comunicativa que surgen en el área de adquisición de segundas lenguas. En concreto, nos referimos a los modelos de Canale (1983), Bachman (1990) y Celce-Murcia *et al.* (1995) para definir nuestro concepto de competencia discursiva como componente de la competencia comunicativa. Los modelos de Canale y Swain (1980) y Canale (1983) distinguen cuatro subcomponentes de la competencia comunicativa: la competencia gramatical, la sociolingüística, la discursiva y la estratégica. La *competencia gramatical* consiste en un conocimiento del código lingüístico: vocabulario, formación de palabras, estructuración de oraciones, pronunciación, semántica y ortografía. La *competencia sociolingüística* hace referencia a la capacidad del hablante para producir y comprender de forma apropiada en un determinado contexto, teniendo en cuenta un conjunto de factores como normas de interacción, convenciones sociales, estatus de los participantes, actitudes, elementos cinésicos y proxémicos. Por *competencia discursiva*, también denominada *competencia textual*, se entiende la capacidad de combinar formas lingüísticas para producir textos orales o escritos, así como también la capacidad de interpretarlos. Finalmente, la *competencia estratégica* hace referencia a la habilidad de utilizar estrategias de comunicación verbal y no verbal para compensar deficiencias en la comunicación o para reforzar la efectividad de la comunicación.

Aunque el modelo de competencia comunicativa propuesto por Canale (1983) nos permite reconocer el conjunto de conocimientos y habilidades que se requieren para adquirir una lengua, no especifica la forma en que las distintas áreas de la competencia comunicativa se interrelacionan. El modelo de Bachman (1990), por su parte, representa un intento de reagrupación de las subcompetencias propuestas en el modelo de Canale (1983). El autor en su modelo incluye la competencia estratégica y distingue entre la competencia organizativa y la competencia pragmática. La competencia organizativa, a su vez, incluye la competencia gramatical y la competencia textual, similares a la competencia gramatical y la competencia discursiva del modelo de Canale (1983). La competencia pragmática, por su parte, incluye la competencia sociolingüística, similar al concepto de competencia sociolingüística de Canale y Swain, y la competencia ilocutiva, que hace referencia a las condiciones pragmáticas que dan cuenta de la aceptabilidad o no de un enunciado. Desde esta perspectiva, Bachman, al referirse a la competencia organizativa, recoge una de las mayores aportaciones del análisis del discurso: la dificultad de separar la competencia gramatical de la competencia textual (McCarthy, 1991). Sin embargo, la relación entre los distintos componentes de la competencia comunicativa queda sin resolver.

En nuestra opinión, el modelo de Celce-Murcia, Dörnyei y Thurrell (1995) logra relacionar los distintos componentes de la competencia comunicativa (su modelo incluye la competencia lingüística, sociolingüística, accional, discursiva y estratégica) de manera que estos componentes contribuyen a la creación del discurso. De manera similar a la propuesta de Celce-Murcia *et al.* (1995), nosotros entendemos que la competencia discursiva es el componente vertebrador al hablar del concepto de competencia comunicativa. El modelo de competencia comunicativa que proponemos incluye tres subcompetencias que se relacionan entre sí por la inclusión de rangos: competencia discursiva, las competencias y habilidades psicomotoras, y la competencia estratégica (tabla 9.1). La competencia discursiva incluye tanto la competencia lingüística (el conocimiento de los diferentes niveles del sistema lingüístico, no únicamente el gramatical) como la competencia textual y la competencia pragmática (equivalente a la competencia pragmática del modelo de Bachman, 1990), ya que un análisis de la lengua en uso demuestra que dichos componentes se

TABLA 9.1. *La competencia comunicativa*

Competencia discursiva	Competencia lingüística
	Competencia textual
	Competencia pragmática
Competencias y habilidades psicomotoras	Escuchar
	Hablar
	Leer
	Escribir
Competencia estratégica	Estrategias de comunicación
	Estrategias de aprendizaje

interrelacionan en la construcción e interpretación del discurso. En relación a las competencias y habilidades psicomotoras, entendemos la utilización de la competencia discursiva (competencia lingüística, textual y pragmática) al servicio de determinadas habilidades lingüísticas (escuchar, hablar, leer y escribir) que se interrelacionan entre sí a fin de utilizar la lengua con función comunicativa (Scarcella y Oxford, 1992). Además se añadiría la competencia estratégica, observable en las competencias y habilidades psicomotoras, y que incluirían tanto las estrategias de comunicación como las de aprendizaje.

Teniendo en cuenta el modelo de competencia comunicativa que hemos presentado, es obvio que a la hora de abordar la comunicación oral pretenderemos ayudar a nuestros estudiantes a alcanzar la competencia discursiva oral, entendiendo ésta como la unión del componente lingüístico, textual y pragmático puesto al servicio de las habilidades de hablar y escuchar; es decir, en relación al discurso aportado y generado en el aula. La pregunta es: ¿ofrece la comunicación oral en el aula de lengua extranjera las condiciones necesarias para la adquisición de la competencia discursiva oral?

3. Condiciones para el desarrollo de la competencia discursiva en la comunicación oral en el aula

Si prestamos atención a la investigación realizada en el campo de adquisición de segundas lenguas, al menos tres son las condiciones que facilitarían la adquisición de la competencia discursiva oral: necesidad de los estudiantes del *input* adecuado (Krashen, 1981, 1985), la producción del *output* (Swain, 1985, 1995), y la retroalimentación del mismo (White, 1987; Long, 1996). En relación al *input* al que son expuestos los aprendices de idiomas en el contexto del aula, habría que establecer la distinción entre *input* aportado e *input* generado. En el primer caso nos referiremos al discurso oral que sirve de modelo en las clases de lengua extranjera, ya sea en los diálogos que aparecen en los libros de texto o los diversos ejercicios de comprensión oral que se utilizan en el aula. En el segundo caso haremos referencia a la interación oral en el aula, ya sea la interacción entre el profesor y los estudiantes o entre los propios estudiantes.

Por lo que se refiere a los modelos de discurso oral a los que son expuestos los estudiantes debemos apuntar que la investigación en el campo del análisis conversacional se ha reflejado en los libros de texto para la enseñanza del inglés como una segunda lengua (Barraja-Rohan y Pritchard, 1997; Soars y Soars, 1996, entre otros). Los modelos propuestos ofrecen la posibilidad de prestar atención a muchas de las características de la competencia discursiva oral: aspectos relacionados con las características estilísticas de la lengua oral (uso de vacilaciones, reformulaciones, evaluaciones y comprobación del discurso, uso frecuente de la elipsis, presencia de oraciones simples, etc.), características textuales propias del discurso oral (elementos de cohesión, estructura de pares adyacentes, aperturas y cierres conversacionales, etcétera), o pragmáticas (funciones de los marcadores discursivos, marcas pragmáticas de cortesía). Sin embargo, tal como indica Thompson (en prensa), diálogos como el que recogen Soars y Soars (1996) ofrecen ciertos problemas si se utilizan como *input* en el aula de lengua extranjera:

EJEMPLO 1
A: Are you on your own?
B: No, I'm not. I'm with my husband.
A: How do you know John and Moira, then?
B: I was at university with Moira.
A: Do you like big weddings?
B: I prefer smaller ones.
A: Where did you meet your husband then?
B: Actually I met him at a wedding.
A: Why aren't you drinking?
B: Because I'm driving.
A: Er... Have you travelled far to get here?
B: Yes, we have. We flew in from New York yesterday.
A: Hey, why aren't you wearing a hat?
B: I never wear hats.
A: Where are you staying tonight?
B: We're at the Red Lion.
A: Oh! Can you give me a lift there?
B: Yes, we can. Are you staying at the Red Lion, too?
A: Yes, I am. Will there be enough room in your car?
B: Oh, yes, lots. There won't be a problem.

El primer problema es la descontextualización, ya que aunque sabemos que la conversación tiene lugar en una celebración de boda, no tenemos más información sobre los participantes en la conversación. Los factores contextuales sin duda podrían ayudarnos a entender la elección de determinadas formas lingüísticas y valorar el ejemplo 1 como un modelo para el desarrollo de la competencia discursiva oral. A modo de ejemplo, se podría entender que la contribución de A al inicio de la conversación es un acto que podría atentar contra la imagen de B, o que en el turno 17 la forma directa que utiliza A para pedir que le lleven al hotel no es la forma más adecuada de preparar el terreno para solicitar una petición a un posible desconocido. Igualmente, la estructura conversacional que presenta el ejemplo 1 no representa las características estructurales de la interacción oral en un contexto no institucional. Así, en el ejemplo 1 no observamos ninguna interrupción, ni la simultaneidad en la toma de turnos, o la progresiva introducción y desarrollo de los temas.

Similares problemas encontramos al analizar el discurso generado en el aula. El siguiente ejemplo se contextualiza en la interacción generada entre el profesor y los aprendices de lengua inglesa en su intento de llegar a comprender un texto oral que previamente ha sido escuchado en el aula. Los mecanismos interactivos ausentes en la transcripción indican, como bien señalan Willis (1992) y Seedhouse (1997), que el aula, pese al intento de convertirla en un contexto en el que se produzca el aprendizaje de la lengua inglesa, no ofrece el tipo de *input* que refleja las habilidades que los hablantes utilizan en la interacción. Esto implicaría que el discurso generado en la interacción entre el profesor y los estudiantes dista mucho de servir de modelo para la adquisición de la competencia discursiva oral. Es posible que sirva de marco para la adquisición de la lengua inglesa y que los aprendices, a través de la negociación del significado, sean capaces de tomar conciencia de la competencia gramatical (Pica, 1994), pero difícilmente encontrarán en el uso real de la lengua una estructura conversacional tan rígida, o la ausencia de emisiones del oyente que colaboren en la construcción del discurso.

EJEMPLO 2

T: Ok, listen. Now questions. If you have any questions, just ask.
S12: What does do... border mean?
T: A border what does it mean?
S7: < aduana >
T: Try to say it in English. The important thing is to try to say it in English.
S7: For the customer where the customs to take.
T: Where the customer what? but the customer, customer is when you go to buy something to a shop, and people who work in a border are customs, I mean, customer is a person who buy things but the person who works in a border is a customs what?
SS: Officer.
T: So the border is where... where what? A border is where the customer officer...
S7: Works.
T: Works eh? It's where the customs officer works. And a border town, what is town?
S3: Ciudad.
T: Y border?
S7: Frontera.
T: Frontera, border town what would it be?
S6: Pueblo fronterizo.
T: Very good.

(ALCÓN, 1994*a*)

Es posible, pues, que la actividad que realizan los hablantes en el ejemplo 2, aunque típica en muchas de las aulas de inglés como lengua extranjera, no sea la adecuada para generar el tipo de *input* que favorezca la competencia discursiva oral. Tal como indican Kasper y Schmidt (1996, p. 160), el *input* al que son expuestos los estudiantes en el contexto de enseñanza/aprendizaje de una lengua extranjera es poco probable que facilite la adquisición de la competencia pragmática, especialmente si la instrucción, como en el ejemplo 2, no sigue un enfoque comunicativo. En este sentido, el enfoque comunicativo ha contribuido a crear actividades en las que, partiendo de la idea que la interacción es la condición necesaria para el aprendizaje de la lengua, se facilita la utilización de la lengua en su modalidad oral. En primer lugar, ha habido diversos intentos de combinar actividades orales que prestan atención a la forma lingüística con actividades comunicativas. Así, Rivers y Temperley (1978) sugieren actividades orales con la finalidad de aprender el sistema lingüístico de la lengua inglesa, actividades seudocomunicativas en las que se pretende practicar el uso del sistema lingüístico teniendo en cuenta el contexto de aprendizaje, y actividades comunicativas en las que la lengua se utiliza con una finalidad comunicativa. De manera similar, Littlewood (1981) establece una distinción entre actividades precomunicativas y comunicativas. Mientras las primeras favorecen la selección *(structural activities)* y la práctica *(quasi-communicative activities)* de las microhabilidades necesarias en la comunicación real, las segundas potencian la utilización del lenguaje teniendo en cuenta la función *(functional communication activities)* y el contexto social en el que se inserta la tarea *(social interaction activities)*.

Otra clasificación es la que proponen Brown y Yule (1983) al considerar la variable dificultad de la tarea. Estos autores establecen la distinción entre tareas unidireccionales y bidireccionales. En el caso de las tareas unidireccionales el hablante posee la información que transmite al oyente, mientras que en las tareas bidireccionales ambos interlocutores poseen información que deben compartir para completar la tarea. Ahora bien, pese al esfuerzo del enfoque comunicativo por favorecer la creación de un contexto en el que el aprendiz participe oralmente en situaciones comunicativas y tome conciencia de las deficiencias existentes en su interlengua (segunda de las condiciones que teóricamente favorecen la adquisición de una lengua), observemos qué sucede en el siguiente ejemplo de interacción oral entre estudiantes españoles de inglés en el contexto del aula (ejemplo 3).

EJEMPLO 3
S2: I'd like to go to a small city because there isn't pollution and I like it because people is more natural and...
S6: I don't. I prefer the city you can go to the cinema, the theatre... because there are more things you can do.
S2: I don't agree, in the small city there are cinemas too.
S6: = no I don't like.
S2: < a mi si >
S1: I prefer going to the beach, disco, fiesta... =
S6: = vaya que no.

(ALCÓN, 1994*a*)

En el ejemplo 3 los estudiantes han decidido previamente que van a escoger tres lugares posibles para planificar su viaje de fin de curso, ya que deben entregar su propuesta al final del día. La tarea, en principio, pretende adaptar las necesidades de los estudiantes a la situación artificial del contexto del aula de lengua extranjera. Aunque es cierto que la situación ofrece oportunidades para practicar la lengua inglesa, podemos observar cómo la única preocupación de los participantes es negociar el contenido del mensaje sin prestar atención a la forma. En relación a la construcción del discurso, y por lo tanto a la posibilidad que ofrece la tarea para el desarrollo de los otros dos componentes de la competencia discursiva —el componente textual y el pragmático—, podemos afirmar que no se observa cooperación de los partipantes, ya que las emisiones de los hablantes, especialmente en su papel como oyentes, no realizan la función de organización discursiva ni interpersonal propia de los interlocutores en la interacción oral (Duncan, 1972; Bou y Gregori, 1999; Gallardo, 1996).

Actividades como la que hemos ilustrado con el ejemplo 3 simplemente ofrecen la oportunidad de practicar la lengua inglesa sin aparente toma de conciencia de los aspectos pragmático-discursivos que se observan en la comunicación producida en el aula de lengua extranjera y aquella que se observa en contextos naturales. Igualmente, la ausencia de retroalimentación (tercera condición que facilita la adquisición de una lengua) sobre los aspectos pragmático-discursivos en la comunicación oral en el aula tampoco favorece la adquisición de la competencia discursiva oral (Bardovi-Harlig y Hartford, 1993, 1996). En este sentido, si como sugiere Kasper (1996), la adquisición de la competencia pragmática requiere las mismas condiciones que la adquisición de otros tipos de conocimiento, podemos señalar que hace falta una reflexión sobre algunos de los aspectos que necesitan revisarse a fin de crear las condiciones para que el aula de lenguas extranjeras ofrezca las condiciones que potencialmente facilitarían la adquisición de la competencia discursiva oral: necesidad de los estudiantes del *input* adecuado (Krashen, 1981), la producción del *output* (Swain, 1985, 1995), y la retroalimentación del mismo (White, 1987; Long, 1996). Estas tres condiciones, tal como ilustraremos a continuación, pueden a su vez servir para analizar el papel de la comunicación oral en el aula como marco para la enseñanza y la adquisición de la competencia discursiva oral.

4. La comunicación oral y la enseñanza/adquisición de la competencia discursiva en el aula

Tal como hemos descrito anteriormente, el *input* aportado (representado en los materiales utilizados) y el *input* generado (la interacción oral en el aula) no ofrecen las condiciones necesarias para el desarrollo de la competencia discursiva oral. Uno de los retos a los que se enfrenta el profesor de una lengua extranjera es proporcionar las condiciones para el desarrollo de la competencia discursiva en el contexto del aula. En este sentido, al menos tres aspectos en relación a la enseñanza de la competencia discursiva oral merecen nuestra atención: la enseñanza explícita de lo que implica el desarrollo de la competencia discursiva oral, el diseño de actividades didácticas y el papel del profesor en la interacción oral.

Respecto a la enseñanza explícita de la competencia discursiva en el discurso oral, tal como indican Dörnyei y Thurrell (1994), en primer lugar sería necesario especificar el tipo de *input* en el que basaríamos la enseñanza de la competencia discursiva oral. En este sentido, los autores, recogiendo las aportaciones de disciplinas como el análisis del discurso, el análisis conversacional, la sociolingüística o la pragmática proponen la aplicación de la investigación en dichas disciplinas a la enseñanza de la competencia discursiva oral. En concreto, se propone la enseñanza explícita de los mecanismos que caracterizan la interacción oral con la finalidad de potenciar la toma de conciencia de aspectos como la estructura conversacional (toma de turnos, aperturas y cierres conversacionales, la introducción y cambio de tema en la conversación, los pares adyacentes y las secuencias insertadas), las estrategias conversacionales (las estrategias utilizadas para lograr nuestro objetivo comunicativo, así como las que nos permiten ganar tiempo cuando se percibe dificultad en la comunicación), las funciones y el significado de los enunciados en la conversación (actos directos e indirectos, el significado pragmático), la influencia de los factores socioculturales en la conversación (estatus de los participantes, la adecuación pragmática, la cortesía). En la misma línea, Alcón (1996), tras analizar la representación de los estudiantes sobre el uso del inglés como lengua extranjera en la comunicación, sugiere, mediante un enfoque metodológico de autoaprendizaje, potenciar el entrenamiento estratégico del componente textual, ya que dicho componente no se detectó en la representación de los estudiantes sobre el funcionamiento de la comunicación oral. La autora considera que la reflexión metadiscursiva sobre la comunicación oral en la lengua materna y su contraste con la lengua objeto de estudio, si bien es cierto que no es una garantía de adquisición, al menos puede favorecer el conocimiento declarativo sobre el funcionamiento de la comunicación oral en lengua inglesa.

El problema radica en analizar hasta qué punto la enseñanza explícita o la realización de actividades encaminadas a tomar conciencia de los aspectos pragmático-discursivos de la comunicación repercuten en el desarrollo de la competencia discursiva oral. Por una parte, la investigación sobre el desarrollo de la competencia discursiva oral pone de manifiesto la dificultad de convertir el conocimiento declarativo en procedimental en el contexto del aula de lenguas extranjeras (House, 1996). Por otra parte, si bien es cierto que el enfoque comunicativo ha contribuido a potenciar la creación de actividades comunicativas en las que se puede prestar atención, aunque de manera implícita, al componente lingüístico de la lengua inglesa, éstas no parecen ayudar al desarrollo de los otros dos componentes de la competencia discursiva: el componente textual y el componente pragmático.

Tal vez sería aconsejable observar qué sucede al proponer y secuenciar actividades que, centrándose en la comunicación oral, faciliten las condiciones para la adquisición de la competencia discursiva oral. Nos referimos a una secuenciación de actividades en la que, tras seleccionar el objetivo discursivo (cierre o apertura conversacional, cambio de tema, marcas de cortesía en un contexto determinado, etc.), en primer lugar se analicen ejemplos conversacionales, de manera que el estudiante tome conciencia del funcionamiento de la conversación. En segundo lugar, se podrían ofrecer ejemplos en los que habría que detectar fallos pragmático-discursivos, y se les pediría a los estudiantes la reconstrucción de la conversación de manera que aparecieran las características observables en una comunicación en un contexto real. Finalmente, y en tercer lugar, el profesor, en caso necesario, reformularía la versión ofrecida por los estudiantes, enfatizando de manera indirecta los aspectos pragmático-discursivos que no han sido incorporados.

A modo de ejemplo, ilustraremos dicha secuenciación de actividades en algunas de las actividades realizadas para alcanzar el objetivo discursivo del cierre en la conversación telefónica. En el ejemplo 4 observamos cómo uno de los interlocutores reitera parte de lo acordado en la conversación *(going to Manchester)*, se indica la intención de terminar la conversación (uso de *Yeah well, well*), así como se ofrece la posibilidad al interlocutor para terminar o continuar la conversación (presecuencias de cierre) y, finalmente, se cierra la conversación. Tanto la estructura conversacional como los mecanismos lingüísticos e interactivos son explícitamente comentados por el profesor en el aula, prestando atención al conocimiento metadiscursivo del cierre conversacional.

EJEMPLO 4
A: Yeah, well, next time I phone, um... I'll let you know when... when I'll go to Manchester and... and you can come over and...
B: OK OK.
A: Well...
B: That'll be fine.
A: Ok.
B: Give my love to Jack and the children.
A: OK And Paul I hope/he's getting better/
B: I will.
A: Ok Thanks for/calling/
B: /Bye bye/
A: Bye.

A continuación se ofrece el ejemplo 5 y se pide a los estudiantes que reformulen dicho ejemplo. En la versión ofrecida por los estudiantes, tal como ilustramos a continuación, observamos la incorporación de aquellos mecanismos utilizados para indicar que se desea acabar el tema sobre el que se está hablando *(yeah, well I...)*, y que previamente habían sido comentados a partir del ejemplo 4. Igualmente se le da la posibilidad al interlocutor de terminar o continuar la conversación, y ambos interlocutores coinciden en terminar su conversación con el típico cierre conversacional *(bye bye)*.

EJEMPLO 5
A: Ok I have to go.
B: Bye.

Versión final al reformular los estudiantes el ejemplo 5:

A: Yeah, well, I'll let you know as soon as I can.
B: OK.
A: Well but I'll appreciate if you phone me as soon as you know it.

B: Right. I understand.
A: Then bye thanks for calling.
B: Bye bye.

Sin embargo, en la versión producida por los estudiantes se aprecia la ausencia de presecuencias del cierre conversacional, que sí aparecían en el modelo propuesto (ejemplo 4), y sobre las que el profesor incide en la última de las actividades. Esta última actividad, tal como se observa en la retroalimentación a la versión ofrecida por los estudiantes, nos permite analizar el papel del profesor en el desarrollo de la competencia discursiva oral.

T: Right you have the terminal exchange, you also indicate that the conversation is coming to an end and both interlocutors signal that they agree on that. However, the way you end up the conversation is slightly different from the way we have in the telephone conversation we have discussed. Do you understand what I mean?
A: I see you mean the overlapping of turns?
T: Well, yes, but what about the preclosing?
A: What do you mean by preclosing?
B: In turn 7 when the speakers give regards?
A: Yes, and in turn 4.
T: Then we have then bye thanks for calling. How many instances of this expression are found in conversational closing?

La retroalimentación del profesor va dirigida de manera directa (turno 1) e indirecta (turno 3) a prestar atención a aquellos aspectos que deberían reformularse. Johnson (1988) y Thornbury (1997) consideran que la retroalimentación indirecta puede ser más beneficiosa que la corrección explícita por parte del profesor. Nobuyoski y Ellis (1993), por su parte, también sugieren la posibilidad de utilizar la corrección indirecta como vía para prestar atención a la forma al mismo tiempo que transmitimos un significado comunicativo. Además, la retroalimentación indirecta, tal como se observa en la reacción de los estudiantes a la pregunta del profesor en el turno 3 puede generar nuevas oportunidades para negociar y construir el discurso.

En ese sentido, la secuenciación de actividades propuestas ofrece, además de una alternativa para incorporar la enseñanza de la competencia discursiva en el aula de inglés como lengua extranjera, la posibilidad de analizar las condiciones que supuestamente facilitarán la adquisición de la competencia discursiva oral. En primer lugar, la selección del *input* y la enseñanza explícita de los componentes de la competencia discursiva podría facilitar el conocimiento declarativo de los aspectos pragmático-discursivos. En segundo lugar, dicho conocimiento puede convertirse en conocimiento procedimental al realizar la segunda actividad (reformulación del texto por parte de los estudiantes). En tercer lugar, en la interacción producida durante la reformulación del texto podemos analizar el valor del *input* negativo y la necesidad de modificar el *output* en relación a la adquisición de la competencia discursiva oral. La investigación en el campo de la adquisición de segundas lenguas indica que los hablantes no nativos modifican su participación en el discurso a tenor de la retroalimentación recibida por su interlocutor, siendo éste un hablante no nativo, el profesor de lengua, u otro hablante no nativo (Lyster y Ranta, 1997; Oliver, 1995; Pica, 1994, Pica *et al*., 1989; Van den Braden, 1997). Los estudios basados en la hipótesis del *output* ilustran que dicha retroalimentación y su consiguiente modificación en el discurso puede tener la finalidad de obtener más información respecto al contenido del mensaje (Mussumeci, 1996), de resolver problemas de comprensión (Pica, 1991), o de llamar la atención sobre determinados aspectos del lenguaje (Lyster y Ranta, 1997; véase también Doughty, en este volumen). En este sentido, la interacción que se produce al intentar reconstruir la conversación atendiendo a los aspectos pragmático-discursivos del cierre conversacional podemos entenderla, tal como sugieren Swain y Lapkin (1998), como un contexto que ofrece la oportunidad de activar los procesos mentales que intervienen en la adquisición de una segunda lengua: toma de conciencia, generación y comprobación de hipótesis.

Dicha hipótesis queda reflejada en el siguiente ejemplo, en el que la interacción producida cuando los estudiantes intentaban reformular el ejemplo 5 sirve de marco para la adquisición del objetivo pragmático-discursivo propuesto:

> A: If you want to go you have to give an excuse.
> B: Ok, then I would say, I can't now I have to go.
> A: An excuse means as in the example. Yeah, well I think that I'd better go now.
> B: Ok, but on the phone go?
> A: Ok Then we can say. Yeah, well, I'll let you know =
> B: = as soon as I can.
> A: Ok, then I would say OK and you.
> B: I don't agree.
> A: Then you say well to indicate disagreement.
> B: No I would say um well I don't agree.
> A: Why not agree?
> B: Ok I say well, but I'll appreciate if you phone me as soon as you know it.
> A: Then bye thanks for calling. Bye bye.

En el ejemplo anterior, A en el turno 3 comenta explícitamente la contribución de B en el turno anterior (*feedback* explícito), quien acepta dicho comentario y supuestamente toma conciencia de la diferencia existente entre su interlengua y la forma correcta en la lengua objeto de estudio. Igualmente, en el turno 4 se cuestiona o comprueba una posible hipótesis sobre el funcionamiento de la lengua cuya respuesta a la hipótesis es conjuntamente producida por A y B en los turnos 5 y 6. A continuación, en el turno 9, A proporciona de nuevo de manera explícita un comentario sobre la intervención de B en el turno 8, pero esta vez B se niega a aceptar dicha reformulación por parte de A, quien de manera indirecta (mediante la utilización de una pregunta) mantiene el proceso de negociación. La pregunta de A, que hemos considerado como una retroalimentación indirecta, genera la autocorreción de B en el turno 12 seguida del cierre conversacional por parte de A.

Finalmente, pensamos que estudiar la adquisición de la competencia discursiva oral en el contexto del aula de lengua extranjera implicaría la colaboración de docentes e investigadores para avanzar en los tres aspectos que hemos considerado anteriormente: el tipo de *input* al que son expuestos los estudiantes, el diseño de actividades, y el papel del profesor. En relación al tipo de *input*, más concretamente la secuenciación y selección de aspectos conversacionales, la creación de materiales para la enseñanza de la competencia discursiva oral similares a los propuestos por Dörnyei y Thurrell (1992) y Barraja-Rohan y Pritchard (1997) puede representar un reto para los profesores de lengua extranjera y para aquellos profesionales que trabajan en la formación del profesorado. En este sentido, las investigaciones sobre pragmática de la interlengua y pragmática intercultural también pueden ofrecer información sobre las similitudes y diferencias en el uso de la L2 y la lengua meta, y contribuir a la creación de materiales destinados a la enseñanza de la competencia discursiva oral.

Por lo que respecta a la creación de actividades, ya hemos indicado que las actividades potenciadoras de la conciencia lingüística nos proporcionan las condiciones para la conversión del conocimiento declarativo sobre el funcionamiento de la comunicación en conocimiento procedimental. En este sentido, la investigación en el campo de segundas lenguas nos ha proporcionado información sobre el tipo de actividades que favorecen la interacción en el aula (Pica *et al.*, 1993). Sin embargo, sería interesante comprobar si dichas actividades también favorecen la creación de un contexto en el que, tal como hemos ilustrado, se activen los procesos que intervienen en la adquisición de una lengua. Para ello, la colaboración de los profesionales de la enseñanza de lenguas y los investigadores nos permitirían tal como sugieren Crookes (1997*a*, *b*, 1998) y Wallace (1998), integrar y contrastar la información que poseemos sobre la influencia de los distintos tipos de tareas en el proceso de aprendizaje de la competencia discursiva oral (véase también Doughty, en este volumen).

Desde esta perspectiva de colaboración e investigación en la enseñanza de lenguas, la observación del comportamiento del profesor de lengua extranjera puede convertirse en ayuda indispensable para analizar el desarrollo de la competencia discursiva oral en el contexto de aula. Por una parte, la observación de su comportamiento en la interacción oral puede aportar información al campo de adquisición de segundas lenguas sobre el tipo de retroalimentación y el efecto de ésta en el desarrollo de la competencia discursiva oral. Por otra parte, el investigador puede proporcionar al profesional de la enseñanza de lenguas información sobre los factores que facilitan el desarrollo de la competencia discursiva oral, así como acudir al profesor de lengua extranjera para constatar el efecto de los mismos en el contexto del aula.

Conclusión

Partiendo del concepto de competencia discursiva, el presente trabajo analiza la comunicación oral en el aula de lengua extranjera como marco para el desarrollo de la competencia discursiva oral. En concreto, se analiza el *input* aportado y generado en el aula, las oportunidades para la producción de la lengua extranjera y la retroalimentación sobre aspectos pragmático-discursivos. Igualmente se sugieren actividades que potencialmente ofrezcan las condiciones para la adquisición de la competencia discursiva oral. Sin embargo, la relación entre dichas condiciones y la adquisición de la competencia discursiva en el aula debería analizarse en posteriores estudios. En concreto, estudios futuros quizá deberían analizar empíricamente si la interacción oral generada en la secuenciación de las actividades propuestas repercute en el conocimiento declarativo y procedimental de la competencia discursiva oral. En otras palabras, se trataría de comprobar si, al igual que se ha analizado desde una perspectiva empírica el valor de la interacción en la adquisición del léxico o en los aspectos morfosintácticos (Ellis *et al.*, 1994; Mackey y Philp, 1998; Long, Inagaki y Ortega, 1998, y Ortega en este volumen), la competencia discursiva oral también puede adquirirse mediante la interacción oral. En este sentido, el estudio de la adquisición de determinados aspectos pragmático-discursivos a partir de la comunicación oral en el aula ampliaría nuestro conocimiento sobre el efecto de la interacción en el aprendizaje de lenguas.

El estudio de la enseñanza/aprendizaje de la competencia discursiva oral también podría suponer nuevos retos a los profesionales de la enseñanza de lenguas, y en este caso concreto a los profesores de lengua inglesa. Desde esta perspectiva, tanto las aportaciones del análisis del discurso oral como las condiciones que teóricamente favorecen la adquisición se podrían entender como componentes que el profesor reconsiderara en la investigación en el aula. En ese sentido, por una parte, a los estudiantes se les proporcionarían las condiciones que teóricamente facilitan la adquisición de la competencia discursiva oral. Y por otra, el profesional de la enseñanza de lenguas colaboraría a establecer un puente de unión entre la práctica docente y la investigación en el campo de la adquisición de segundas lenguas.

Bibliografía

Alcón, E. (1994*a*): «Negotiation, foreign language awareness and acquisition in the Spanish secondary education context», *International Journal of Psycholinguistics*, 10, pp. 83-96.
— (1994*b*): «Practise opportunities and learning outcomes in the foreign language classroom», *Communication and Cognition*, 27, pp. 1-11.
— (1996): «Desarrollo de la competencia discursiva oral desde una perspectiva metodológica de autoaprendizaje», en F. J. Cantero, A. Mendoza y C. Romeo (eds.), *Didáctica de la lengua y la literatura para una sociedad plurilingüe del siglo XXI*, Barcelona, Servei de Publicacions de la Universitat de Barcelona, pp. 963-966.
Alcón, E. y Guzmán, J. R. (eds.) (en prensa): «Special issue on Discourse analysis and language teaching», *Australian Review of Applied Linguistics*.
Alcón, E. y Usó, E. (1998): «Spoken discourse and second language learning», en E. Alcón y V. Codina (eds.), *Current Issues in English Language Teaching Methodology*, Castellón, Servei de Publicacions de la Universitat Jaume I, pp. 11-24.
Allwright, D. (1980): «Turns, topics and tasks: Patterns of participation in language learning and teaching», en D. Larsen-Freeman (ed.), *Discourse Analysis in Second Language Acquisition Research*, Rowley Mass., Newbury House, pp. 165-187.
Bachman, L. F. (1990): *Fundamental Considerations in Language Testing*, Oxford, Oxford University Press.
Bardovi-Harlig, K. y Hartford, B. (1993): «Learning the rules of academic talk. A longitudinal study of pragmatic change», *Studies in Second Language Acquisition*, 15, pp. 279-304.

— (1996): «Input in an institutional setting», *Studies in Second Language Acquisition*, 18, pp. 171-188.
Barraja-Rohan, A. y Pritchard, C. (1997): *Beyond Talk*, Footscray, Western Melbourne Institute of TAFE.
Blum-Kulka, S. (1990): «Interlanguage pragmatics: the case of requests», en R. Phillipson, E. Kellerman, L. Selinker, M. Sharwood-Smith y M. Swan (eds.), *Foreign/Second Language Research*, Clevedon, Avon, Multilingual Matters, pp. 255-272.
Bou, P. y Gregori, C. (1999): «Pragmática intercultural: emisiones del oyente en inglés británico y español peninsular», *Quaderns de Filologia*, 4, pp. 123-134.
Brown, G. y Yule, G. (1983): *Teaching the Spoken Language*, Cambridge, Cambridge University Press.
Burns, A. y Gardner, R. (eds.) (1997): *Teaching Spoken Discourse, Special issue of Prospect* 12/2.
Burns, A. y Joyce, H. (1997): *Focus on Speaking*, National Centre for English Language Teaching and Research, Sydney, Macquarie University.
Canale, M. (1983): «From communicative competence to communicative language pedagogy», en J. C. Richards y R. W. Schmidt (eds.), *Language and Communication*, Londres, Longman, pp. 2-27.
Canale, M. y Swain, M. (1980): «Theoretical basis of communicative approaches to second language teaching and testing», *Applied Linguistics* 1, pp. 1-47.
Carter, R. y McCarthy, M. (1995): «Grammar and spoken language», *Applied Linguistics*, 16, pp. 141-158.
— (1997): *Exploring Spoken English*, Cambridge, Cambridge University Press.
Celce-Murcia, M.; Dörnyei, Z. y Thurrell, S. (1995): «Communicative competence: A pedagogically motivated framework with content specifications, *Issues in Applied Linguistics*, 6, pp. 5-35.
Cenoz, J. y Valencia, J. F. (1996): «Las peticiones: una comparación entre hablantes europeos y americanos», en J. Cenoz y J. F. Valencia (eds.), *La competencia pragmática: elementos lingüísticos y psicosociales*, Zarautz, Servicio Editorial de la Universidad del País Vasco, pp. 225-233.
Cohen, A. (1996): «Developing the ability to perform speech acts», *Studies in Second Language Acquisition,* 18, pp. 253-267.
Cohen, A. y Olshtain, E. (1993): «The production of speech acts by EFL learners», *TESOL Quarterly,* 27, pp. 35-56.
Crookes, G. (1997a): «What influences what and how second and foreign language teachers teach?», *The Modern Language Journal*, 81, pp. 67-79.
— (1997b): «SLA and language pedagogy. A socioeducational perspective», *Studies in Second Language Acquisition*, 19, pp. 93-116.
— (1998): «On the relationship between second and foreign language teachers and researchers», *TESOL Journal*, 71, pp. 6-11.
Dörnyei, Z. y Thurrell, S. (1992): *Conversation and Dialogues in Action*, Englewood Cliffs, NJ, Prentice-Hall.
— (1994): «Teaching conversational skills intensively: course content and rationale», *English Language Teaching Journal*, 42, pp. 40-49.
Duncan, S. (1972): «Some signals and rules for taking speaking turns in conversation», *Journal of Personality and Social Psychology*, 23, pp. 283-292.
Ellis, R.; Tanaka, Y. y Yamazaki, A. (1994): «Classroom interaction, comprehension and the acquisition of L2 word meanings», *Language Learning*, 44, pp. 449-491.
Erickson, F. (1996): «Ethnographic microanalysis», en S. L. McKay y N. H. Hornberger

(eds.), *Sociolinguistics and Language Teaching*, Cambridge, Cambridge University Press, pp. 283-396.
Gallardo, B. (1996): *Análisis conversacional y pragmática del receptor*, Valencia, Episteme.
Gardner, R. (1994): «Conversation analysis: Some thoughts on its applicability to applied linguistics», *Australian Review of Applied Linguistics*, 11, pp. 87-118.
— (en prensa): «Resources for delicate manoeuvers: Learning to disagree», *Australian Review of Applied Linguistics*.
Goffman, E. (1981): *Forms of Talk*, Oxford, Basil Blackwell.
Gumperz, J. (1982): *Discourse Strategies*, Cambridge, Cambridge University Press.
House, J. (1996): «Developing pragmatic fluency in English as a foreign language», *Studies in Second Language Acquistion*, 18, pp. 225-252.
Hymes, D. (1971): «Competence and performance in linguistic theory», en R. Huxley y E. Ingrams (eds.), *Language Acquisition: Models and Methods*, Londres, Academic Press, pp. 3-28.
— (1972): «On communicative competence», en J. B. Pride y J. Holmes (eds.), *Socilinguistics*, Harmondworth, Penguin, pp. 269-285.
Johnson, K. (1988): «Mistake correction», *English Language Teaching Journal*, 42, pp. 89-96.
Kasper, G. (1996): «Interlanguage pragmatics in SLA», *Studies in Second Language Acquisition*, 18, pp. 145-148.
Kasper, G. y Schmidt, R. (1996): «Developmental issues in interlanguage pragmatics», *Studies in Second Language Acquisition*, 18, pp. 149-169.
Krashen, S. (1981): *Second Language Acquisition and Second Language Learning*, Oxford, Pergamon.
— (1985): *The input Hypothesis: Issues and Implications*, Londres, Longman.
Leech, G. N. (1983): *Principles of Pragmatics*, Londres, Longman.
Levinson, B. C. (1983): *Pragmatics*, Cambridge, Cambridge University Press.
Littlewood, W. (1981): *Communicative Language Teaching*, Cambridge University Press.
Llobera, M. (1990): «Reconsideración del discurso interactivo en la clase de L2 o LE», *Comunicación, lenguaje y educación*, 7-8, pp. 91-97.
Long, M. (1983): «Linguistic and conversational adjustments to non-native speakers», *Studies in Second Language Acquisition*, 5, pp. 177-193.
— (1985): «Input and second language acquisition theory», en S. Gass y C. Madden (eds.), *Input in Second Language Acquisition*, Rowley, MA, Newbury House, pp. 377-393.
— (1996): «The role of the linguistic environment in second language acquisition», en W. C. Ritchie y T. K. Bathia (eds.), *Handbook of Research on Language Acquisition*, vol. 2, *Second Language Acquisition*, Nueva York, Academic Press, pp. 413-453.
Long, M. H., Inagaki, S. y Ortega, L. (1998): «The role of implicit negative feedback in SLA: Models and recasts in Japanese and Spanish», *The Modern Language Journal*, 82, pp. 357-371.
Lynch, T. (1996): *Communication in the Language Classroom*, Oxford, Oxford University Press.
Lyster, R. y Ranta, L. (1997): «Corrective feedback and learner uptake: Negotiation on form in communicative classrooms», *Studies in Second Language Acquisition*, 17, pp. 459-481.
Mackey, A. y Philp, J. (1998): «Conversational interaction and second language

development: Recasts, responses, and red herrings», *The Modern Language Journal*, 82, pp. 338-357.
McCarthy, M. (1991): *Discourse Analysis for Language Teachers*, Cambridge, Cambridge University Press.
— (1998): *Applied Linguistics and Spoken Language*, Cambridge, Cambridge University Press.
McCarthy, M. y Carter, R. (1994): *Language as Discourse: Perspectives for Language Teaching*, Londres, Longman.
McHoul, A. (1978): «The organization of turns at formal talk in the classroom», *Language in Society*, 7, pp. 183-213.
Mussumeci, D. (1996): «Teacher-learner negotiation in content-based instruction: Communication at cross-purposes», *Applied Linguistics*, 17, pp. 286-325.
Nobuyoski, J. y Ellis, R. (1993): «Focussed communication tasks and second language acquisition», *English Language Teaching Journal*, 47, pp. 203-211.
Oliver, R. (1995): «Negative feedback in child NS-NNS conversation», *Studies in Second Language Acquisition*, 17, pp. 459-481.
Pica, T. (1987): «Second language acquisition, social interaction and the classroom», *Applied Linguistics*, 7, pp. 1-25.
— (1991): «Classroom interaction, participation, and comprehension: Redifining relationships», *System*, 19, pp. 437-452.
— (1994): «Research on negotiation: What does it reveal about second language learning conditions, processes and outcomes?», *Language Learning*, 44, pp. 493-527.
Pica, T.; Holliday, L.; Lewis, N. y Morgenthaler, L. (1989): «Comprehensible output as an outcome of linguistic demands on the learner», *Studies in Second Language Acquisition*, 11, pp. 63-90.
Pica, T.; Kanagy, R. y Falodun, J. (1993): «Choosing and using communication tasks for second language instruction», en G. Crookes y S. Gass (eds.), *Tasks and Language Learning: Integrating Theory and Practice,* Filadelfia, Multilingual Matters, pp. 9-34.
Rivers, W. y Temperley, R. S. (1978): *A Practical Guide to the Teaching of English*, Nueva York, Oxford University Press.
Sacks, H.; Schegloff, E. A. y Jefferson, G. (1974): «A simplest systematics for the organization of turn-taking for conversation», *Language*, 50, pp. 696-735.
Saville-Troike, M. (1989): *The Ethnography of Communication: An introduction*, Blackwell.
— (1996): «The ethnography of communication», en S. L. McKay y N. H. Hornberger (eds.), *Sociolinguistics and Language Teaching*, Cambridge, Cambridge University Press, pp. 351-420.
Scarcella, R. C. y Oxford, R. L. (1992): *The Tapestry of Language Learning: The individual in the communicative classroom*, Boston, Heinle & Heinle Publishers.
Scotton, C. M. y Bernstein, J. (1988): «Natural conversations as a model for textbook dialogue», *Applied Linguistics*, 9, pp. 372-384.
Schiffrin, D. (1994): *Approaches to Discourse*, Oxford, Blackwell.
Seedhouse, P. (1997): «Combining form and meaning», *English Language Teaching Journal*, 51, pp. 336-344.
Sinclair, J. M. y Coulthard, M. (1975): *Towards an Analysis of Discourse*, Londres, Oxford University Press.
Soars, L. y Soars, J. (1996): *New Headway Intermediate Students Book*, Oxford, Oxford University Press.
Swain, M. (1985): «Communicative competence: Some roles of comprehensible input and

comprehensible output in its development», en S. Gass y C. Madden (eds.), *Input in Second Language Acquisition*, Rowley, MA, Newbury House, pp. 235-253.
— (1995): «Three functions of output in second language learning», en G. Cook y B. Seidlhofer (eds.), *Principle and Practice in Applied Linguistics*, Oxford, Oxford University Press, pp. 125-144.
Swain, M. y Lapkin, S. (1998): «Interaction and second language learning: Two adolescent French immersion students working together», *The Modern Language Journal*, 82, pp. 320-337.
Takahashi, S. (1996): «Pragmatic transferability», *Studies in Second Language Acquisition*, 18, pp. 189-223.
Tannen, D. (1984): *Conversational Style: Analyzing Talk Among Friends*, Ablex.
Thompson, S. (en prensa): «Understanding spoken interaction: Recent developments in the analysis of spoken discourse and their applications for language teaching», *Australian Review of Applied Linguistics*.
Thornbury, S. (1997): «Reformulation and reconstruction: Tasks that promote noticing», *English Language Teaching Journal*, 51, pp. 326-335.
Tyler, A. y Davies, C. (1990): «Cross-linguistic communication missteps», *Text*, 10, pp. 385-411.
Van den Braden, K. (1997): «Effects of negotiation on language learners' output», *Language Learning*, 47, pp. 589-636.
Van Lier, L. (1988): *The Classroom and the Language Learner*, Londres, Longman.
Wallace, M. (1998): *Action Research for Language Teachers*, Cambridge, Cambridge University Press.
White, L. (1987): «Against comprehensible input: The input hypothesis and the development of second language competence», *Applied Linguistics*, 6, pp. 95-110.
Willis, J. (1992): «Inner and outer: spoken discourse in the language classroom», en M. Coulthard (ed.), *Advances in Spoken Discourse Analysis*, Londres, Routledge, pp. 162-182.

CAPÍTULO 10

LA INFLUENCIA DE LA VARIABLE «GRADO DE DOMINIO DE LA L2» EN LOS PROCESOS DE COMPOSICIÓN EN LENGUA EXTRANJERA: HALLAZGOS RECIENTES DE LA INVESTIGACIÓN

por R. M. MANCHÓN, J. ROCA y L. MURPHY

1. Introducción

En este trabajo presentamos algunos resultados de la investigación que venimos realizando desde 1994 en el campo de la escritura en lengua extranjera.[1] Más concretamente, y tal como se anuncia en el título, nuestra meta será profundizar en la interdependencia que pueda existir entre el grado de dominio de la L2 que posee el escritor y su actividad cognitiva durante el acto de composición.

2. Hallazgos y preguntas abiertas sobre la relación entre dominio de la L2 y las actividades cognitivas de escritura

Nuestra investigación sobre escritura en la L2 se integra en una tradición de investigación de corte marcadamente cognitivo conocida como *escritura como proceso* (*writing process-oriented research*. Véase Cumming, 1998; Grabe y Kaplan, 1996; Johns, 1990; Manchón, en prensa, con relación a otras perspectivas de investigación sobre escritura). Es ésta una línea de trabajo que intenta adentrarse en el conocimiento de los procesos mentales que tienen lugar mientras el escritor genera, organiza, revisa, transforma, pule y expresa sus ideas con el fin de producir un texto escrito (véase revisión en Krapels, 1990 y Manchón, en prensa). Una de las metas de esta investigación la ha constituido el estudio de las posibles interacciones existentes entre el grado de dominio de la L2 y la capacidad estratégica de los sujetos para componer. La mayoría de los trabajos han abordado la cuestión desde la perspectiva de los límites que la segunda lengua impone a los procesos de producción escrita.

2.1. Dominio de la L2 y procesos de composición

Los resultados de la investigación evidencian que la naturaleza de los procesos básicos de composición no se ve afectada por la L2. Los estudios que han comparado el comportamiento de los mismos sujetos componiendo en L1 y L2 ponen de manifiesto la existencia de una serie de perfiles estratégicos individuales adquiridos en la L1 que se transfieren prácticamente intactos a la L2. Entre ellos se encuentran la forma global de abordar la tarea de escritura como un proceso recursivo de resolución de problemas (Arndt, 1987; Raimes, 1987; Smith, 1994; Uzawa, 1996; Zamel, 1983), las estrategias de planificación (Jones y Tetroe, 1987; Whalen, 1988; Whalen y Ménard, 1995) y de revisión (Gaskill, 1986; Hall, 1990), así como las pautas de alternancia entre los episodios de pausa/relectura y escritura/edición (Pennington y So, 1993). Al mismo tiempo se ha constatado que algunos escritores guían sus procesos de escritura en L1 y L2 siguiendo un mismo modelo mental de la composición (Devine *et al.*, 1993).

Sin embargo, análisis más detallados han mostrado igualmente que surgen una serie de limitaciones sobre la capacidad para componer cuando el grado de dominio de la L2 dificulta poder hacer frente al conjunto de demandas de la tarea de escritura (véase también Codina y Uró, en este volumen). Tal como cabría esperar (Manchón, en prensa), «componer en una L2 supone hacer frente tanto a todos los problemas inherentes a la tarea de composición como a los que se derivan de tener que elaborar un escrito en una lengua en la que los recursos son limitados». Esto puede conducir a muchos sujetos a rebajar su nivel de exigencia en comparación con el que exhiben al escribir en su lengua materna (Uzawa y Cumming, 1989). La simplificación de los aspectos semánticos, sintácticos y léxicos constituye una manifestación característica de esta forma de abordar la nueva situación.

Además, la L2 parece inhibir la capacidad de los escritores para planificar, evaluar y revisar sus textos a nivel pragmático y textual, llevándoles a sobredimensionar, como contrapartida, sus preocupaciones de orden puramente lingüístico (Gosden, 1996; Porte, 1996, 1997; Silva, 1993; Whalen y Ménard, 1995), siendo de naturaleza léxica la mayoría de los problemas lingüísticos que se plantea el escritor (Cumming, 1989; Krings, 1994; Raimes, 1985; Silva, 1993; Zamel, 1983).

La fluidez, entendida bien como el número total de palabras escritas, o bien como la interrupción del proceso de transcripción por otros procesos, también aparece afectada por lo arduo y costoso que puede resultar escribir en una L2. Se ha comprobado que los escritores en L2 encuentran problemático tanto el escribir extensamente (Raimes, 1985, 1987; Sasaki y Hirose, 1996) como mantener el esfuerzo sostenido que supone componer (Raimes, 1987). De igual forma, otros estudios (Krings, 1994; Silva, 1993; Whalen y Ménard, 1995) señalan el carácter fragmentado e intermitente de la composición en L2, lo cual tiene importantes consecuencias para el flujo de las ideas: el escritor corre el riesgo de fragmentar su pensamiento, de perder la claridad de sus representaciones mentales, e incluso de olvidar lo que deseaba plasmar en su escrito, ya que la codificación de las ideas puede resultar seriamente obstaculizada (Pennington y So, 1993).

Una de las características comunes de los estudios hasta aquí analizados es que la mayor parte de ellos, como casi todas las investigaciones sobre escritura en L2, tienen su punto de partida en modelos y diseños de investigación creados en principio para analizar los procesos de escritura en L1. Esta importación teórica constituye una de sus grandes ventajas, ya que ha permitido analizar un amplio abanico de problemas, pero ha supuesto también algunos inconvenientes, siendo tal vez el más importante el no haber incluido en la agenda de los investigadores aspectos esenciales del proceso de composición en general, y de la composición en L2 en particular. De algunos de estos aspectos damos cuenta en los epígrafes siguientes.

2.2. La dimensión temporal de la recursividad de la escritura

Los modelos clásicos sobre procesos de escritura (Bereiter y Scardamalia, 1987; De Beaugrande, 1984; Flower y Hayes, 1981a), sobre los que se asienta la mayor parte de los estudios en L2, sostienen que el componer es un proceso dinámico compuesto esencialmente de tres macroprocesos (planificación, formulación y revisión) que interactúan de forma cíclica. Esta forma de interacción implica que los procesos de composición no ocurren predeterminados en un orden fijo, a modo de una secuencia lineal en la que las actividades de planificación precederían rígidamente a las de formulación y éstas a las de revisión, sino que cualquier proceso se puede activar en cualquier momento y aparecer incrustado dentro de otro (Emig, 1971; Faigley y Witte, 1981; Perl, 1979; Pianko, 1979; Stallard, 1974). Este tipo de incrustación se conoce como recursión y, de acuerdo con ello, la escritura ha sido conceptualizada como un proceso recursivo (Flower y Hayes, 1980; Flower y Hayes, 1984; Hayes y Flower, 1980). Sin embargo, aun admitiendo el hecho de que el proceso de composición no se desarrolla de forma lineal, no es menos cierto que la noción de proceso supone una dimensión temporal. Sorprende entonces la ausencia de dicha dimensión temporal en los planteamientos de los modelos mencionados (Breevert, Van den Bergh y Rijlaarsdam, 1996; Rijlaarsdam y Van den Bergh, 1996; Van den Bergh y Rijlaarsdam, 1996).

La naturaleza temporal del proceso de composición conlleva diversas consecuencias. Para el tema que nos ocupa es especialmente relevante constatar que pueden existir importantes diferencias individuales en lo que respecta a la duración y organización temporal de los procesos. Incluso si dos escritores (o dos grupos) muestran la misma frecuencia global en un determinado proceso, puede ocurrir que la distribuyan de manera diferente en el transcurso de la composición. Estas diferencias de distribución pueden apuntar a una variada organización temporal de los procesos y, por ende, a una diferente manipulación de los propósitos asociados a ellos. Cabría postular la existencia de diferencias en la asignación temporal de los recursos según el grado de habilidad escritora de los sujetos. También cabe preguntarse si, en el caso de la escritura en L2, dichas diferencias pueden estar condicionadas por el grado de dominio de la L2 que posee el escritor.

Por tanto, el análisis de las diferencias individuales con respecto a la organización temporal de las actividades cognitivas de composición en L2 es un área de investigación que puede contribuir enormemente a esclarecer la naturaleza del supuesto carácter recursivo de la composición, sea ésta en L1 o L2. Fue la constatación de este hecho lo que nos condujo a adentrarnos en el tema.

2.3. El uso de operaciones retrospectivas en la tarea de composición

El carácter recursivo de la escritura supone no sólo la interacción cíclica de planificación, formulación y revisión, sino también los continuos movimientos entre el texto ya escrito y el que se va generando. Estos movimientos (a los que nos referiremos a partir de ahora como Operaciones Retrospectivas) son parte del comportamiento estratégico que emplea el escritor para solucionar la continua tarea de resolución de problemas que supone componer. Tal como afirman Faigley *et al.* (1985, p. 31): «Cualquiera que sea el impulso que hace que un escritor comience el texto, una vez que el texto se ha iniciado, el texto mismo ejerce una fuerte influencia sobre lo que seguirá, ya que las nuevas ideas deben engarzarse con las que ya existen.»

En trabajos nuestros anteriores (Manchón, 1997; Manchón *et al.*, 1997, en prensa) hemos definido las Operaciones Retrospectivas (OR) como una serie de acciones que lleva a cabo el escritor para reconsiderar o formarse una imagen del texto ya escrito (o parte de él) con el fin de atender alguna meta o necesidad actual. El término «necesidad» debe entenderse en un sentido amplio, ya que incluiría desde la reconsideración de lo que uno ha escrito con el fin de 1) formarse una imagen mental de ello; 2) evaluarlo, o 3) cambiarlo, hasta conseguir la familiarización con el texto escrito como mecanismo para progresar en el proceso de composición.

El uso de OR como estrategia de composición puede proporcionar al escritor un mecanismo para superar la limitada capacidad de la memoria de trabajo, lo cual es un impedimento para poder prestar atención simultánea a metas de alto y bajo nivel durante el proceso de composición, siendo esto especialmente relevante en la escritura en lengua extranjera. Por metas de bajo nivel se entiende en este contexto la atención que el escritor presta a cuestiones de mera generación de ideas/texto o edición del escrito. Por otra parte, las metas de alto nivel hacen referencia al planteamiento de problemas a nivel ideativo, lingüístico, estilístico, textual o pragmático en los subprocesos de planificación, formulación o revisión.

Dados tanto el supuesto carácter consustancial del uso de OR en el proceso de composición, como los beneficios funcionales asociados a su uso, sorprende la atención casi marginal que el estudio de este fenómeno ha recibido. En lo que respecta a la escritura en lengua extranjera, son muchos los interrogantes que quedaban por resolver cuando comenzamos nuestra investigación. Una revisión de la literatura en el área hacía patente que los hallazgos de la misma no iban más allá de la constatación de 1) diversas formas de volver sobre lo escrito (relecturas del texto escrito y traducciones del mismo a la L1 del escritor), y 2) diversos propósitos de uso de OR, tanto retrospectivos (revisión de lo escrito con metas de orden lingüístico, estilístico e ideativo) como prospectivos (uso de OR como mecanismo para seguir generando texto). Sólo restaba entonces adentrarse en el análisis de las distintas variables internas al escritor (edad, competencia escritora, dominio de la L2, etc.) y externas (la naturaleza de la tarea de composición, estadio del proceso de escritura, etc.) que condicionan las formas y usos de las OR.

El estudio de la influencia que las variables personales puedan ejercer sobre el uso de OR encuentra su justificación al tener en cuenta una serie de hechos. En primer lugar, la escasa investigación existente sobre el tema en la escritura en L1 ha puesto de manifiesto la existencia de diferencias individuales, si bien los resultados son contradictorios. Por una parte, se afirma (Atwell, 1981; Flower y Hayes, 1981*b*) que son los escritores novatos quienes más necesitan volver sobre lo escrito para poder continuar el proceso de composición. Por otra parte, otros estudios (Faigley y Witte, 1981; Perl, 1979; Pianko, 1979; Sommers, 1980; Stallard, 1974) apuntaban en la dirección contraria: eran precisamente los escritores expertos quienes con más frecuencia releían sus textos.

En segundo lugar, las distintas exigencias cognitivas que se suceden durante el acto de composición se nutren de un mismo almacén de recursos (Manchón, en prensa). En el caso de la escritura en L2, tal como ya hemos apuntado, muchos de dichos recursos se dedican a la solución de problemas de orden lingüístico. Esto implica que, primero, los recursos disponibles para atender metas de otro nivel se reducen, y, segundo, que la actividad cognitiva del escritor puede estar por momentos tan concentrada en la solución de estos problemas lingüísticos, que no sea posible mantener en la memoria de trabajo ni información adicional sobre cualquier otra meta, ni imagen mental del texto ya producido. Cabría esperar en estas condiciones un mayor recurso a las OR como solución estratégica que facilitase atender las múltiples demandas de la tarea de composición. Como también cabría preguntarse si un mayor dominio de la L2 supondría, por una parte, más capacidad atencional para atender diversas metas simultáneamente, al tener que dedicar menos recursos a la solución de problemas lingüísticos, y, por otra parte, menos necesidad de volver sobre lo escrito como mecanismo para continuar el proceso de composición.

Por todos los hechos mencionados, consideramos relevante y justificado estudiar la relación entre grado de dominio de la L2 y uso de OR en el proceso de composición.

2.4. La densidad y naturaleza de los problemas léxicos en tareas de composición

En diversos trabajos de revisión en este campo (Krings, 1994, Manchón, en prensa) se constatan dos importantes elementos diferenciadores de la escritura en lengua extranjera. El primero es que la densidad de problemas a los que el escritor debe prestar atención es mayor en la composición en L2 que en L1. El segundo es que la mayoría de los problemas lingüísticos en la escritura en L2 son de naturaleza léxica (Cumming, 1989; Krings, 1994; Raimes, 1985; Silva, 1993; Zamel, 1983).

Si se tienen en cuenta las diferencias existentes entre la representación y el acceso al conocimiento lingüístico en L1 y L2, es posible postular que el escritor debe hacer frente a muchos más problemas de escritura en la composición en L2 que en L1, especialmente en lo que respecta al proceso de formulación. Una importante actividad de formulación la constituyen las búsquedas léxicas: el acceso y la recuperación de elementos léxicos que permitan al escritor comunicar su mensaje. En este contexto, el procesamiento semántico y la consolidación del significado pueden resultar procesos más fragmentados al componer en una L2 que al hacerlo en una L1. Al mismo tiempo, las opciones disponibles son menores y menos consolidadas en la L2. Estos hechos por sí mismos explican que, tal como afirmábamos más arriba, una de las principales diferencias entre la composición en L1 y L2 sea la densidad de problemas léxicos que caracteriza a la segunda.

Otro hecho importante en relación con el tema que tratamos se refiere a la posible influencia que la variable «grado de dominio de la L2» pudiese tener en lo que respecta a las búsquedas léxicas. Podría suponerse que al aumentar el dominio de la L2 se produciría una reducción de los problemas de composición relacionados con el acceso o la recuperación automática de información lingüística almacenada en la memoria a largo plazo (MLP). Si éste fuese el caso, los escritores con más dominio de la L2 tendrían mayor capacidad atencional y más recursos cognitivos disponibles para elaborar y pulir sus ideas durante el proceso de formulación (véase una primera aproximación al tema en Roca *et al.*, 1997).

Con este marco de fondo, cabe preguntarse qué influencia ejerce el grado de dominio de la L2 que posee el escritor en lo que respecta al planteamiento de metas de alto y bajo nivel, y cómo influye este planteamiento de metas en los problemas lingüísticos a que debe hacer frente y en las soluciones estratégicas adoptadas para solucionarlos.

2.5. El uso de la lengua materna como estrategia de resolución de problemas en la escritura en L2

De entre los rasgos específicos del proceso de escritura en L2 tenemos obligatoriamente que situar el recurso a la lengua materna. En relación con la producción oral, Poulisse (1997, p. 206) argumenta que cualquier modelo bilingüe del habla debe poder dar cuenta del uso, deliberado o no, que el hablante bilingüe puede hacer de su L1. En palabras de la autora:

> [...] in addition to the (incomplete) L2 system, L2 speakers have a fully developed L1 system at their disposal. The L1 system is, sometimes, used deliberately by L2 speakers, and, sometimes, it is used accidentally.

Idénticos argumentos podrían esgrimirse en relación a la escritura en L2: también en este caso, un modelo explicativo de la composición debe poder dar cuenta del recurso a la lengua materna tanto a nivel de procesos de composición como de análisis de los productos escritos.

En su trabajo de revisión sobre el uso de la L1 como estrategia de composición (Manchón, 1997, en prensa), la autora señala cómo la investigación empírica ha documentado el recurso a la lengua materna para propósitos de planificación, formulación y revisión. En lo que respecta a la planificación, el escritor hace uso de su L1 con fines ideativos; es decir, para generar ideas que luego traduce a la L2. Cuando la actividad cognitiva dominante es la formulación, el recurso a la lengua materna tiene una finalidad lingüística y estilística (facilitar el acceso a elementos léxicos en la MLP con el fin de expresar el significado exacto que se desea comunicar, y evaluar y refinar las opciones léxicas). Finalmente, el escritor se sirve de todo su repertorio lingüístico para volver sobre lo escrito con propósitos de revisión.

Merece destacarse, no obstante, que al repasar los resultados de la investigación sobre el uso de la lengua materna en el proceso de composición en una lengua extranjera queda patente que no contamos con ningún estudio que se haya centrado específicamente en esta estrategia, por lo que sigue siendo un interrogante conocer qué hacen los escritores con este gran recurso lingüístico-cognitivo. Los estudios realizados hasta la fecha han quedado lejos de cumplir este propósito, bien porque se han centrado en los productos escritos (Friedlander, 1990; Kobayashi y Rinnert, 1992), porque se han limitado a investigar un solo nivel de dominio de la L2 (Johnson, 1985; Zamel, 1983; Whalen y Ménard, 1995), o dos niveles muy cercanos (Sasaki y Hirose, 1996), porque se han centrado en un único proceso de la composición (Jones y Tetroe, 1987), o porque son estudios de casos que no dan lugar a extrapolaciones (Chelala, 1981; Zamel, 1983).

Por todos estos motivos, pensamos que urge adentrarse en el uso de la L1 en el proceso de composición en L2. Dicho estudio debe además prestar especial atención a la influencia que el grado de dominio de la L2 pueda ejercer en el recurso a la L1 como solución estratégica. Entre los muchos argumentos que podrían argüirse en defensa de este objetivo de investigación cabe mencionar la necesidad de validar hipótesis surgidas en otras áreas. En este sentido, existe abundancia empírica en el campo de las estrategias de comunicación (véase por ejemplo Chen, 1990; Manchón, 1989*a*, *b*; Paribakht, 1985; Poulisse, 1990, 1993, 1997) para postular una interdependencia entre grado de dominio de la L2 y recurso a la L1 como mecanismo de resolución de problemas derivados de falta de equilibrio entre metas comunicativas y medios lingüísticos disponibles. Es cierto que esta investigación se ha centrado en el uso de la L1 a nivel de producto y en lo que respecta a la solución de problemas de orden léxico, si bien incita a analizar empíricamente si los resultados son extrapolables a una investigación centrada en procesos y a una actividad de comunicación, tal como es la escritura, en la que los problemas a los que hay que prestar atención son de muy variada naturaleza.

Una vez aislados algunos de los interrogantes que esperan respuesta pasamos a detallar algunos de los hallazgos de nuestra investigación en el campo. Por limitaciones de espacio, nos centramos en el análisis de la influencia de la variable grado de dominio de la L2 en las dos dimensiones del carácter recursivo de la escritura antes mencionadas: 1) dimensión temporal de los procesos de composición, y 2) uso de operaciones retrospectivas.

3. El estudio: aspectos metodológicos

Por limitaciones de espacio no nos es posible detallar todos los aspectos metodológicos de nuestra investigación. Hemos optado entonces por incluirlos en una tabla, a modo de «ficha técnica», que brevemente comentamos (véase la tabla 10.1).

TABLA 10.1. *Aspectos metodológicos del estudio*

Informantes	21 hablantes de español aprendices de inglés como lengua extranjera pertenecientes a tres niveles de proficiencia.
Tareas	Dos composiciones argumentativas y dos narrativas en L1 y L2.
Método de obtención de datos	Técnica de pensamiento en voz alta. Cuestionarios retrospectivos.
Decisiones metodológicas	Grabaciones: — Cada nivel realiza una tarea simultáneamente en el laboratorio de idiomas. — Las tareas en L2 se realizan antes que las tareas en L1. — Intervalo entre tareas: 1 semana. — Grabaciones realizadas fuera de horas de clase. — Dos investigadores presentes en las grabaciones. No interaccionan con los sujetos. Instrucciones: — Entrenamiento en la técnica de pensamiento con una composición simulada *(advantages and disadvantages of...)* — Sin usar el diccionario. Sin posibilidad de solicitar ayuda. — Tiempo para completar la tarea: 1 hora. Transcripciones: — Transcripción de todas las verbalizaciones en ortografía estándar. — Señalización de rasgos de lengua oral (pausas, *fillers*, etc.). — Diferenciación gráfica de texto escrito, Operaciones Retrospectivas, revisiones y resto de verbalizaciones. Sistema de codificación, basado en dos parámetros teóricos: — Modelos de composición. — Axiomas básicos de la literatura sobre resolución de problemas.

3.1. Informantes

La muestra finalmente seleccionada para nuestra investigación la constituyen 21 aprendices de inglés como lengua extranjera divididos en tres niveles de dominio de la L2: preintermedio (nivel 1), intermedio (nivel 2) y avanzado (nivel 3), estando integrado cada grupo por siete sujetos. El grado de dominio de la L2 se midió con el Oxford Placement Test, una prueba que se centra en la discriminación de habilidades gramaticales, de lectura y de comprensión auditiva. Los informantes del nivel 1 cursaban 3.º de BUP en el Instituto Floridablanca de Murcia. Los informantes del nivel 2 estaban en el segundo curso de la diplomatura de maestro de lenguas extranjeras de la Facultad de Educación de la Universidad de Murcia. Finalmente, los informantes del nivel 3 acababan de recibir el año anterior su licenciatura en Filología Inglesa en el Departamento homónimo de la Universidad de Murcia. Se realizó una ANOVA con las puntuaciones de cada grupo pudiendo observarse que las diferencias entre los tres niveles eran altamente significativas [$F.\ (2,18) = 397{,}227,\ p < 0{,}000$].

3.2. Tareas

Cada sujeto realizó dos tareas de composición (argumentativa y narrativa) en L1 y L2, siguiendo la técnica de pensamiento en voz alta.

Nos centramos en tareas argumentativas y narrativas al considerar que ambas involucraban aspectos diferentes. Las primeras implican grandes exigencias para el escritor al exigir su realización la manipulación de conceptos y el conocimiento de cuestiones de registro y de las convenciones retóricas que rigen la presentación de argumentos. Las tareas narrativas, por otra parte, permiten que el aprendiz pueda recurrir a su propia experiencia personal en un terreno más familiar y menos académico.

En este trabajo damos cuenta únicamente de resultados correspondientes a la tarea argumentativa en L2, cuyo enunciado fue: «Success in education is influenced more by the pupils' homelife and training as a child than by the quality of the teaching at school. Do you agree or disagree? Explain and illustrate your answer from your experience, your observation of others or your readings.»

3.3. Decisiones metodológicas

La técnica de pensamiento en voz alta *(think aloud protocols)* es un procedimiento metodológico en el que el sujeto verbaliza lo que pasa por su mente mientras realiza una tarea. El uso de esta técnica lleva aparejada la necesidad de tomar estrictas y fundadas decisiones metodológicas en aras de la fiabilidad del análisis (Cohen, 1998; Ericsson y Simon, 1993; Faerch y Kasper, 1987; Kasper, 1998; Smagorinsky, 1994), ya que se requiere del investigador una alta dosis de inferencia a partir de los datos. La tabla 10.1 contiene un resumen de las decisiones que guiaron nuestro trabajo.

4. Resultados y discusión

4.1. Dimensión temporal de los procesos de composición

Nuestro trabajo ha sacado a la luz interesantes resultados respecto a la influencia que el grado de dominio de la L2 ejerce sobre la dimensión temporal de los macroprocesos de composición. Y hemos tratado cada proceso por separado.

4.1.1. *Planificación*

Por planificación entendemos aquí el conjunto de representaciones pragmáticas, textuales e ideativas que los escritores construyen en cualquier estadio previo a la escritura propiamente dicha. Nuestros datos indican que el dominio que el escritor posee de la L2 influye tanto en la cantidad de tiempo que dedica a planificar, como en el período de la composición en que se planifica.

En lo que respecta a la asignación temporal de recursos para fines de planificación, encontramos diferencias significativas entre los tres niveles (F [2,18] = 16,881; p < 0,001), siendo la tendencia hacia un incremento progresivo del tiempo dedicado a planificar a medida que aumenta el dominio de la L2. Estas mismas diferencias significativas se observaron al considerar la variable período de la composición[2] en que se planifica (F [4,36] = 7,481; p < 0,001). En el primer período de la composición se observan diferencias entre el nivel 3 (el que más planifica) y los dos restantes, mientras que en el período final las diferencias fueron significativas entre los niveles 1 y 3 (de nuevo siendo el nivel 3 el que más planifica). Como explicación de estas diferencias hay que tener en cuenta que los sujetos del nivel 1 apenas si planifican y ninguno de ellos escribe notas o esquemas, mientras que los escritores del nivel 3, además de producir notas más largas y elaboradas que los sujetos del nivel 2 (algo que generalmente ocurre durante el primer período de la composición), son los únicos realmente capaces de revisar los planes globales construidos en períodos anteriores, elaborar otros nuevos sobre la marcha e incorporarlos al texto, asumiendo todas las restricciones discursivas que ello conlleva (lo que explicaría las diferencias significativas entre los niveles 3 y 1 en el tercer período). Nuestros datos indican, por tanto, que la capacidad de construir planes sobre la marcha a distintos niveles de complejidad y de incorporarlos al texto en una segunda lengua es dependiente del dominio que se posea en la L2.

Los resultados referentes al despliegue temporal de este proceso parecen confirmar los hallazgos de algunos estudios sobre cómo el grado de dominio de la L2 determina la cantidad global de planificación realizada (Jones y Tetroe, 1987), el carácter pragmático/textual de la misma (Whalen y Ménard, 1995), la facilidad y el tiempo necesario para generar material a fin de integrarlo en la redacción (Silva, 1993), y los procesos de asociación, elaboración y *chunking* implicados en la generación de ideas (Yau, 1991). En estos casos, la L2 funcionaría como un freno que conduciría al escritor a «anticipar» que sus medios de expresión son limitados en comparación con los que tiene en su lengua materna, pudiendo llegar a una reducción de sus operaciones de planificación en términos cualitativos y cuantitativos.

4.1.2. *Formulación*

Por formulación debe entenderse la transformación de unidades de pensamiento en estructuras lingüísticas.

Los datos correspondientes a este subproceso indican que la variable independiente de nuestro estudio ejerce tres tipos de influencia. En primer lugar, existen diferencias (si bien no significativas) entre el grado de dominio de la L2 y el tiempo total de la composición dedicado a formular. Los escritores del nivel 1 dedican un 80 % de su tiempo a formular, mientras que el porcentaje baja hasta un 60 % en los dos niveles superiores. Estos datos son un claro indicador de que el monopolio que ejercen los procesos de formulación sobre el tiempo total de composición es inversamente proporcional, aunque no de forma significativa, repetimos, al grado de dominio de la L2. Por otra parte, la no existencia de diferencias significativas entre los tres grupos en el tiempo global dedicado a formular viene a confirmar de forma empírica el carácter de no opcionalidad de este proceso (McCutchen *et al.*, 1994).

En segundo lugar, se observa de nuevo una influencia de la proficiencia del escritor en lo que respecta al período de la composición en que se formula. El nivel 1 muestra un reparto uniforme de episodios de formulación a lo largo de todo el transcurso de la composición. El nivel 2, por su parte, muestra una asignación temporal similar en los dos primeros tercios del tiempo total de composición, y una disminución de formulación en los estadios finales de la composición, período en el que dedican más tiempo a revisar sus escritos. Respecto al nivel 3, concentra sus episodios de formulación en el segundo período de la composición, dato que hay que relacionar con su comportamiento de planificación mencionado con anterioridad.

En tercer lugar, la influencia del dominio de la L2 que posee el escritor ejerce otra influencia sobre sus actividades cognitivas de formulación, a saber: los problemas a los que se presta atención al intentar transportar ideas al papel varían de forma significativa ($p < 0,001$) a medida que aumenta la proficiencia del escritor. Nuestros datos indican que existe una progresión, desde un intento de compensar carencias léxicas en los niveles inferiores, hacia un intento de mejorar la calidad de ideas, la forma de expresarlas y la coherencia textual en el nivel más avanzado. Cabe resaltar que algunos estudios anteriores han documentado que los sujetos con menor dominio de la L2 prestan mayor atención a la formulación que a otros procesos o que formulan de forma más lenta (Raimes, 1985), sin llegar a mayores especificaciones. Los datos que aquí se presentan añaden complejidad a los resultados de dichos estudios, mostrando específicamente que, aun empleando un tiempo similar en plantearse problemas, la atención a los distintos aspectos implicados en la formulación no es homogénea en todos los sujetos, sino que varía en función del grado de dominio de la L2.

4.1.3. *Revisión*

La revisión (Hayes, 1996) es un subproceso durante el cual el escritor tiene una meta doble: por una parte, se forma una representación mental del texto que ha producido. Por otra, se intentan detectar problemas en el texto. Los problemas que se intentan detectar dependen de la sofisticación de las metas perseguidas.

Nuestros datos no reflejan diferencias significativas entre los tres niveles ni en lo que respecta al tiempo total dedicado a revisar sus escritos (un tiempo muy reducido en términos generales, si bien progresa a medida que aumenta el nivel), ni en lo que se refiere al período de la composición en que se revisa (los tres niveles lo hacen principalmente en los estadios finales de la composición). Estos resultados relativos al predominio de la revisión en los estadios finales de la composición no hacen sino confirmar lo constatado por otros estudios respecto a que los sujetos, a pesar de revisar a lo largo de todo el proceso (Hall, 1990; Moragne e Silva, 1989; Raimes, 1985), lo hacen sobre todo una vez que han completado el primer borrador (Gaskill, 1986; Lay, 1982; Raimes, 1985). Nuestros datos, sin embargo, contrastan con algunos estudios en L1 que han verificado la presencia de procesos de revisión, entendida como edición del texto, de principio a fin de la composición (Rose, 1980; Sommers, 1980), pero proporcionan cierto apoyo empírico a la conjetura de Bridwell (1980) sobre la influencia del tiempo en el incremento progresivo de las preocupaciones textuales de los escritores.

Donde sí observamos una clara influencia del dominio que el escritor posee de la L2 es en lo que respecta a los propósitos de las revisiones. A pesar de dedicar cantidades de tiempo diferentes a cada uno de los propósitos, los niveles 1 y 2 muestran un perfil similar en la distribución de los propósitos compensatorio e ideativo/textual, mientras que en el grupo de mayor competencia lingüística (nivel 3), el tiempo dedicado a revisar el texto desde el punto de vista de la clarificación y elaboración de ideas, discursivo y/o estilístico es cuatro veces superior que el dedicado a compensar lagunas de tipo léxico (que es el objetivo primordial de las revisiones de tipo compensatorio). Parece, por tanto, que el nivel de competencia lingüística es un factor determinante de las preocupaciones de los escritores a la hora de revisar, y también parece que el cambio de preocupación hacia metas más altas requiere un nivel bastante alto de competencia lingüística.

En resumen, podemos afirmar que todos los sujetos de nuestra investigación, con independencia de su nivel de dominio de la L2, combinaron los procesos de planificación, formulación y revisión según sugieren los modelos clásicos de procesos (Bereiter y Scardamalia, 1987; De Beaugrande, 1984; Flower y Hayes, 1981*a*). Sin embargo, el porcentaje de tiempo dedicado a planificar decreció a medida que transcurría la composición, mientras que el dedicado a revisar aumentó. Al mismo tiempo, observamos que la asignación temporal de recursos a las actividades de planificación y formulación está condicionada por el grado de dominio de la L2 que posee el escritor. Esta misma variable condiciona también cuándo se planifica y se formula, así como las metas que se plantea el escritor al formular y revisar.

4.2. El uso de operaciones retrospectivas en la escritura en lengua extranjera

El análisis de nuestros datos indica que el uso de OR es un fenómeno omnipresente en la escritura en L2, ya que todos los sujetos de nuestra investigación, independientemente de su nivel de competencia en la L2, vuelven sobre el texto que han producido (sea éste el texto de la redacción o sus notas/esquemas), así como sobre el enunciado de la tarea, de forma recurrente a lo largo de todo el proceso de composición. Este dato viene a confirmar los supuestos beneficios funcionales asociados a esta estrategia de composición de los que hablábamos en la introducción.

Analizamos a continuación la interacción entre las variables dominio de la L2 y uso de OR con relación a dos parámetros: 1) forma que toman las OR, y 2) propósitos de uso de OR.

4.2.1. *Forma que toman las OR*

Los informantes de nuestro trabajo vuelven sobre el enunciado de la tarea, sobre sus esquemas y sobre los textos que han producido utilizando su repertorio lingüístico completo, hecho que nos llevó a establecer dos macrogrupos de OR: ORL1 y ORL2. Este hecho supone 1) la confirmación del carácter idiosincrásico de la escritura en L2 en el sentido de que las fuentes de conocimiento lingüístico del escritor en L2 (más amplias que las del escritor monolingüe) pueden utilizarse, y de hecho se utilizan, al componer en una L2, y es 2) un apoyo a los planteamientos cognitivos sobre el fenómeno de la transferencia en el aprendizaje de lenguas (véase Gass y Selinker, 1994; Ellis, 1994; Skehan, 1998, para una revisión reciente sobre el tema) que señalan el papel estratégico que la L1 puede jugar al usar la L2: la L1 es un mecanismo cognitivo de resolución de problemas que tiene a su disposición el aprendiz a la hora de cumplir sus metas comunicativas.

Los datos muestran que los tres niveles recurren con más frecuencia a las OR que implican el uso de la L2. Sin embargo, existen también importantes diferencias entre los tres grupos. La primera se relaciona con el hecho de que a medida que aumentamos de nivel observamos un progresivo aumento de frecuencia de uso de ORL2 (57, 83, 93 %) y una disminución de ORL1 (43, 17, 7 %). La segunda diferencia importante observada se relaciona con los porcentajes de uso de ORL1 y ORL2 en cada uno de los niveles. Así, mientras que el nivel 1 muestra unos datos percentuales similares para ORL1 (40 %) y ORL2 (60 %), los niveles 2 y 3 muestran un marcado contraste entre la frecuencia de uso de ORL1 y ORL2 (nivel 2: 16,73 / 83,27 %; nivel 3: 7,01 / 92,9 %). La interpretación de estos datos es la confirmación del valor estratégico asignado en etapas iniciales del aprendizaje al uso de la lengua materna, en nuestro caso al uso de la L1 como mecanismo para volver sobre lo escrito en el proceso de composición. A medida que aumenta el grado de dominio de la L2, la L1 ya no parece ser tan necesaria como mecanismo de resolución de problemas, y el escritor puede volver sobre lo escrito haciendo uso de la L2. De ahí las diferencias numéricas observadas.

A pesar de contar con datos para poder afirmar que el recurso a ORL1 u ORL2 parecía depender del grado de dominio que se posee de la L2, nuestros datos numéricos ponían de relieve la existencia de notables diferencias intragrupos. La variable independiente de nuestro estudio no parecía ser, por tanto, la única que estaba influyendo nuestra variable dependiente. Consideramos que esta variable podía ser la lengua dominante en el proceso de composición (L1 o L2), ya que habíamos observado importantes diferencias inter e intragrupo en este aspecto.

Llegados a este punto tuvimos que utilizar un diseño factorial 3×3 que nos permitiese estudiar la relación de las dos variables independientes (grado de dominio de la L2 y lengua dominante en el proceso de composición) sobre nuestra variable dependiente (recurso a ORL1). Esta prueba ANOVA mostró la existencia de efectos significativos para el factor lengua dominante en el proceso de composición ($F[2,14] = 6,042, p < 0,013$), pero no para la otra variable independiente (grado de dominio de la L2) ($F[2,14] = 1,813, p < 0,199$) ni para la intersección entre las dos variables independientes ($F[2,14] = 0,225, p < 0,779$). Por tanto, nuestros datos nos permiten afirmar que la variable que condiciona que el escritor recurra a ORL1 u ORL2 es la mayor o menor presencia de la L1 en el proceso total de composición: a mayor presencia de la L1 en el protocolo, mayor uso de ORL1, y viceversa.

Hay que añadir no obstante que, tal como muestran otros resultados de nuestra investigación aquí no analizados (Murphy *et al*., en preparación), el recurrir en una mayor o menor proporción a la L1 está condicionado por la proficiencia del escritor. Por tanto, indirectamente el grado de dominio de la L2 influye en que se utilice más o menos la L1 a la hora de volver sobre lo escrito.

4.2.2. *Finalidad de uso de las OR*

Las OR se utilizan para una variedad de propósitos que incluyen tanto los retrospectivos (revisión, solución de problemas aplazados) como prospectivos (mecanismo para solucionar problemas de formulación y planificación). Esta variedad de fines pone de manifiesto el valor estratégico de esta acción durante el proceso de composición (Raimes, 1987; Smith, 1994; Van den Bergh *et al*., 1994).

En lo que al enunciado de la tarea se refiere, nuestros datos indican que la vuelta atrás se realiza con tres propósitos diferentes: como intento de encontrar en el título algún tipo de ayuda que permita continuar el proceso de composición, como mecanismo para comprobar si están cumpliendo los requisitos impuestos por la tarea asignada y, finalmente, para conceptualizar la tarea misma, propósito este último con el que los tres niveles vuelven con más frecuencia sobre el título.

Los escritores vuelven sobre sus notas/esquemas con el fin de que esta vuelta atrás les ayude a seguir generando otros apartados del esquema, nuevas ideas o más texto, o bien para comprobar las ideas del plan inicial que ya se han tratado. En otros casos se vuelve sobre el esquema para comprobar cómo se presentan o estructuran las ideas dentro del mismo. Obviamente, estos variados usos de las OR sólo se observan en aquellos escritores que elaboran sus esquemas con el fin de que realmente guíen su proceso de composición, por lo que la interacción con las notas adquiere una importancia cercana a la que posee la interacción con el texto escrito. Hay que hacer notar que son sólo los escritores del nivel más avanzado los que vuelven sobre sus notas, hecho que encuentra su justificación al tener en cuenta lo mencionado anteriormente en relación a las diferencias entre los tres niveles con respecto a la planificación, especialmente en el primer período de la composición.

La mayor parte de las OR se utilizan para volver sobre el texto escrito. Según nuestros datos, la finalidad de estas OR es doble: se utilizan las OR con propósitos retrospectivos o prospectivos. En el primer caso se vuelve al texto para considerar lo ya hecho con fines de revisión. Cuando se vuelve sobre el texto con fines prospectivos, la meta del escritor siempre es encontrar ayuda en el texto para continuar el proceso de composición. El uso más frecuente de OR se relaciona con fines prospectivos: los tres niveles coinciden en el uso de OR como mecanismo para seguir generando texto o ideas, y en menor medida para encontrar una forma que haga posible expresar el mensaje que se desea comunicar. Por otra parte, observamos unas mínimas diferencias cuantitativas en lo que respecta a los porcentajes correspondientes a los usos retrospectivos, porcentajes que en los tres grupos apenas superan el 10 %.

Este hecho puede encontrar su explicación al tener en cuenta la limitación de tiempo con que contaban para completar la tarea de composición (1 hora). Ya hemos indicado anteriormente que en este tiempo los escritores esencialmente planifican y formulan, por lo que la ausencia de una cantidad mayor de procesos de revisión justifica el menor uso de OR para dichos fines.

Las similitudes y diferencias observadas vinieron corroboradas por los resultados de la prueba ANOVA. Así, se observa la existencia de efectos significativos para los usos de OR que implican volver sobre las notas ($F[2,18] = 1,171; p < 0,001$), no observándose diferencias significativas entre los datos de los tres niveles para el resto de usos de OR incluidas en nuestra taxonomía; es decir, los usos asociados a la vuelta sobre el enunciado de la tarea o sobre el texto escrito.

Desde otra perspectiva, el considerar que las OR se utilicen como estrategia de planificación, de formulación y de revisión, junto con el hecho de que la estrategia se use con fines lingüísticos, estilísticos e ideativos, supone una matización sobre los modelos de escritura en L1 en su aplicación a la composición en L2. En el modelo de Hayes (1996), el más reciente modelo de escritura en L1 que conocemos, se concede una especial importancia a la «lectura» *(reading)*, a la que se asignan los roles de revisión y de comprensión de la tarea. Lo que nuestros datos indican es que los fines son mucho más amplios en la escritura en L2, jugando un papel también en procesos de planificación y formulación. En relación a este último, Hayes (1996, p. 23) afirma que se relee el último fragmento antes de seguir adelante: «writers frequently reread the sentence produced so far, prior to adding a sentence part to an incomplete sentence». Nuestros datos confirman totalmente este hecho en la escritura en lengua extranjera, especificando que esta vuelta atrás se lleva a cabo con tres fines: 1) como mecanismo para seguir generando texto (que parece ser el uso mencionado por Hayes); 2) como medio de familiarizarse con el texto escrito tras una digresión/antes de seguir adelante/cuando el escritor se encuentra perdido, y 3) como estímulo para encontrar la forma de poder expresar el mensaje que se desea comunicar.

En resumen, el análisis de las formas y propósitos del uso de OR supone poder matizar algunos componentes de los modelos de escritura en L1, al tiempo que pone de relieve una complejidad no detectada hasta ahora en estudios sobre escritura en L2. Nuestros datos muestran que es la interrelación de dos variables lo que condiciona el uso cualitativo y cuantitativo que el escritor de L2 hace de OR: su grado de dominio de la L2 y la mayor o menor presencia de la lengua materna en el proceso total de composición.

Conclusión

Decíamos al comienzo de este trabajo que nuestra meta era profundizar en la interdependencia que pueda existir entre el grado de dominio de la L2 que posee el escritor y su actividad cognitiva durante el acto de composición. A tal fin, comenzamos por plantear una serie de áreas de investigación donde era pertinente contestar interrogantes muy concretos en relación a la interdependencia mencionada. De forma más concreta, justificamos la necesidad de estudiar la relación entre proficiencia y 1) dimensión temporal de los procesos de composición; 2) uso de Operaciones Retrospectivas en la composición en L2; 3) problemas léxicos a los que el escritor de L2 se enfrenta, y 4) recurso a la lengua materna como mecanismo de resolución de problemas en la escritura en lengua extranjera.

En la segunda parte del capítulo nos hemos adentrado en el estudio de las dos primeras áreas señaladas. Los resultados de nuestra investigación pueden sistematizarse en los siguientes puntos:

1) El grado de dominio de la L2 que posee el escritor condiciona su asignación de recursos a los distintos macroprocesos de composición. Así, se observa que a medida que aumenta la proficiencia del escritor, aumenta el tiempo dedicado a planificar y disminuye el dedicado a formular.

2) La asignación de recursos a los distintos macroprocesos a lo largo del transcurso de la composición también se ve condicionada por el dominio de la L2 que posee el escritor. Aunque todos los niveles revisan principalmente en la última etapa del proceso, los procesos de planificación y formulación se reparten de forma diferente en cada uno de los niveles. Un mayor dominio de la L2 garantiza un estado inicial de planificación y dos estadios posteriores donde los tres macroprocesos interactúan de forma cíclica. Por tanto, el supuesto carácter recursivo de la composición es más evidente en escritores que han alcanzado un alto nivel de proficiencia.

3) El nivel de proficiencia también condiciona las metas que se plantea el escritor, sobre todo en lo que respecta a la formulación y revisión (en planificación no es posible hacer comparaciones si se tiene en cuenta la casi inexistencia de episodios de planificación en los niveles inferiores). En formulación, nuestros datos indican que existe una progresión desde un intento de compensar carencias léxicas en los niveles inferiores, hacia un intento de mejorar la calidad de ideas, la forma de expresarlas y la coherencia textual en el nivel más avanzado. En cuanto a la revisión, los dos niveles inferiores muestran un perfil similar en la distribución de los propósitos compensatorio e ideativo/textual, mientras que en el grupo de mayor competencia lingüística el tiempo dedicado a revisar el texto desde el punto de vista de la clarificación y elaboración de ideas, discursivo y/o estilístico es cuatro veces superior al dedicado a compensar lagunas de tipo léxico (que es el objetivo primordial de las revisiones de tipo compensatorio).

4) El dominio de la L2 influye en las formas que toman las Operaciones Retrospectivas. Nuestros datos nos permiten afirmar que la variable que condiciona que el escritor recurra a su L1 o a la L2 para volver sobre lo escrito es la mayor o menor presencia de la L1 en el proceso total de composición. Como este recurso a la lengua materna está condicionado a su vez por el grado de proficiencia del escritor, puede afirmarse que existe una interrelación entre dominio de la L2 y las formas que toman las OR.

5) Las OR se utilizan para una variedad de propósitos que incluyen tanto los retrospectivos (revisión, solución de problemas aplazados) como prospectivos (mecanismo para solucionar problemas de formulación y planificación). El dominio de la L2 no parece condicionar los propósitos para los que se utilizan las OR, si bien sólo son los escritores de nivel avanzado los que vuelven sobre sus notas/esquemas

con distintos fines. Este hecho encuentra su justificación al tener en cuenta que sólo es este grupo el que planifica en las primeras etapas del proceso de composición. Al mismo tiempo, conviene resaltar que esta vuelta sobre los planes iniciales pone de manifiesto que los escritores elaboran sus esquemas con el fin de que realmente guíen su proceso de composición, por lo que la interacción con las notas adquiere una importancia cercana a la que posee la interacción con el texto escrito.

En resumen, consideramos que la investigación de la que se da cuenta en este trabajo ha supuesto una contribución al entendimiento de los procesos cognitivos que tienen lugar mientras se intenta producir un texto en una lengua extranjera.

Bibliografía

Arndt, V. (1987): «Six writers in search of texts: A protocol-based study of L1 and L2 writing», *ELT Journal*, 41, 4, pp. 257-267.
Atwell, M. (1981): «The evolution of text: The interrelationship of reading and writing in the composing process», tesis doctoral no publicada, Indiana University.
Beaugrande, R. de (1984): *Text production: Toward a science of composition*, Norwood, NJ, Ablex.
Bereiter, C. y Scardamalia, M. (1987): *The psychology of written composition*, Hillsdale, NJ, Lawrence Erlbaum.
Breevert, I.; Van den Bergh, H. y Rijlaarsdam, G. (1996): «Reading and generating and their relation to text quality. An application of multilevel analysis on writing process data», en G. Rijlaarsdam y otros (eds.), *Theories, models and methodology in writing research*, Amsterdam, University of Amsterdam Press, pp. 10-20.
Bridwell, L. (1980): «Revising strategies in L2 frade students' transactional writing», *Research in the Teaching of English*, 14, pp. 197-222.
Cohen, A. (1998): *Strategies in learning and using a language*, Londres, Longman.
Cumming, A. (1989): «Writing expertise and second language proficiency», *Language Learning*, 39, pp. 81-141.
— (1998): «Theoretical perspectives on writing», *Annual Review of Applied Linguistics*, 18, pp. 61-78.
Chelala, S. (1981): «The composing process of two Spanish speakers and the coherence of their texts: A case study», tesis doctoral no publicada, New York University.
Chen, S. Q. (1990): «A study of communication strategies in interlanguage production by Chinese EFL learners», *Language Learning*, 40, pp. 155-187.
Devine, J.; Railey, K. y Boshoff, P. (1993): «The implications of cognitive models in L1 and L2 writing», *Journal of Second Language Writing*, 2, 3, pp. 203-225.
Ellis, R. (1994): *The study of second language acquisition*, Oxford, Oxford University Press.
Emig, J. A. (1971): *The composing process of twelfth graders*, NCTE Research Report, 13, Urbana, Il., NCTE.
Ericsson, K. A. y Simon, H. A. (1993): *Protocol analysis: Verbal reports as data*, Cambridge, MA, MIT Press (1.ª ed., 1984).
Faerch, C. y Kasper, G. (1987): «From product to processes-Introspective methods in second language research», en C. Faerch y G. Kasper (eds.), *Introspection in second language research*, Clevedon, Avon, Multilingual Matters, pp. 5-23.

Faigley, L. y Witte, S. (1981): «Analyzing revision», *College Composition and Communication*, 32, pp. 400-414.

Faigley, L.; Cherry, R.; Joliffe, D. y Skinner, A. (1985): *Assessing writers' knowledge and processes of composing*, Norwood, NJ, Ablex.

Flower, L. y Hayes, J. R. (1980): «The cognition of discovery: Defining a rhetorical problem», *College Composition and Communication*, 30, pp. 21-32.

— (1981a): «A cognitive process theory of writing», *College Composition and Communication*, 32, pp. 365-387.

— (1981b): «The pregnant pause: An inquiry into the nature of planning», *Research in the Teaching of English*, 15, 3, pp. 229-243.

— (1984): «Images, plans and prose. The representation of meaning in writing», *Written Communication*, 1, 1, pp. 120-160.

Friedlander, A. (1990): «Composing in English: Effects of a first language on writing in English as a second language», en B. Kroll (ed.), *Second language writing. Research insights for the classroom*, Cambridge, Cambridge University Press, pp. 109-125.

Gaskill, W. H. (1986): «Revising in Spanish and English as a second language: A process-oriented study of Composition», tesis doctoral no publicada, University of California, Los Ángeles.

Gass, S. y Selinker, L. (1994): *Second language acquisition. An introductory course*, Hillsdale, NJ, Lawrence Erlbaum.

Gosden, H. (1996): «Verbal reports of Japanese novices' research writing practices in English», *Journal of Second Language Writing*, 5, 2, pp. 109-128.

Grabe, W. y Kaplan, R. B. (1996): *Theory and practice of writing*, Londres, Longman.

Hall, C. (1990): «Managing the complexity of revising across languages», *TESOL Quarterly*, 24, pp. 43-60.

Hayes, J. R. (1996): «A new framework for understanding cognition and affect in writing», en C. M. Levy y S. Ransdell (eds.), *The science of writing. Theories, methods, individual differences, and applications*, Mahwah, NJ, Lawrence Erlbaum, pp. 1-27.

Hayes, J. R. y Flower, L. (1980): «Identifying the organization of writing processes», en L. W. Gregg y E. R. Steinberg (eds.), *Cognitive processes in writing*, Hillsdale, NJ, Lawrence Erlbaum, pp. 3-30.

Johns, A. M. (1990): «L1 composition theories: Implications for developing theories of L2 composition», en B. Kroll (ed.), *Second language writing. Research insights for the classroom*, Cambridge, Cambridge University Press, pp. 24-36.

Johnson, C. (1985): «The composing processes of six ESL students», tesis doctoral no publicada, Illinois State University.

Jones, S. y Tetroe, J. (1987): «Composing in a second language», en A. Matsuhashi (ed.), *Writing in real time: Modelling production processes*, Norwood, NJ, Ablex, pp. 34-57.

Kasper, G. (1998): «Analysing verbal protocols», *TESOL Quarterly*, 32, 2, pp. 358-362.

Kobayashi, H. y Rinnert, C. (1992): «Effects of first language on second language writing: Translation versus direct composition», *Language Learning*, 42, 2, pp. 183-215.

Krapels, A. R. (1990): «An overview of second language writing processes», en B. Kroll (ed.), *Second language writing. Research insights for the classroom*, Cambridge, Cambridge University Press, pp. 37-56.

Krings, H. (1994): «What do we know about writing processes in L2? The state of the art», en K. Heinz Pogner (ed.), *More about writing*, Odense Working Papers in Language and Communication, 6, pp. 83-114.

Lay, N. (1982): «Composing Processes of Adult ESL Learners», *TESOL Quarterly*, 16, p. 406.

Manchón Ruiz, R. M. (1989a): «Aspectos psicolingüísticos del aprendizaje de lenguas: estudio de la transferencia como estrategia de comunicación», tesis doctoral no publicada, Universidad de Murcia.
— (1989b): «Competencia estratégica y evolución de la interlengua del aprendiz de una L2», *Actas del VI Congreso Nacional de AESLA*, pp. 377-388.
— (1997): «Learners, strategies in L2 composing», *Communication and Cognition*, 30, 1/2, pp. 91-114.
— (en prensa): «La investigación sobre la escritura como proceso. Algunas implicaciones para la enseñanza de la composición en una lengua extranjera», en S. Salaberri» (ed.), *Lingüística aplicada a la enseñanza de lenguas extranjeras*, Almería, Servicio de Publicaciones de la Universidad de Almería.
Manchón Ruiz, R. M.; Murphy, L. y Roca de Larios, J. (1997): «Backwards operations in L2 writing, A tentative classification», en A. Archibald y G. Jeffrey (eds.), *Second language acquisition and writing: A multi-disciplinary approach*, Southampton, The University of Southampton, pp. 36-52.
Manchón Ruiz, R. M.; Roca de Larios, J. y Murphy, L. (en prensa): «An approximation to the study of backtracking in L2 writing», *Learning and Instruction*, vol. 10.
McCutchen, D.; Covil, A.; Hoyne, S. H. y Mildes, K. (1994): «Individual differences in writing: Implications of translating fluency», *Journal of Educational Psychology*, 86, pp. 256-266.
Moragne e Silva, M. (1989): A study of composing in a first and second language, *Texas Papers in Foreign Language Education*, 1, 2, pp. 132-151.
Murphy, L.; Manchón, R. M. y Roca, J. (en preparación): *L1 use as a problem-solving device in L2 composing: Insights from research.*
Paribakht, T. (1985): «Strategic competence and language proficiency», *Applied Linguistics*, 6, 2, pp. 132-146.
Pennington, M. C. y So, S. (1993): «Comparing writing process and product across two languages: A study of 6 Singaporean university student writers», *Journal of Second Language Writing*, 2, 1, pp. 41-63.
Perl, S. (1979): «The composing process of unskilled college writers», *Research in the Teaching of English*, 13, pp. 317-336.
Pianko, S. (1979): «A description of the composing processes of college freshmen writers», *Research in the Teaching of English*, 13, pp. 5-22.
Porte, G. (1996): «When writing fails: How academic context and past learning experiences shape revision», *System*, 24, 1, pp. 107-116.
— (1997): «The etiology of poor second language writing: The influence of perceived teacher preferences on second language revision strategies», *Journal of Second Language Writing*, 6, 1, pp. 61-78.
Poulisse, N. (1990): *The use of compensatory strategies by Dutch learners of English*, Dordrecht, Foris.
— (1993): «A theoretical account of lexical communication strategies», en R. Schreuder y B. Weltens (eds.), *The Bilingual Lexicon*, Amsterdam, John Benjamins, pp. 157-189.
— (1997): «Language production in bilinguals», en A. M. B. de Groot y J. F. Kroll (eds.), *Tutorials in bilingualism. Psycholinguistic perspectives*, Mahwah, NJ, Lawrence Erlbaum Associates, pp. 201-224.
Raimes, A. (1985): «What unskilled writers do as they write», *TESOL Quarterly*, 19, pp. 229-258.
— (1987): «Language proficiency, writing ability, and composition strategies: A study of ESL college student writers», *Language Learning*, 37, 3, pp. 439-467.
Rijlaarsdam, G. y Van den Bergh, H. (1996): «The dynamics of composing-An agenda for

research into an interactive model of writing: many questions, some answers», en C. M. Levy y S. Ransdell (eds.), *The science of writing. Theories, methods, individual differences, and applications*, Mahwah, NJ, Lawrence Erlbaum, pp. 107-125.

Roca de Larios, J.; Manchón Ruiz, R. M. y Murphy, L. (1997): «Strategic knowledge in L1 and L2 writing», en A. Camps *et al.* (eds.), *European Writing Conferences. EARLI Special Interest group Writing*, Universidad Autónoma de Barcelona.

Rose, M. (1980): «Rigid rules, inflexible plans and the stifling of language: A cognitivist analysis of writer's block», *College Composition and Communication*, 31, pp. 389-401.

Sasaki, M. y Hirose, K. (1996): «Explanatory variables for EFL students' expository writing», *Language Learning*, 46, 1, pp. 137-174.

Silva, T. (1989): «A critical review of ESL composition process research», comunicación presentada en el *Annual Meeting of TESOL*, San Antonio, Texas, 7-11 de marzo.

— (1993): «Toward an understanding of the distinct nature of L2 writing: The ESL research and its implications», *TESOL Quarterly*, 27, pp. 657-677.

Skehan, P. (1998): *A cognitive approach to language learning*, Oxford, Oxford University Press.

Smagorinsky, P. (ed.) (1994): *Speaking about writing: Reflections on reseach methodology*, Thousand Oaks, CA, Sage.

Smith, V. (1994): *Thinking in a foreign language. An investigation into essay writing and translation by L2 learners*, Tubinga, Gunter Narr Verlag.

Sommers, N. I. (1980): «Revision strategies of student writers and experienced adult writers», *College Composition and Communication*, 31, pp. 378-388.

Stallard, C. K. (1974): «An analysis of the writing behavior of good students», *Research in the Teaching of English*, 8, pp. 206-218.

Uzawa, K. (1996): «Second language learners' processes of L1 writing, L2 writing and translation from L1 into L2, *Journal of Second Language Writing*, 5, 3, pp. 271-294.

Uzawa, K. y Cumming, A. (1989): «Writing strategies in Japanese as a foreign language: Lowering or keeping up the standards», *The Canadian Modern Language Review*, 46, 1, pp. 178-194.

Van den Berg, H. *et al.* (1994): «Revision processes and text quality: An empirical study», en G. Eigler y T. Jechel (eds.), *Writing: Current trends in European research*, Freiburg, Hochschul Verlag, pp. 133-147.

Van den Bergh, H. y Rijlaarsdam, G. (1996): «The dynamics of composing: Modelling writing process data», en C. M. Levy y S. Ransdell (eds.), *The science of writing. Theories, methods, individual differences, and applications*, Mahwah, NJ, Lawrence Erlbaum, pp. 207-232.

Whalen, K. (1988): «Pilot study on the nature of difficulties in written expression in a second language: product or process?», *Bulletin of the CAAL*, 10, 1, pp. 51-59.

Whalen, K. y Ménard, N. (1995): «L1 and L2 writer's strategic and linguistic knowledge: A model of multiple-level discourse processing», *Language Learning*, 45, 3, pp. 381-481.

Yau, M. S. (1991): «The role of language factors in second language writing», en C. M. Malavé y G. Duquette (eds.), *Language, culture and cognition: A collection of studies in first and second language acquisition*, Clevedon, Avon, Multilingual Matters, pp. 266-283.

Zamel, V. (1983): «The composing processes of advanced ESL students: Six case studies», *TESOL Quarterly*, 17, 2, pp. 165-187.

Notas

1. Se trata de una investigación financiada por el CIDE dentro de la Convocatoria de Ayudas a la Investigación Educativa (Resolución de 29/12/94, *BOE*, 16/1/95).

2. Para el análisis de los datos relativos a la asignación temporal de recursos se dividió el tiempo total de composición (una hora máximo) en tres períodos de tiempo idénticos. Es así como debe entenderse la expresión «período de composición» en la discusión que sigue.

CAPÍTULO 11

INFLUENCIA DEL CONOCIMIENTO PREVIO Y DEL NIVEL DE UNA SEGUNDA LENGUA EN LA COMPRENSIÓN ESCRITA DE TEXTOS ACADÉMICOS

por Victòria Codina Espurz y Esther Usó Juan

1. Introducción

Un nivel aceptable de comprensión escrita en una segunda lengua (L2) es requisito casi indispensable, tanto para una buena formación académica como para una adecuada preparación profesional posterior (Carrell, 1989; Grabe, 1991). Sin embargo, a pesar de su importancia, hemos tenido la oportunidad de experimentar ya sea como docentes de una L2 o bien como aprendices de la misma, que el proceso de comprensión de dicha L2 no resulta tarea nada fácil.

Así pues, dadas las dificultades que experimentan los aprendices de una L2 al leer e intentar comprender un texto escrito en la lengua meta, una de las cuestiones que ha recibido mayor atención en los últimos años es la necesidad de determinar aquellos elementos que dificultan dicho proceso de comprensión y, al mismo tiempo, establecer qué factores pueden contribuir a favorecer el desarrollo de una buena competencia lectora en la L2.

2. Las hipótesis de la interdependencia lingüística (HIL) y del umbral lingüístico (HUL)

Al considerar las dificultades del aprendiz en el proceso de comprensión o interpretación de un texto, una de las cuestiones a debate es discernir si dichas dificultades radican mayoritariamente en las deficientes estrategias de lectura que el lector posee en su lengua materna (L1) o se deben a la deficiente competencia lingüística que el aprendiz tiene en la L2. Es decir, se trata de dilucidar si las estrategias de lectura en la L1 se pueden transferir a la L2, atendiendo a que el proceso de comprensión escrita es básicamente el mismo en todas las lenguas (Goodman, 1973), o bien si para leer adecuadamente en una L2 es necesario primero alcanzar cierto nivel o umbral lingüístico de competencia en la L2.

Inicialmente, Alderson (1984) planteó la cuestión de en qué medida el desarrollo de la comprensión escrita en una L2 depende de la habilidad que el aprendiz tenga como lector en su L1 o está en función del conocimiento lingüístico que el aprendiz tiene de la L2. Este autor apuntó que los estudios a este respecto eran contradictorios. Algunos autores (Coady, 1979) indicaban que los lectores experimentaban dificultades de lectura, a pesar de tener un nivel de la L2 aceptable, por lo que las causas de dichos problemas habría que buscarlas en los deficientes hábitos de lectura que los aprendices posiblemente experimentaban en su L1. Es decir, la persona que presente dificultades de comprensión escrita en la L2 posiblemente tenga estas mismas dificultades en su L1, ya que fundamentalmente la naturaleza de este proceso de comprensión es la misma. Sin embargo, otros autores señalaban que la gran mayoría de problemas de lectura que experimentaban estos aprendices se debía, en gran parte, a la falta de conocimiento de la L2 y a la interferencia de la L1 (Yorio, 1971).

Estas dos posturas, la hipótesis de la interdependencia lingüística (HIL) (Goodman, 1973; Coady, 1979) y la hipótesis del umbral lingüístico (HUL) (Clarke, 1979; Cummins, 1979; Koda, 1987; Carrell, 1991; Lee y Schallert, 1997), aunque a veces enfrentadas, no resultan excluyentes. En términos de Bernhardt y Kamil (1995, p. 17), la HIL sostiene que «Reading performance in a second language is largely shared with reading ability in a first language», mientras que la HUL mantiene que «In order to read in a second language, a level of second language linguistic ability must first be achieved».

Aquellos autores que defienden la HIL (Coady, 1979) mantienen que ciertas destrezas como el desarrollo de la comprensión escrita, una vez adquiridas en la L1, están disponibles para usarse en una L2 y, por lo tanto, no hay que aprenderlas nuevamente; aunque es obvio que el proceso de comprensión en la L1 y en la L2 no son exactamente iguales en tanto y cuanto el aprendiz de una L2 ya conoce su lengua materna.

Son muchos los estudios que suscriben la HUL (Alderson, 1984; Bossers, 1991; Schoonen, Hulstijn, Bossers, 1998). Inicialmente, Cummins (1979) había apuntado la noción de un nivel umbral de competencia lingüística en un contexto de bilingüismo, noción que más tarde sería aplicada por Clarke (1979, 1980) a un contexto de inglés como L2. Asimismo, Carrell (1991) señala que para que se dé la transferencia de habilidades de comprensión escrita de la L1 a la L2, el aprendiz debe antes alcanzar un cierto nivel umbral de competencia en la L2. Lee y Schallert (1997), en un estudio con estudiantes coreanos, también parecen confirmar que existe una mayor relación entre el nivel de competencia lingüística en la L2 y el nivel de comprensión en la L2, que entre la habilidad de comprensión en la L1 y la L2. Así pues, aquellos estudios que abogan por la HUL destacan la necesidad de alcanzar un nivel umbral de la L2 como factor imprescindible para el desarrollo de la habilidad lectora en la L2. Además, insisten en que un conocimiento lingüístico de la L2 inadecuado puede incluso llegar a bloquear la posibilidad de transferir las estrategias de comprensión escrita de la L1 a la L2.

La solución al conflicto planteado por estas dos perspectivas es de especial importancia, dado que cada una de estas hipótesis conlleva unas implicaciones tanto para la investigación teórica como para la práctica docente. Así pues, cada una de estas formulaciones resulta hasta cierto punto aceptable (Alderson, 1984; Bernhardt, 1991; Bernhardt y Kamil, 1995). Por un lado, parece lógico admitir que cierta habilidad en nuestra lengua materna se transfiere y actúa positivamente a favor del aprendizaje de una L2. Sin embargo, parece también razonable aceptar que cuanto mayor sea el conocimiento lingüístico de la L2, mejor será el desarrollo de la comprensión escrita. Sin menospreciar, pues, el hecho de que cierta habilidad lectora en la L1 es transferida a la L2, esta transferencia sólo ocurre una vez se ha alcanzado un nivel umbral de competencia lingüística en la L2; con lo cual el conocimiento de la L2 resulta ser condición *necesaria*, aunque no *suficiente*, para que la transferencia de habilidades pueda tener lugar (McLaughlin, 1987).

La cuestión reside en intentar determinar en qué medida la L1 y/o la L2 contribuyen al desarrollo de la L2 (Cummins, 1991) y más concretamente, en nuestro caso, en qué medida la habilidad de comprensión en la L1 o bien el conocimiento lingüístico de la L2 puede contribuir al desarrollo de la comprensión escrita en la L2. Como señala Alderson (1984, p. 11), «The problem is that the theory does not specify the amount contributed to foreign language reading by transfer from first language and that contributed by increased knowledge of the foreign language's structures». Por lo tanto, conviene determinar cuál es la contribución de cada uno de estos factores en el proceso de comprensión de la L2. Parece que, principalmente en los niveles iniciales en los que el alumno posee un nivel bajo de competencia lingüística, las dificultades de comprensión lectora en una L2 pueden estar más relacionadas con el desconocimiento de la lengua meta que con deficiencias en la destreza de la lectura, llegando incluso este desarrollo pobre de la L2 a bloquear la transferencia de destrezas de la L1 a la L2 (Alderson, 1984; Bossers, 1991).

Bernhardt y Kamil (1995) proponen la reformulación de la HUL y de la HIL para poder determinar la contribución tanto del conocimiento lingüístico como de la habilidad en el uso de estrategias de lectura en la comprensión lectora en una L2. Asimismo, señalan que otras variables como el interés o el conocimiento previo que el lector tenga sobre el tema pueden contribuir a explicar el proceso de comprensión escrita en una L2: «... the data leave behind an unresolved question: *what accounts for the other 35-50 per cent of the variance in the second language reading process*?» (Bernhardt y Kamil, 1995, p. 31). Entre los componentes de este proceso de comprensión, y que por lo tanto merecen ser objeto de estudio, destacan una serie de habilidades/estrategias y áreas de conocimiento, entre las que se encuentra la experiencia y el conocimiento previo (Grabe, 1991).

3. **Importancia del conocimiento previo en el proceso de comprensión escrita**

Los enfoques que defienden la transferencia de destrezas de una lengua a otra enfatizan la importancia de los procesos psicolingüísticos en la comprensión escrita, e incorporan la teoría de los esquemas (Rumelhart, 1977, 1980; Carrell, 1987; Garner, 1987; Anderson y Pearson, 1988). Esta teoría intenta explicar cómo se integra el conocimiento nuevo al ya existente y qué papel desempeña el conocimiento previo en el proceso de comprensión. Así, partiendo de la idea de que para comprender un texto no nos basta con reconocer las palabras escritas en el texto, parece que el efecto del conocimiento previo en el proceso de comprensión resulta fundamental para la comprensión de un texto. Según esta teoría, el texto en sí no conlleva ningún significado. Lo que el texto hace es servir de guía para que el oyente o el lector pueda construir un significado a partir de su conocimiento adquirido previamente.

A pesar de las críticas de que la teoría de los esquemas puede resultar un modelo no muy adecuado para explicar la representación mental del conocimiento (Garnham, 1985; Kintsch, 1988; Rayner y Pollatsek, 1989), no podemos negar que, a partir de la década de los ochenta, y principalmente a partir del desarrollo de los enfoques textuales en el estudio de la lengua, dicho modelo ha tenido un gran impacto a la hora de explicar el proceso de comprensión de una L2, especialmente en el proceso de comprensión escrita (véase el trabajo de Nist y Mealey [1991, pp. 48-50]). Por ejemplo, desde el punto de vista pedagógico, una de las implicaciones de la teoría de los esquemas es la activación del conocimiento previo mediante las actividades de prelectura antes de empezar a leer un texto (James, 1987).

Hudson (1982) señala que las limitaciones lingüísticas del aprendiz en la L2 pueden compensarse enseñándoles a activar su conocimiento previo sobre el texto. Pero además Hudson (1991) sugiere que el conocimiento previo facilita la comprensión del texto y, al mismo tiempo, el hecho de comprender mejor el texto puede desarrollar el conocimiento lingüístico del aprendiz en la L2 (las normas gramaticales y el vocabulario, por ejemplo).

No cabe duda de la importancia del conocimiento previo en la comprensión de un texto, tanto en la L1 como en la L2; aunque en el caso de una L2, los aprendices no necesariamente hagan uso o activen este conocimiento previo (Carrell, 1983; Koda, 1994; Carrell y Wise, 1998), especialmente cuando el nivel de competencia en la L2 no le permite al aprendiz transferir sus estrategias de comprensión de la L1 a la L2. Sin embargo, la activación del conocimiento previo parece también estar en función del conocimiento de la L2 que tiene el alumno, ya que con un mayor nivel de conocimiento de la L2, el efecto del conocimiento previo parece ser más elevado (Carrell, 1989).

Dada la importancia de las estrategias para la activación del conocimiento previo en situaciones de lectura académica, Shih (1992) señala que el alumno al que se le enseña cómo usar estas estrategias exhibe una mayor comprensión del texto, por lo que sugiere que se promueva la transferencia de estrategias (cognitivas y metacognitivas) en el proceso de comprensión escrita.

Sin embargo, no todos los estudios corroboran el efecto del conocimiento previo. En un estudio que comparaba el efecto de una visión anticipada del texto y la presentación de conocimiento previo antes de leer un texto, Chen y Graves (1995) encontraron que, en el primer caso, los alumnos comprendieron mejor el texto que los alumnos que sólo recibieron presentación de conocimiento previo. Ahora bien, cabe señalar la importancia que los mismos aprendices de una L2 otorgan al desarrollo del conocimiento previo. En un estudio cualitativo sobre el uso de estrategias metacognitivas en la comprensión escrita de textos académicos, Li y Munby (1996) observaron que los dos sujetos de su estudio manifestaron que el uso de conocimiento previo sobre el tema les parecía de gran importancia al intentar comprender textos en el campo de las ciencias sociales, y además consideraban que la falta de conocimiento previo les dificultaba la tarea de comprensión del texto. También dichos sujetos creían que para mejorar su comprensión escrita debían mejorar sus conocimientos sobre el tema leyendo textos adicionales sobre el tema en cuestión. Este estudio resulta especialmente importante en cuanto que los autores señalan que los dos sujetos utilizaron una variedad de estrategias metacognitivas, algunas transferidas de su habilidad de lectura en la L1.

Aunque las dos variables —nivel de la L2 y conocimiento previo— parecen ser necesarias a la hora de interpretar un texto, este último cobra especial relevancia cuando el texto en cuestión está relacionado con una disciplina concreta; y su contenido resulta muy específico y sólo comprensible a un especialista de la materia (Hock, 1990; Clapham, 1996). Ahora bien, en el caso de un texto no específico, parece ser que el lector recurre más al conocimiento de la L2 para poder comprender el texto.

4. El estudio

Es bien sabida la importancia tanto del conocimiento de la L2, como del conocimiento previo, para la comprensión de un texto, aunque poco sabemos del papel que cada una de estas variables desempeña en el proceso de comprensión escrita de una L2. Dada la falta de asentimiento entre los estudios sobre el tema, el presente estudio se diseñó con el propósito de intentar aportar alguna evidencia a la controversia existente sobre el tema. El presente estudio intenta examinar las siguientes cuestiones:

1. Si los estudiantes con conocimiento previo sobre un tema obtienen una mejor comprensión de un texto específico que los estudiantes que no poseen dicho conocimiento previo.
2. Si los estudiantes con mayor nivel de L2 (en este estudio, lengua inglesa) obtienen también una mejor comprensión de un texto específico que los estudiantes con un nivel inferior.
3. Si para comprender un texto contribuye más el nivel de L2 o el de conocimiento previo.
4. Si el efecto del conocimiento previo varía según el nivel de L2 de los estudiantes.

5. Método

5.1. Sujetos

Inicialmente, en el estudio se incluyeron 65 estudiantes universitarios españoles de primer año matriculados en dos titulaciones diferentes: psicología ($N = 35$) y filología inglesa ($N = 30$). Sin embargo, posteriormente se excluyeron cinco estudiantes de psicología por haber cursado estudios de francés en vez de inglés durante la enseñanza secundaria, quedando 60 sujetos para el presente estudio (30 de cada titulación). La edad media de los estudiantes era de 20 ± 2 años (límites: 18-33), correspondiendo a mujeres en 47 casos (78 %) y a hombres en 13 casos (22 %). Todos habían cursado cuatro años de inglés durante la enseñanza secundaria y un año en la universidad. Mediante un test de gramática y un test de lectura general se definieron dos niveles de inglés: intermedio-bajo e intermedio-alto.

5.2. MATERIALES

Textos específicos de lectura. Todos los estudiantes leyeron dos textos, uno de contenido específico de psicología y otro referente a la filología inglesa. El texto de psicología (con un total de 571 palabras) se extrajo de un manual[1] dirigido a psicólogos o estudiantes de psicología. El texto de filología inglesa (con un total de 566 palabras) se extrajo de un manual[2] dirigido a lingüistas o estudiantes de filología inglesa. Se seleccionaron textos auténticos con la intención de observar cómo los sujetos procesaban un texto no manipulado. En ambos fragmentos había gran cantidad de vocabulario técnico y se precisaba su conocimiento para poder entender completamente los textos.

Se calculó la dificultad lingüística de cada texto mediante el *Fog Index* (Bowman y Branchaw, 1988). Los índices fueron de 8,3 para el texto de filología inglesa y 9,2 para el de psicología. Ambos textos, de naturaleza descriptiva, tenían una longitud similar, siendo comparables en la longitud de frase y en la longitud de sílabas por palabra.

Tests para determinar la comprensión de los textos específicos. Para medir el conocimiento previo se diseñaron unas pruebas que constaban de un total de cinco ejercicios que requerían la comprensión global del texto. Estos ejercicios requerían al estudiante 1) deducir el significado de una palabra por el contexto; 2) localizar referentes; 3) responder a preguntas abiertas; 4) contestar preguntas de verdadero o falso, y 5) aparejar cinco ideas principales extraídas del texto con su párrafo correspondiente. Estos tests se puntuaron en una escala de 0 a 100.

Tests para determinar el nivel de inglés. Para determinar el nivel de inglés de los estudiantes empleamos un test de gramática y un test de comprensión general, este último para valorar la capacidad lectora del estudiante.

El test de gramática se diseñó con la finalidad de comprobar el nivel de vocabulario, sintaxis y cohesión. Para el diseño de este test se adaptaron fragmentos del libro *Test your English* (Fowler y Coe, 1980), y se puntuó en una escala de 0 a 40.

El test de comprensión general tenía un formato idéntico al de los tests de comprensión de los textos específicos arriba mencionados. Para el diseño de este test no específico, el texto,[3] de carácter general, describía las características de una ciudad norteamericana. Se tuvieron en cuenta las mismas características formales controladas en los dos textos específicos anteriormente comentados. El texto constaba de un total de 567 palabras, con un índice de complejidad lingüística de 9,5, y al igual que los textos específicos, era un texto descriptivo. La escala de puntuación estaba comprendida entre 0 y 100.

5.3. Definición de grupos

Los resultados obtenidos en el test de gramática se convirtieron a una escala de puntuación sobre 100 siguiendo esta fórmula: $y = v \times 100/40$, donde y corresponde a la puntuación sobre 100 y v corresponde a la puntuación obtenida en el test de gramática. La puntuación global (G) se obtuvo sumando la nota obtenida en ambos tests y dividiéndola por dos (G = [test 1 + test 2]/2). Se definieron dos niveles de inglés: intermedio-bajo, para aquellas puntuaciones comprendidas entre 0 y 69, e intermedio-alto, para aquellas puntuaciones comprendidas entre 70 y 100.

Atendiendo al nivel de inglés de los estudiantes y a su conocimiento previo se establecieron los siguientes grupos:

Grupo 1: nivel intermedio-alto con conocimiento previo.
Grupo 2: nivel intermedio-alto sin conocimiento previo.
Grupo 3: nivel intermedio-bajo con conocimiento previo.
Grupo 4: nivel intermedio-bajo sin conocimiento previo.

5.4. Procedimiento

Las pruebas se pasaron en el mes de junio del curso académico 1998-1999 y ocuparon un total de cuatro horas lectivas distribuidas en dos semanas (dos sesiones de dos horas). Se administraron los tests siguiendo el mismo orden en ambos grupos. Durante la primera semana todos los estudiantes realizaron los tests de gramática y lectura general. La segunda semana se pasaron las pruebas de comprensión escrita de los textos específicos. Los estudiantes de psicología completaron en primer lugar el test específico de filología inglesa y posteriormente el de psicología; los estudiantes de filología inglesa completaron en primer lugar el test de psicología y posteriormente el test específico de filología inglesa. Se siguió este orden para que los estudiantes abordaran primero el texto con un contenido menos familiar y evitar así el efecto cansancio. Para que los estudiantes entendieran cómo realizar las pruebas se les dieron instrucciones detalladas en español (L1). Asimismo, se enfatizó lo confidencialidad de los resultados de los tests. Se concedió un total de 30 minutos para la prueba de gramática y 55 minutos para cada prueba de lectura. No se les permitió consultar diccionarios.

5.5. Análisis de datos

Se utilizó el paquete estadístico SPSS (Statistical Package for Social Sciences) para analizar los datos. Mediante la prueba de Kolmogorov-Smirnov se analizó la normalidad de las distribuciones. Para analizar el efecto combinado del nivel de inglés y el de conocimiento previo (variables independientes) sobre las puntuaciones en las dos pruebas de comprensión de textos específicos (variables dependientes) se utilizó el análisis ANOVA bivariado. Las comparaciones par a par de los cuatro gru-

TABLA 11.1. *Test de nivel de inglés (test de gramática y test de comprensión general)*

Estudiantes	Media	Nivel intermedio-bajo N	Nivel intermedio-alto N
Filología inglesa ($N = 30$)	$74,2 \pm 13$	6	24
Psicología ($N = 30$)	$55,4 \pm 13$	25	5

pos definidos de estudiantes se realizaron mediante el análisis ANOVA univariado, empleando el test T2 de Tamhane para varianzas no homogéneas. Se consideró como estadísticamente significativo un valor de $p \leq 0,05$.

6. Resultados

Las puntuaciones obtenidas en las dos pruebas de comprensión de textos específicos (texto de psicología y texto de filología inglesa) y en las pruebas administradas para determinar el nivel de inglés (prueba de gramática y prueba de comprensión de un texto general) siguieron una distribución normal (prueba de Kolmogorov-Smirnov).

Nivel de inglés de los estudiantes. Los estudiantes de filología inglesa tenían un nivel de inglés superior al de los estudiantes de psicología (tabla 11.1). La mayoría de estudiantes de filología inglesa presentaban un nivel intermedio-alto, mientras que la mayoría de estudiantes de psicología presentaban un nivel intermedio-bajo.

Grupos definidos de estudiantes según su conocimiento previo y nivel de inglés. La tabla 11.2 muestra los cuatro grupos definidos de estudiantes a partir de su conocimiento previo y nivel de inglés. Puede apreciarse que en la prueba de comprensión del texto específico de filología inglesa, la mayoría de estudiantes se concentraron en los grupos 1 y 4, mientras que en la prueba de psicología lo hicieron en los grupos 2 y 3.

Efecto del conocimiento previo y del nivel de inglés combinados en las pruebas específicas de lectura. Según indican los resultados de la tabla 11.3, en el test de comprensión del texto de filología inglesa, la media ajustada resultó ser más alta para los estudiantes de filología inglesa (70,29) que para los de psicología (66,11), aunque la diferencia no fue significativa ($p = 0,293$). En el test de comprensión del

TABLA 11.2. *Grupos definidos de estudiantes según su conocimiento previo y nivel de inglés*

	Prueba de filología inglesa		Prueba de psicología	
	N	%	N	%
Grupo 1	24	40	5	8,3
Grupo 2	5	8,3	24	40
Grupo 3	6	10	25	41,7
Grupo 4	25	41,7	6	10
TOTAL	60	100	60	100

TABLA 11.3. *Efectos del conocimiento previo y del nivel de inglés en las pruebas específicas de lectura*

ANOVA bivariado / Efectos principales	Prueba de filología inglesa			Prueba de psicología		
	Media ajustada	F	p	Media ajustada	F	p
Global		35,002	0,000		16,916	0,000
Conocimiento previo		1,129	0,293		11,453	0,001
Filología inglesa	70,29			61,25		
Psicología	66,11			75,08		
Nivel de inglés		33,027	0,000		33,687	0,000
Intermedio-bajo	57,25			56,70		
Intermedio-alto	79,90			80,43		

texto de psicología, la media ajustada fue mayor para los alumnos de psicología (75,08) que para los de filología inglesa (61,25), siendo dicha diferencia significativa ($p = 0,001$).

Al mirar el nivel de inglés los resultados indican que aquellos alumnos con un nivel intermedio-alto realizaron mejor la prueba en ambos textos específicos (79,90 para el de filología inglesa y 80,43 para el de psicología), siendo en los dos casos las diferencias significativas ($p = 0,000$ para los dos tests específicos).

Los resultados indican que tanto para los alumnos de filología inglesa como para los alumnos de psicología el nivel de lengua inglesa parece ser más importante que el conocimiento previo que tienen sobre la materia. Como indica la tabla 11.4 el efecto del nivel de inglés sobre la puntuación obtenida fue cinco veces superior al efecto del conocimiento previo en la prueba específica de filología inglesa (beta = 0,655 *vs.* 0,121) y 1,7 veces superior en la prueba específica de psicología (beta = 0,790 *vs.* 0,461).

Las puntuaciones obtenidas por los cuatro grupos definidos de estudiantes en las dos pruebas específicas vienen reflejadas en la tabla 11.5 y en las figuras 11.1 y 11.2.

En la prueba específica del texto de filología, las comparaciones par a par entre los cuatro grupos mediante el análisis ANOVA univariado (T2 Tamhane para varianzas no homogéneas) encontraron diferencias estadísticamente significativas entre los estudiantes del grupo 1 con el 3 ($p = 0,028$) y 4 ($p = 0,000$). No hubo diferencias significativas al comparar los grupos restantes ($p > 0,05$) (véase la tabla 11.6).

TABLA 11.4. *Coeficiente beta*

Variable independiente	Coeficiente beta	
	Prueba de filología inglesa	Prueba de psicología
Conocimiento previo	0,121	0,461
Nivel de inglés	0,655	0,790
Proporción	1 : 5	1 : 1,7

TABLA 11.5. *Puntuaciones en los cuatro grupos definidos de estudiantes*

Estudiantes	Prueba de filología inglesa		Prueba de psicología	
	N	Media	N	Media
Grupo 1	24	83,21 ± 6,89	5	85,20 ± 4,97
Grupo 2	5	72 ± 9,97	24	73,96 ± 10,71
Grupo 3	6	54,5 ± 15,08	25	64,04 ± 12,25
Grupo 4	25	56,32 ± 14,68	6	48 ± 20,27

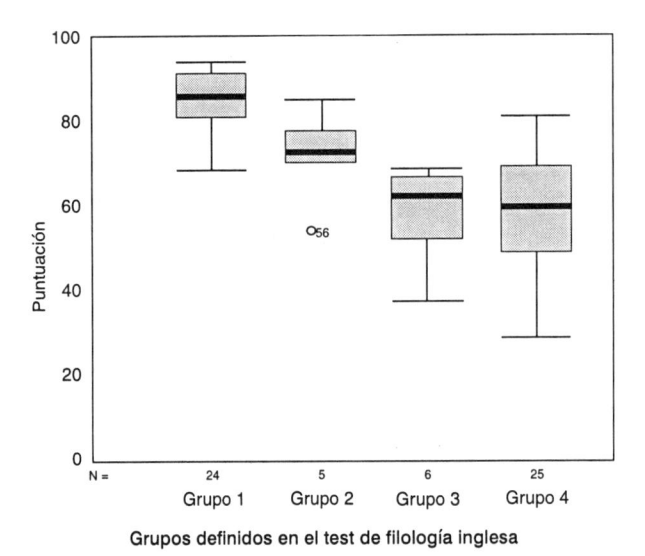

FIG. 11.1. *Puntuación de los estudiantes en el test específico de filología inglesa.*

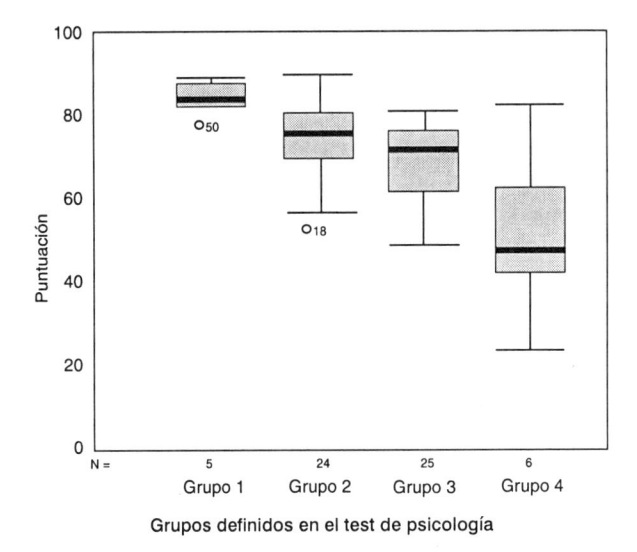

FIG. 11.2. *Puntuación de los estudiantes en el test específico de psicología.*

TABLA 11.6. *Comparaciones par a par de los grupos de estudiantes*

Comparación de grupos estudiantes		Prueba de filología iglesa			Prueba de psicología		
		Diferencia de medias	Error estándar	p	Diferencia de medias	Error estándar	p
Grupo 1	Grupo 2	11,21	5,80	0,326	11,24	6,01	0,018
	Grupo 3	28,71	5,38	0,028	21,16	5,99	0,000
	Grupo 4	26,89	3,37	0,000	37,20	7,41	0,032
Grupo 2	Grupo 1	−11,21	5,80	0,326	−11,24	6,01	0,018
	Grupo 3	17,50	7,14	0,256	9,92	3,49	0,024
	Grupo 4	15,68	5,78	0,108	25,96	5,58	0,138
Grupo 3	Grupo 1	−28,71	5,38	0,028	−21,16	5,99	0,000
	Grupo 2	−17,50	7,14	0,256	−9,92	3,49	0,024
	Grupo 4	−1,82	5,36	1,000	16,04	5,56	0,514
Grupo 4	Grupo 1	−26,89	3,37	0,000	−37,20	7,41	0,032
	Grupo 2	−15,68	5,78	0,108	−25,96	5,58	0,138
	Grupo 3	1,82	5,36	1,000	−16,04	5,56	0,514

Los estudiantes del grupo 2 obtuvieron puntuaciones superiores a las de los grupos 3 y 4 sin encontrar diferencias significativas, debido al pequeño tamaño de la muestra del grupo 2.

En la prueba específica del texto de psicología, las comparaciones par a par entre los cuatro grupos definidos de estudiantes mediante el análisis ANOVA univariado (T2 Tamhane para varianzas no homogéneas) encontraron diferencias estadísticamente significativas entre los estudiantes del grupo 1 con los grupos 2 ($p = 0,018$), 3 ($p = 0,000$) y 4 ($p = 0,032$) (ver tabla 11.6). También se encontraron diferencias significativas entre los grupos 2 y 3 ($p = 0,024$), pero no al comparar los grupos 2 y 4 ($p = 0,138$), a pesar de que los estudiantes del grupo 4 tuvieron las puntuaciones más bajas; esto podría explicarse por el pequeño tamaño de la muestra en el grupo 4 $n = 6$). No encontramos diferencias significativas al comparar los grupos 3 y 4 ($p = 0,514$). En aquellos casos en los que el valor de p no fue significativo, el poder estadístico del test fue bajo.

7. Discusión

7.1. Comentarios respecto al efecto del conocimiento previo en la comprensión lectora (hipótesis 1)

La primera cuestión planteada en este estudio partía de la hipótesis de que los estudiantes con conocimiento previo sobre el texto específico obtendrían puntuaciones más altas en la comprensión del texto específico. El análisis bivariante mostró que esta hipótesis era plenamente confirmada en la prueba específica de psicología y rechazada en la prueba específica de filología inglesa. Basados en los estudios que parecen demostrar que los estudiantes procesan mejor un texto si tienen conocimiento previo sobre el tema (Coady, 1979; Alderson y Urquhart, 1988), en esta investigación esperábamos encontrar el efecto del conocimiento previo en ambos tests específicos, pero no fue así. Aunque el conocimiento previo influya en la comprensión de un texto, en algunos casos su efecto puede no ser apreciado (Koh, 1985; Ridgway, 1997), como es el caso de nuestros resultados en la prueba de comprensión del test específico de filología inglesa. Estos resultados contradictorios podrían tener la siguiente explicación. Tal y como se esperaba, los alumnos de filología inglesa obtuvieron mejores resultados en el texto específico de filología inglesa y los alumnos de psicología en la prueba del texto específico de psicología. Sin embargo, la diferencia entre los dos grupos de estudiantes no resulta significativa en el texto específico de filología inglesa y sí que lo es en el texto específico de psicología. Esto nos hace pensar, en primer lugar, que la activación del conocimiento previo es importante a la hora de comprender un texto; sin embargo, para que su efecto sea observable, según parecen indicar los resultados, el texto tiene que ser muy específico (Clapham, 1996). Se podría pensar que los estudiantes de filología no tienen conocimiento de la disciplina de psicología, de ahí que los resultados no sean significativos, mientras que cabe pensar que los estudiantes de psicología, al tener conocimiento de la lengua inglesa hayan estado expuestos a textos más relacionados con la disciplina de filología inglesa. En este estudio no se cuantificó el grado de conocimiento previo de los estudiantes, sino que se asignó en función de los estudios que cursaba el alumno.

7.2. Comentarios respecto al efecto del nivel de inglés en la comprensión lectora (hipótesis 2)

La segunda cuestión planteada en este estudio partía de la hipótesis de que los estudiantes con mayor nivel de lengua inglesa obtendrían mayores resultados en la comprensión del texto específico que los estudiantes con un nivel inferior de lengua inglesa, hipótesis que fue confirmada. Los estudiantes con mayor nivel de inglés realizaron mejor las dos pruebas específicas de lectura. El hecho de tener un nivel avanzado de inglés facilitó la comprensión del texto específico, pese al desconocimiento por parte del lector del tema específico. La comprensión de un texto depende en cierta medida del nivel de L2 que tiene el aprendiz (véase Machón, Roca y Murphy en este volumen).

7.3. Comentarios respecto a la importancia comparativa del nivel de inglés y del conocimiento previo en la comprensión lectora (hipótesis 3 y 4)

En cuanto a la tercera hipótesis de que el nivel de competencia lingüística tendría más influencia que el grado de conocimiento de un tema en la comprensión de un texto específico, los resultados también parecen confirmar esta hipótesis. En la prueba específica de filología los resultados dependieron del nivel de inglés, pudiendo explicar el 66 % de la puntuación obtenida por los estudiantes, mientras que el conocimiento previo sólo explicaría un 12 % de la puntuación. El efecto del nivel de inglés sobre la puntuación obtenida fue cinco veces mayor que el efecto del conocimiento previo. En la prueba específica de psicología los resultados dependieron tanto del nivel de inglés como del conocimiento previo. El nivel de inglés explicaría un 79 % de la puntuación y el conocimiento previo un 46 %. El efecto del nivel de inglés resultó ser 1,7 veces superior al del conocimiento previo.

Estos resultados coinciden con los publicados por Hock (1990) y Clapham (1996), en los que tanto el conocimiento previo como el nivel de inglés ayudan en la comprensión de un texto específico, pero el nivel de lengua tiene más fuerza. La falta de conocimiento de una materia específica podría ser compensada por un nivel alto de competencia en la lengua (Koh, 1985). De igual modo, en nuestro estudio se encontró que el nivel de inglés tenía un efecto más potente que el conocimiento previo en la puntuación obtenida por el estudiante en la prueba específica.

En cuanto a la cuestión número cuatro, se partió de la hipótesis de que los estudiantes con un nivel bajo de lengua inglesa activarían el conocimiento previo para poder compensar su deficiencia en el conocimiento de la lengua y entender así mejor el texto. Sin embargo, se observó que el conocimiento previo no mejoró las puntuaciones de los estudiantes con nivel intermedio-bajo de inglés. Las puntuaciones del grupo 3 fueron similares a las del grupo 4 en ambas pruebas específicas de lectura. Los estudiantes del grupo 3 siempre obtuvieron puntuaciones inferiores a las de los estudiantes del grupo 2. Sin embargo, el conocimiento previo mejoró los resultados de los estudiantes con nivel de inglés intermedio-alto. Los resultados de los estudiantes del grupo 1 fueron mejores que los del grupo 2 en la prueba de psicología, pero no en la de filología inglesa. Esta discordancia de resultados puede ser explicada en parte por una falta de especificidad en la prueba de filología inglesa. Estos resultados sugieren que los estudiantes con nivel de inglés intermedio-bajo no se benefician del conocimiento previo en la prueba de comprensión específica, mientras que los estudiantes con un nivel intermedio-alto sí que lo hacen. Los estudiantes con nivel de inglés intermedio-bajo no fueron capaces de activar su conocimiento previo al esforzarse en entender el texto. Según estos hallazgos, los estudiantes necesitan alcanzar un cierto nivel de inglés para poder hacer uso del conocimiento previo según formula la HUL. En este sentido, Clapham (1996) puso de manifiesto que en niveles bajos de inglés los estudiantes se centran en descifrar aquello que leen y no hacen uso de su conocimiento previo pero que, cuando se llega a un nivel umbral de inglés, son capaces de hacer interaccionar su conocimiento previo con el texto.

Conclusiones

La finalidad de este estudio fue analizar la importancia relativa del nivel de una L2 y del conocimiento previo en la comprensión de un texto específico. Los principales hallazgos de este estudio son que: 1) ambos, el nivel de L2 y el de conocimiento previo, influyen en la comprensión escrita; 2) el nivel de L2 influye más que el de conocimiento previo en la comprensión de un texto específico, y 3) el efecto del conocimiento previo varía en función de la L2 del estudiante. Los estudiantes con nivel bajo no utilizan el conocimiento previo, mientras que sí que lo utilizan los estudiantes con un nivel alto de L2.

Limitaciones del estudio e implicaciones para una futura investigación

Evidentemente, el presente trabajo no está exento de limitaciones, y es por ello que debe considerarse como mera aportación al papel que desempeñan el nivel de lengua y el de conocimiento previo en la comprensión de un texto específico en inglés como L2.

En primer lugar, cabe preguntarse si el material utilizado en el presente estudio es el responsable de los hallazgos. Sería interesante comprobar si cambiando las tareas a realizar por los estudiantes, los resultados serían distintos; por ejemplo, *cloze tests* o resúmenes escritos/orales (Perkins, 1998). Es más, los hallazgos de este estudio dependen del grado de idoneidad de cada texto para cada disciplina. A pesar de que los textos fueron seleccionados según el campo de estudio de los estudiantes, podría darse el caso de que un texto fuera más específico que otro y, por lo tanto, afectar los resultados del estudio.

En segundo lugar, hubiera sido preferible controlar más niveles de inglés y ver si se obtienen los mismos resultados, o bien correlacionar las puntuaciones obtenidas en la prueba de nivel de inglés con las de las pruebas específicas. Al comparar los cuatro grupos definidos, debido al pequeño tamaño de la muestra de algunos grupos el poder estadístico era bajo cuando el valor de p no fue significativo. También habría que comprobar si con una mayor muestra de sujetos los resultados seguirían siendo los mismos.

Finalmente, si se hubiera cuantificado el grado de conocimiento previo de los sujetos (en este estudio se asumió en función de la titulación a la que pertenecía el estudiante), quizá se habrían obtenido distintos resultados.

Implicaciones pedagógicas

Si se determina que no se produce la transferencia de habilidades de una L1 a una L2, o que el aprendiz de una L2 no activa su conocimiento previo en el proceso de comprensión escrita de la L2, aunque la enseñanza explícita de las estrategias de lectura pueda ser valiosa (Flippo y Caverly, 1991), creemos incluso más relevante enfatizar la reflexión metacognitiva sobre las estrategias que el aprendiz utiliza en la L2 (Li y Munby, 1996). También sería interesante determinar a partir de qué nivel se podría fomentar un programa de enseñanza de lenguas basado en el uso de las estrategias de comprensión (Schoonen, Hulstijn, y Brossers, 1998).

Bibliografía

Alderson, J. C. (1984): «Reading in a foreign language: A reading problem or a language problem?», en J. C. Alderson y A. H. Urquhart (eds.), *Reading in a Foreign Language*, Londres, Longman.

Alderson, J. C. y Urquhart, A. H. (1988): «This test is unfair: I'm not an economist», en P. L. Carrell, J. Devine y D. E. Eskey (eds.), *Interactive Approaches to Second Language Reading*, Cambridge, Cambridge University Press.

Anderson, R. C. y Pearson, D. P. (1988): «A schema-theoretic view of basic processes in reading comprehension», en P. L. Carrell, J. Devine y D. E. Eskey (eds.), *Interactive Approaches in Second Language Reading*, Cambridge, Cambridge University Press.

Bernhardt, E. (1991): *Reading Development in a Second Language: Theoretical, Empirical, and Classroom Perspectives*, Norwood, NJ, X, Ablex Publishing.

Bernhardt, E. B. y Kamil, M. L. (1995): «Interpreting relationships between L1 and L2 reading: Consolidating the linguistic threshold and the linguistic interdependence hypotheses», *Applied Linguistics*, 16, pp. 15-34.

Bossers, B. (1991): «On thresholds, ceiling and short-circuits: the relation between L1 reading, L2 reading and L2 knowledge», *AILA Review*, 8, pp. 45-60.

Bowman, J. P. y Branchaw, M. K. (1988): *Business Report Writting*, Fort Worth, the Dryden Press.

Carrell, P. L. (1983): «Three components of background knowledge in reading comprehension», *Language Learning*, 33, pp. 183-207.

— (1987): «Content and formal schemata in ESL reading», *TESOL Quarterly*, 21, pp. 461-481.

— (1989): «SLA and classroom instruction: Reading», *Annual Review of Applied Linguistics*, 9, pp. 223-242.

— (1991): «Second language reading: Reading ability or language proficiency?», *Applied Linguistics*, 12, pp. 159-179.

Carrell, P. L. y Wise, T. E. (1998): «The relationship between prior knowledge and topic interest in second language reading», *Studies in Second Language Acquisition*, 20, pp. 285-309.

Clapham, C. (1996): *The Developments of IELTS. A Study of the Effect of Background Knowledge on Reading Comprehension*, Cambridge, Cambridge University Press.

Clarke, M. A. (1979): «Reading in Spanish and English: Evidence from adult ESL students», *Language Learning*, 29, pp. 121-150.

Clarke, M. A. (1980): «The short circuit hypothesis of ESL reading-or when language competence interferes with reading performance», *The Modern Language Journal*, 64, pp. 203-209.

Coady, J. (1979): «A psycholinguistic model of the ESL reader», en R. Mackay, B. Barkman, y R. R. Jordan (eds.), *Reading in a Second Language: Hypotheses, Organization and Practice*, Rowley, MA, Newsbury House.

Cummins, J. (1979): «Linguistic interdependence and the educational development of bilingual children», *Review of Educational Research*, 49, pp. 222-251.

— (1991): «Interdependence of first-and second-language proficiency in bilingual children», en E. Bialystok (ed.), *Language Processing in Bilingual Children*, Cambridge, Cambridge University Press.

Chen, H. C. y Graves, M. F. (1995): «Effects of previewing and providing background knowledge on Taiwanese college students' comprehension of American short stories», *TESOL Quarterly*, 29, pp. 663-686.

Flippo, R. F. y Caverly, D. C. (eds.) (1991): *Teaching Reading and Study Strategies at College Level*, Newark, DE, International Reading Association.

Fowler, W. S. y Coe, N. (1980): *Test your English. Book 2. Intermediate to First Certificate*, Surrey, Nelson.

Garner, R. (1987): *Metacognition and Reading Comprehension*, Norwood, NJ, Ablex Publishing.

Garnham, A. (1985): *Psycholinguistics: Central Topics*, Nueva York, Methuen.

Goodman, K. S. (1973): «Psycholinguistic universals in the reading process», en F. Smith (ed.), *Psycholinguistics and Reading*, Nueva York, Holt, Rinehart and Winston.

Grabe, W. (1991): «Current developments in second language reading research», *TESOL Quarterly*, 25, pp. 375-406.

Hock, T. S. (1990): «The role of prior knowledge and language proficiency as predictor of reading comprehension among undergraduates», en J. H. A. L. de Jong y D. K. Stevenson (eds.), *Individualizing the Assessment of Language Abilities*, Clevedon Avon, Multilingual Matters.

Hudson, T. (1982): «The effect of induced schemata on the "Short Circuit" in L2 reading: Non-decoding factors in L2 reading performance», *Language Learning*, 32, pp. 1-31.

— (1991): «A content comprehension approach to reading English for science and technology», *TESOL Quarterly*, 25, pp. 77-104.

James, M. O. (1987): «ESL reading pedagogy: implications of schema-theoretical research», en J. Devine, P. L. Carrell y D. E. Eskey (eds.), *Research in reading English as a Second Language*, Washington, DC, Teachers of English to Speakers of Other Languages.

Kintsch, W. (1988): «The role of knowledge in discourse comprehension: A construction-integration model», *Psychological Review*, 95, pp. 163-182.

Koda, K. (1987): «Cognitive strategy transfer in second language reading», en J. Devine, P. L. Carrell y D. E. Eskey (eds.), *Research in Reading English as a Second Language*, Washington, DC, Teachers of English to Speakers of Other Languages.

— (1994): «Second language reading research: Problems and possibilities», *Applied Psycholinguistics*, 15, pp. 1-28.

Koh, M. Y. (1985): «The role of prior knowledge in reading comprehension», *Reading in a Foreign Language*, 3, pp. 375-380.

Lee, J. W. y Schallert, D. L. (1997): «The relative contribution of L2 language proficiency and L1 reading performance: A test of the threshold hypothesis in an EFL context», *TESOL Quarterly*, 31, pp. 713-739.

Li, S. y Munby, H. (1996): «Metacognitive strategies in second language academic reading: A qualitative investigation», *English for Specific Purposes*, 15, pp. 199-216.

McLaughlin, B. (1987): «Reading in a second language: Studies with adult and child learners», en S. R. Goldman y H. T. Trueba (eds.), *Becoming Literate in English as a Second Language*, Norwood, NJ, Ablex.

Nist, S. L. y Mealey, D. L. (1991): «Teacher-directed comprehension strategies», en R. F. Flippo y D. C. Caverly (eds.), *Teaching Reading and Study Strategies at the College Level*, Newark, DE, International Reading Association, pp. 42-85.

Perkins, K. (1998): «Assessing reading», *Annual Review of Applied Linguistics*, 18, pp. 208-218.

Rayner, K. y Pollatsek, A. (1989): *The Psychology of Reading*, Englewood Cliffs, NJ, Prentice-Hall.

Ridgway, T. (1997): «Thresholds of the background knowledge effect in foreign language reading», *Reading in a Foreign Language*, 11, pp. 151-168.

Rumelhart, D. E. (1977): «Towards an interactive model of reading», en S. Dornic (ed.), *Attention and Performance VI*, Hillsdale, NJ, Lawrence Erlbaum.
— (1980): «Schemata: the building blocks of cognition», en R. J. Spiro, B. C. Bruce y W. F. Brewer (eds.), *Theoretical Issues in Reading Comprehension*, Hillsdale, NJ, Erlbaum.
Schoonen, R.; Hulstijn, J. y Bossers, B. (1998): «Metacognitive and language specific knowledge in native and foreign language reading comprehension: An empirical study among Dutch students in grades 6, 8 and 10», *Language Learning*, 48, pp. 71-106.
Shih, M. (1992): «Beyond comprehension exercises in the ESL academic reading class», *TESOL Quarterly*, 26, pp. 289-318.
Yorio, C. A. (1971): «Some sources of reading problems for foreign language learners», *Language Learning*, 21, pp. 107-115.

Notas

1. H. Gleitman (1995), *Psychology*, Nueva York, Norton (p. 48).
2. V. Fromkin y R. Rodman (1983), *An Introduction to Language*, Nueva York, Holt, Rinehart y Winston (pp. 135-136).
3. S. Webb (1990), *An American city: Pittsburgh*, Pittsburgh, Urbina publishing (pp. 89-95).

Impreso en el mes de septiembre de 2000
en Talleres LIBERDÚPLEX, S. L.
Constitución, 19
08014 Barcelona